미국 패권의 몰락

Immanuel Wallerstein,
The Decline of American Power: The U.S. in a Chaotic World
© Immanuel Wallerstein 2003

미국 패권의 몰락

혼돈의 세계와 미국

이매뉴얼 월러스틴 지음 | 한기욱·정범진 옮김

창비

이 책을 맥닐(William H. McNeill)에게 바친다.
그가 이 책의 모든 것에 동의하지는 않겠지만
그의 집요하고 거대한 비전은
인간조건을 연구하는 모든 이들에게
하나의 영감이었고 앞으로도 그럴 것이다.

차례

009 ● 서문 미국의 꿈: 어제와 내일 사이

제1부 테제
023 ● 1장 미국의 쇠퇴: 불시착한 독수리

제2부 다양한 수사와 현실들
045 ● 2장 20세기: 정오의 어둠?
064 ● 3장 지구화: 세계체제의 장기적 궤적
096 ● 4장 인종차별주의: 우리의 앨버트로스
137 ● 5장 이슬람: 이슬람·서양·세계
168 ● 6장 우리는 누구인가? 타자들은 누구인가?
204 ● 7장 민주주의: 수사인가? 현실인가?
230 ● 8장 지식인들: 가치중립성의 문제
261 ● 9장 미국과 세계: 메타포로서의 쌍둥이빌딩

제3부 우리는 어디를 향해 가고 있는가?

297 ● 10장 좌파 I: 이론과 실천 재론
337 ● 11장 좌파 II: 이행의 시대
350 ● 12장 운동들: 오늘날 반체제운동은 무엇을 의미하는가?
368 ● 13장 21세기의 지정학적 분열들: 세계에는 어떤 미래가 펼쳐질 것인가?

397 ● 후기
415 ● 주
426 ● 옮긴이의 말
435 ● 찾아보기

■
서문
■

미국의 꿈: 어제와 내일 사이

2001년 9월 11일은 미국 역사에서 극적이고 충격적인 순간이었다. 그러나 결정적인 순간은 아니었다. 그날의 일은 훨씬 이전에 시작해, 혼돈스런 세계에서 미국 헤게모니의 쇠퇴기라 부름직한 긴 기간인, 향후 수십년 동안 진행될 어떤 궤도 내에서 일어난 중요한 한 사건일 뿐이다. 이런 식으로 진술할 때 9·11은 충격을 깨달음으로 전화할 계기였는데, 이에 대해 너무도 많은 사람들이 부정과 분노로 반응했다. 미국인들은 가능한 한 가장 명료하고 맑은 정신으로 반응해야 한다. 우리는 세계체제의 근본적 변혁들——우리가 영향을 미칠 수 있을지언정 통제할 수는 없는 변혁들——가운데서 우리의 최상의 가치들을 보존하고 우리의 안전을 극대화하도록 애쓸 필요가 있다. 우리는 우리가 살고자 하는, 그런 세상을 구성하고 재구성하는 일을 여타 지역의 다른 사람들과 함께할 필요가 있다.

미국의 정치인들은 미국의 꿈(American dream)을 즐겨 언급한다. 미국의 꿈은 실제 존재하며 우리 정신의 많은 부분 속에 내면화되어 있다. 그것은 멋진 꿈이다. 아주 멋져서 세계 곳곳의 많은 사람들도 똑같은 꿈을 이루기 원한다. 이 꿈의 정체는 무엇인가? 미국의 꿈은 모든 인간에게 가능성을 열어주는 꿈이요, 모두가 저마다 최선을 다하고 자신의 최대치를 성취하며 안락한 삶을 보상받도록 고무되는 그런 사회에 대한 꿈이다. 그것은 그런 개인적 성취의 여정에 어떤 인위적 장애물도 없을 것이라는 꿈이다. 그것은 개인적 성취들의 총합이 하나의 위대한 사회적 선(善)——자유와 평등과 상호연대의 사회——이 되는 그런 꿈이다. 그런 꿈을 실현할 수 없어서 고통받는 세상에 우리가 한줄기 봉홧불이 되는 꿈이다.

물론 그것은 꿈이며, 모든 꿈들이 그렇듯 현실의 정확한 재현은 아니다. 하지만 그것은 우리의 잠재의식적 갈망과 우리의 근원적인 가치를 표현한다. 꿈이란 과학적 분석이 아닌 것이다. 오히려 꿈은 우리에게 통찰력을 주는 쪽이다. 그러나 우리가 살고 있는 세계를 이해하기 위해 우리는 우리의 꿈을 넘어 우리 역사를 세심히 살펴보아야 한다. 미국의 역사를, 근대 세계체제의 역사를, 세계체제 속에서의 미국의 역사를 말이다. 모든 사람이 이런 일을 원하지는 않는다. 때때로 우리는 현실이 엄혹할까봐, 적어도 우리의 꿈만큼 아름답지 않을까봐 두려워한다. 우리들 중 일부는 흔히 말하듯 장밋빛 안경을 통해 세상을 보기를 더 좋아한다.

우리는 9·11사태가 환상을 무너뜨렸다고 생각했을 수도 있다. 이 사건이 많은 이들의 환상을 깨는 역할을 했다는 것은 의심할 여지가 없다. 하지만 부시행정부는 이 사건 전에 마련된 한 의제를 추구하고 그 의제를 밀어붙이는 데 이 사건을 구실로 삼기 위해, 우리로 하여금 무슨 일이 일어났는지를 냉철히 살펴보지 못하도록 열심히 노력했다. 그러므로 여기서 나는 다음 두 가지를, 내가 이전의 역사에 비추어볼 때 9·11이 갖는 의미라고 생각하는 것과 내가 부시행정부의 의제라고 생각하는 것을 간략히 서술하고자 한다. 나는 9·11이 우리로 하여금 미국의 다섯 가지 현실——즉 미국 군사력의 한계, 세계 나머지 지역의 뿌리깊은 반미감정, 흥청망청하던 1990년대의 경제가 낳은 후유증, 미국 민족주의의 모순적인 압력들, 그리고 미국의 시민적 자유전통의 취약성——에 초미의 관심을 갖게 만들었다고 믿는다. 그중 어느 것도 우리가 상상해온 미국의 꿈과 조화되지 않는다. 게다가 부시행정부의 정책들은 이 모순을 날로 악화시키고 있다.

군사적 상황부터 살펴보자. 미국은——모든 사람들이 제대로 말하듯이——오늘날 전세계에서 가장 강력한 군사강국이며, 그것도 타의 추종을 불허할 만한 최강이다. 그러나 엄연한 사실은 자금도 별로 없고 군사장비는 더욱 없는 한 무리의 잡다한 광신도들이 미국 본토에 심각한 공격을 감행해서 수천명을 죽이고 뉴욕과 워싱턴 지역의 주요 건물을 파괴하고 손상시킬 수 있었다는 것이다. 그 공격은 대담하고도 효과적이었다. 그들에게

'테러리스트'라는 딱지를 붙이고 '테러와의 전쟁'을 수행하는 것도 좋지만, 무엇보다 먼저 우리는 군사적 관점에서 볼 때 9·11은 결코 일어나선 안될 일이었음을 깨닫는 데서 출발해야 한다. 일년이 지났어도 범죄자들은 잡히지 않고 있다. 그런데 우리의 주요한 군사적 대응은 9·11 공격과는 아무 상관이 없는 나라인 이라크를 침공한 것이었다.

반미감정은 전혀 새로울 게 없다. 그것은 미국이 1945년에 세계체제의 헤게모니국가가 된 이래 줄곧 만연해왔던 것이다. 그것은 거대한 권력을 가진 자들과 그런 권력을 가진 자들에겐 거의 어쩔 수 없이 당연한 것이 되고 마는 오만함에 대한 하나의 반응이다. 이런 반미감정은 때로는 이해할 만하고 때로는 불합리하고 부당하다. 불합리하고 부당한 반응은 지역과 관련된다. 의견과 대책이 분분하긴 하지만, 오랫동안 이런 반미감정은 미국에 중대한 장애가 되지는 않았다. 한 가지 이유는, 미국이 세계체제에서 필요한 지도적 역할을 수행하고 자기네들의 가치를 지켜주고 있다고 느끼는 중요한 일군의 사람들, 특히 미국이 동맹국으로 여기는 나라 사람들의 감정이 이런 반미감정과 균형을 이루고 있기 때문이다. 이런 사람들이 볼 때 미국의 권력은 세계체제 전체의 요구에 봉사하는 것이기 때문에 정당한 것이었다. 세계의 가난하고 억압받는 지역에서조차 미국의 힘은 부정적 면모가 있을지라도 어떤 보편적 가치를 수행하는 소중한 면 역시 갖고 있다는 공감이 상당히 존재했다.

9·11은 이런 우호적인 감정들에도 불구하고 분노의 깊이가

어쩌면 미국이 인정해온 것보다 훨씬 더 컸음을 명백히 드러냈다. 세계 전역에서 많은 사람들이 보인 즉각적인 반응은 확실히 미국에 대한 공감과 연대를 표하는 것이었지만, 일년이 지나자 그 공감과 연대는 증발하고 있는 듯한 반면, 분노를 표하는 사람들은 자신들의 감정표현을 전혀 누그러뜨리지 않고 있다.

미국은 1990년대에 경제면에서 예외일 만큼 선전한 것으로 보였다. 고도의 생산성, 호황을 누리는 주식시장, 낮은 실업률, 낮은 인플레, 그리고 막대한 미국정부의 부채를 청산하고 괄목할 만한 흑자까지 창출해냈다. 전반적으로 미국인들은 이런 성과를 그들의 꿈, 지도자들의 경제정책, 그리고 끝없이 영광스러운 미래라는 약속의 정당성을 입증하는 것으로 받아들였다. 하지만 그것은 꿈이 아니라 환상이요, 그것도 위험한 환상임이 이제 너무도 분명하다.

9·11이 미국경제를 악화시킨 것은 의심할 바 없지만, 그것이 이 사태 이후 미국이 겪은 경제적 곤경의 가장 큰 요인은 아니다. 기업들의 탐욕이 모두 폭로됨으로써 명백해졌듯이, 미국의 경제전망에서 경기후퇴를 유발한 요인은 1990년대(실제로는 주로 1990년대 후반)의 번영이란 것이 여러 측면에서 극히 인위적으로 유지된 거품일 뿐이었다는 사실에 있다. 그러나 사실 이런 경기후퇴의 원인은 좀더 깊은 곳에 있다. 세계경제는 1970년대 이후 오랫동안 상대적인 침체상태에 있었다. 그런 시기엔 으레 그렇듯이 이 시기에 일어난 사건들 가운데 하나는 강력한 경제중심지인 세 지역——미국·서유럽·일본——이 서로에게 손실을

떠넘기려고 했다는 것이다. 1970년대에는 유럽이 상대적으로 선전했고, 1980년대에는 일본이, 그리고 1990년대에는 미국이 선전했다. 그러나 세계경제 전반은 이 시기의 어느 기간에도 좋은 실적을 내지 못했다. 전세계에 걸쳐 경제적 고통은 엄청났다. 우리는 현재 이 긴 하강곡선의 마지막 단계에 있으며, 일단 파산사태가 만연하고 나면 세계경제는 다시 상승하기 시작할 것이다. 이후의 상승국면에서 미국이 서유럽과 동아시아를 앞지르리라는 것은 분명하지 않거니와 그럴 가망도 그다지 크지 않다. 이런 장담하기 힘든 경제적 미래에 대한 일련의 잠재적 두려움이 오늘날 미국의 정치지형을 형성하고 있다.

네번째 문제는 미국 민족주의의 역사적 성격이다. 미국 역시 대다수 다른 나라들과 마찬가지의 정도로 민족주의적이다. 하지만 미국이 헤게모니국가이기 때문에 미국 민족주의의 불안정성은 대다수 다른 나라들의 경우보다 더 큰 파멸을 초래할 수 있다. 미국 민족주의는 두 가지 다른 형태를 취해왔다. 하나는 미국이라는 요새 안으로 기어들어가는 물러남의 형태로서, 흔히 고립주의라 부르는 것이다.

그러나 미국은 언제나 팽창주의적 강국이기도 했다. 처음에는 미대륙을 가로질러, 그 다음엔 카리브해와 태평양을 건너 팽창해나갔다. 그리고 팽창이란 아메리카인디언이건, 멕시코사람이건, 필리핀사람이건 상대가 누구든지 군사적 정복을 수반한다. 미국은 승리(멕시코전쟁, 제2차 세계대전, 인디언과의 전투들 대다수)의 상당한 몫을 챙겨왔고, 패배 혹은 적어도 모호한 결과(1812년 전쟁[1812~1814년까지 계속된 영국과의 전쟁—옮긴이], 베트남전)의 상당한 몫도 감수했다. 이 분야에서 미국의 기록은 다른 주요 군사강국들의 기록보다 그리 나쁘지 않다. 물론 어떤 나라도 피할 수만 있다면 자국의 패배에 대해서는 말하지 않으려 한다. 패배는 물러터진 지도자들의 나약함으로 재정의되는 경향이 있다. 나약한 지도자들 때문에 '당했다'는 테제는 미국 민족주의의 남성우월적 군사주의자들의 의식에 깔린 것이며 대중들 사이에서도 상당한 지지를 받고 있다.

고립주의와 남성우월적 군사주의는 겉보기에는 아주 다르다. 하지만 세계의 나머지, 즉 '타자들'을 향한 기본 태도는 같다. 그것은 공포와 경멸의 태도인데, 미국의 생활방식이 순수하고, 미국이 타자들에게 '미국식 생활방식'을 강요할 처지가 아니라면 그들의 비참한 분쟁에 휘말려 더럽혀져서는 안된다는 가정과 결부되어 있다. 그러므로 구체적 사안에 따라 양자의 즉각적인 정책적 함의는 아주 다르다 할지라도, 민족주의자들이 고립주의와 남성우월적 군사주의 사이를 오가는 것은 그리 어려운 일이 아니다. 9·11은 이러한 모순된 입장의 양면 모두를 강화시킨 것 같다. 그리고 미국이 공격을 당하는 듯할 때마다 으레 그런 일이 일어나듯이 9·11이 전반적으로 다른 목소리들을 숨죽이게 만들었음은 물론이다.

마지막으로, 미국에는 시민적 자유의 전통이 있다. 그것은 개념상으로는 아주 영예로운 것이지만 실천면에서는 아주 취약하다. 현명하게도 권리장전을 헌법의 수정안으로 제정함으로써 다수의 힘을 빌려 이를 무시하거나 터무니없이 침해하려 할 때 권리장전이 좀더 저항력을 가질 수 있었다. 그럼에도 권리장전은 끊임없이 침해당했다. 링컨의 인신보호영장 정지, 파머 공세(1918~1921년 미국의 적색공포시대에 법무장관 미첼 파머 A. Michell Parmer는 '빨갱이사냥'에 앞장섰다—옮긴이), 혹은 로즈벨트의 일본계 미국인 억류의 경우처럼 뻔뻔하게 침해하는 수도 있었고, 이만큼 명백하지는 않지만 역시 중요한 경우로 주(州)당국은 말할 것도 없고 연방당국들(법무부, FBI, CIA)이 거듭해서 저지른 불법행위들을 들 수 있다. 연방대법원은 이 헌법적 권리들의 보루 역할을 하도록 되어 있지만, 전혀 신뢰할 수 없는 극히 변덕스런 행태를 보였다.

부시행정부로서는 9·11이 다섯 가지 쟁점들 모두와 관련해 미리 준비해둔 의제를 구해주는 뜻밖의 행운이었다. 음모가 있었다고 편집증적으로 비난하는 것은 아니다. 나는 단지 9·11 이전에 그들의 머리와 가슴속에 있던 의제를 수행하기 위해 그들이 이 상황을 즉각 활용하려고 달려들었다는 점을 주목하는 것뿐이다. 그들은 군사력 쇠퇴를 내세워 믿기지 않을 정도로 군비를 확대했다. 이것이 엄청난 낭비——혹은 더 나쁘게 군사적으로 역효과——로 판명될지 아직 알 도리는 없다. 확실한 것은 이런 군비확대가 합리적인 분석과 국가·정치 차원의 신중한 판단의 결과가 아니라는 점이다.

미국이 증강한 군사장비는 이라크 침공에서 처음으로 대규모로 사용되고 있다. 나는 이런 식의 침공이 미국의 군사력을 정당화하고 증대시키기는커녕 그 힘을 단기적으로, 중기적으로, 그리고 장기적으로 엄청나게 잠식할 것이라고 믿는다. 하지만 현재 부시행정부는 이 문제에 대해 정말 열린 자세로 토론할 준비가 되어 있지 않다. 그들은 단지 다시 부상하는 '맥거번주의자들'(1972년 민주당의 대통령후보 조지 맥거번George McGovern의 반전노선을 지지하는 사람들―옮긴이)과 '아버지 부시 지지파'(즉 대통령의 아버지와 그의 측근 참모들인 브렌트 스코우크로프트Brent Scowcroft, 제임스 베이커 James Baker, 로런스 이글버거Lawrence Eagleburger 등)에 대한 경멸감을 공공연히 표명할 따름이다. 전속력으로 앞으로 돌진하자는 것이 현 행정부의 구호인데, 만일 속도를 줄이면 자신들의 꼴이 우스워질 것이고, 나중에 당할 사고가 지금 당하는 사고보다 정치적으로 덜 해롭기 때문이다.

부시행정부가 전세계의 반미감정을 다루는 방식이 독창적이라는 것은 인정해야만 한다. 행정부의 정책들은 반미감정을 증대시키고, 여태껏 반미감정에 저항해온 모든 집단들――우리가 머잖아 '예전'의 우방과 동맹국들이라고 부르게 될지도 모를 우리의 우방과 동맹국들――에 반미감정을 유포하고 있다. 막강한 권력자들이 다른 사람과 진심으로 상의하는 경우란 거의 없지만, 적어도 그들은 대개 상의하는 시늉은 한다. 부시행정부에게 상의란 '이게 우리가 하려는 일이다. 너는 우리편이냐, 우리의 반대편이냐?'와 같은 공개적인 입장표명을 수반하는 듯하다. 그리고 어떤 특정한 제안이 현명한지 혹은 타당한지 의심하는 그 어떤 답변에 대해서도 부시행정부는 '네 팔을 조금 더 비틀어줄까?'라고 협박하는 듯하다.

경제부문에서 부시와 그의 보좌관들은 터무니없는 낙관주의와 정부의 불간섭을 설파하고, 모든 경제적 과열이 클린턴의 잘못이었다는 논리를 펴댄다. 그들은 9·11이 이러한 입장을 강화한다고 믿는 모양이다. 그들은 좀더 장기적인 역사적 전망은 물론이거니와 현재의 경제상황에 대한 냉정한 판단에도 전혀 관심이 없는 듯하다. 그들이 연합체 내 경제적 보수파들에게 제공한 선물은 감세와 환경보호법 철폐이다. 이러한 조치들은 이제 건드릴 수 없는 성역이 되었는데, 이들 경제적 보수주의자들이 대개 '아버지 부시 지지파'이고 이런 조치들이 없다면 현 부시행정부에 상당한 불만을 가질 사람들이기 때문이다. 이들을 더이상 적대세력으로 만들어서는 안되는 것이다. 하지만 감세로 말미암아 지금 미국이 빠른 속도로 빠져들고 있는 깊은 디플레이션에서 미국을 구출할 때 필요한 뉴딜정책류의 조처들이 불가능해지는 것은 물론이다.

부시행정부는 그들의 남성우월적 군사주의가 유권자들에게 미국경제의 서글픈 상태에 대한 보상이 되기를 분명히 기대하고 있다. 그러므로 부시와 그의 보좌관들이 미국이 '악의 축' 모두를 상대해야 한다고 믿는 데에는 다른 이유들말고도 지극히 정치적인 측면이 존재한다. 그것은 전시(戰時)에는 유권자들이 대통령 자신이건 그의 당이건 표를 준다는 사실이다. 부시의 최고위 정치보좌관인 칼 로브(Karl Rove)가 이를 주목하지 않았을 리 없다. 우리는 의사결정 과정에서 이런 정치적 고려가 큰 비중을 차지할 것임을 예상할 수 있다.

시민적 자유에 관해서는, 우리는 하딩(Warren G. Harding) 행정부의 저 악명높은 미첼 파머의 만행 이래로 법무장관이 시민의 자유를 그토록 노골적이고 파렴치하게 짓밟는 경우를 보지 못했다. 나아가 그들은 어떤 식으로든 법원의 제재를 받지 않겠다고 단호하게 결심한 것처럼 보인다. 그런 일은 있을 법하지 않지만 만약 연방대법원이 그들에게 9대 0으로 패소 판결을 내린다 해도 그들은 이러한 제재를 무시하고 이의를 제기할 방도를 찾으려 할 것이다. 우리는 참으로 고약한 시기에 접어든 것이다.

이 책의 구성은 간단하다. 세 부분으로 나뉘어 있는데, 제1부는 미국이 쇠퇴하고 있는 헤게모니국가이며, 9·11은 이 점을 드러내는 또하나의 증거라는 주제를 다룬다. 1부를 집필하고 처음 발표한 것은 2002년이었다. 제2부는 우리 당대의 정치적 담론의 주요 유행어인 20세기, 지구화, 인종차별주의, 이슬람, '타자들', 민주주의, 지식인 등과 같은 말을 둘러싼 수사(修辭)와 현실 간의 차이를 논하는 일련의 에쎄이들로 구성되어 있다. 이 에쎄이들은 모두 9·11 이전에 대부분 강연원고나 학술대회 발표논문으로 집필한 것이다. 그렇지만 그 때문에 이 글들 가운데 단 하나의 단어라도 바꾸고 싶지는 않다. 9·11 이후에 쓴 것으로, 미국이 세계를 보는 관점을 다루는 에쎄이가 한편 더 있다. 그것은 우리가 세계를 보는 방식에 대한 반성을 촉구하는 글이다.

마지막으로 제3부는 앞으로 닥칠 어려운 세계에 대해 우리는 무엇을 할 수 있는가를 다룬다. 9·11 이전에 쓴 처음 두 에쎄이에서는, 내 생각으로는 오늘날 좌파가 미국과 세계에서 내세워야 할 의제를 다룬다. 9·11 이후에 쓴 마지막 두 에쎄이는 내가 정치적 관점에서 우리시대의 핵심적인 문제들로 여기는 것—오늘날 반체제적이라는 것이 어떤 의미를 갖는가? 그리고 인류에게 어떤 미래가 가능한가?—을 다룬다.

이 책은 우리 모두가 삼중의 과제에 참여하고 있다는 나의 견해를 따른다. 그것은 현실을 비판적이고 온전한 정신으로 분석하는 지적 과제, 우리가 오늘날 우선권을 부여해야 할 가치들이 무엇인지를 결정하는 도덕적 과제, 그리고 세계가 우리의 자본주의적 세계체제가 처한 현재의 혼돈스러운 구조적 위기에서 벗어나 현체제보다 더 나쁘지 않고 한결 더 나은 다른 세계체제로 나아갈 가능성에 우리가 즉각적으로 이바지할 수 있는 방도를 결정하는 정치적 과제이다.

2003년 2월

제1부
■
테제

1

미국의 쇠퇴: 불시착한 독수리

 미국의 쇠퇴? 오늘날 이 주장을 믿는 사람은 거의 없을 것이다. 그것을 믿는 사람은 그런 쇠퇴를 반전시킬 정책을 요란하게 주장하는 미국의 매파들밖에 없다. 미국 헤게모니의 종말이 이미 시작되었다는 이런 믿음은 2001년 9월 11일 모두에게 분명해졌듯이 미국이 타격을 받을 수 있다는 사실에서 비롯하는 것이 아니다. 사실 미국은 1970년대 이래 하나의 세계적인 권력으로서는 쇠락의 길을 걸어왔으니, 테러리스트들에 대한 미국의 반응은 이런 쇠퇴를 가속화시켰을 뿐이다. 이른바 '팍스 아메리카나'(Pax Americana)가 기울고 있는 까닭을 이해하기 위해서는 20세기, 특히 그 마지막 30년의 지정학을 검토할 필요가 있다. 이 검토를 통하여 단순하고 불가피한 결론, 즉 미국의 헤게모니에 기여했던 경제적·정치적·군사적 요인들이 무정하게도 장차 미국의 쇠퇴를 낳을 바로 그 요인들이라는 결론이 도출된다.

미국이 세계적인 헤게모니를 갖게 된 것은 1873년의 전세계 경기침체와 더불어 본격적으로 시작된 긴 과정이었다. 그 당시 미국과 독일은 계속 위축되고 있던 영국의 경제를 희생양으로 삼아 자기들의 세계시장 점유 비중을 점차 늘려가기 시작했다. 미국은 남북전쟁을 성공적으로 종결함으로써 그리고 독일은 통일을 달성하고 프랑스-프로이쎈전쟁에서 프랑스를 무찌름으로써 양국 모두는 얼마전에 안정적인 정치기반을 확보했다. 1873년에서 1914년 사이에 미국과 독일은 특정한 선도 부문에서, 즉 미국은 철강과 그후 자동차에서, 독일은 공업화학 부문에서 제1의 생산국이 되었다.

역사책들은 제1차 세계대전이 1914년에 발발하여 1918년에 끝났으며, 제2차 세계대전은 1939년에서 1945년까지 지속된 것으로 기록한다. 그러나 두 차례의 전쟁을 미국과 독일 사이의 하나의 지속적인——그 중간에 협정과 지역적 분쟁들이 산발적으로 발생한——'30년 전쟁'으로 생각하는 것이 더욱 사리에 맞는다. 헤게모니 승계경쟁은 1933년에는 이데올로기적 색채를 띠었다. 그때 나찌가 독일에서 집권하여 현체제 내에서의 헤게모니가 아니라 전지구적 제국 형태를 추구하면서 아예 전지구적 체제 자체를 넘어서려는 원정을 시작한 것이다. 나찌의 슬로건 '천년제국'(ein tausend-jähriges Reich)을 상기해보라. 한편 미국은 중도파 세계 자유주의의 옹호자 역할을 떠맡았고——전직 미대통령 로즈벨트의 '4대 자유'(언론의 자유, 종교의 자유,

궁핍으로부터의 자유, 공포로부터의 자유)를 상기하라—소련과 전략적 동맹관계를 맺음으로써 독일과 그 동맹국들을 패배시켰다.

제2차 세계대전은 대서양에서 태평양에 이르는 유라시아 전역에 걸쳐 상처받지 않은 나라가 없을 정도로 산업기반과 인구를 엄청나게 파괴하는 결과를 낳았다. 전후 세계에서 타격을 받지 않은—경제적 구도에서는 심지어 대단히 강해진—유일한 주요 산업강국은 미국이었으니, 미국은 재빨리 자신의 위치를 공고히하는 쪽으로 움직였다.

하지만 이 야망의 헤게모니국가는 몇가지 정치적 장애물에 직면했다. 전시에 연합국들은 주로 추축국(樞軸國)들에 맞서는 동맹에 참여한 나라들로 구성된 국제연합(UN) 설립에 합의했다. 이 기구의 핵심적인 특징은 무력의 사용을 승인할 수 있는 유일한 구조인 안전보장이사회였다. 유엔헌장은 안전보장이사회에 대한 거부권을 미국과 소련을 포함한 다섯 나라에 부여했는데, 이로 말미암아 안전보장이사회는 실제로는 이빨 빠진 호랑이나 마찬가지였다. 그러므로 20세기 후반의 지정학적 억제력을 결정한 것은 1945년 4월의 유엔 창립이 아니라 오히려 두달 전 로즈벨트, 영국의 수상 처칠 그리고 소련 지도자 스딸린 사이의 얄따(Yalta)회담이었다.

얄따에서의 공식적인 협정보다 더 중요한 것은 비공식적이고 암묵적인 합의였으니, 그 내용은 오로지 그후 몇년간 미국과 소련의 행동을 관찰함으로써 평가할 수 있을 뿐이다. 전쟁이 1945

년 5월 8일 유럽에서 종결되었을 때 소련과 서구(즉 미·영·프)의 군대들은 특정한 장소들에——기본적으로 유럽의 중심을 남북으로 가르는 선이자 독일의 역사적인 분할선인 엘베강을 따라——위치하고 있었다. 몇몇 사소한 변동을 제외하면, 군대들은 그 자리에 계속 머물렀다. 돌이켜보면 얄따는 각각의 군대가 거기에 머물러 있을 수 있고 어느 측도 다른 측을 몰아내기 위해 무력을 사용하지 않을 것이라는 양측간의 합의를 의미했다. 이런 묵계는 미국의 일본점령과 한국분단에서 분명히 나타났듯이 아시아에도 적용되었다. 따라서 얄따는 정치적으로 소련이 세계의 1/3을 통제하고 미국이 나머지를 통제하는 그 상태를 유지하기로 한 합의였다.

워싱턴은 또한 좀더 심각한 군사적 도전에 직면했다. 소련은 세계 최대의 지상군을 지니고 있었는데, 미국정부는 군대를 축소하라는, 특히 징집을 끝내라는 국내의 압력을 받고 있었다. 그러므로 미국은 지상군이 아니라 핵무기의 독점(그리고 핵무기를 배치할 수 있는 공군력)을 통해서 자신의 군사력을 과시하기로 했다. 하지만 이런 핵독점은 곧 사라졌으니, 1949년에 소련 역시 핵무기를 개발한 것이다. 그후 계속해서 미국은 다른 강국들이 핵무기(그리고 생화학무기)를 보유하는 것을 방지하려는 처지가 되었는데, 이런 노력은 21세기에 이르러 그리 성공적이지는 못한 듯하다.

1991년까지 미국과 소련의 냉전은 '공포의 균형' 속에서 지속됐다. 이 상태는 단지 세 차례 심각한 시험을 받았으니, 바로

1948~49년의 베를린 봉쇄, 1950~53년까지의 한국전쟁, 그리고 1962년의 꾸바 미사일위기이다. 각각의 경우 결과는 현상의 복원이었다. 게다가 소련이 위성체제의 정치적 위기——1953년의 동독, 1956년의 헝가리, 1968년의 체코슬로바키아, 1981년의 폴란드——를 맞이할 때마다 미국은 대체로 소련이 자국이 적절하다고 여기는 대로 사태를 수습하도록 허용하면서 거의 선전적인 시위에 몰두했음에 주목하라.

물론 이런 수동성은 경제적 각축장까지 적용되지는 않았다. 미국은 냉전환경을 활용하여 대대적인 경제재건 노력을 남한과 타이완에서뿐 아니라 처음에는 서유럽에서, 나중에는 일본에서도 개시했다. 그 근본 이유는 분명했다. 나머지 세계가 유효수요를 끌어모을 수 없다면 그렇게 압도적인 생산적 우위를 갖는다 한들 무슨 소용이 있겠느냐는 것이다. 더욱이 경제재건은 미국의 원조를 받는 나라들이 피후견인의 의무를 갖도록 하는 데 도움이 되었고, 이런 의무감으로 말미암아 그 나라들은 군사적 동맹, 더욱 중요하게는 정치적 예속을 자발적으로 기꺼이 받아들이게 되었다.

끝으로 미국 헤게모니의 이데올로기적·문화적 측면을 과소평가하지 말아야 한다는 것이다. 1945년 직후의 시기는 공산주의 이데올로기의 인기가 역사상 최고에 달한 때였을 것이다. 오늘날 우리는 공산주의 정당들이 아시아——베트남, 인도, 그리고 일본——에서 그리고 라틴아메리카 전역에 걸쳐 얻었던 지지는 물론이고, 벨기에, 프랑스, 이딸리아, 체코슬로바키아, 핀란드 같은 나라들의 자유선거에서 공산주의 정당들을 지지한 거대한 표를 쉽게 잊어버린다. 그리고 여기서도 빠져 있는 중국, 그리스, 이란처럼 자유선거가 아직 시행되지 않았지만 공산주의 정당들이 폭넓은 인기를 누렸던 지역들도 있다. 이에 대응하여 미국은 반공이데올로기 공세를 대대적으로 펼쳤다. 돌이켜보면 이 공세는 대체로 성공한 것으로 보인다. 워싱턴은 적어도 소련이 '혁신적'인 '반(反)제국주의' 진영의 지도자로서 위세를 부린 만큼이나 효과적으로 '자유세계'의 지도자로서의 역할을 과시했다.

전후시기 미국은 헤게모니국가로 성공하면서 한편으로 이 헤게모니가 소멸될 조건들을 창출했다. 이 과정은 네 가지 상징들 속에 즉 베트남전쟁, 1968년 혁명, 1989년 베를린장벽 붕괴, 그리고 2001년 9월의 테러리스트 공격에 포착되어 있다. 각각의 상징은 선행하는 상징의 토대 위에 세워졌으며, 현재 미국이 처한 상황——진정한 힘을 결여한 외로운 초강대국, 추종하는 사람은 아무도 없고 존경하는 사람마저 거의 없는 세계의 지도자, 그리고 자신이 통제할 수 없는 전지구적 혼돈의 와중에서 위험스럽게 표류하고 있는 나라——에서 절정에 달한다.

베트남전쟁의 본질이 무엇이었던가? 무엇보다 먼저 그것은 베트남민중들이 식민주의 통치를 끝장내고 자기네들만의 독자적인 국가를 세우려는 노력이었다. 베트남인들은 프랑스인, 일본인, 그리고 미국인들과 싸운 끝에 결국에는 승리했으니, 사실 대단한 성취였다. 그러나 지정학적으로 보면 이 전쟁은 당시 제

3세계라고 불리던 주민들의 얄따체제에 대한 거부의 표현이었다. 베트남이 그토록 강력한 상징이 된 것은 워싱턴이 어리석게도 그 투쟁에 자신의 모든 군사적 역량을 쏟아부었는데도 미국이 졌기 때문이다. 미국이 핵무기를 배치하지 않은 것(이 결정을 우파의 근시안적 특정 집단들은 오랫동안 비난했다)은 사실이지만, 핵무기를 사용했더라면 얄따합의는 박살나고 핵 대학살을 낳았을 텐데, 이는 미국으로서는 절대로 감당할 수 없는 결과였다.

하지만 베트남은 단순히 군사적인 패배나 미국의 위신을 손상시킨 흠집이 아니었다. 그 전쟁은 세계의 지배적인 경제강국으로서의 미국의 능력에 대한 거대한 타격이었다. 전투는 워낙 비용이 많이 드는 터라 1945년 이래 그토록 풍성했던 미국의 금보유고는 거의 바닥나고 말았다. 게다가 미국은 서유럽과 일본 경제가 크게 도약할 때 이런 비용을 치른 것이다. 이런 조건들로 말미암아 전세계 경제에서 미국의 두드러진 지위는 끝장났다. 1960년대 말 이래로 이 삼자의 성원들은 경제적으로 거의 동등해졌으며, 각각은 특정한 시기에 다른 쪽들보다 나은 성과를 거두었지만 어느 쪽도 훨씬 앞서나가지는 못했다. 세계 곳곳에서 1968년 혁명이 발발하자 베트남인들에 대한 지지는 주요한 수사의 필수성분이 되었다. '한, 두, 다수 베트남인들,' 그리고 '호, 호, 호치민'이라는 구호가 수많은 거리에서 울려퍼졌는데, 미국에서도 마찬가지였다. 그러나 1968년 혁명의 활동가들은 단순히 미국의 헤게모니를 비난한 것은 아니었다. 그들은 소련이 미국과 공모한 것을 비난했고, 얄따를 비난했으며, 세계를 두 진영으로——두 초강대국과 나머지 세계로——나눈 중국의 문화혁명 주체들의 어법을 사용하고 채택했다.

소련이 미국과 공모한 데 대한 비난이 소련과 밀접한 동맹관계에 있는 민족세력들——대다수 경우에 이는 전통적인 공산주의 정당들을 뜻했다——에 대한 비난으로 이어진 것은 당연했다. 그러나 1968년의 혁명가들은 구좌파의 다른 성분들——제3세계 민족해방운동, 서유럽 사회민주주의운동, 그리고 미국의 뉴딜 민주주의자들——에 대해서도 거세게 반발하면서 그들 역시 혁명가들이 뭉뚱그려 부르는 '미 제국주의'와 공모했다고 비난했다.

소련의 미국정부와의 공모에 대한 공격에 더해 구좌파에 대한 이런 공격은 미국이 세계질서를 구축한 토대였던 얄따협정의 정당성을 약화시켰다. 또한 이는 유일하게 정당한 전지구적 이데올로기인 중도파 자유주의의 지위를 손상시켰다. 1968년 세계혁명의 직접적인 정치적 결과는 최소한에 그쳤지만 지정학적·지적 반향은 엄청났으며 돌이킬 수 없었다. 중도파 자유주의는 1848년 유럽 혁명들 이래 차지한 권좌에서, 그리고 보수주의자와 급진주의자를 모두 포섭할 수 있게 해주었던 그 권좌에서 굴러떨어졌다. 이런 이데올로기들이 되돌아와 다시 한번 진정 폭넓은 선택범위를 보여주었다. 보수주의자들은 다시 보수주의자들이 되었으며 급진주의자들은 급진주의자들이 된 것이다. 중도파 자유주의자들은 사라지지는 않았지만 대폭 축소되었다. 그리고 그 과정에서 공식적인 미국의 이데올로기적 입장—반파시스트·반공주의·반식민주의적 입장—은 점차 늘어나는 세계 주민들에게 얄팍하고 설득력이 부족한 것처럼 보이게 되었다.

1970년대 시작된 국제경제 침체는 미국의 힘에 두 가지 중요한 결과를 가져왔다. *첫째, 경기침체는 '개발주의'(developmentalism)—모든 나라는 국가가 적절한 행동을 취할 때 경제적으로 앞선 나라를 따라잡을 수 있다는 개념—의 붕괴를 낳았는데, 개발주의는 당시 득세하고 있던 구좌파운동의 주된 이데올로기적 주장이었다. 이런 정권들은 차례로 국내 무질서, 생활수준의 저하, 국제 금융기구에 대한 부채 의존의 증가, 신용도 하락 등의 문제에 직면했다. 1960년대에는 미국에 의한 제3세계 탈식민화의 성공적인 항해로 여겨지던 것—분열을 최소화하고 개발주의적이되 혁명적이지는 않은 정권들로의 매끄러운 권력이행을 최대화하는 것—이 사라지고, 와해되는 질서, 끓어오르는 불만, 해소할 길 없는 급진주의적 기질들이 판치게 되었다. 미국은 개입을 시도했으나 실패했다. 1983년 미국대통령 레이건은 레바논에 군대를 보내 질서를 되찾으려 했다. 군대는 사실상 강제로 쫓겨났다. 레이건은 군대가 없는 그레나다를 침공하는 것으로 대신했다. 아버지 부시대통령은 또하나의 군대 없는 나라인 파나마를 침공했다. 그러나 그가 질서회복을 위해 소말리아에 개입한 후에 미국은 사실상 쫓겨났는데, 상당히 굴욕적인 모양새였다. 미국정부는 헤게모니가 기우는 상황을 반전시키기 위해 할 수 있는 일이 사실상 거의 없었으므로 이런 경향을 그냥 무시하기로 했다. 이런 정책은 베트남에서 철수한 이래 2001년 9월 11일까지 계속되었다.

한편 진정한 보수주의자들은 핵심 국가들과 국가간 기구들의 통제권을 장악하기 시작했다. 1980년대 신자유주의의 공세는 새처(M. Thacher)정권과 레이건정권 그리고 세계무대의 주연배우가 된 국제통화기금(IMF)의 부상으로 특징지을 수 있다. 한때(일세기 이상 동안) 보수주의 세력들이 자신들을 현명한 자유주의자로 묘사하고자 했다면, 이제 중도파 자유주의자들은 자신들이 더욱 효과적인 보수주의자들이라고 주장하지 않을 수 없었다. 보수주의자들의 프로그램은 명료했다. 국내적으로 보수주의자들은 노동비용을 줄이고 생산자에 대한 환경적 제어를 최소화하고 국가의 복지혜택을 삭감하는 정책들을 시행하고자 했다. 실제적인 성공이 대단치 않자, 보수주의자들은 이번엔 국제적인 각축장으로 정력적으로 이동했다. 다보스(Davos)의 세계경제포럼(World Economic Forum) 회의들은 엘리뜨들과 미디어들의 회합장소가 되었다. IMF는 재무장관들과 중앙은행장들에게 하나의 클럽을 제공했다. 그리고 미국은 세계의 국경들을 가로지르는 상업의 자유로운 흐름을 강제하기 위해 세계무역기구(WTO)의 창설을 밀어붙였다.

미국이 지켜보지 않는 동안 소련은 붕괴하고 있었다. 로널드 레이건이 소련을 '악의 제국'이라고 명명했고, 베를린장벽의 파괴를 촉구하는 수사적 폭언을 구사한 것은 사실이지만, 미국의 진의는 그런 게 아니었거니와 소련의 붕괴에 책임이 있었던 것은 분명 아니었다. 사실 소련과 그 산하의 동유럽제국이 붕괴한 것은 얄따체제를 청산하고 국내 자유화를 제도화(뻬레스뜨로이까+글라스노스뜨)함으로써 정권을 위기에서 구하고자 한 소련 지도자 고르바초프의 노력과 구좌파에 대한 대중의 환멸이 결합되었기 때문이었다. 고르바초프는 얄따를 청산하는 데 성공했지만 소련을 구출하지는 못했다(성공할 뻔했다고 해야겠지만).

미국은 갑작스런 소련의 붕괴에 어리벙벙하고 당혹하여 이 사태를 어떻게 다루어야 할지 분명한 태도를 보여주지 못했다. 공산주의의 붕괴는 미국 헤게모니를 이데올로기적으로 뒷받침하는 유일한 정당성—자유주의의 표면상의 이데올로기적 적수에 의해 암묵적으로 지탱돼온 정당성—을 제거한 것으로 사실상 자유주의의 붕괴를 뜻하는 것이었다. 이같은 정당성 상실은 곧바로 이라크의 쿠웨이트 침공을 낳았다. 얄따협정이 제 역할을 하고 있었다면 사담 후세인(Saddam Hussein)은 감히 침공하지 못했을 것이다. 돌이켜보면, 걸프전쟁에서 미국은 노력 끝에 전쟁이 시작될 때와 기본적으로 비슷한 수준에서 정전협정을 성사시켰다. 그렇지만 헤게모니국가가 중간급 지역국가와의 전쟁에서 무승부에 만족할 수 있을까? 사담은 미국에 싸움을 걸고도 무사할 수 있음을 만천하에 보여주었다. 사담의 뻔뻔스런 도전은 베트남전에서 패배한 것 이상으로 미국 우파, 특히 매파로 알려진 사람들의 속을 뒤집어놓았다. 여기서 이라크를 침공하여 그 정권을 파괴하고자 하는 현재 매파들의 맹렬한 욕망이 이해가 되는 것이다.

걸프전쟁과 2001년 9월 11일 사이에, 세계적 분쟁의 두 주요 각축장은 발칸반도와 중동이었다. 미국은 두 지역에서 주요한 외교적 역할을 했다. 그때 만약 미국이 완전히 고립주의적인 입장을 취했더라면 결과가 얼마나 달라졌을까? 발칸반도에서는 경제적으로 성공한 다민족국가인 유고슬라비아가 와해되어 근본적으로 각각의 민족으로 나뉘어졌다. 그 결과로 생겨난 국가들의 대다수가 10년에 걸쳐 상당히 야만적인 폭력, 폭넓은 인권유린, 처절한 전쟁 등을 경험하면서 종족화(種族化)의 과정에 참여했다. 미국이 두드러진 역할을 한 외부의 개입은 휴전을 이뤄내면서 실로 엄청난 폭력을 종식시켰지만 종족화를 반전시킨 것은 결코 아니어서, 그것은 현재 더욱 강화되고 얼마간은 정당화되기도 한다. 미국이 개입하지 않았더라면 이런 분쟁들의 결과가 달라졌을까? 아마 폭력은 더 오래 지속되었을 테지만 십중팔구 기본적인 결과는 그렇게 다르지 않았을 것이다. 중동의 상황은 더욱 암울한데, 여기서 미국은 좀더 깊숙이 관여하는 쪽이었지만 그만큼 더 참담한 실패를 낳았다. 발칸반도와 중동 모두에서 미국은 헤게모니국가로서의 영향력을 효과적으로 발휘하지 못했는데, 그것은 의지나 노력이 없었기 때문이 아니라 진정한 힘이 없었기 때문이다.

그러다가 9·11이 터졌고, 그 충격과 반응이 잇따랐다. 중앙정보국(CIA)은 미국내 의원들한테 맹공을 당하자 부시행정부에 발생할 수 있는 위협을 미리 경고했다고 주장한다. 그러나 CIA가 알카에다(Al Qaeda)에 촛점을 맞추었고 전문적인 정보기술을 갖고 있음에도 테러공격의 실행을 예견할 (따라서 방지할) 수는 없었다. 적어도 테닛(George Tenet) CIA국장의 주장은 그랬다. 이런 증언이 미국정부나 미국시민들에게 위로가 될 리 없다. 역사가들이 어떤 다른 결정을 내리든 2001년 9월 11일의 공격은 미국의 힘에 대한 중대한 도전이었다. 이 일을 감행한 사람들은 거대한 군사력을 대변하는 인물들이 아니었다. 그들은 굳은 각오, 약간의 돈, 헌신적인 추종자 무리, 그리고 한 약한 국가 안에 강력한 기반을 갖고 있는 비국가적 세력의 성원들이었다. 간단히 말해서, 군사적으로 볼 때 그들은 아무것도 아니었다. 그럼에도 그들은 미국땅에 대한 과감한 공격에 성공했다.

아들 부시는 세계적 사건을 다루는 클린턴행정부의 방식을 거세게 비판하면서 집권했다. 부시와 그의 보좌관들은 클린턴의 노선이 레이건과 아버지 부시를 포함하여 포드(Gerald Ford) 이래 모든 미국대통령의 노선이었다는 사실을—분명 알고 있었겠지만—인정하지 않았다. 심지어 그 노선은 9·11 이전에는 현 부시행정부의 노선이기도 했다. 당시만 해도 신중함이 외교게임의 제1원칙이었음을 확인하려면 2001년 4월 중국 근해에서 미군 비행기가 격추된 사건을 부시가 어떻게 다루었는지만 봐도 된다.

테러공격 이후 부시는 노선을 바꾸어 테러와의 전쟁을 선포하고 미국인들에게 "결과는 분명하다"고 장담하면서 전세계에

"당신이 우리편이 아니면 우리의 반대편"이라고 경고했다. 오랫동안 가장 보수적인 행정부들에서조차 제대로 기를 펴보지 못한 매파들이 마침내 미국의 정책을 지배하게 된 것이다. 그들의 입장은 분명하다. 미국이 압도적인 군사력을 휘두르면 수많은 외국 지도자들은 미국정부의 군사력 사용이 현명한 건 아니라고 여기겠지만, 그래도 막상 미국이 자신의 의지를 전세계에 강요하면 이런 지도자들은 어떠한 대응도 할 수 없고 하지 않으리라는 것이다. 매파들은 미국이 제국적 헤게모니국가로서 행동해야 할 두 가지 이유가 있다고 믿는다. 첫째, 미국이 그렇게 해도 누가 제재하지 못하리라는 것이다. 둘째, 미국정부가 무력을 행사하지 않으면 미국은 점점 더 무시당하리라는 것이다.

오늘날 이런 매파의 입장은 세 가지로 나타난다. 아프가니스탄에서의 군사적 공격, 팔레스타인 자치정부를 청산하려는 이스라엘의 시도에 대한 사실상의 지지, 그리고 이라크 침공이다. 이런 전략들이 2001년 9월 테러공격 후 1년 만에 어떤 성취를 거두었는지 평가하기에는 아마 너무 이를 것이다. 지금까지 이런 계획들은 (알카에다가 완전히 해체되거나 그 수뇌부가 생포되지는 않았지만) 아프가니스탄에서 탈레반정권을 전복시키고, (이스라엘 수상 샤론Ariel Sharon이 주장하듯이 팔레스타인 지도자 아라파트Yasir Arafat를 '부적절한' 인물로 만들지는 못했지만) 팔레스타인을 엄청나게 파괴했으며 이라크 침공계획에 대한 유럽 및 중동에 있는 미국 동맹국들의 심각한 반대를 불러일으켰다.

최근 사건들을 분석하면서 매파들은 미국의 행동에 대한 반대가 심각하긴 해도 대체로 수사적 차원에 머물고 있다는 점을 강조한다. 서유럽도 러시아도 중국도 사우디아라비아도 미국과의 유대를 심각한 방식으로 단절할 태세는 아닌 듯하다는 것이다. 달리 말하면, 매파들은 워싱턴이 그런 일을 단행하고도 사실 아무런 제재를 받지 않았다고 믿는다. 매파들은 미국의 군대가 실제로 이라크를 침공하고, 그후에 미국이 이란이든 북한이든 콜롬비아든 혹은 어쩌면 인도네시아든 세계의 그밖의 곳에서 자신의 권위를 행사할 때도 이와 유사한 결과가 나오리라고 가정한다. 아이러니컬한 것은 매파의 독법(讀法)이 대체로 국제주의 좌파의 독법이 되어버렸다는 점인데, 이들은 미국의 성공가능성이 높다고 우려하기 때문에 미국의 정책을 맹렬하게 성토해 온 것이다.

그러나 매파의 해석은 틀렸으며 오로지 미국의 쇠퇴에 기여할 뿐이니, 점진적인 하강을 훨씬 더 급속하고 격렬한 추락으로 변모시키고 있다. 구체적으로 말하면, 매파의 접근방식은 군사적·경제적·이데올로기적 이유들 때문에 실패할 것이다.

의심할 여지 없이 군사력은 미국의 가장 강력한 카드로 남아 있다. 사실 그것이 유일한 카드이다. 오늘날 미국은 세계에서 가장 위협적인 군사적 수단을 휘두른다. 그리고 만약 새롭고 비길 데 없는 군사기술을 미국이 보유하고 있다는 주장을 믿는다면, 나머지 세계에 대한 미국의 군사적 우위는 10년 전의 경우보다 오늘날 훨씬 더하다. 하지만 그렇다고 그런 우위가 미국이 이라크를 침공하여 재빨리 정복한 다음 우호적이고 안정적인 정권을 수립할 수 있다는 것을 뜻할까? 그럴 것 같지는 않다. 미국군대가 1945년 이후에 치른 세 차례의 심각한 전쟁(한국전, 베트남전, 걸프전)에서 하나는 패배로, 둘은 무승부로 끝났다는 것—엄밀하게 말해서 그다지 영광스런 기록은 아닌데—을 명심하라.

사담 후세인의 군대는 탈레반의 군대와 다르며, 군부 내부에 대한 그의 통제력은 훨씬 더 정비되어 있다. 미국의 침공에는 대규모 지상군의 투입이 불가피한데, 지상군은 바그다드까지 싸우면서 진군해야 하기 때문에 상당수의 사상자를 내기 십상이다. 그런 군대에는 작전지휘본부 역시 필요할 것인데, 사우디아라비아는 그런 역할로 복무하고 싶지 않다는 점을 분명히 밝혔다. 쿠웨이트나 터키가 도와줄 것인가? 미국정부가 모든 역량을 다 동원한다면 아마도 그럴 것이다. 한편 사담은 자기 뜻대로 모든 무기를 배치할 것으로 예상되는데, 이런 무기들이 얼마나 고약할지 계속 초조해하는 것이 미국정부의 처지이다. 미국은 그 지역 정권들의 팔을 비틀 수 있겠지만, 그곳 대중의 감정은 사태 전체를 미국의 뿌리깊은 반(反)아랍적 편견의 반영으로 볼 것이 분명하다. 그런 전투에서 승리할 수 있을까? 영국의 참모부는 블레어(Tony Blair)수상에게 승산이 있다고 보지 않는다는 보고를 이미 한 것이 분명하다.

게다가 언제나 '제2전선'의 문제가 있다. 걸프전 이후 미군은 동시에 두개의 지역전쟁을 수행할 가능성에 대비하려고 애썼다. 얼마후 미국방부는 그 발상을 비현실적이고 비용이 많이 든다며 조용히 폐기처분했다. 그러나 미국이 이라크 전선에서 수렁에 빠져드는 것처럼 보일 때, 미국의 잠재적 적 가운데 누구도 공격하지 않으리라고 어찌 확신할 수 있는가? 또 승리하지 못할 경우 미국대중이 얼마나 관대할 수 있을지 생각해보라. 미국인들은 모든 전시 대통령에게 지지를 보내는 애국적인 열정과 깊은 고립주의적 충동 사이에서 우왕좌왕한다. 1945년 이후 애국주의는 사망자 수가 늘어날 때마다 벽에 부딪혔다. 오늘날의 반응이라고 달라질 이유가 있는가? 그리고 설령 (거의 모두가 민간인들인) 매파들이 여론에 아랑곳하지 않는다고 해도 베트남한테 호되게 당한 미군장성들은 그렇지 않다.

경제전선은 어떠한가? 1980년대에 수많은 미국의 분석가들은 일본경제의 기적에 신경질적으로 반응했다. 1990년대에 일본금융의 어려움이 대대적으로 보도되자 그제서야 차분해졌다. 그러나 미당국자들은 1980년대에 일본이 얼마나 급속히 앞서나갔는가를 과장한 후에 지금 일본이 저 멀리 뒤처졌다고 자신하며 자기만족에 빠져 있는 듯하다. 요즘 워싱턴은 일본의 정책입안자들에게 그들이 무슨 잘못을 하는지 강의하려 드는 경향이 더 짙어진 듯하다.

그런 승리감을 보장하는 근거는 어디에도 없어 보인다. 『뉴욕타임즈』 2002년 4월 20일자의 다음 보도를 생각해보라. "일본의 한 실험실은 세계에서 가장 빠른 컴퓨터를 만들었다. 이 기계는 무척 강력하여 미국의 가장 빠른 컴퓨터 스무대를 결합해놓은 자료처리 능력과 맞먹으며 이전의 선도주자인 IBM에서 만든 기계를 훨씬 능가한다. 이 성취는 (…) 미국의 대다수 엔지니어들이 손쉽게 이기고 있다고 생각하는 테크놀로지전쟁이 결코 끝난 것이 아니라는 증거이다." 이 분석은 계속해서 두 나라의 "과학적·이데올로기적 우선순위가 대조된다"는 점을 주목한다. 일본의 기계는 기후변화를 분석하기 위해 만들어졌으나 미국의 기계들은 무기의 씨뮬레이션을 위해 고안된 것이다. 이런 대조는 헤게모니국가들의 역사에서 가장 오래된 이야기를 그대로 보여준다. 즉 지배권력은 (자국이 손해를 입을 정도로) 군사에 집중하고 지배권력을 물려받을 후보자는 경제에 집중한다. 항상 톡톡히 수지가 맞는 쪽은 후자이다. 한때 미국도 이런 이득을 누렸다. 중국과 동맹을 맺을지 모르는 일본 역시 이런 이득을 누리지 말란 법이 있는가?

마지막으로, 이데올로기 영역이 있다. 지금의 미국경제는 상대적으로 취약한 듯하며, 매파의 전략과 관련된 엄청난 군사비를 고려해보면 더욱 그렇다. 게다가 워싱턴은 정치적으로 여전히 고립되어 있다. (이스라엘을 빼고는) 사실상 어느 나라도 매파의 입장이 이치에 닿는다거나 격려해줄 가치가 있다고 생각하지 않는다. 다른 나라들은 워싱턴에 바로 맞서기를 두려워하거나 그럴 용의가 없다. 하지만 심지어 그들의 미적거리는 발걸음에조차 미국은 상처를 입는다. 그에 대한 미국의 대응은 오만한 팔비틀기가 고작이다. 오만함은 그 자체로 부정적인 측면이 있다. 최대의 역량을 동원하는 것은 다음번에 사용할 역량을 거의 남겨놓지 않는다는 뜻이며, 억지로 복종하게 하면 점점 반발만 키울 뿐이다. 200년 이상 미국은 이데올로기적으로 상당한 신뢰를 얻었다. 그러나 요즘은 남아돌던 황금을 낭비하던 1960년대보다 더 빨리 이런 신뢰를 탕진해가고 있다.

미국은 앞으로 10년 동안 두 가지 가능성에 직면해 있다. 하나는 미국이 매파의 노선을 따라가는 것인데 이 경우 모두에게 부정적인 결과가 될 테지만 특히 미국 자신한테 그럴 것이다. 다른 하나는 미국이 그 부정적인 측면이 너무 크다는 것을 깨닫는 것이다. 『가디언』(The Guardian)지의 싸이먼 티스덜(Simon Tisdall)은 최근 국제여론조차 무시하면서 "미국이 혼자서 이라크전쟁을 성공적으로 치르자면, 엄청난 손실을 자초하지 않을 수 없는데, 경제적 이해관계와 에너지 공급에서도 손실이 엄청날 것이다. 부시는 말은 강경하게 해도 무능해 보이는 처지로 전락할 것"이라고 주장했다. 그리고 만약 미국이 그래도 이라크를 침공하고 그 다음에 철수하지 않을 수 없게 된다면 더욱 무능하게 보일 것이다.

부시대통령의 선택은 극히 제한되어 있는 듯한데, 다음 10년 동안 세계적 사건을 결정하는 미국의 힘은 계속 쇠퇴할 것이라는 데는 거의 의심의 여지가 없다. 진짜 문제는 미국의 헤게모니가 이울고 있느냐 아니냐가 아니라, 미국이 세계와 자신한테 최소한의 손상만 입히고 우아하게 하강하는 길을 찾느냐 아니냐이다.

제 2부

다양한 수사와 현실들

2

20세기: 정오의 어둠?

20세기의 한복판에서 아서 케스틀러(Arthur Koestler 1905~1983, 헝가리 태생의 영국소설가·언론인·비평가—옮긴이)는 『정오의 어둠』(*Darkness at Noon*, 1940)이라고 이름붙인, 쏘비에뜨정권과 날조된 재판에 관한 소설을 썼다. 나는 이 소설을 쏘비에뜨 정권뿐 아니라 20세기 전체에 대한 메타포로 사용하고 싶다. 그러나 동시에 20세기는 많은 점에서 '자정의 환한 태양'이기도 했다. 실로 평가하기가 너무나 어려운 이 세기에 관해 우리가 생각하는 방식은 우리가 어디서 그리고 어느 순간에 이 세기를 관찰하느냐에 따라 상당히 달라진다. 우리는 이를테면 롤러코스터에 올라탄 셈이었다. 롤러코스터 승차가 둘 중 하나의 방식으로 끝난다는 것을 명심해야 한다. 보통 롤러코스터를 탄 사람들은 신나하거나 아니면 아주 무서워하겠지만 롤러코스터 자체는 대체로 출발점으로 되돌아간다. 그러나 가끔 롤러코스터가 탈선하기도 한다.

헨리 루스(Henry Luce 1898~1967, 『타임』『라이프』 등의 잡지를 창간한 중국 태생의 미국언론인—옮긴이)는 20세기를 '미국의 세기'라고 불렀다. 이는 단지 이야기의 일부일 뿐이지만, 그의 명명이 옳다는 것은 의심할 여지가 없다. 미국이 세계체제에서 헤게모니국가로 부상하기 시작한 것은 영국이 예전의 높은 지위에서 쇠퇴하기 시작한 연후인 대략 1870년경이다. 미국과 독일은 자신이 영국의 후계자라며 서로 경쟁했다. 어떤 일이 일어났는지는 잘 알려져 있고 간명하다. 미국과 독일 양국은 1870년과 1914년 사이에 각각 산업기지를 확장하여 영국을 추월했다. 그러나 하나는 바다와 하늘의 강국이었고, 다른 하나는 지상의 강국이었다. 이에 따라 그들의 군사투자의 성격이 그렇듯이 그들의 경제팽창의 노선 역시 달랐다. 미국은 이제는 쇠퇴하는 예전의 헤게모니국가 영국과 경제적·정치적 동맹을 맺었다. 결국에는 두 차례의 세계대전이 있었는데, 이 두 대전을 우리는 세계체제의 헤게모니를 결정짓기 위해 본질적으로 미국과 독일이 벌인 하나의 '30년 전쟁'으로 생각하는 것이 가장 적절하다.

독일은 세계체제를 하나의 세계제국으로, 그들이 말하는 '천년제국'으로 변모시키는 노선을 시험했다. 일찍이 나뽈레옹이 깨달았듯이, 제국적 정복노선은 자본주의 세계경제의 테두리 내에서 지배력을 장악하는 실행가능한 노선으로 작동한 적이 없었다. 세계제국적 공세는 군사적 활력과 저돌성이라는 단기적 이점을 갖고 있지만, 비용이 매우 많이 들고 반대세력을 단결시킨다는 중기적 불리함을 갖고 있다. 영국의 입헌적 반(半)자유주의적 군주제가 독재적인 짜르 러시아를 동원하여 나뽈레옹에 맞섰듯이, 미국의 반(半)자유주의적 대의제 공화국이 스딸린주의 소련을 동원하여 히틀러에 맞섰던 것이다. 아니, 나뽈레옹과 히틀러가 결과적으로 유럽대륙 양극단의 열강들을 단결시켜 그 사이에 위치한 탐욕스런 권력구조에 맞서게 하는 쾌거를 거둔 것이라고 할까.

그러면 우리는 이 투쟁의 결과를 어떻게 평가할 것인가? 구체적인 결과에서 출발해보자. 1945년, 유럽대륙의 도처에서 엄청나게 파괴적인 전투와 동아시아에서 이와 비슷한 정도의 파괴적인 전투——인명과 산업기반 양자 모두가 파괴되었는데——가 끝난 후, 미국은 전시증강의 결과로 경제적 손상을 입지 않았을 뿐더러 심지어 강해지기까지 한 유일한 주요 산업국이었다. 1945년 이후 몇해 동안 미국을 제외한, 이전에 경제적으로 앞선 지역들 모두에서 실제로 기아가 발생했으며 어쨌거나 이 지역들은 기본적인 재건이라는 힘겨운 과정을 겪었다.

그런 상황에서 미국의 산업체들이 세계시장을 지배하기는 무척 쉬웠다. 처음 이들 산업체의 주된 문제는 경쟁적인 판매자가 너무 많은 데 있는 것이 아니라 유효수요가 너무 적다는 데 있었다. 즉 유럽과 동아시아의 구매력이 줄어들어 세계적으로 구매자가 너무 적었다. 이 때문에 단순한 구제 이상의 것, 즉 재건이 필요했다. 하지만 그런 재건이 미국산업에 아무리 수지가 맞는다고 하더라도 미국의 납세자들에게는 값비싼 희생이었다.

이런 단기적 비용을 감당하는 일 때문에 미국정부는 정치적인 부담까지 안았다.

한편 정치적·군사적 문제도 있는 듯했다. 소련은 파괴에도 불구하고 유럽의 절반을 차지하면서 군사강국으로 떠올랐다. 소련은 자국을 전세계를 이론적으로는 사회주의로 (그런 다음 역시 이론적으로는 공산주의로) 선도할 사명을 지닌 사회주의 국가로 선포했다. 1945년에서 1948년 사이, 제2차 세계대전 말에 적군(赤軍)이 진출했던 지역에서 공산당의 보호 아래 이른바 인민민주주의(popular democracy) 정부가 하나씩 차례로 들어섰다. 1946년에 이르러 처칠은 슈테틴(Stettin 1차 세계대전 이전에는 독일영토였으나 2차대전 이후 폴란드의 'Szczecin'으로 바뀌었음—옮긴이)에서 뜨리에스떼(Trieste 아드리아해 북부에 위치한 도시로 1947년 유엔 관리 아래 있다가 1954년에 북쪽은 이딸리아령으로, 남쪽은 유고슬라비아령으로 나뉨—옮긴이)에 이르기까지 유럽에 드리워진 '철의 장막'을 언급하게 된다.

게다가 '1945년 이후' 시대가 시작된 직후에 공산주의 정당들은 수많은 유럽 나라들에서 매우 강세를 보였다. 프랑스, 이딸리아, 벨기에, 핀란드, 체코슬로바키아 등의 공산주의 정당들은 전후초기 선거에서 25~40%의 득표를 얻었다. 이는 그 정당들이 일찍이 제2차 세계대전이 일어나기 전부터 강했던데다 전시에 나찌즘과 파시즘에 대한 대대적인 저항에 활력을 불어넣는 역할을 해낸 결과였다. 아시아에서도 사정은 마찬가지였다. 중국에서 공산당은 정당성을 잃어버린 국민당정부에 맞서 상하이

(上海)로 진격했다. 공산주의 정당들 그리고 혹은 게릴라군대는 일본, 필리핀, 인도차이나, 그리고 네덜란드령 동인도제도에서도 그 힘이 두드러졌으며, 다른 곳에서도 무시할 수 없는 세력이었다.

공산주의운동은 순풍에 돛을 단 격이었다. 그들은 역사가 자기들 편에 있다고 주장했으며, 마치 그 주장을 믿는 것처럼 행동했다. 보수주의운동에서 중도좌파운동, 특히 다수의 사회민주주의운동에 이르는 대다수 운동들 역시 마찬가지였다. 그들은 몇해 뒤에는 그들의 나라도 인민민주주의로 바뀔 것을 우려했다. 그들은 그런 일이 일어나지 않기를 바랐다. 좀더 강조할 것은, 그들은 이제 수사적으로 '자유세계에 대한 공산주의의 위협'이라 불리는 것에 적극 저항할 태세를 갖추었다는 점이다.

지난 30년간 좌파와 우파 양쪽에서 상당량의 수정주의의 역사기술이 나왔다. 좌파 수정주의자들은 소위 공산주의 위협이라는 것이 세계체제에서 미국의 헤게모니를 확실하게 하는 한편 서구 자유주의국가들에서 좌파와 노동자운동을 억누르기(최소한 제한하기) 위해서 미국정부와 세계의 우파세력들이 만들어낸 허깨비였다고 주장하곤 했다. 우파 수정주의자들은, 특히 1989년 이후 쏘비에뜨 문서들을 구해 볼 수 있게 된 이래로, 실제로 소련을 위한 세계적 스파이망이 있었으며 소련이 비공산주의 국가들을 전복시켜 그 나라들을 인민민주주의로 변모시킬 의도를 명백히 갖고 있었다고 주장하는 경향이 있었다.

사실 좌파와 우파의 역사기술상의 수정주의자들은 모두 경험주의적 주장에서는 십중팔구 옳지만 그들의 역사적 해석에서는 근본적으로 틀렸다. 좌·우파 양측은 공개적으로 그리고 사적으로는 더욱, 수정주의자들이 지적하듯 그런 주장을 했음이 분명하다. 십중팔구 양측의 핵심기관에 있는 대다수 개인들은 그런 수사를 믿었거나 아니면 적어도 상당부분은 믿었을 것이다. 또 양측은 그런 팽창주의적 수사를 실행하는 방향으로 나아간 행위들에 참여했음이 분명하다. 마지막으로, 양측은 다른 측이 붕괴되는 모습을 보았다면 대단히 기뻐했을 것이며 대부분 붕괴되기를 희망하기까지 했다.

그럼에도 실제로 무슨 일이 일어났는가를 평가하려면 약간의 냉정함과 약간의 '현실정치'(Realpolitik)가 필요하다. 돌이켜보면 냉전이란 고도로 제어되고 세심하게 구축·감시된 훈련체계로서, 결코 통제를 벗어난 적이 없었으며 결코 모든 사람이 두려워한 세계전쟁으로 나아간 적도 없었음이 분명하다. 나는 냉전을 미뉴에트(3박자의 느린 춤곡—옮긴이)라고 부른 적이 있다. 게다가 1989년 당시의 국경선이 1945년 당시의 국경선과 거의 동일하다는 점을 생각하면 별로 많은 일이 일어나지 않았음을 알 수 있다. 결국 소련이 유럽을 침공하지도 미국이 동유럽을 '탈환'(즉 공산주의정권 끝장내기)하지도 않았다. 게다가 양측은 수사적인 요구와 달리 자제력을 보여준 경우가 많았다. 물론 이런 사태는 의도라기보다는 단지 교착상태의 결과일 뿐이라고 말할 수 있고, 어느정도 그것은 사실일 수 있다. 그럼에도 교착상태 자체는 무언의 의도에서 나온 행동부재에 의해 조장된 것이다.

이런 역사적 씨나리오는 좌·우파 각각의 동기와 우선사항들을 신중하게 평가할 것을 요구한다. 두 가지 코드명인 '얄따'와 '봉쇄'를 살펴보자. 얄따는 겉으로는, 해방된 나라들에서 정부를 구성하는 양식뿐 아니라 전후 예상되는 군대의 주둔과 이에 따른 지정학적 영향력의 테두리를 정했다. 봉쇄는 몇년 후 조지 케넌(George Kennan)이 만들어낸 독트린이었다. 케넌은 자기 입장을 피력했지만 간접적으로는 미국의 기성체제를 대변하기도 했는데, 그가 주장한 것은 바로 미국의 소련 봉쇄였다. 하지만 케넌의 봉쇄는 환영 대신의 봉쇄가 아니라 탈환 대신의 봉쇄였으니, 그는 열전이 되지도 않을 것이며 되어서도 안되는 냉전을 주창한 것이다. 덜레스(J. F. Dulles)는 1953년 아이젠하워 대통령 치하에서 국무장관이 되기 전에 케넌의 봉쇄에 반대하여 탈환을 주창했다. 그러나 일단 권좌에 오르자 사실상 봉쇄를 (가장 주목할 것은 헝가리혁명과 관련하여 1956년에) 실천했고, 탈환은 주변부 정치인들의 담론으로 밀려났다.

얄따와 봉쇄가 무엇을 성취한 것인지는──모든 행위자들의 내적 동기를 누가 알리요마는──매우 분명하다. 소련은 한 지역(우리가 흔히 중·동부유럽이라고 부르는 것의 대부분)을 자신의 절대적 통제력 하에 둔 것이다. 미국은 나머지 세계 모두를 자기 영역이라고 주장했다. 미국은 (선전의 수단으로 활용하는 경우를 제외하고는) 결코 소련영역에 간섭한 적이 없었다. 한편 소련은 정치선전과 약간의 돈을 투입한 것말고는 자기 영역 바깥의 어떤 지역에도 진정으로 간섭한 적이 없었으나, 다만 아프가니스탄은 심각한 예외였다(소련이 나중에 알게 되었지만 이는 큰 실책이었다). 물론 몇몇 나라들은 이런 미·소간의 '우호적인' 쌍무적 합의를 무시했는데, 이는 나중에 살펴보겠다.

얄따는 전후초기 미국이 세계경제의 우선권을 쥐려 한 문제와 무슨 관계가 있었을까? 앞서 말했듯이, 미국은 세계적으로 유효수요를 창출할 필요가 있었다. 그러나 그 일을 수행할 만큼 무궁무진한 돈은 없었다. 자국 자원을 배분함에 있어 미국은 경제적·정치적 이유 때문에 서유럽에 우선권을 부여했다. 그것이 마샬플랜(Marshall Plan)이었다. 그럼에도 우리가 기억해둘 것은 마샬플랜이 마샬(George C. Marshall)에 의해 모든 연합국에 제안되었다는 사실이다. 미국은 소련이 정말로 수락하기를 원했던가? 나는 그 점이 상당히 의심스럽거니와, 당시 국무부 대변인 한 명이 공개적으로 그런 의심을 시인하는 것을 들은 기억이 있다.

어쨌거나 소련은 그 제안에 동참하기를 거절했고 자국의 영향력 하에 있는 그 어떤 나라도 호의적인 반응을 보이지 않도록 단속했다. 이는 미국정부로서는 대단한 횡재였는데, 그 이유는 두 가지이다. 만약 소련이 마샬플랜에 동참하기로 했다면 비용이 너무 많이 들었을 테고, 게다가 미국의회가 그 계획안에 찬성표를 던지지 않았을 것이다. 마샬플랜에 대한 의회의 초당적 지지를 가능케 한 주된 논거는 공산주의를 봉쇄할 필요성이었다. 그렇다면 실제로 어떤 일이 일어나고 있었던가? 마샬플랜

원조는 얄따협정의 이면(裏面)이었다. 소련은 세계경제 내에서 중상주의적 블록을 자유롭게 수립할 수 있었지만, 그렇게 하면 재건과정에서 경제원조를 받지는 못할 것이다. 간섭도 않겠지만 원조도 않겠다는 것이었다. 미·소간의 이런 우호적인 합의가 위협받은 것처럼 보였던 유일한 때는 베를린장벽이 세워진 때였다. 그러나 베를린 봉쇄의 순수한 결과는 상황을 원점으로 되돌린 휴전협정이었으니, 미국에는 북대서양조약기구(NATO)를, 소련에는 바르샤바조약(Warsaw Pact)을 각각 출범시키는 핑계를 주었을 뿐이다. 또 이 사건은 양측이 군대에 훨씬 더 많은 돈을 사용할 핑계를 주었는데, 그것은 설령 장기적으로는 그렇지 않았지만 단기적으로는 경제에 유익했던 것이 사실이다.

물론 아시아는 이런 합의들에서 약간 소외되었다. 그런데 중국공산당은 소외당하고 있을 뜻이 없었다. 그래서 중국공산당은 스딸린의 생각과 달리 샹하이로 진격했다. 미국의 우파는 미국이 중국을 잃었다고 했으나 사실상 중국을 잃은 쪽은 소련이었으며, 이는 장기적으로 더욱 중요한 일임이 판명되었다. 그러자 한국전쟁이 발발했다. 어느 쪽이 무엇을 언제 시작했는지에 관한 진실이 무엇이든 간에, 지금 다시 돌이켜보면 미국도 소련도 그런 전쟁을 일으키고 싶지 않았다는 것은 분명한 듯하다. 미국은 숱한 인명을 잃었으나 소련은 그렇지 않았다는 차이는 있으나 장기간의 고약한 개입 후에 전쟁은 거의 원점으로 돌아온 휴전협정으로 끝났으니, 이는 베를린 봉쇄의 경우와 흡사한 결말이었다. 그러나 다시 한번 이 전쟁은 미국에 일본경제를 엄청나게 지원해주고 방위조약에 조인할 평계를 주었다. 미·소의 관점에서는 동아시아가 얄따협정에 참여한 셈이 되었다. 그리고 1955년 진먼(金門)·마쭈(馬祖)섬 분규 이후에는 중국 역시 사실상 얄따협정을 받아들인 셈이었다.

미국의 세기는 지정학적 현실이었으며, 그 속에서 나머지 하나의 소위 초강대국 소련은 하나의 역할, 하나의 목소리를 갖고 있었지만 그 울타리 속에서 뽐내고 돌아다니는 것 외에는 어떤 일을 수행할 진정한 힘을 갖지 못했다. 그러다가 1989년 그 울타리가 안에서부터 폭발한 것이다. 그러나 이런 내파(內破)와 함께 미국 헤게모니의 밑바닥에 깔린 정치적 정당화 역시 사라졌으며 이제 세계체제의 지정학도 바뀔 것이다. 이 주제는 나중에 살펴보기로 한다.

20세기의 두번째 거대한 사건에 눈을 돌려보자. 그것은 미국 헤게모니의 정반대로서, 범유럽적 지배력에 대한 비서구세계의 느리지만 꾸준한 반격이다. 사실 '유럽팽창'의 절정은 한세기 전인 약 1900년경이었다. 듀 보이스(Du Bois 1868~1963, 미국의 사회학자이며 20세기 초반의 가장 유명한 흑인운동가 가운데 하나—옮긴이)가 "20세기의 문제는 인종차별의 문제이다"라고 선포한 때가 바로 그 당시였다. 당시에는 아무도 그의 말을 믿지 않았으나 그 말은 절대적으로 옳았다. 심지어 제1차 세계대전 전에도 분석가들이 주목했어야 마땅한, 이른바 혁명들이 다수 일어났다. 멕시코, 아프가니스탄, 페르시아, 중국 등지의 혁명들, 그리고 그 못지않게 1905년 일본의 러시아 격파가 그것이다. 그 무렵에 이르러 비서구세계에는 상호격려하는 사회가 형성되어 있어서 이런 사건들이 널리 주목받았으며 유럽의 지배권에 맞서는 행동을 더욱 부추기는 역할을 했다.

사실 나는 우리가 러시아혁명을 프롤레타리아혁명으로서가 아니라—러시아혁명은 분명 그렇지 않았다—범유럽적 지배권에 반격하려는 노력들 가운데 가장 성공적이고 장엄한 경우로 생각해야 한다고 믿는다. 물론 수많은 러시아인들은 자신이 유럽인이라고 고집한다. 그리고 볼셰비끼들은 러시아에서 서구화주의자들과 친슬라브주의자들 사이에 지속된 오랜 논쟁에서 전자의 편이었다. 그러나 이런 사정은 범유럽적 지배권에 맞서는 운동들 속에 핵심적인 양의성이 있음을 가리킬 뿐이다. 볼셰비끼들은 분리와 통합을 모두 평등의 이름으로 동시에 요구하고 있었던 것이다. 아무튼 볼셰비끼들은 그토록 고대하던 독일혁명이 일어나지 않자 자기들의 생존과 세계적 역할이 전세계 반제국주의 투쟁과 연계되어 있음을 깨달았다. 이것이 1920년에 열린 바꾸회의(Baku Congress 공산주의 인터내셔널이 1920년 8월 바꾸에서 개최한 페르시아, 아르메니아, 터키의 노동자·농민회의─옮긴이)의 의미였다.

'1945년 이후'의 시기에 탈식민주의는 시대의 대세가 되었다. 식민주의 열강들이 영리하고 시의적절하게 철수한 것은 그 일부이다. 그러나 열강들의 이런 지혜는 대개는 세 대륙을 가로지르는 민족해방운동의 몇몇 영웅적인 투쟁의 결과였다. 지정학적으로 가장 큰 충격을 준 사건은 베트남, 알제리 그리고 꾸바의 민족해방운동이었다. 이 운동의 주체들 가운데 어느 것도 소련의 대리인이었다고 주장할 수는 없는 것이다. 상황은 정반대였다. 이 운동들은 본질적으로 얄따합의에 도전하여 지정학적 각축장에서 또다른 우선권을 요구하였고 그것에 소련과 미국 양자는 결국 무릎을 꿇어야 했다.

2000년을 1900년과 비교하면, 반제국주의 투쟁이 대단히 멋진 성공을 거두었지만 그럼에도 세계체제의 현실을 변모시키는 일에서는 이 투쟁에 참여한 사람들이 희망했고 의도했고 기대했던 정도에 훨씬 못 미친다는 데 동의하게 된다. 2000년에는 공식적인 의미의 식민지란 존재하지 않는다. 유엔 사무총장은 아프리카인(코피 아난Kofi Annan을 가리킴—옮긴이)이다. 그리고 공식적이고 공공연한 인종주의는 금기의 담론이 되었다. 다른 한편, 우리는 (이제는 잊혀졌지만 응크르마Nkrumah[가나의 식민지해방 투쟁을 이끈 지도자로 20세기 범아프리카주의의 선구자—옮긴이]의 적절한 용어인) 신식민주의가 얼마나 맹위를 떨치고 있는지 알고 있다. 아프리카인이 유엔 사무총장이 될 수 있지만 더욱 중요한 세계은행의 우두머리는 미국인이며, IMF의 우두머리는 서유럽인이다. 그리고 설령 인종주의적 수사가 금기라고 하지만, 현실은 예전처럼 돌아가고 모든 사람들이 인종주의의 작동을 허용하는 공인되지 않은 완곡한 어법을 이해하고 있다.

사실 반체제운동의 성공 자체가 그 운동의 해체를 초래한 주된 원인이었다. 19세기 후반의 다양한 반체제운동들은 정치적으로는 모두 약체이긴 하지만 사회변혁 전략을 발전시켰는데,

그 유명한 '2단계 계획'이 그것이다. 우선 각각의 국가가 대중을 동원하여 국가권력을 쟁취하고, 그런 다음 그 권력을 이용해 사회를 변혁한다는 것이다. 이 2단계 계획은 맑스주의자들이 노동자운동의 이름으로 채택한 전략이었다. 이는 정치적 민족주의자들이 채택한 전략이었다. 심지어 이른바 소수민족운동뿐 아니라 여성운동의 경우도 투표권이나 다른 정치적 권리에 집중하는 한에 있어서는 이 전략을 채택했다. 1900년 이 전략은 이런 운동들이 택한 유일하게 그럴듯한 노선인 듯했고 십중팔구 실제로 그랬을 것이다. 이 전략은 어려운 노선임이 틀림없는 듯했다. 1960년대에 이르러 전세계 곳곳에서 대중동원을 통해 제1단계를 성취했다. 거의 모든 곳에서 반체제운동이 집권했거나 적어도 부분적인 권력을 잡았다. 이제 사회변혁이라는 제2단계에 착수할 수 있었고 그 결과를 평가할 수 있었다. 그 결과가 기대에 훨씬 못 미친다는 것을 궁극적으로 발견한 쪽은 전투적인 운동가들과 대중이었는데, 그들은 자기들의 환멸을——처음에는 1968년 세계혁명에서, 그러고는 그 다음 30년간의 후속 혁명들에서——운동 그 자체와 운동의 지도자들에게 분출하게 되었다.

앞서 말한 20세기의 두 조류가 이 세기의 마지막 수십년간에 합류하게 되었다. 1989~1991년의 공산주의 붕괴는 1968년에 표면에 떠올랐던 환멸의 절정을 보여주었다. 동시에 그것은 미국의 정치적 버팀목들을 두 가지 방식으로 제거함으로써 미국의 세계권력에 조종(弔鐘)을 울리는 것이기도 했다. 한편으로 공산주의 붕괴로 말미암아 미국의 주요 경제적 경쟁자들인, 이제는 활력을 되찾은 서유럽과 일본이 미국의 지도력에 계속 복종할 정치적 정당성이 없어졌다. 다른 한편으로 반체제운동은 그간 대중적 정치활동을 일정한 방향으로 이끌어왔고 사실은 대체로 탈정치화시켜왔는데, 공산주의 붕괴로 말미암아 반체제운동이 대중적 정치활동에 행사했던 이런 제어력이 끝장났다. 그러므로 1900년과 비교할 때 2000년에는 범유럽세계가 지정학적으로 그리고 문화적으로 훨씬 약해졌고 나머지 세계는 자신이 동원한 공격수단을 다 써버린데다 이런 반체제운동들이 한때 가졌던 확신, 즉 역사가 그들의 편이라는 확신도 없이 경제적·정치적 곤궁 속에서 허우적대고 있었다고 하겠다. 따라서 자정의 환한 태양이 비친 오랜 기간(특히 1945년에서 1970년까지) 후에 범유럽세계와 나머지 세계 모두에는 정오의 어둠이 드리워졌다.

나는 지금 이 이야기에서 양차대전 사이의 나찌즘/파시즘의 공세라든지 최근에 우리가 겪었던 소위 종족정화(보통 '인종청소'라고도 한다—옮긴이)라든지 공산주의 정권들(그리고 물론 그밖의 수많은 정권들)의 굴라그(Gulag 옛 소련의 정치·사상범 교정을 위한 강제노동수용소—옮긴이) 만행에 관해 언급하지 않았다. 이런 사건들이 중요하지 않은가? 끔찍한 수난은 항상 중요하며 언제나 도덕적 혐오감을 불러일으킨다는 의미에서 물론 중요하다. 하지만 우리는 이런 만행들의 원인과 궤적을 어떻게 평가할 것인가? 다수인 중도파의 주장은 이렇다. 이 만행들은 세계체제 내에서 가장 큰 힘을 갖고 있던 사람들이 세계체제를 위해 마련한 온건하고 안정된 노선에서 벗어난 이데올로기적 오만함과 집단적인 사회적 일탈 때문에 일어났다는 것이다. 아우슈비츠는 비합리적인 인종차별주의의 결과였고 굴라그는 유토피아의 오만한 강요(와 기대)의 결과였으며 종족정화는 격세유전적이고 문화적으로 각인된 외국인혐오증의 결과였다고들 한다.

상세한 내역을 보지 않더라도 이것은 믿기 어려운 분석이다. 아우슈비츠, 굴라그, 그리고 종족정화는 모두 역사적인 사회체제, 즉 자본주의 세계경제의 테두리 내에서 일어났다. 우리는 이 체제의 어떤 면모가 이런 현상을 낳았는지, 무엇이 20세기에는 이런 현상을 이전에는 없던 방식과 정도로 번창할 수 있도록 허용한 것인지 물어야 한다. 우리는 계급투쟁이 지속되었던 하나의 체제 속에 살고 있다. 우리는 주민들의 지속적인 양극화——경제·정치·사회적 양극화 그리고 이제는 심지어 인구학적 양극화——를 동반하는 하나의 체제 속에 살고 있다. 우리는 처음부터 인종차별주의와 성차별주의를 그 구조 속에 박아넣은 하나의 체제 속에 살고 있는 것이다. 그리고 우리는 또 체제 자체의 정당성과 생존가능성을 의심하는 반체제운동을 그 구조 속에 지닌 하나의 체제 속에 살고 있다.

1900년이 1800년과 다른, 나아가 1700년이나 1600년과는 더욱더 다른 면들 가운데 하나는 전지구적 카지노의 판돈이 훨씬 커졌다는 점이다. 이기고 지는 것이 싸우는 사람들한테 훨씬 중요한 결과를 지니게 되었다는 것인데, 그 이유는 개체와 집단이 사회적으로 (위로 그리고 아래로) 이동할 가능성이 점점 더 커졌기 때문이기도 하고, 승패의 간격이 점점 더 벌어지면서 산술적인 속도가 아닌 기하급수적인 속도로 꾸준히 늘어났기 때문이기도 하다. 나는 여기서 이런 현상들의 구체적인 모습을 해명하려고 하지 않겠다. 다만 그런 설명을 체제의 작동 속에서 찾아야지 체제의 본래 작동에서 이탈한 것으로 여기는 몇몇 사례에서 찾을 수 없다는 것을 강조하고 싶다. 또 나는 이런 사건들을 겪은 사람들 모두에게 이 사건들이 아무리 끔찍하더라도 그것들은 근대 세계체제의 역사적 전개에 있어서 20세기의 두 핵심적 현실보다는 덜 중요한 것이라는 점을 강조하고 싶다. 두 핵심적 현실은 미국 헤게모니의 상승과 쇠퇴의 시작 그리고 유럽 바깥세계의 장대한 정치적 재천명인데, 이는 모든 사람들이 생각했던 것만큼 변하지는 않았다.

20세기 자본주의 세계경제를 19세기 자본주의 세계경제와 비교해보면, 정말로 주목할 만한 차이점이 하나 있다. 19세기는 '진보의 세기'(the century of progress)로서, 자본주의체제가 마침내 과학기술의 결실을 맺고 자본축적의 잠재력을 갖고 있는 듯했다. 19세기는 새로 부상하는 자유주의 지구문화(geoculture)가 구체제의 마지막 문화적 자취를 일소하는 듯한 세기였으며 시민들이 마침내 주권의 담지자로서 권좌에 앉은 세기였다. 19세기는 그 핵심지대에서는 '곽스 브리타니카'(Pax Britannica)의 세기 (혹은 적어도 사람들이 이따금씩 이 체제의 파열을 무시하도록 기만당한 세기)이자 유럽 바깥지역에서는 제국주의적 정복의 마지막 세기였다. 또 부르주아, 백인, 남성,

기독교인, 그리고 숙련기술자라는 것이 문명의 증거였고 전진을 보장받은 세기였다. 이 때문에 1914년 1차대전의 발발은 범유럽지대 내에서는 대단한 문화적 충격이었다.

서두에서 말했듯이 20세기는 하나의 롤러코스터였다. 다른 한편, 모든 분야에서 과학기술의 진전들이 19세기의 기대치를 훨씬 앞질렀다. 우리는 쥘 베른(Jules Verne)식의 환상 속에 살고 있으며 향후 30년간 훨씬 더 많은 것을 누리리라고 약속받고 있다. 설령 여러 차례의 대재앙 탓에 파괴당한 자본 축적분을 전부 뺀다고 해도 자본축적에 대해서도 마찬가지의 이야기를 할 수 있다. 완전한 시민권의 요구가 모든 곳에서 채택되었고 19세기의 가장 과감한 시민권 옹호론자의 상상을 훨씬 넘어섰다는 점에서 세계의 민주화 역시 빠른 속도로 진전되었다. 우리는 이렇듯 자정의 환한 태양과 같았던 것이다.

그러나 우리 모두가 알고 있듯이, 21세기에 들어 우리는 어느 곳에서나 공포, 혼란, 필사적인 다툼에 다시 에워싸여 있다. 우리는 20세기의 만행들에 낙심하고 있다. 우리는 실패들──세계 자유주의 유토피아를 건설하겠다는, 미국 이데올로그들의 거듭된 약속을 미국이 충족시키지 못한 것과 반체제운동이 적어도 최근까지 줄곧 약속해온 새로운 사회, '노래 부르는 미래'(les lendemains qui chantent)를 그 운동이 건설하지 못한 것──에 더욱 낙심하고 있다. 마치 자본주의체제의 점점 더 빨라지는 놀라운 성장이 통제를 벗어나 도처로 전이되는 암을 만들어낸 듯한 형국이다.

우리는 불확실성과 얼굴을 맞대고 있다. 프리고진(Ilya Prigogine)이 불확실성이란 우주의 핵심적인 현실이며, 현재의 역사적 상황만은 아니라고 우리에게 말하는 것은 얼마든지 좋다. 그러나 우리는 그래도 이런 상황이 마음에 들지 않고, 심리적으로 그리고 정치적으로 다루기가 어렵다는 것을 안다. 우리는 한 역사적 체제의 마지막 국면에, '이행의 시대'(age of transition)에 처해 있다. 우리는 이행의 시대에 우리의 지적, 도덕적, 따라서 정치적 의무에 최선을 다해야 한다. 첫번째 할 일은 우리가 어떤 상황에 처해 있는가를 명확하게 파악하는 것이다. 로자 룩셈부르크(Rosa Luxemburg)는 20세기 초에 이미 "한 사람이 할 수 있는 가장 혁명적인 일은 언제나 어떤 사태가 일어나고 있는가를 소리높여 천명하는 것이다"라고 말한 바 있다.

그러나 일단 우리가 그 일을 한 다음에는 우리의 친구들과, 우리의 동맹자들과, 그리고 좀더 민주적이고 평등한 세계를 원하는 듯한 사람들 모두와 적어도 개략적인 윤곽만이라도 우리가 어떤 종류의 구조를 원하는지, 그리고 대규모의 역사적 이행기의 매우 격렬하지만 혼란이 불가피한 투쟁에서 우리가 어떤 전략을 사용할 것인지 논의해야 한다. 우리는 위계를 벗어버리고 상당히 개방적으로, 그리고 어느정도의 겸손함을 가지고 이런 논의를 해나가야 한다. 다른 한편으로 최소한의 포용기준을 어느정도 명확히하고 장기적인 역사적 관점을 어느정도는 유지하면서 논의해야 한다.

이 일은 쉽지 않을 것이다. 이런 논의는 물론 이미 진행중이다. 그러나 충분하지는 않다. 우리는 학계에서 그리고 좀더 공개적인 영역에서 우리의 목소리를 보태야 한다. 우리는 진지해야 한다. 우리는 헌신적이어야 한다. 우리는 냉정해야 한다. 그리고 우리는 상상력이 풍부해야 한다. 결코 작은 주문이 아니다. 그러나 힐렐(Hillel 『탈무드』에 나오는 유태교의 랍비-옮긴이)이 2000년 전에 말했듯이, 내가 아니라면 누가, 지금이 아니라면 언제 이 일을 하겠는가?

3

지구화: 세계체제의 장기적 궤적

 1990년대는 지구화에 관한 담론으로 흘러넘친 시기였다. 우리는 거의 모든 사람들한테서 우리가 지금 지구화의 시대에 살고 있으며, 그것도 처음으로 살고 있다고 말하는 소리를 듣는다. 우리는 지구화가 모든 것을 변화시켰다는 말을 듣는다. 곧 국가의 주권이 쇠퇴하고, 시장의 법칙들에 저항할 수 있는 사람들의 능력이 모두 사라졌으며, 문화적 자율성을 누릴 가능성이 사실상 폐기되고, 우리의 정체성에 관한 안정성 여부가 심각한 의문에 빠졌다는 것이다. 이렇게 추정된 지구화의 상태에 어떤 사람들은 환호성을 질렀고 다른 사람들은 개탄을 금치 못했다.

 이 담론은 사실 오늘날의 현실에 대한 엄청난 오독이다. 이는 권력을 쥔 집단들이 우리에게 부과한 기만이자, 더욱 심각하게는 이것이 종종 절망스럽게도 우리가 우리 자신에게 부과한 기만이라는 것이다. 이 담론은 우리로 하여금 우리 앞에 놓인 진정한 쟁점들을 무시하고 우리가 처한 역사적 위기를 오해하도록 만든다. 우리가 지금 변혁의 순간에 있는 것은 분명하다. 그러나 이 순간이 명확한 규칙들로 이미 수립된 새로이 지구화된 세계의 순간은 아니다. 오히려 우리는 이행의 시대에 살고 있으며, 이 이행은 지구화의 정신을 따라잡아야 할 몇몇 후진국에만 해당하는 것이 아니라 자본주의 세계체제 전체가 다른 무언가로 변하는 차원의 이행이다. 미래는 필연적이고 다른 대안이 없는 것이기는커녕 이 이행을 통하여 결정되는 중이며, 그 결과는 극히 불확실하다.

우리가 보통 '지구화'(globalization)라는 말로 표현하고자 하는 과정들은 사실 전혀 새로운 것이 아니다. 이 과정들은 약 500년 동안 존재해왔다. 오늘날 우리가 해야 하는 선택은 이 과정들에 따를 것인가 말 것인가가 아니라 오히려 이 과정들이 붕괴되는 경우—실제로 곧 붕괴될 텐데—과연 무엇을 할 것인가이다. 대부분의 설명들을 읽으면 '지구화'는 1990년대에—어쩌면 소련의 붕괴와 더불어 또는 그 몇년 전에 비로소—등장한 것이라고 생각할 것이다. 그렇지만 1990년대는 지금 어떤 일이 일어나는지를 분석하고자 하는 경우에 사용할 의미있는 시간대가 아니다. 오히려 우리는 다른 두 시간대, 즉 1945년부터 오늘날에 이르는 시기와 1450년경부터 오늘날에 이르는 시기 안에서 지금 상황을 고찰해야 가장 풍부한 성과를 얻을 수 있다.

1945년부터 오늘날에 이르는 시기는 자본주의 세계경제의 전형적인 꼰드라띠예프(Kondratieff) 주기의 시기인데, 그것은 언제나 그렇듯이 두 부분으로 나뉘어 있다. 하나는 A국면, 즉 상승운동 또는 경제적 팽창의 시기로, 1945년부터 1967/1973년에 이르는 시기이다. 다른 하나는 B국면, 즉 하강운동 또는 경제적 수축의 시기로, 1967/1973년부터 오늘날에 이르는 시기인데 이 시기는 아마도 몇년은 더 지속될 것이다. 이와 달리 1450년부터 오늘날에 이르는 시기는 자본주의 세계경제의 생명주기를 나타내는 것으로서, 그것은 발생의 시기와 정상적 발전의 시기를 거쳐 이제 마지막 단계인 위기의 시기로 접어들고 있다. 현상황을 이해하기 위해서 우리는 이 두 가지의 사회적 시간들을 구별하고 각각에 대한 경험적 증거를 고찰할 필요가 있다.

두 가지 사회적 시간 가운데 우리가 속해 있는 꼰드라띠예프 주기가 여러 측면에서 이해하기 더 쉽다. 이 주기는 지금까지 상당한 연구가 진행되어온 이전의 모든 꼰드라띠예프 주기들과 비슷하기 때문이다. 현 꼰드라띠예프 주기의 A국면은 프랑스인들이 적절하게도 '영광의 30년'(les trente glorieuses)이라고 이름붙인 시기였다. 그것은 세계체제에서 미국의 헤게모니가 최고조에 이른 싯점과 일치하며, 미국이 1945년 이후에 수립한 세계질서의 틀 내에서 나타났다. 알다시피, 미국은 제2차 세계대전을 거치면서 전시파괴로 산업을 손상당하지 않고 영토도 별로 훼손당하지 않은 유일한 주요 산업국가로 부상했다. 물론 미국산업들은 한 세기 이상 효율성을 향상시켜왔다. 이러한 장기적인 경제발전이 세계생산의 다른 주요 중심지였던 경제구조들의 문자 그대로의 '붕괴'와 맞물리면서 미국은 적어도 한동안 생산성에서 엄청난 우위를 누릴 수 있었고, 미국제품은 쉽사리 세계시장을 지배할 수 있었다. 나아가 이는 가치와 실질생산 면에서 자본주의 세계경제 역사상 가장 커다란 팽창을 가능하게 했으며, 동시에 세계 사회체제에 막대한 부와 막대한 사회적 긴장을 만들어냈다.

1945년 당시에 미국은 두 가지 주요 문제를 안고 있었다. 미국은 자국의 경제적 우위로부터 이익을 획득할 수 있는 상대적으로 안정적인 세계질서가 필요했다. 그리고 자국의 번성하는 생산기업들을 위한 고객을 확보하기 위해 나머지 세계에서 어느정도 유효수요를 재창출할 필요가 있었다. 1945년에서 1955년까지의 시기에 미국은 큰 어려움 없이 이 두 문제를 해결할 수 있었다. 세계질서의 문제는 두 부분에서 해결되었다. 한편으로 미국은 자국이 정치적으로 통제할 수 있고 세계질서의 형식적인 틀을 제공하는 일련의 국가간 기구들——특히 국제연합, 국제통화기금, 세계은행——을 수립했다. 그리고 다른 한편으로——이것이 더 중요한데——미국은 1945년 이후의 세계에서 자국을 제외하고는 유일한 군사강대국인 소련과 협정을 맺었다.

10년에 걸쳐 구체화된 얄따협정은 기본적으로 세 가지 조항으로 이루어졌다. 첫째, 세계를 사실상 미국지역(세계의 대부분)과 소련지역(그 나머지)으로 분할하며, 분할선은 제2차 세계대전이 끝나는 싯점에서 각자의 군대가 주둔하고 있던 지역을 따라서 긋는다는 것이었다. 둘째, 소련지역은 원한다면 독자적인 생산체계를 강화할 때까지 미국지역과의 무역거래를 최소한으로 축소할 수 있다는 것이었는데, 단 여기에는 미국이 이 지역의 경제재건을 지원하지 않을 것이라는 대응조치가 붙었다. 셋째, 양측은 수사를 이용해 격렬하고도 적대적으로 상대편을 공격할 수 있고 실제로 그렇게 하도록 권장받기까지 했다는 것이다. 이 조항의 주요기능은 미국과 소련이 자기 지역에 대한 정치적 통제권을 강화하기 위해서인 것처럼 보였다. 결국 휴전협정으로 애초의 분할선을 재확인한 베를린 봉쇄와 한국전쟁은 둘다 이러한 전지구적 합의의 최종 결정판이었다.

미국의 생산에 필요한 충분한 세계 유효수요를 창출하는 문제는 서유럽에 대한 마샬플랜과 그에 상응하는 일본에 대한 경제원조를 통해 해결되었으며, 이 가운데 후자는 특히 한국전쟁 발발 후에 그 전쟁을 구실로 이루어졌다. 미국은 냉전의 긴장을 이용해서 군사적 유대——북대서양조약기구(NATO)와 미일안보조약——로써 이러한 경제적 연계를 강화했으며, 이 때문에 이 지역들은 국제무대의 모든 주요 쟁점들과 관련하여 정치적으로 미국의 주도를 충실하게 따르게 되었다.

물론 모두가 이러한 합의들에 만족스러워한 것은 아니었다. 무엇보다도 얄따의 혜택에서 배제된 세력들이 있었다. 제3세계 전체, 서구세계 내에서 가장 적은 혜택을 받은 집단, 그리고 중·동부유럽의 소련 위성국들이다. 이들은 이러한 합의의 구속을 감내했지만 그것을 반기지는 않았다. 배제된 세력들은 어느 정도 규칙적으로 그리고 경우에 따라서는 아주 강력하게 힘을 분출했다. 바로 1945~48년의 중국, 베트남, 알제리, 1956년의 헝가리, 꾸바, 남부 아프리카 등이다. 이러한 연이은 힘의 분출은 미국 주도의 세계질서에 대해서는 물론 실제로는 소련에도 여러 문제를 제기했다. 그러나 그러한 분출들은 마치 강력한 권투선수의 복부를 타격하는 펀치와도 같았기에, 그 펀치들은 흡수될 수 있었고 실제로 흡수되었다. 한 가지 커다란 예외는 베트남전쟁이었다. 이 전쟁으로 미국은 재정과 인명에서, 그리고 국가적 사기라는 면에서도 출혈을 경험하기 시작했다.

그러나 미국에 가장 심각한 타격이자 흡수하기에 가장 어려운 타격은 서유럽 및 일본의 경제회복과 뒤이은 번영이었다. 1960년대에 이르러 이들 나라와 미국 사이의 생산성 격차는 상당히 좁혀졌다. 서유럽 나라들과 일본은 국내시장에 대한 장악력을 회복하고 제3국시장에서 미국제품과 효과적으로 경쟁하기에 이르렀다. 이들 나라는 심지어 미국시장에서도 경쟁력을 발휘하기 시작했다. 이로써 1960년대 후반에 이르러 미국의 자동적인 경제적 우위는 대체로 사라졌다.

서유럽과 일본의 생산 회복과 팽창에서 비롯된 세계생산의 증대는 세계시장의 공급과잉과 함께 철강, 자동차, 전자 같은 주요 산업부문들의 이윤율 급락을 불러왔다. 그 결과로 나타난 세계경제의 침체를 분명히 드러내준 것은 다음의 두 가지 주요 사건이다. 하나는 미국이 불가피하게 금본위제를 포기한 것이었고, 다른 하나는 1968년 세계혁명이었다. 첫번째 상황은 미국이 헤게모니 강화를 위해 정치·군사비 지출을 늘렸는데 이것이 세계시장에서의 경쟁력 약화와 겹치면서 미국한테 상당한 경제적 부담을 안겨주었고 이 때문에 미국의 잉여재정은 고갈됐다. 미국은 A국면에서 그토록 쉽게 누렸던 경제적 우위를 유지하기 위해 이제는 정치적으로 엄청난 노력을 기울여야만 했고, 어느 정도 긴축통화 정책을 실시하기에 이르렀다.

1968년 세계혁명은 잘 짜여진 미국 헤게모니 중심의 세계질서에서 배제된 모든 이들의 불만이 표출된 것이다. 1968년 혁명들이 세부적으로는 세계체제의 다양한 각축장마다 서로 달랐지만, 그와 같은 봉기들이 도처에서 일어난 것만은 분명하다. 여기에 나는 흔히 주목하듯이 서구세계와 일본에서 일어난 명백한 1968년 사건은 물론이고 멕시코, 쎄네갈, 튀니지, 인도를 비롯한 다른 많은 제3세계 나라들에서 일어난 다양한 사건들뿐만 아니라 1966년에 시작된 중국의 문화대혁명, 1968년 체코슬로바키아의 '인간의 얼굴을 한 사회주의'로의 전환까지를 포함시키고자 한다. 지역적 상황은 저마다 달랐을지언정 어디서나 되풀이되는 두 가지 주제가 있었다. 첫째는 미국 헤게모니와 그 헤게모니에 대한 소련의 공모에 반대하는 것이었다. 둘째는 모든 형태의 구좌파에 대한 환멸이었다. 이 환멸은 다름아닌 구좌파 운동들의 성공 자체에서 비롯된 예기치 못한 결과였다. 사실은 역설적이게도 (아니, 어쩌면 그렇게 역설적인 것이 아닐 수도 있는데) 미국이 헤게모니를 장악한 바로 그 시기에 구좌파운동들이 거의 모든 지역에서—엘베강에서 압록강에 이르는 사회주의 나라들에서는 공산주의 정당들이, 서유럽·북아메리카·오스트랄라시아(오스트레일리아·뉴질랜드 및 그 부근의 남태평양 섬들―옮긴이)를 포함하는 범유럽세계에서는 사회민주주의 정당들이나 그 아류들이, 제3세계에서는 민족해방운동들, 또는 라틴아메리카에서는 그에 상당하는 대중주의운동들이―권력을 장악한 것이다(이런 상황은 어쩌면 그렇게 역설적인 것이 아닐 수도 있다). 그들은 권력을 장악하기는 했지만 자신들이 구상했던 제2단계인 사회의 변혁을 성취하지는 못했다. 적어도 1968년의 혁명가들은 그렇게 생각했다. 권력을 장악한 운동들은 그들이 한 역사적 약속을 지키지 못한 것으로 여겨졌다.

세계경제가 장기적인 경기침체의 시기로 접어든 것은 바로 이 싯점이다. 세계경제의 불황을 보여주는 결정적인 지표는 생산에서 얻는 이윤이 그 앞시기인 A국면에서 얻었던 수준보다 상당히 낮아졌다는 사실이다. 이것은 일련의 분명한 결과들을 낳는다. 첫째, 자본을 지닌 사람들은 이윤을 추구하는 중심무대를 생산영역에서 금융영역으로 이동시킨다. 둘째, 전세계적으로 실업이 증대한다. 셋째, 고임금지역에서 저임금지역으로 생산중심지가 이동한다(예전에는 이런 현상을 '도피공장'이라고 불렀다). 이러한 세 가지 결과는 1970년 무렵부터 전세계적으로 발생했다고 볼 수 있다. 투기활동은 끝없이 확대되었는데, 물론 이를 통해 상대적으로 적은 수의 사람들은 적어도 거품이 터지기 전까지 많은 수익을 얻을 수 있다. 생산은 북아메리카와 서유럽, 심지어 일본에서 세계체제의 다른 부분들로 대거 이동하였으며, 그 결과 이들 지역은 자신들이 '산업화'되고 있으며 그러므로 발전하고 있다는 주장을 펼치게 되었다. 이런 사태를 다른 방식으로 이해해보자면, 이들 반주변부 나라들이 이제 이윤율이 낮아진 산업들을 받아들이게 되었다는 것이다. 그리고 어느 곳에서나 실업이 증대했다. 이는 '남(南)'의 대다수 나라에서는 물론이고 '북(北)'에서도 마찬가지였다. 물론 실업률이 모든 나라에서 똑같을 필요는 없다. 전혀 그렇지 않다! 실로 이 시기에 모든 국가의 정부들이 펼친 주요 활동 가운데 하나는 실업부담을 다른 국가들로 이전시키려는 것이었지만, 그와 같은 이전은 일시적으로만 성공을 거둘 수 있을 뿐이다.

이러한 씨나리오가 실제로 어떻게 전개되었는지 간략하게 살펴보도록 하자.

1970년대 초의 가장 놀라운 경제적 사건은 OPEC의 유가인상으로, 지금은 거의 잊혀졌지만 당시는 전세계 신문의 머릿기사를 장식한 사건이었다. 주요 산유국들은 갑작스럽게 사실상 심각한 카르텔을 형성하고 세계시장의 석유가격을 상당수준 인상했다. 처음에는 이것을 북의 주요 국가들에 맞선 제3세계 국가들의 영리한 정치적 조치라고 환호하는 이들이 있었다. 그러나 사람들은 곧 뭔가 이상한 점을 찾아냈다. OPEC의 결정은 리비아와 알제리 같은 이른바 과격한 국가들이 오랫동안 주장해온 것이기는 하지만, 중동에서 미국의 가장 가까운 두 맹방인 사우디아라비아와 이란의 왕조국가가 갑자기 열광적인 지지를 보내자 비로소 가능해진 것이다. 참으로 묘한 일이 아닐 수 없다!

유가인상의 효과는 즉각적으로 나타났다. 이는 사실상 다른 모든 제품들의 가격을 인상시켰지만 가격인상은 불균등했다. 이는 많은 상품들의 생산을 감축시켰는데, 그것은 생산과잉이라는 조건에서는 유용한 것이었다. 원자재 수출로 벌어들이는 소득에 의존하는 나라들은 그들의 수입품 가격이 상승하는 바로 그 순간에 이러한 원료에서 벌어들이는 소득의 하락을 겪어야 했다. 따라서 이들 나라는 심각한 국제수지 적자에 직면했다. 석유판매로 증대된 소득은 무엇보다도 산유국들과 석유산업계의 초국적 거대기업들인 이른바 쎄븐 씨스터즈(Seven Sisters 흔히 메이저로 불리는 7대 국제석유자본으로 미국계 5개, 영국계와 영국·네덜란드계 각각 1개로 이루어져 있다. OPEC이 결성되고 산유국들에서 자원민족주의가 고양되면서 석유에 대한 이들의 지배력은 많이 약화된 것이 사실이지만 여전히 막강한 힘을 갖고 있다—옮긴이)에게 돌아갔다. 산유국들은 갑작스레 금융과잉 상태에 빠지게 되었다. 그 가운데 일부는 산유국측의 증대된 지출에, 대개는 북에서 수입품을 사들이는 데 충당되었으며, 이것은 북의 나라들의 수요를 회복하는 데 도움을 주었다. 그러나 나머지 돈은 대개 미국과 독일의 은행계좌로 흘러들었다. 은행으로 흘러들어 늘어난 자금은 누군가에게 대출되어야만 했다. 이들 은행은 국제수지 적자, 극심한 실업, 그로 인한 내정 불안에 시달리는 빈국들의 재무부를 상대로 공격적인 차관판매를 펼치기 시작했다. 이들 나라는 엄청난 액수의 돈을 빌렸지만, 그후 차관을 상환하기 어렵다는 사실을 알게 되었다. 차관에 대한 이자가 증대하면서 1980년 무렵에는 채무액이 도저히 감당할 수 없는 지경에까지 이르게 된 것이다. 일본이 갑작스럽게 경쟁력의 우위를 확보한 것은 바로 이 싯점이었으며, 서유럽도 상황이 그리 나쁘지는 않았다. 이에 반해 미국은 이 당시 이른바 경기침체에 시달리고 있었다.

그러는 동안 미국은 이런저런 자문기구들을 수립함으로써 서유럽과 일본에 대한 정치적 영향력을 유지하고자 했다. 삼자위원회와 G7(이것은 지스까르 데스땡 Valéry Giscard d'Estaing이 제안한 것으로, 그는 이를 통해 미국의 권력을 제한할 수 있을 것이라고 생각했지만, 실제로는 정반대의 결과가 나타났음을 언급할 필요가 있다)이 그것이다. 베트남전 패배 이후 미국이 보인 정치적 대응은 제3세계에서 당분간 '저자세'를 취하는 것이었다. 미국은 앙골라, 니카라과, 이란, 캄보디아 같은 지역에서 좀더 유연한 태도를 보였다. 그러나 그와 같은 미국의 유연성에 대해 모두가 자신들의 요구를 줄이는 것으로 대응한 것은 아니었다. 아야톨라 호메이니(Ayatollah Khomeini)가 지배하는 이란의 새로운 혁명정부는 미국을 대사탄 (그리고 소련을 제2사탄)이라고 비난하고 미국 외교관들을 감금하면서 국가간에 정해진 게임규칙들을 거부하고 나섰다. 자유주의적 중도주의와 케인즈주의 경제학은 갑자기 구식이 되었다. 마거릿 새처는 이른바 신자유주의를 채택했는데, 그것은 실제로는 1848년 이래로 나타난 적이 없는 유형의 공격적 보수주의로서, 복지국가에 의한 재분배를 반전시켜 하층계급보다는 상층계급에게 혜택이 돌아가도록 하는 시도를 수반했다.

1970년대가 이와 같이 파국으로 끝이 났다면, 1980년대 역시 그 못지않은 파국을 맞이했다. 빈국들에게 빌려준 차관이 걷잡을 수 없는 지경이 되면서 채무위기가 시작되었다. 시작은 흔히 주장하듯이 멕시코가 채무를 상환할 수 없다고 선언한 1982년이 아니라 폴란드의 기에렉(Gierek)정부가 노동계급을 쥐어짜는 것으로 채무문제에 대처하기로 결정한 1980년이었다. 폴란드의 이러한 조치는 그다니스크에서 쏠리다르노씨치(Solidarność 이른바 자유연대노조—옮긴이)가 출현하면서 엄청난 저항에 부딪치게 되었다. 폴란드에서 일어난 일련의 사건들은 얄따협정의 핵심 요체인 중·동부유럽의 소련위성체제의 종말을 알리는 조종이었다. 물론 그것이 완전히 해체되기까지 10년이라는 시간이 더 걸리기는 했지만 말이다. 바로 이 시기에 소련은 아프가니스탄을 침공하는 결정적인 전술적 오류를 범했다. 소련은 이로써 미국이 베트남에서 당한 것과 똑같은 방식으로 출혈을 겪게 되지만 그 여파를 견뎌내기에는 미국에 비해 사회적 탄력이 적었다.

1980년대는 몇개의 약호어구로 요약해볼 수 있다. 첫째는 '채무위기'로서, 이것은 (아프리카는 물론이고) 라틴아메리카의 대부분 지역과 중·동부유럽에까지 타격을 가했다. 채무위기는 중·동부유럽의 경제적 현실이 제3세계의 그것과 본질적으로 다르지 않다는 사실을 드러냈다. 둘째는 동아시아의 '나는 거위들'(flying geese)로서, 일본경제가 세계경제 내에서 놀라운 속도로 질주해나갔고, 뒤이어 네마리의 용(남한·타이완·홍콩·싱가포르)이, 마지막으로 동남아시아와 중국 본토가 마찬가지로 느릿느릿 따라갔다. 셋째는 레이건행정부의 '군사적 케인즈주의'이다. 레이건행정부는 군사구조를 세운다는 미명하에 특히 일본에서 막대한 액수의 정부차관을 들여와 경기후퇴와 높은 실업률을 극복했다. 하지만 이로써 미국은 엄청난 액수의 국가 채무를 떠안게 되었다. 넷째는 미국 주식시장에서 '정크본드'(junk bonds 신용등급이 낮은 기업이 발행하는 고위험·고수익 채권—옮긴이)가 급증한 것이다. 이것은 본질적으로 대기업들이 생산체계를 희생시켜 단기적인 투기 이윤을 얻을 목적으로 엄청난 액수의 돈을 차입했다는 의미이다. 이것은 다시 이른바 기업감량(downsizing)을 불러왔으며, 이는 경제 내에서 중간소득계층을 저임금 일자리로 밀어내는 것을 의미했다.

1980년대에 세계경제는 동아시아를 제외하고 전반적으로 상황이 나빠 보였다. 물론 동아시아도 금융 투기꾼들이 엄청난 이윤을 획득하는 것을 막아내지는 못했지만 말이다. 그리고 이와 더불어 한동안 중상층 가운데 이른바 여피족이라는 특정 계층이 번영을 누리면서 전세계적으로 사치품시장과 부동산시장에서 인플레이션 압박을 불러일으켰다. 그러나 세계는 대부분 통화시장의 붕괴로 인한 소득의 손실과 디플레이션을 겪었다. 이러한 전세계적인 불황 여파로 소련이 무너져갔다. 아니 오히려 고르바초프는 배 바깥으로 바닥짐을 내다버리는 식으로 소련의 와해를 막으려고 온갖 노력을 기울였다. 그는 일방적으로 군비축소를 단행하고 그에 상응하는 조치를 미국에 강요했다. 그는 아프가니스탄과 함께 사실상 중·동부유럽마저 포기했다. 그리고 조심스럽게 국내 정치체제를 개혁하고자 했다. 그의 몰락은 그가 소련 자체 내에서 막 등장하고 있던 민족주의 세력, 무엇보다도 러시아 민족주의 세력을 지나치게 과소평가했다는 사실 때문이다.

얄따협정의 내구력은 사라졌으며, 이는 소련의 허약함 못지않게 미국 때문이기도 했다. 미국도 고르바초프도 얄따협정이 무너지는 것을 원치 않았다. 그러나 세계경제의 장기 불황은 그것을 붕괴시켰다. 그리고 일단 넘어지고 난 뒤에는 다시 일으켜 세울 수 없었다.

1970년 이래 세계경제는 세번의 채무주기를 겪었는데, 그것은 모두 세계체제의 지출능력을 유지하기 위한 시도였다. 제3세계와 사회주의 나라들에 대한 오일머니 대부, 미국정부의 차관 도입, 대기업들의 차입이 그것이다. 각각의 대규모 차입은 일부 지역에서 시장가치를 넘어서서 인위적으로 가격을 상승시켰다. 각각의 차입은 상환하기가 대단히 어려웠으며, 이를 처리하기 위해 다양한 종류의 사이비 파산조치들이 행해졌다. 결국 1990년에 일본의 부동산은 거품이 꺼졌고 액면가가 엄청나게 하락했다. 세계경제에서 생산적 경제력을 지니고 있던 마지막 보루가 공격을 받은 것이었다. 1990년대의 이야기는 이런 식으로 펼쳐졌다.

미국의 정치적 지위는 이제 심각한 공격을 받게 되었는데, 이런 일은 소련이 붕괴했는데도 일어난 것이 아니라 바로 소련의 붕괴 때문에 일어났다. 사담 후세인은 얄따 이후의 현실을 이용하기로 결심했으며, 쿠웨이트를 침공함으로써 미국에 직접 군사적으로 도전하였다. 그가 이런 행동을 할 수 있었던 것은 소련이 더이상 그를 제지할 수 있는 위치에 있지 않았기 때문이다. 또 단기적으로 이를 통해 이라크가 쿠웨이트에 지고 있는 막대한 채무문제를 해결하고 이라크의 석유소득을 증가시킬 수 있을 것으로 전망했기 때문이다. 그리고 중기적으로는 이 침공을 기반으로 삼아 자신을 주축으로 아랍세계를 군사적으로 통합하고자 했기 때문이다. 그는 이 통합을 크게는 북의 세계 전체, 구체적으로는 미국에 직접 군사적으로 도전하기 위한 필수적인 단계로 파악했다.

사담에게는 미국이 물러서거나 물러서지 않을 두 가지 가능성이 존재했다. 첫째 경우에 그는 즉각적인 승리를 거두게 될 것이다. 그러나 둘째 경우에도 그는 장기적으로는 이득을 얻게 될 것으로 기대했다. 지금까지 역사는 그의 계산이 틀렸음을 입증하지 않았다. 물론 미국은 필요한 군사력을 동원해서 쿠웨이트에서 이라크를 몰아내고 그런 다음 이라크에 강력한 국제적 제약을 가하는 데 성공했다. 그러나 미국이 치러야 할 댓가는 컸다. 걸프전은 미국이 그와 같은 작전을 수행할 재정적 능력이 없다는 사실을 입증한 것이다. 미국의 군사비는 전액 사우디아라비아, 쿠웨이트, 일본, 독일이 부담했다. 그리고 그 전쟁은 미국이 이라크 국내로 군대를 투입하기를 꺼렸기 때문에 이라크 내에서 사담을 제거할 수 없다는 사실을 드러냈다. 미국의 두 가지 ― 재정적·군사적 ― 제약은 모두 미국 여론의 지배를 받았는데, 미국 여론은 국가주의적 승리에 환호할 준비는 되어 있었지만 그것이 돈과 인명의 손실을 불러와서는 안된다는 입장이었다. 바로 이것이 사담이 그후 어떻게 지금까지 살아남을 수 있었는지, 그리고 이라크의 대량살상무기 보유를 제한하려는 노력이 왜 그렇게 실효를 거두지 못했는지를 기본적으로 설명해주고 있다.

1990년대에 서유럽은 유럽통합으로 나아가는 필수적인 조치의 일환으로 유로화를 창출했으며 이로써 미국과의 밀접한 정치적 연관에서 벗어나는 데 필요한 재정기반을 마련했다. 이것은 틀림없이 앞으로 십년 안에 실제적인 유럽군의 창설과 이에 따른 미국으로부터의 군사적 분리로 이어질 것이다. 발칸지역의 분열은 정치적 세력으로서 나토의 영향력이 매우 제한적이라는 점을 분명하게 보여주었으며, 미국과 서유럽의 긴장관계를 더욱 고조시켜나갔다.

그리고 바로 이런 와중에 이른바 아시아의 위기가 도래했다. 동남아시아 국가들과 네마리 용의 금융붕괴에 뒤이어 IMF의 간섭이 재앙을 불러일으켰고, 이로 말미암아 위기의 경제적·정치적 결과는 더욱 악화되었다. 이 붕괴와 관련하여 우리가 기본적으로 주목해야 할 점은 디플레이션이 마침내 동아시아와 그 관련 지역, 그리고 우리가 잘 알고 있듯이 뒤이어 러시아와 브라질을 강타했다는 사실이다. 세계는 숨을 죽인 채 그것이 언제 미국을 강타할 것인지 지켜보고 있다. 이런 일이 일어나면, 우리는 이번 꼰드라띠예프 B국면의 마지막 소국면으로 진입하게 될 것이다.

그런 다음 우리는 결국 새로운 꼰드라띠예프 A국면을 목도하게 될 것인가? 물론 그렇다. 하지만 그것은 17세기나 19세기처럼 장기적인 디플레이션 내에서이지 16, 18, 20세기처럼 장기적인 인플레이션 내에서는 아니다. 그러나 우리는 또한 무언가 다른 것을 목도하게 될 것이다. 우리는 이제 꼰드라띠예프 주기에서 역사적 체제로서의 근대 세계체제의 장기적 발전으로 관심을 돌려야 한다.

자본주의 세계경제는 모든 체제가 그렇듯이 그 체제의 과정들이 평형상태를 벗어날 때마다 그것을 복원하는 메커니즘을 통해 오랫동안 스스로를 유지해왔다. 평형상태는 결코 즉각 복원되지 않고 정상상태에서 충분히 이탈한 후에야 비로소 복원되며, 또한 결코 완벽하게 복원되지 않는다. 이탈이 어느정도까지 진행되고 난 이후에 대항운동이 촉발되기 때문에 그 결과 자본주의 세계경제는 여느 체제와 마찬가지로 여러 종류의 주기적 리듬을 갖게 되는 것이다. 지금까지 우리는 이 체제가 발전시킨 주요 주기적 리듬들 가운데 하나인 이른바 꼰드라띠예프 주기들에 대해 논했다. 그러나 이 주기만 존재하는 것은 아니다.

평형상태는 결코 동일한 지점으로 복원되지 않는데, 이는 대항운동들이 이 체제의 기본적인 매개변수들에 어느정도의 변화를 요구하기 때문이다. 그래서 평형상태는 항상 움직이는 평형상태이며, 그러므로 이 체제는 장기적 경향들을 지닌다. '정상적으로' 작동하고 있는 어떤 체제를 규정하는 것은 바로 주기적 리듬들과 장기적 경향들의 이같은 결합이다. 그렇지만 장기적 경향들은 영원히 진행될 수 없는데, 그것은 경향들이 점근선(漸近線)에 도달하기 때문이다. 일단 그렇게 되면 주기적 리듬들은 더이상 체제를 평형상태로 되돌릴 수 없으며 이 싯점에서 체제는 말썽을 일으킨다. 그런 다음 체제는 최종의 위기로 진입하며 분기(分岐)를 겪게 된다. 즉 체제는 새로운 평형상태와 새로운 주기적 리듬들과 새로운 장기적 경향들을 지닌 새로운 구조로 이행하는 두 가지 이상의 대안적인 길과 마주하게 된다. 그러나 체제가 두 가지 대안적인 길 가운데 어느 것을 선택하게 될지, 즉 어떤 종류의 새로운 체제가 수립될지를 미리 결정하기란 본질적으로 불가능하다. 왜냐하면 그것은 체제의 제약을 받지 않는 무한한 수의 특정한 선택대안들과 함수관계에 있기 때문이다. 이것이 지금 자본주의 세계경제에서 일어나고 있는 사태이다.

이 사태를 평가하기 위해서 우리는 점근선에 접근하고 있는 세 가지 주요 장기적 경향들을 살펴봐야 한다. 이런 경향들 각각은 자본축적에 대한 한계들을 만들어내고 있다. 끝없는 자본축적이 역사적 체제로서의 자본주의의 결정적 특징이기 때문에, 세 가지 압력은 이 체제의 주된 동력을 작동하지 못하게 만드는 경향이 있으며 그러므로 구조적 위기를 만들어내고 있다.

첫번째 장기적 경향은 세계경제 전반에 걸쳐 평균적으로 계산했을 때 생산비용에서 실질임금 수준이 차지하는 비율이 증가한다는 것이다. 분명히 이 비율이 낮아질수록 이윤 수준은 높아지며 그 반대의 경우도 성립한다. 실질임금 수준을 결정하는 것은 무엇일까? 두말할 것도 없이, 세계경제의 특정 지역 및 부문의 노동세력과 그 노동력의 사용자 사이에 존재하는 힘의 관계이다. 이러한 힘의 관계는 일차적으로 이른바 계급투쟁이라는 것 안에서 두 집단이 지닌 정치적 힘과 함수관계에 있다. 시장이 임금 수준을 결정하는 제약요소라고 말하는 것은 속임수에 불과하다. 노동력의 시장가치는 세계경제의 다양한 지역들에서 나타나는 다수의 힘의 관계들과 함수관계에 있기 때문이다. 이러한 다양한 정치적 힘들은 다시 이런저런 형태의 특정 노동세력이 얼마만큼 효율적인 정치조직을 지니고 있는가, 그리고 사용자들이 기업경영의 재배치와 관련하여 어느 정도로 실질적인 대안들을 지니고 있는가와 함수관계에 있다. 이 두 요인은 모두 끊임없이 변한다.

일반적으로 말할 수 있는 것은 시간이 지남에 따라 어떤 특정한 지역이나 부문에서든 노동자들은 사용자와 직접적으로든 아니면 적절한 정치적 기제에 대한 영향력을 통해서 간접적으로든 더 효율적인 교섭을 진행할 수 있도록 해줄 어떤 형태의 쌩디칼리슴적 조직과 행동을 만들어내려고 할 것이라는 점이다. 물론 그런 정치적 힘은 특정한 영역들에서 자본가 집단들의 정치적 반격을 받아 후퇴할 수는 있다. 하지만 근대 세계체제 역사 내내 진행된 정치적 기제의 장기적인 '민주화' 덕분에 세계체제 내의 사실상 모든 국가에서 노동계급의 정치적 힘이 오랫동안 계속 상승해왔다는 것 또한 사실이다.

전세계의 자본가들이 이런 정치적 압력을 제한하는 데 이용한 주된 메커니즘은 세계경제에서 평균적으로 임금 수준이 낮은 다른 지역들로 특정한 생산부문들을 재배치하는 것이었다. 이런 재배치는 최종이윤의 계산에 숙련도를 고려하는가 여부에 따라 달라지는 작업일 뿐만 아니라 정치적으로도 어려운 작업이다. 그러므로 그것은 앞에서 시사한 대로 주로 꼰드라띠예프 B국면 동안에 행해지는 경향이 있다. 그런데도 이러한 재배치는 근대 세계체제가 역사적으로 발전하는 동안 되풀이해서 행해졌다. 그 부문들이 재배치되는 지역들이 애시당초 저임금지역들인 이유는 무엇일까? 이를 '역사적' 임금 수준의 결과라고 말하는 것으로는 아무것도 해결되지 않는다. 어째서 이런 역사가 생기는 것인가?

진정한 저임금 노동력의 주된 원천은 언제나 농촌지역 출신의 새로 모집된 이주민들로서, 이들은 흔히 처음으로 임노동시장에 진입한 사람들이었다. 이들이 세계 기준보다 낮은 임금을 받아들인 것은 두 가지 이유 때문이다. 이들이 얻는 순소득은 사실 이전에 농촌에서 활동해 얻은 순소득보다 더 높다. 그리고 이들은 사회적으로 뿌리가 뽑혀 있고, 따라서 정치적으로 다소 혼란스러운 상태에 있어 자신들의 이익을 그리 효과적으로 방어할 능력이 없다. 이 두 가지 이유는 시간이 지남에 따라, 이를테면 30년 뒤에는 확실히 사라지며, 이런 노동자들은 세계경제의 다른 지역들에 있는 노동자들과 비슷한 임금 수준을 요구하면서 압력을 행사하기 시작한다. 이런 경우에 자본가들이 택할 수 있는 주요 대안은 또다시 재배치를 수행하는 것이다.

알다시피 이같은 방식으로 수행되는 계급투쟁은 세계체제 내에 재배치를 할 수 있는 새로운 지역들이 항상 존재한다는 데에, 그리고 이는 다시 임금노동시장에 아직 진입하지 않은 실질적인 농촌부문이 있다는 데 의존하고 있다. 그러나 농촌부문이 점점 줄어들고 있는 것은 사실이며, 이는 장기적 경향이다. 세계의 탈농촌화는 가파른 상승곡선을 그리고 있다. 그것은 5백년 동안 지속적으로 진행되었지만 1945년 이래 매우 극적으로 가속화되었다. 농촌부문이 앞으로 25년 안에 대부분 사라질 것이라는 예상은 충분히 가능하다. 일단 세계체제 전체가 탈농촌화하면 자본가들에게 남는 유일한 선택은 현재의 위치에서 계급투쟁을 추구하는 것뿐이다. 그리고 여기서 그들은 승산이 거의 없다. 세계체제 전체 내에서는 물론 부유한 나라들 내부에서도 실질소득 수준의 양극화가 심화되고 있는데, 그런 상황에서도 정치와 시장에서 하위계층은 계속해서 노련해지고 있다. 심지어는 많은 수의 사람들이 기술적 실업상태에 놓여 있어 현실이 그렇듯 비공식경제에서 소득을 얻고 있는 지역에서조차 세계체제의 빈민가(barrios and favelas)에 거주하는 노동자들에게 선택가능한 실질적인 대안들이 존재하며, 이런 사실은 그들이 공식적인 임금경제에 진입하기 위해 합리적인 임금 수준을 요구할 수 있는 위치에 있다는 것을 의미한다. 이 모든 것의 순수한 결과는 시간이 지남에 따라 이윤 수준에 대한 압력이 심각할 정도로 커질 것이라는 점이다.

자본가들을 당황스럽게 만드는 두번째 장기적 경향은 이와는 상당히 다르다. 그것은 임금노동비용과는 무관하며 오히려 원료 투입비용과 관련이 있다. 투입비용에는 어떤 것들이 포함될까? 여기에는 다른 회사에서 구입하는 투입물의 가격은 물론 그것을 취급하는 비용이 포함된다. 그런데 통상 구입비용은 궁극적으로 이윤을 획득하게 될 회사가 전적으로 부담하는 반면, 원료의 취급비용은 다른 쪽에서 일부 부담하곤 한다. 예를 들어 원자재를 처리하는 과정에서 유해하거나 귀찮은 폐기물이 발생하면 관련 비용의 일부는 그 폐기물을 처리하는 데, 유해한 것이라면 안전한 방식으로 처리하는 데 들어간다. 물론 회사들은 이러한 폐기물 처리비용을 최소화하고자 한다. 회사들이 그 비용을 줄이는 데 널리 쓰는 한 방법은 최소한의 해독작업을 거친 후 공장지대에서 멀리 떨어진 어딘가에 폐기물을 버리는 것이다. 이를테면 유독성 화학물질을 강에 버리는 것이다. 이것을 경제학자들은 '비용의 외부화'라고 부른다. 물론 이것이 처리비용의 전부는 아니다. 계속 같은 예를 들자면, 유독물질을 강에 버릴 경우 이것은 강을 오염시킬 것이고, 궁극에는 (어쩌면 몇 십년 후에는) 사람들이나 다른 대상에 해를 끼치게 될 것인데, 이는 계산하기는 어렵지만 실질비용이다. 그리고 유독물질을 정화하기 위한 사회적 결정이 이루어질 것이고, 이 경우에 정화작용을 떠맡는 단체──종종 국가가 그 비용을 부담한다. 비용을 줄이는 다른 방식은 원자재를 활용하기는 하지만 그것을 재활용하는 데에는 돈을 대지 않는 것이다. 이것은 특히 유기물질에 해당하는 문제이다. 이와 같은 비용의 외부화는 특정한 생산자들에게 원자재비용을 절감시키며 그러므로 이윤의 한계점을 높일 수 있다.

여기서의 문제는 임금비용에 대한 해법으로 재배치를 행하는 경우에 맞닥뜨리는 문제와 비슷하다. 이 방식은 폐기물이 버려진 적이 없는 지역들이 존재하는 동안에는 유효하다. 그러나 궁극적으로 오염시킬 강이나 베어낼 나무가 더이상 존재하지 않는다. 적어도 생물권의 건강에 심각하고도 즉각적인 영향을 끼치지 않고서는 오염시키거나 베어낼 수 없게 된 것이다. 지난 5백년 동안 그런 행동을 계속해온 끝에 오늘날 우리는 바로 이런 상황에 처하게 되었고, 전세계적으로 생태환경운동이 급성장한 것도 바로 이런 이유 때문이다.

무슨 조치를 취할 수 있을까? 글쎄, 세계 각국의 정부들이 방대한 정화운동과 방대한 유기물 재생운동 같은 과업을 떠맡을 수는 있겠다. 문제는 효과적인 사업을 추진할 비용인데, 이 비용은 엄청나기 때문에 어떤 식으로든 세금의 형태로 지불될 수밖에 없다. 〔세금이 나올〕 원천은 둘뿐인데, 폐기물을 버린 범행자라고 해야 할 회사들이거나 아니면 나머지 우리 자신들뿐이다. 만일 회사들이 세금을 낸다면 이윤한계점에 대한 압력이 대단히 높아질 것이다. 만일 나머지 우리가 이런 세금을 낸다면 세금 부담액이 상당히 증대할 것이며, 이것은 이미 우리에게 닥치고 있는 문제이다. 게다가 폐기물처리 관행을 지금 상태로 두고 정화와 유기물 재생운동을 실천하는 것은 별로 의미가 없다. 치워야 할 폐기물이 끝없이 생겨날 것이기 때문이다. 그러므로 논리적인 추론의 결과는 모든 비용의 총체적인 내부화가 필요하다는 것이다. 그렇지만 이것은 개별 회사들의 이윤압박을 더욱 심화시킬 것이다. 나로서는 자본주의 세계경제 틀 안에서는 이러한 사회적 딜레마를 풀 수 있는 그럴듯한 해법을 결코 찾아낼 수 없으며, 그러므로 나는 상승하는 원료투입 비용이 자본축적에 대한 두번째 구조적 압력이라고 시사하는 것이다.

세번째 압력은 과세영역에 존재한다. 과세는 사회적 써비스에 대한 지불이며, 그러므로 세금 액수가 너무 크지만 않다면 그것은 합리적인 생산비용으로 받아들여진다. 그렇다면 지금까지 과세의 수준을 결정해온 것은 무엇일까? 분명한 건 안보(군대, 경찰)에 대한 지속적인 요구 때문이었다. 이 요구가 수세기에 걸쳐 지속적으로 상승한 것은 안보수단의 상대적인 비용, 군사활동의 범위, 치안활동의 필요에 대한 인식이 커졌기 때문이다. 그 다음 지속적으로 상승한 것은 전세계 민간관료제의 규모였으며, 이것은 첫째 세금을 징수하고, 둘째 근대국가의 팽창하는 기능들을 수행할 필요성과 밀접한 관련이 있다.

근대국가의 팽창하는 기능 가운데 주된 것은 일정한 대중의 요구들을 충족시켜주는 것이었다. 이것은 선택적인 비용이 아니었다. 이러한 공급의 확대는 세계체제의 지속적인 특징인 실질소득의 양극화 심화로 하위계층의 불만이 커져가는 속에서 상대적인 정치적 안정을 보장하는 주요 수단이었다. 정부의 사회복지 노력들은 '위험계급들'을 길들이기 위해, 즉 계급투쟁을 제한된 범위 내로 묶어두기 위해 활용한 이익분배였다.

이러한 대중적 요구들에 대한 대응을 우리는 '민주화'라고 부르는데, 이것 역시 대단히 실질적인 장기적 경향이다. 이와 같은 대중적 요구들로는 세 가지 주요 갈래가 있다. 교육제도, 보건시설, 개인들의 평생에 걸친 소득보장(특히 실업보험과 노인에 대한 사회보장)이다. 이런 요구들에 관해서는 두 가지 점을 주목해야 한다. 이런 요구들은 세계체제의 점점 더 많은 지역들에서 제기되었으며, 오늘날에는 거의 보편적인 것이 되었다. 그리고 이런 요구들의 수준은 각국 내부에서 지속적으로 상승했으며, 여기에 명확한 한계는 없다.

이것은 사실상 모든 나라에서 세율이 기껏해야 이따금씩 약간 하락했을 뿐 지속적으로 상승했음을 의미했고, 또 그럴 수밖에 없었다. 그렇지만 물론 일정한 싯점에서는 이와 같은 재분배 과세가 자본축적의 가능성을 심각하게 방해하는 수준에 이르게 된다. 그리하여 자본가들은 이제 '국가의 재정위기'라고 인식되는 상황에 대응해 세금 인하를 요구하면서 개인들의 과세 역시 가파르게 상승하고 있다는 근거를 내세워 대중적 지지를 구하는 것이다. 아이러니컬한 것은 세금 제한에 대한 대중의 지지는 종종 나타나는 반면, (교육·건강·소득보장에 관한) 복지조항을 줄이는 것에 대한 대중적 지지는 전무하다는 사실이다. 실제로 높은 과세에 대한 불만이 존재하는 바로 그 싯점에 정부의 복지써비스에 대한 대중적 요구는 거세진다. 그러므로 여기서도 역시 자본축적에 대한 구조적 압력이 존재한다.

그렇다면 지속적으로 톱니바퀴 모양의 상승을 거듭하는 장기적 경향의 결과로서 자본가들의 자본축적 능력에 대한 세 가지 주요 구조적 압력이 존재한다. 이러한 위기는 성장의 위기가 아니라 자본축적의 위기로서, 이 위기는 국가구조의 정당성 상실이라는 다른 현상에 의해 더욱 심화된다. 국가는 자본가들의 자본축적 능력에서 핵심적인 요소이다. 국가는 유의미한 수준의 이윤을 얻게 해주는 유일한 원천인 준독점을 가능하게 한다. 국가는 억압과 양보 둘다 이용해서 '위험계급들'을 길들인다. 국가는 일반대중이 좀더 인내심을 발휘하도록 설득하는 이데올로기의 중요한 원천이다.

인내심에 대한 주요 논거는 개혁의 필연성이었다. 지금 당장은 아니더라도 우리 자손들의 상황은 더 나아지리라는 것이다. 좀더 번영하고 좀더 평등한 세계가 임박해 있다는 것이다. 물론 이것은 공식적인 자유주의 이데올로기로, 19세기 이래 지구문화를 지배해왔다. 그러나 그것은 또한 모든 반체제운동들, 특히 가장 혁명적이라고 자처하는 운동들의 주제이기도 했다. 이들 운동은 국가권력을 장악했을 때 특히 이를 강조했다. 이 운동들은 자기편인 노동계급들에게 자신들이 경제를 '발전'시키고 있으며 이들 노동계급은 경제성장의 결과가 마침내 삶의 조건들을 향상시킬 때까지 인내해야 한다고 말해왔다. 이 운동들은 생활수준에 관해서뿐만 아니라 정치적 평등의 부재에 관해서도 인내를 설파해왔다.

이러한 반체제운동들——공산주의운동이든 사회민주주의운동이든 아니면 민족해방운동이든——이 불평등하거나 군사주의적이거나 독재적이거나 파시즘적이거나 식민적이거나 심지어 그저 보수적일 뿐인 정권들에 맞서 대중을 동원하는 단계에 있는 한, 이 주제는 미약했고 광범한 대중적 지지를 확보할 수 있는 반체제운동들의 능력을 방해하지 않았다. 그렇지만 이런 운동들은 1945년부터 1970년까지의 시기(앞에서 우리가 이야기해온 꼰드라띠예프 A국면의 시기)에 실제로 전세계적으로 광범위하게 일어났듯이, 일단 권력을 장악하고 난 뒤 시험을 받게 되었다. 그 결과 전세계적으로 이 운동들은 목표에 도달하지 못했음이 확인되었다. '혁명' 이후의 정권들이 얻은 성적은 전세계적인 양극화는 고사하고 심지어 국내의 양극화조차 유의미하게 개선하지 못했고 국내의 중대한 정치적 평등도 제도화할 수 없었다는 것이다. 이 정권들이 많은 개혁을 성취한 것은 분명한 사실이지만, 이들이 약속한 것은 개혁을 훨씬 넘어선 것이었다. 그리고 세계체제가 여전히 자본주의 세계경제로 남아 있기 때문에 중심부 바깥의 정권들은 구조적으로 부유한 나라들을 '따라잡을' 수 없었다.

이것은 단순히 학문적 분석의 문제가 아니다. 이러한 현실 때문에 반체제운동들에 대한 엄청난 환멸이 생겨났다. 반체제운동들이 여전히 지지를 받는다면, 그것은 기껏해야 우파 대안세력보다는 아마도 나은 개혁주의 집단으로서이지 새로운 사회의 선구자로서가 아니다. 그 결과 대중들은 국가구조에 대한 지지를 철회했다. 변혁의 대행자로서 국가에 기대를 걸었던 세계 대중들은 이제 변혁을 촉진하거나 심지어는 사회질서를 유지하는 국가의 능력에 대해서도 좀더 근본적으로 회의하는 입장으로 되돌아갔다.

이와 같은 전세계적인 반국가주의의 고조는 두 가지 즉각적인 결과를 낳았다. 하나는 사회불안이 커졌으며, 어느 곳에서나 사람들이 자신들에게 안전을 제공하는 역할을 국가로부터 도로 찾아가고 있다는 것이다. 그러나 물론 이것은 악순환을 제도화한다. 사람들이 그렇게 할수록 혼돈스러운 폭력은 더욱 증대하고, 혼돈스러운 폭력이 증대할수록 상황에 대처할 수 있는 국가의 능력은 더욱 줄어들며, 따라서 사람들은 국가에 대한 지지를 더욱 철회하고, 그럼으로써 그러한 악순환을 제한할 국가의 능력은 더욱 약화되는 것이다. 세계체제의 다양한 나라들이 각기 다른 속도로, 그러나 사실상 어느 곳에서나 점점 더 빠르게 이러한 종류의 악순환에 빠져들고 있다.

두번째 결과는 자본가들에 대한 것이다. 정당성을 박탈당한 국가는 '위험계급들'을 길들이는 능력의 유지는 물론이고 자본가들에게 필요한 준독점을 보장하는 기능을 수행하기가 훨씬 어렵다는 사실을 발견한다. 그리하여 자본가들이 전지구적인 차원의 이윤율과 자신들의 자본축적 능력에 대한 세 가지의 구조적 압박에 직면하는 바로 그 순간에, 자본가들은 이러한 딜레마를 해결하도록 돕는 국가의 능력이 전에 비해 줄어들었다는 사실을 알게 된다.

이로써 우리는 자본주의가 이제 최종의 위기에 진입했으며 이 위기는 앞으로 50년 동안 지속될 가능성이 있다고 이야기할 수 있다. 우리 앞에 놓인 실제적인 문제는 이 위기 동안에, 다시 말하면 현재의 세계체제에서 무언가 다른 종류의 역사적 체제 또는 체제들로 넘어가는 이 이행의 시기 동안에 무슨 일이 일어날 것인가 하는 것이다. 분석적인 차원에서 핵심적인 문제는 내가 처음에 서술한 꼰드라띠예프 주기들과 내가 지금 이야기하는 체제위기 사이의 관계이다. 정치적인 차원에서는 체제 이행기 동안에 어떤 종류의 사회적 행동이 가능하고 바람직한가의 문제이다.

꼰드라띠예프 주기는 자본주의 세계경제의 '정상적인' 작동의 일부이다. 체제가 위기 속으로 진입했다고 해서 이와 같은 이른바 정상적인 작동이 중단되는 것은 아니다. 자본주의 체제의 행태를 책임지는 다양한 메커니즘들은 여전히 그대로 유지된다. 현재의 B국면이 소진되면 틀림없이 새로운 주기의 A국면이 나타날 것이다. 그렇지만 체제위기는 이 주기의 궤적을 심각하게 방해한다. 그것은 모터는 여전히 말짱하지만 차체와 바퀴는 손상된 차를 언덕 아래로 몰고 가려는 것이나 별반 다를 바 없다. 차는 틀림없이 앞으로 굴러가기야 하겠지만, 이전에 예상했던 것처럼 똑바르게 가지도 않을 것이고 마찬가지로 브레이크가 효율적으로 작동하리라는 보장도 없다. 그 차가 어떻게 움직일지 미리 예상하기는 꽤 어려울 것이다. 모터에 더 많은 연료를 공급하게 되면 예기치 못한 결과가 나타날 수도 있다. 차가 폭주할 수도 있는 것이다.

슘페터(J. A. Schumpeter)는 오래전에 자본주의는 그 실패

때문이 아니라 성공 때문에 붕괴할 것이라는 생각을 제시한 바 있다. 여기서 우리는 어떻게 해서 그러한 성공들(세계경제의 하락세에 대항하는 방식들, 자본축적을 극대화하는 방식들)이 시간이 지남에 따라 애당초 보장받으려던 자본축적 그 자체에 대한 구조적 제약들을 만들어냈는지를 보여주고자 했다. 이는 슘페터의 가설에 대한 구체적인 경험적 증거이다. 고장난 차에 관한 비유를 계속하자면, 현명한 운전자라면 이러한 어려운 조건하에서는 틀림없이 아주 천천히 운전할 것이다. 그러나 자본주의 세계경제에는 현명한 운전자가 없다. 어떤 개인이나 집단도 필요한 결정들을 혼자서 내릴 능력이 없다. 게다가 이러한 결정들이 자기자신의 직접적인 이해에 따라 독자적으로 그리고 개별적으로 행동하는 수많은 행위자들에 의해 내려지고 있다는 사실을 감안하면, 그 차가 속도를 줄이지 못할 것임은 거의 확실하다. 십중팔구 차는 점점 더 빠르게 움직이기 시작할 것이다.

그 결과로 우리가 예상할 수 있는 것은 무모함이다. 세계경제가 새로운 팽창의 시기로 진입할 때, 그것은 최종적 위기로 이끌어간 바로 그 조건들을 악화시키게 될 것이다. 전문적인 용어로 말하자면, 속도가 더 빨라질수록 길이 점점 더 갈짓자를 그리듯이 변동들은 점점 더 기복이 심해지거나 '혼돈스러워질' 것이고, 그 궤적이 나아가는 방향은 훨씬 더 불확실해질 것이다. 이와 동시에 우리는 국가구조가 정당성을 점점 더 상실해감에 따라 집단과 개인의 안전이 어쩌면 아찔할 정도로 위협받을 것이라고 예상할 수 있다. 그리고 이것은 틀림없이 세계체제 내에서 일상적 폭력의 양을 증대시킬 것이다. 이것은 당연히 대다수 사람들에게 두려움을 불러일으킬 것이다.

정치적으로 이런 상황은 대단히 혼란스러울 것이다. 우리가 근대 세계체제를 이해하기 위해 만들어낸 표준적인 정치적 분석들은 적용되지 않는 것처럼 보이거나 낡은 것처럼 보일 것이기 때문이다. 이 예측은 실제로는 사실이 아닐 수 있다. 하지만 이런 분석들은 주로 기존 세계체제에서 목하 진행중인 과정들에 적용될 뿐 이행기에는 적용되지 않을 것이다. 바로 이런 이유에서 그 두 가지를 명확하게 구별하고, 이런 이중적 현실이 펼쳐지게 될 방식들을 명확하게 밝히는 것은 대단히 중요한 일이다.

현재 진행중인 현실의 차원에서는 정치적 행동이 이 현실에 매우 커다란 영향을 미치기는 거의 불가능할 것이다. 언덕 아래로 굴러가는 손상된 차의 비유로 되돌아가자면, 우리는 당연히 다소의 무력감을 느낄 수 있으며, 우리가 할 수 있는 최선의 행동은 우리 자신에게 미칠 직접적인 해를 최소화하기 위해 운신하는 것이 고작이다. 그러나 전반적인 이행의 차원에서는 그 반대가 진실이다. 이행의 결과가 예측불가능하다는 바로 그 이유 때문에, 그 변동의 폭이 너무 크다는 바로 그 이유 때문에, 사실은 가장 사소한 정치적 행동조차 엄청난 결과를 낳을 것이다. 나는 지금이야말로 역사적 시간에서 자유의지가 진정으로 작동하게 되는 순간이라고 생각하고 싶다.

이러한 장기적 이행을 우리는 두개의 커다란 진영 — 비록 특권의 형태는 제각각이고 어쩌면 엄청나게 다르겠지만 기존의 불평등한 체제의 특권들을 유지하고자 하는 모든 사람들의 진영과 다른 한편으로 훨씬 더 민주적이고 더 평등한 새로운 역사적 체제의 창출을 목도하고자 하는 모든 사람들의 진영──사이에 벌어지는 하나의 거대한 정치적 투쟁이라고 생각할 수 있다. 그렇지만 첫번째 진영의 구성원들이 내가 묘사한 방식대로 자신들의 모습을 드러내리라고 예상해서는 안된다. 그들은 스스로 근대주의자, 새로운 민주주의자, 자유의 옹호자, 진보주의자라고 주장할 것이다. 심지어는 혁명가를 자처할지도 모른다. 해결의 관건은 그들이 제안하고 있는 수사에서가 아니라 실질적인 현실에서 찾아야 한다.

정치적 투쟁의 결과는 부분적으로는 누가 누구를 동원할 수 있는가에 따라 결정되겠지만, 그것은 또한 현재 무슨 일이 진행되고 있는지, 그리고 우리가 집단적으로 직면한 진정한 역사적 대안들이 무엇인지를 더 잘 분석하는 능력에 따라 상당부분 결정될 것이다. 말하자면 지금은 우리가 지식과 상상력과 실천을 통합할 필요가 있는 순간이라는 것이다. 그렇지 않으면 지금으로부터 한 세기가 지난 후에 우리는 '바뀌면 바뀔수록 이전과 똑같다'는 말을 하게 될 위험이 있다. 내가 주장하는 것은, 그 결과는 본질적으로 불확실하며, 바로 그렇기 때문에 인간의 개입과 창조성에 달려 있다는 것이다.

4
인종차별주의: 우리의 앨버트로스*

> "당신을 그토록 괴롭히는 마귀들의 손에서
> 신이 당신을 구원하기를, 늙은 뱃사람이여!
> 왜 그런 표정을 짓소?" "석궁(石弓)으로
> 내가 앨버트로스를 쏘았다오."
> ― 코울리지 『늙은 뱃사람의 노래』 79~82행

코울리지(Samuel Taylor Coleridge)의 시에서 배 한척이 강풍에 휘말려 길을 잃고 불순한 기후대로 들어갔다. 선원들의 유일한 위안은 양식을 얻어먹으러 찾아온 앨버트로스(신천옹)였다. 그러나 코울리지의 뱃사람은 무슨 이유인지 모르나―어쩌

---
*이 논문은 원래 2003년 3월 9일 오스트리아 역사의 극적인 순간에 빈에서 발표되었다.

면 순전히 오만 때문에——이 새를 쏘았다. 그 결과 배에 탄 모든 이들이 고난을 겪었다. 신들은 이 악행을 벌주었고, 다른 선원들은 그 뱃사람의 목에 앨버트로스를 매달았다. 우정의 상징인 앨버트로스는 이제 죄의식과 치욕의 상징이 되었다. 그 뱃사람은 항해의 유일한 생존자였지만, 여생을 자기가 한 짓에 대한 강박관념에 시달리며 보냈다. 살아 있는 앨버트로스는 낯설고 머나먼 땅에서 우리에게 자신을 연 타자(他者)이다. 우리의 목에 걸려 있는 죽은 앨버트로스는 우리가 물려받은 오만함의 유산, 즉 우리의 인종차별주의이다. 우리는 이에 대한 강박관념에 시달리고 있어 평화를 얻지 못한다.

나더러 빈에 와서 '이행의 시대에서의 사회과학'에 관한 강연을 해달라는 요청이 있은 지 1년이 더 지났다. 내 강연은 '쓸모없는 것의 필요성에 관하여——사회과학과 사회'라는 제목의 씨리즈 가운데 들어갈 예정이라고 했다. 나는 흔쾌히 승낙했다. 나는 세계 사회과학의 건설에, 특히 "꿈과 현실"(Traum und Wirklichkeit)의 시대라는 1870~1930년(10여년 전에 빈에서 1870~1930년의 빈 문화를 회고하는, '꿈과 현실'이라는 이름의 유명한 전시회가 있었다-옮긴이)에 영광스런 역할을 맡았던 그 빈에 간다고 믿었던 것이다. 빈은 내가 20세기 사회과학에서 가장 중요한 인물이라 믿는 프로이트(S. Freud)의 본거지이다. 적어도 그가 말년에 나찌의 강압 때문에 런던으로 도망치기 전까지 빈은 그의 터전이었다. 또 슘페터와 폴라니(K. Polanyi)도 그들 생애의 중요한 한 시기에 빈을 터전으로 삼았다. 현저하게 반대되는 정치적 견해를 지닌 이 두 사람은 비록 합당한 인정과 찬양은 받지 못했지만, 내 생각으로는 20세기의 가장 중요한 정치경제학자들이었다. 그리고 빈은 내 은사인 파울 라짜르스펠트(Paul Lazarsfeld)의 고향이기도 하다. 그는 마리 야호다(Marie Jahoda)와 한스 짜이젤(Hans Zeisel)과의 공동연구서인 『마리엔탈의 실업자들』(*Arbeitlosen von Marienthal*)에서 처음으로 정책지향 연구와 선구적이고 혁신적인 방법론을 결합했다. 내가 가기로 한 곳은 바로 이런 빈이었다.

그런 가운데 알다시피 지난 1999년 오스트리아 선거가 있었고, 외르크 하이더(Jörg Haider)가 이끄는 극우정당인 오스트리아자유당(FPÖ)의 정부 참여라는, 불가피했다고는 할 수 없는 결과가 나왔다. 유럽연합(EU)의 다른 국가들은 이런 정권변화에 강경하게 대응했고, 오스트리아와의 쌍무관계를 중지했다. 나는 그래도 와야 할지 숙고했고, 망설였다. 내가 오늘 여기에 와 있는 것은 두 가지 이유 때문이다. 첫째, 나는 새 정부가 들어선 이후 대단히 가시적으로 스스로를 드러낸 '다른 오스트리아'에 대한 나의 연대를 확실히 해두고 싶었다. 그러나 둘째로 더욱 중요한 것은, 나는 사회과학자로서 나 자신의 책임을 다하려고 왔다. 우리는 모두 앨버트로스를 쏘았고, 앨버트로스는 우리 모두의 목에 걸려 있는 것이다. 그러므로 우리는 우리의 영혼과 마음을 다하여 회개하고 재건하여, 다른 종류의 역사적인 체제 즉 근대세계를 그토록 심하게, 그토록 악랄하게 괴롭히는 인종차별주의를 넘어설 체제를 창조하기 위해 고투해야 한다.

이런 연유로 나는 내 강연의 제목을 새로 붙였다. 새 제목은 '인종차별주의의 앨버트로스: 사회과학, 외르크 하이더, 그리고 저항'(Widerstand)*이다.

오스트리아에서 일어난 일들은 표면적으로는 아주 단순해 보였다. 여러 대의 의회를 거치는 동안 오스트리아는 두개의 주요 기간정당, 즉 오스트리아사회민주당(SPÖ)과 오스트리아인민당(ÖVP)의 거국 연정(聯政)이 통치했다. 전자는 중도좌파이고, 후자는 중도우파이며 기독교민주주의 정당이었다. 한때는 압도적이었던 이 두 정당의 연합 득표수는 1990년대를 거치면서 하락했다. 그러다가 1999년 선거에서 오스트리아자유당이 처음으로 득표에서 2위로 부상함으로써 겨우 몇백표 차이이긴 하지만 인민당을 앞질렀다. 그후 다시 한번 거국적인 연정 구성을 놓고 두 주류정당간에 벌어진 논의가 실패로 돌아가자, 인민당은 연정 상대로 자유당에 눈을 돌렸다. 인민당의 이 결정은 클레스틸(T. Klestil)대통령을 포함한 오스트리아 내 많은 사람들의 반발을 샀다. 그러나 인민당은 끝까지 밀어붙였고, 그 결과 새 정부가 구성되었다.

이 결정에 다른 유럽연합국가의 정치지도자들도 반발했는데—놀라기도 했다는 점을 덧붙여야겠다. 그들은 집단으로 오

---

* 'resistance'를 뜻하는 저항(Widerstand)은 새 정부에 반대하여 시위에 나선 오스트리아인들의 슬로건이었다. 이는 1933~1945년에 나찌에 적극 반대하는 사람들을 지칭하는 용어로 사용되었다. 외르크 하이더는 오스트리아자유당의 극우대중주의 지도자였다.

스트리아와의 쌍무관계를 중단하기로 결정했으며, 이런 조치의 적절성을 의심하는 목소리가 적잖게 있었음에도 유럽연합은 이 입장을 유지했다. 유럽연합의 이런 행동이 이번에는 많은 오스트리아인들의 반발을 샀는데, 여기에는 현정부의 구성을 지지한 사람뿐만 아니라 반대한 사람도 다수 포함된다. 후자 중 다수는 유럽연합이 오스트리아자유당의 정부 참여에서 기인하는 위험들을 과장하고 있다고 주장했다. "하이더는 히틀러가 아니다"라는 것이 이 입장의 통상적인 공식이었다. 다른 사람들은 하이더 같은 사람들을 유럽연합의 모든 국가에서, 심지어 어느 정도는 그들의 정부 안에서도 발견할 수 있다고 주장했다. 그러므로 이들의 주장에 따르면, 유럽연합이 그같은 행동을 취하는 것은 위선이라는 것이다. 그리고 끝으로, 일부 오스트리아인들은 (일부 다른 유럽인들이 그랬던 것처럼) 유럽연합이 취할 적절한 행동이란 좀더 두고보는 것이며, 만약 오스트리아의 새 정부가 기어코 뭔가 비난할 만한 짓을 한다면 그때 비로소 제재조치를 취해야 한다고 주장했다. 그러는 동안 오스트리아 자체 내에서 '저항'운동이 출범하였고, 이것은 아직 계속되고 있다.

내가 분석대상으로 삼으려는 것은 하나의 정당으로서의 오스트리아자유당과 그것이 표방하는 바가 아니라, 이 정당의 오스트리아 정부 참여에 대한 유럽연합의 강경한 반응과 이에 대한 오스트리아의 대응반응 및 '저항'운동이다. 이런 반응이나 대응반응이란 모두, 우리가 분석의 촛점을 오스트리아 그 자체로부터 전체 세계체제, 이 체제의 현실, 그리고 사회과학자들이 이 현실에 관해 지금까지 우리한테 해온 이야기로 옮겨갈 때 비로소 이해될 수 있다. 따라서 나는 이런 좀더 큰 맥락을 네개의 시간틀——즉 1989년 이후의 근대 세계체제, 1945년 이후의 근대 세계체제, 1492년 이후의 근대 세계체제, 그리고 2000년 이후의 근대 세계체제——속에서 살펴볼 것을 제안한다. 이것들은 물론 상징적인 날짜지만, 이 경우 상징이 매우 중요하다. 이것 덕분에 현실과 현실의 인식을 논할 수 있기 때문이다. 이 작업을 통해 내가 오스트리아의 '저항'운동에 연대를 표할 수 있기를 기대하며, 또 사회과학자로서의 나 자신의 도덕적·지적 책임을 질 수 있기를 기대한다.

1989년 이후의 세계체제

1989년에 이른바 사회주의블록의 국가들이 붕괴되었다. 브레즈네프 독트린 (그리고 더욱 중요하게는 얄따협정)의 견제를 받아오던 중·동부유럽의 나라들이 사실상 소련으로부터의 정치적 자율성을 내세웠고, 곧 저마다 자국의 레닌주의체제를 해체하기 시작했다. 2년이 안되어 소련공산당 자체가 해체되었고, 실로 쏘비에뜨사회주의공화국연방(USSR)이 15개의 구성단위로 쪼개졌다. 동아시아와 꾸바에서는 공산주의국가의 행로가 달랐다고 하지만, 이 때문에 동유럽사태가 세계체제의 지정학에 초래한 결과는 거의 달라지지 않았다.

1989년 이래, 이런 유럽의 예전 공산주의 나라에 세계의 이목이 많이 집중되었다. 이른바 '이행'에 관한 사회과학자들의 학술회의가 끝없이 이어져 이제는 '이행학'(transitology)을 들먹이기까지 한다. 이전에 유고슬라비아연방공화국을 구성하던 지역과 소련의 꼬까서스지역에서는 여러 차례 아주 지독한 내전이 있었는데, 몇몇 경우에는 외부의 강국들이 적극 참전하였다. 많은 사회과학자들은 이런 폭력을 '종족정화'와 같은 표제 아래 분석하였는데, 이 현상이 장기간 지속된 종족간 적대행위의 결과라고 주장했다. 심지어는 심각한 내부폭력에까지는 이르지 않은 체코공화국, 헝가리, 그리고 발트해 연안국과 같은 국가에서조차 종족간 긴장이 되살아날 조짐을 일러주는 좋지 않은 사건들이 일어났다. 이와 동시에 가장 명백한 경우만 꼽아도, 비슷한 성격의 내전이, 저강도 내전뿐 아니라 전면적인 내전이 인도네시아는 물론 아프리카의 여러 지역에서 줄곧 일어났다.

이런 내전에 대한 범유럽세계(나는 이 용어를 서유럽에다 북아메리카와 오스트랄라시아를 추가하되 중·동부유럽은 제외한 지역의 뜻으로 사용하겠다)의 분석은 이 국가들은 시민사회가 취약할 것이며 역사적으로 인권에 대한 관심 수준이 낮을 것이라는 게 핵심이었다. 서유럽의 신문을 읽어본 사람이면 누구나 '공산주의 이후'의 세계라고 불리는 이 시대에 예전 공산주의 지역들에 대한 관심이란 것이 얼마나 '문제'에 촛점을 맞춘 것인지를 놓칠 수 없을 것이다. 게다가 이 '문제'란 것은 범유럽세계에는 있다고 짐작되는 높은 수준의 근대성이 사실상 이 지역들에는 없다는 사실로 정의된다.

한편 이 못지않게 눈에 띄는 일은 1989년 이래 범유럽세계 자체에서 무엇이 변했는지에 대한 관심——언론, 정치가들, 그리고 특히 사회과학자들의 관심——이 얼마나 미미했는가 하는 것이다. '냉전'에 휘말려 있다는 사실을 바탕으로 국가적 논리를 구축했던 정권들은 자기들이 40년간 유지해온 합의가 이제는 유권자한테나 정치인 자신들한테나 무의미해 보인다는 것을 갑자기 발견한 것이다. 냉전이 없다면 이딸리아에서 영원한 다수당인 기독교민주당을 중심으로 5당체제 (그리고 그에 따른 뇌물정치 tangentopoli)*를 구축할 필요가 어디 있는가? 이제 프랑스의 드골정당이나 심지어 독일의 기독교민주연합을 지탱해주는 것은 무엇인가? 미국의 공화당이 왜 '초당적인 외교정책'이라는 속박에 계속 묶여 있어야 하는가? 이런 식의 의구심이 들고부터, 범유럽세계의 주요 보수정당들은 새로운 극단적 경제 자유주의와 이보다는 좀더 사회적인 보수주의——국가가 시민의 타락한 도덕성을 바로잡기를 바라는 보수주의든, 사회적 안전망에 대한 온정주의적 관심을 그나마 아직 지니고 있는 보수주의든——사이의 분란으로 마구 찢겨 무너지고 있다. 그리고 당내의 파벌들이 이렇게 서로 싸우는 가운데 지지자들은 이런 분규로 말미암아 자신들이 현재 누리는 사회적 지위와 수입이

---

* 5당체제(pentapartiti)는 지난 40년간에 걸쳐 거의 모든 이딸리아정부에 참여한 5개 정당을 가리키며 모두 기독교민주당을 중심으로 조직되었다. 뇌물정치는 이들 정당에 만연한 부패를 일컫는 조어이다.

인종차별주의: 우리의 앨버트로스 103

심각하게 위협받을까봐 두려워한다.

그렇다면 대체로 자칭 '사회민주주의'라는 중도좌파 정당은 어떠한가? 이런 정당 역시 곤경에 처해 있다. 사실 공산권의 붕괴는 구좌파의 세 가지 주요 형태들——공산당·사회민주당·민족해방운동——**모두**에 대한 환멸, 1968년 세계혁명이 극적으로 알려준 환멸이 확산되어 절정에 이른 결과였을 따름이다. 이 환멸은 바로 이 운동들의 정치적 성공의 결과였는데, 이는 그렇게 역설적인 것은 아니다. 왜냐하면 일단 집권을 하자 이 운동들은 역사적으로 유명한 자신들의 공약을, 국가권력을 쟁취하기만 하면 새로운 사회를 건설할 수 있고 또 건설하고 말겠다는 공약을, 즉 사회를 좀더 평등하고 좀더 민주적인 방향으로 실질적으로 변화시키겠다는 공약을 끝까지 실천할 능력이 사실은 없음을 보여주었기 때문이다.

서유럽에서 구좌파란 일차적으로 사회민주당을 뜻했다. 그런데 1968년부터 이미 그랬지만 1989년 이후에 좀더 확실하게 나타나는 사태는 사람들이 차선책으로 사회민주당에 표를 던질 수는 있어도 이 당이 선거에서 승리한다고 해서 어느 누구도 거리에 나와 춤추지 않는다는 것이다. 아무도 사회민주당이 혁명을, 심지어 무혈혁명이라도 일으키리라고 기대하지 않는 것이다. 그리고 환멸을 가장 많이 느끼는 사람들은 사회민주당의 지도자들이니, 이들은 '제3의 길'이라는 중도주의의 언어를 구사할 수밖에 없는 신세가 된 것이다. 게다가 구좌파 정당 내의 이런 환멸과 함께 국가구조 자체에서 일탈이 일어났다. 예전에는 주민들이 국가를 관대하게 대했고 심지어는 잠재적인 사회변혁 기구로 칭송하기까지 했다. 그러나 이제는 무엇보다 부패와 불필요한 강제력을 사용하는 기구로, 더이상 시민의 보루가 아니라 시민의 짐으로 여기게 되었다.

이렇게 볼 때 오스트리아는 일반적인 범유럽적 유형의 또하나의 예에 불과함을 알 수 있을 것이다. '공산주의 이후' 시대에 무엇 때문에 거국적 연정을 하는가? 그리고 주된 관심이 연정 내의 세력비율(두 주요 정당이 관직임명권을 나눠갖는 체제)에 있는 듯한 정당들을 애당초 왜 찍어주는가? 이런 맥락에서 오스트리아자유당은 1999년 10월 3일 26.9퍼센트를 득표한 것이다. 이는 확실히 1945년 이래 유럽을 통틀어 극우정당이 달성한 득표율 가운데 가장 높은 수치이다. 1995년 프랑스에서 르뺑(Le Pen)의 국민전선(Front National)이 15.1퍼센트를 얻었는데, 이것은 이미 하나의 충격이었다. 그러나 당시에는 두개의 주요 보수정당이 국민전선의 지지는 어떤 차원에서도 거절하겠다고 역설하였다. 그런데 1998년 지방선거 때 보수정당들이 많은 지역에서 국민전선의 간판을 걸고 당선된 사람들의 지지를 받아야만 다수파를 구성할 수 있는 결과가 나왔을 때, 지역지도자 5명은 중앙당의 지시를 무시하고 지방정부를 장악하기 위해 국민전선의 지지를 얻었다. 그러나 이들 지역지도자들은 양대 보수주의 전국정당인 공화국연합(RPR)과 공화국민주연합(UDR)에서 즉시 제명당했다. 한편 이딸리아에서는 베를루스꼬니(S. Berlusconi)가 피니(G. Fini)와 그의 국민동맹(Alleanza Nazionale)의 지원으로 정부를 구성했다. 국민동맹은 하이더의 자유당과 유사한 정당이었지만 피니가 선거에 앞서 이 당의 신파시스트적 과거와 절연하겠다고 명확하게 선언했다는, 뉘앙스의 차이가 있다.

그렇다면 다수의 오스트리아인이 주장하듯 왜 유럽연합은 오스트리아에서 일어난 일을 두고 그토록 강경한 입장을 취한 것일까? 이에 대한 답은 사실은 아주 간단하다. 유럽연합의 나라들은 바로 자기들이 오스트리아와 그렇게 다르지 않기 때문에 가까운 미래에 오스트리아와 유사한 선택에 직면할까봐, 그리고 오스트리아인민당의 길을 따르고 싶은 유혹을 느낄까봐 모두 두려웠던 것이다. 유럽연합의 강경한 반응을 끌어낸 것은 바로 자신들에 대한 두려움이었다. 그런가 하면 오스트리아인들은, 자신들이 모든 서유럽 국가가 자발적으로 설정한 선을—1999년이 아니라 1945년에—실제로 넘어버렸다는 것을 이해하지 못했다. 오스트리아측의 반발은 이런 몰이해 때문이다. 여기서 내 입장을 아주 분명히 밝혀두어야겠다. 나는 오스트리아와 쌍무관계를 중단한 유럽연합의 결정에 찬성한다. 유럽연합이 이런 결정을 하지 않았더라면 우리는 서유럽을 갈가리 찢어놓을지 모르는 실로 엄청난 이데올로기의 급류에 휩싸였을 수도 있다고 생각한다. 하지만 유럽연합의 결정에 상당한 위선, 아니 상당한 자기기만이 담겨 있다는 데도 역시 동의한다. 왜 그러한지 알기 위해서 우리는 1989년 이후가 아니라 1945년 이후의 세계체제를 살펴보아야 한다.

그러나 그에 앞서 1989년 이후의 세계 사회과학계에 관해 한

마디 더 해야겠다. 사회과학계는 통탄할 지경이었으니까 말이다. 모두들, 그것도 정치적 성향과 거의 관계 없이 들먹이는 것이 '지구화'뿐이니 마치 이것이 대단한 것이라도 되는 듯한데, 기실 이것은 국경을 가로지르는 유통을 어느 정도까지 풀어놓을지를 놓고 자본주의 세계경제 내에서 계속되는 논쟁에서 한시적으로 사용하는 수사적 장치일 따름이다. 지구화는 우리의 시야를 흐리는 티끌인 것이다. '종족간 폭력'을 끝없이 되뇌는 것도 역시 그러하며, 여기에는 사회과학자들뿐 아니라 인권운동가들도 책임이 있다. 종족폭력이 끔찍하고 무서운 현실이 아니라는 뜻이 아니라, 그것이 운이 나쁜, 덜 현명하고 덜 문명화한 어떤 타자들한테만 관련된 일이 아니라는 뜻이다. 이는 우리 세계체제 내 깊숙한 곳에서 자라나는 불평등이 낳은 지극히 정상적인 결과이며, 그런만큼 불순하고 낙후된 사람들이 통제하는 지역에 순수하고 선진적인 사람들이 도덕적 훈계나 '간섭'(ingérence)*을 한다고 해서 해결할 수 있는 문제가 아니다. 세계 사회과학계는 1989년 이후 세계체제에서 일어나는 일을 분석할 유용한 도구를, 따라서 현재의 오스트리아 현실을 이해할 유용한 도구를 전혀 제공하지 못한 것이다.

---

*간섭권(Le droit d'ingérence)은 1990년대 발칸반도와 관련하여 프랑스의 인권단체들이 채택한 슬로건이었다.

1945년 이후의 세계체제

1945년에 나찌에 대한 경험과 나찌의 만행은 끝났다. 히틀러가 반유태주의를 발명한 것도, 독일인들이 그것을 발명한 것도 아니다. 반유태주의는 오래 전부터 유럽세계의 뿌리깊은 인종차별주의를 드러내는 유럽 내부의 주요한 표현이었고, 근대적 형태의 반유태주의도 유럽 현지에선 적어도 한 세기 동안 풍토병처럼 만연했다. 이 점에서 1900년 당시의 빠리와 베를린을 비교하면 어느 누구도 베를린이 더 나쁘다고 생각하지 않을 것이다. 반유태주의가 활발히 일지 않았던 곳은 어디에도 없었으니, 2차대전 중에도, 심지어 미국에서도 마찬가지였다.

그렇다면 모든 사람들이 적어도 1945년 이후에는 왜 나찌즘에 그토록 반발하는가? 대답이 워낙 눈에 띄기 때문에 모를 수가 없을 것이다. 그것은 '최종해결책'(Endlösung 히틀러의 유태인 말살정책을 가리킴—옮긴이) 때문이었다. 범유럽세계의 거의 모든 사람들이 1945년 이전에는 공공연히 그리고 즐거이 인종차별적이고 반유태주의적인 언행을 했지만, 최종해결책이라는 결과를 의도한 사람은 거의 없었다. 히틀러의 최종해결책이란 자본주의 세계경제 내의 인종차별주의의 핵심요지를 완전히 벗어난 것이다. 인종차별주의의 목적은 사람들을 배제하는 것이 아니며, 사람들을 모조리 죽이는 것은 더더욱 아니다. 인종차별주의의 목적은 사람들을 체제내에 붙들어두되, '하급인간'으로 대하여 경제적으로 착취할 수 있고 정치적인 희생양으로 써먹을 수 있게끔 하는 것이다. 나찌즘의 경우에 벌어진 일은 프랑스인들이 '차질'(dérapage)이라고 부르는 것, 즉 실책, 미끄러짐, 통제력 상실이었다. 아니 어쩌면 그것은 '마귀'가 상자 속에서 빠져나온 것인지도 몰랐다.

인종차별은 최종해결책 직전까지 바싹 다가갈 수는 있지만 그 이상 나아가면 안되는 것이었다. 이것은 언제나 미묘한 게임이었기에 이전에도 분명 미끄러지는 실수는 있었지만, 결코 이렇게 거대한 규모로는, 결코 세계체제의 이처럼 중심적인 무대에서는, 그리고 결단코 이렇게 가시적으로는 일어난 적이 없었다. 1945년 유태인수용소에 들어간 연합군들은 개인적인 차원에서는 정말로 경악했다. 그리고 집단적으로는 범유럽세계가 상자 속에서 탈출한 '마귀'를 어떻게든 처리해야만 했다. 범유럽세계는 인종차별주의의 공적인 사용을, 특히 반유태주의의 공적인 사용을 금지하는 과정을 통해 이 일을 이뤄냈다. 인종차별주의는 금기의 언어가 된 것이다.

사회과학자들이 이 게임에 동참했다. 1945년 이후 수년 동안 사회과학자들은 인종개념이 유의미하다는 주장을 비난하거나[1] 현행 사회적 척도에서 나타나는 사회적 집단의 차이를 선천적인 유전적 특징까지 추적하여 해명할 수 있다는 가설이 부당하다고 비난하는 책을 연달아 써냈다. 유태인대학살의 기억이 학교 교과과정의 내용이 되었다. 독일인들은 처음에는 마지못해 했으나, 결국에는 적잖은 도덕적 용기를 발휘하여 그들 자신의 죄를 분석하고, 그럼으로써 그들의 치욕을 덜어내고자 애썼다.

그리고 1989년 이후에는 그다지 마음이 내키지 않은 것은 분명하지만, 범유럽세계의 다른 나라들도 독일과 같은 자기반성을 수행했다. 프랑스와 네덜란드 같은 연합국측의 국가도 자기들의 죄를 인정하기 시작했는데, 그 죄란 이런 '차질'이 일어나게 허용한 죄이며, 그들 시민들 가운데 적어도 일부는 그 과정에 적극적으로 가담한 죄였다. 유럽연합이 하이더에게 그토록 강하게 반발한 이유 가운데 하나는 하나의 나라로서 오스트리아가 자기 죄의 몫을 떠맡기를 거부했다는 점이며, 자기들이 일차적으로 희생자라고 고집을 피운 점이다. 어쩌면 과반수의 오스트리아인이 1938년 독일과 오스트리아의 합병을 바라지 않았을지 모른다. 하지만 히틀러에게 환호하는 빈의 군중을 찍은 뉴스영화를 보면 이를 좀처럼 알기 어렵다. 그러나 더욱 핵심을 찌르는 것은 합병 이후 제3제국에서는 오스트리아인 가운데 유태인이나 집시가 아닌 사람은 모두 독일인으로 간주되었으며 대다수가 이 사실에 의기양양해했다는 것이다.

인종차별주의가 지나치게 멀리 나아감으로써 망했다는 이런 깨달음은 1945년 이후의 범유럽세계에 두 가지 주요한 결과를 가져왔다. 첫째, 이 나라들은 인종차별적인 억압에 물들지 않은 인종통합적인 나라로서, 소련이라는 '사악한 제국'과 맞서는 자유의 나라로서 자국의 미덕을 강조하고자 했으니, 그 바람에 이번에는 소련의 인종차별주의가 서구 선전전의 단골주제가 되었다. 이런 시도에서 온갖 종류의 사회·정치적인 행동이 유래하였다. 인종분리를 불법으로 규정한 1954년 미국 연방대법원의 결정, 범유럽세계 모든 나라들의 친이스라엘 정책, (유태교와 기독교 공동의 유산 같은 것이 있었다는 발상이 나온 것은 물론이고) 심지어 서구 기독교세계 내에서 교파를 초월한 세계교회주의(ecumenicism)를 새롭게 강조한 것 등이 그것이다.

둘째, 그러나 첫째 못지않게 중요한 것으로 위험요소를 제거한 인종차별주의를 그 본래의 기능으로, 즉 사람들을 체제내에 붙들어두되 하급인간으로 묶어두는 기능으로 되돌릴 필요가 있었다. 이제 유태인들이나 프로테스탄트 국가의 가톨릭교도들을 이런 식으로 취급할 수 없게 됐다면, 좀더 시야를 넓혀서 다른 집단을 찾아볼 필요가 생긴 것이다. 1945년 이후 시기는 적어도 처음에는 엄청난 경제적 팽창과 동시에 인구상의 변화가 일어난 시기였으니, 범유럽세계의 출생률이 급격히 감소하기 시작한 것이다. 이 세계는 어느 때보다 더 많은 노동자가 필요했으나, 어느 때보다 적은 수의 노동자들을 배출하였다. 이렇게 해서 독일인들이 '손님노동자'(Gastarbeiter 현재는 외국인노동자라는 뜻으로 정착되었음—옮긴이)라고 조심스레 부르는 사람들의 시대가 시작되었다.

이들 외국인노동자는 누구였는가? 비(非)지중해지역 유럽에 온 지중해지역 민족, 북아메리카 내의 라틴아메리카인과 아시아인, 북아메리카와 서유럽의 서인도제도 사람, 유럽의 아프리카 흑인과 남아시아인이었다. 그리고 1989년부터는 예전의 사회주의권에서 서유럽에 온 사람들도 포함되었다. 이 모든 이민(移民)들이 무더기로 몰려온 까닭은 그들이 오기를 원했기 때문이며 직장을 구할 수 있었기 때문이지만, 실은 범유럽국가들의 번영을 위해서 그들이 절실히 필요했기 때문이기도 하다. 그러나 이들 외국인노동자들은 거의 예외없이—경제적으로, 사회적으로, 정치적으로—밑바닥에 있는 사람들이었다.

세계경제가 1970년대에 꼰드라띠예프 장기순환의 B국면(경기하향국면)으로 진입하여 1945년 이후 처음으로 실업이 증가하자 이민들은 편리한 희생양이 되었다. 1945년 이래 완전히 위법적이고 주변적이던 극우세력들이 갑자기 다시 나타나기 시작하였으니, 어떤 때에는 주요 보수정당 내에서, 어떤 때에는 별개의 조직을 꾸려서 등장했다. (그리고 후자의 경우에는 보수정당뿐 아니라 중도좌파의 노동자정당의 지지까지 파먹어들어갔다.) 1990년대에 이르러 이런 정당들은 더욱 만만찮게 보이기 시작했는데, 그 이유는 앞서 이미 밝힌 대로다.

아주 노골적이든 덜 노골적이든 공공연하게 인종차별주의적인 정당들의 이런 부활을 주류정당들은 어떻게 다뤄야 할지 확실하게 정하지 못했다. 주류정당들은 '마귀'가 다시 한번 병 바깥으로 빠져나와 그들 국가의 사회적 안녕을 깨뜨릴까봐 공포에 사로잡힌 것이다. 어떤 사람들은 이 극우세력의 반(反)이민 이슈를 자극성이 덜한 온건한 형태로 체제 내에 통합함으로써 이 세력을 약화시킬 수 있다고 주장했다. 다른 사람들은 이 세력은 되도록 빨리 고립시켜야 하는 바이러스일 뿐이라고 했다. 오스트리아에서 지금 이런 논쟁이 벌어지고 있으니 여러분들은 이 논쟁의 내용을 잘 알고 있을 것이다.

여기서도 사회과학자들은 별로 도움을 주지 못했다. 그들은 세계체제 전체가 오랫동안 불장난을 계속해왔으며 어디서든 어떤 식으로든 불이 붙는 것은 이제 시간문제라는 것을 간파하기는커녕, 나찌현상을 독일의 역사적 상황이 지닌 어떤 특수성의 관점에서 분석하려 들었다. 사회과학자들은 자신들의 도덕적 미덕(이것의 가치는 잠시 후에 살펴보기로 한다)을 천명하려 했고, 1945년 이후 범유럽의 인종차별주의가 사실상 1933년 이전이나 1945년 이전만큼이나 맹위를 떨쳤음에도 범유럽세계의 현재 언사가 인종차별적이 아니라는 이유로 이 세계의 죄를 사하려 들었다. 그들은 곧 증오와 공포의 다른 대상을 찾아낸 것이다. 요사이 우리들은 한 사회과학자가 발명한 개념인 이른바 '문명의 충돌'을 놓고 갑론을박하고 있지 않은가?

사실 나는 오스트리아에 대한 유럽연합의 비난 자체를 찬성하긴 하지만, 여기에도 인종차별주의의 기미가 보인다. 유럽연합이 하는 말이 대체 무어란 말인가? 유럽연합은 사실상 이런 말을 하고 있는 것이다. 하이더와 같은 사람은 범유럽세계 바깥에 서라면, 심지어 어쩌면 헝가리와 슬로베니아 같은 인근 국가에 서라면 있을 수 있고, 어쩌면 정상일 수도 있다. 그러나 문명화된 유럽 내부에서 하이더 같은 사람은 허용할 수도 생각할 수도 없다. 우리 유럽인은 우리의 도덕적 우월성을 수호해야 하는데, 오스트리아가 이를 불가능하게 만들 우려가 있다. 그렇다, 오스트리아가 이를 불가능하게 만들 우려가 있으니 오스트리아는 현재의 당찮은 입장에서 어떤 식으로든 물러서야 한다. 그러나 유럽연합이 제기한 불평의 근거 역시 도덕적 오점의 혐의를 벗어난 것은 아니다. 왜냐하면 서유럽의 보편주의적 가치 그 자체가 범유럽세계의 만성적이고 구조적인 인종차별주의의 두터운 껍질을 둘러쓰고 있기 때문이다.

이를 올바로 이해하고, 또한 이것의 가면을 벗기지 못한 사회과학의 실패를 제대로 이해하려면 1492년 이후의 근대 세계체제를 살펴보아야 한다.

1492년 이후의 세계체제

유럽인들이 아메리카대륙에 상륙하여 이 대륙의 정복을 주장했을 때, 그들은 극히 낯선 토착민족들과 맞닥뜨렸다. 어떤 민족은 아주 단순한 수렵·채집체제로 조직되어 있었고, 어떤 민족은 복잡하고 정교한 세계제국으로 조직되어 있었다. 그러나 양쪽 경우 모두, 이 민족들의 무기나 후천적인 생리학적 면역성 (정확히 말하면 면역성의 결핍) 때문에 침략자들에 대한 저항에 성공하기란 불가능했다. 따라서 유럽인들은 이 민족들을 어떻게 대할지를 결정해야만 했다. 방대한 토지를 (많은 경우 처음으로) 획득하고서 이 민족들을 가능한 한 신속하게 착취하기를 바라며 토착노동자를 노예화하여 마구 부려먹으려 드는 유럽인들이 있었다. 그들은 토착민족이 야만적이라서 혹독한 노역 외에는 어떤 것도 베풀 만한 가치가 없다는 말로 이런 태도를 정당화했다.

그러나 유럽의 정복자들이 토착민족에 가한 비인간적인 대우에 강한 혐오감을 느끼면서 토착민족의 영혼을 사로잡아 기독교적 구원을 이룰 가능성과 그 중요성을 맹렬히 주장한 기독교 복음주의자도 있었다. 그런 사람 가운데 하나가 라스 까싸스(Bartolomé de las Casas)인데, 그의 열정과 전투성은 '타자(他者)'의 성격에 대한 1550년의 한 유명한 고전적 논쟁에서 절정에 달했다. 이미 1547년에 그는 황제 칼 5세(와 그밖의 모든 사람)에게 짤막한 개요서를 써서 아메리카대륙에서 벌어지고 있는 끔찍한 일들을 상당히 자세하게 이야기하는데, 그의 요약은 이런 식이다.

> 기독교인들이 그렇게 훌륭한 자질의 영혼들을 그토록 많이 죽이고 파괴하였다면, 이는 오로지 금을 얻고 아주 짧은 시간 내에 엄청난 부자가 되고 그들 신분에 걸맞지 않은 높은 지위에 오르기 위해서였습니다. (…) 그들은 〔그토록 겸허하고, 그토록 인내심있고, 그토록 제압하기 쉬운 이 민족들에게〕 어떤 존경심도 배려도 존중도 없습니다. (…) 그들은 이 민족들을 짐승으로도 대접하지 않았습니다. (그들이 이들을 짐승만큼이라도 대접하고 이들에게 짐승만큼의 배려라도 해주었다면 얼마나 좋겠습니까.) 그들은 이들을 짐승보다 더 못한 것으로, 똥보다 못한 것으로 대했습니다.[2]

라스 까싸스는 분명 이들 민족의 권리를 열렬히 수호한 십자군이었다. 그가 오늘날 신사빠띠스따(neo-Zapatistas)의 본고장인 치아빠스(Chiapas)의 초대 주교였음은 이런 맥락에서 주목할 만한데, 이곳에서는 지금도 라스 까싸스가 거의 500년 전에 수호한 것과 똑같은 대의, 즉 토착민족들의 인간적 존엄과 그들의 땅에 대한 권리를 수호할 필요가 여전하다. 이곳의 민족들은 라스 까싸스 시대에 비해 자신들의 처지가 별로 나아진 것이 없다고 느끼는 것이다. 그러니 라스 까싸스를 비롯한 스페인의 신교부철학 신학자·철학자·법관들을 그로티우스(H. Grotius)의 선구자이자 '근대적 인권의 진정한 창시자'로 분류하는 사람들도 있다.[3]

황제는 처음에는 라스 까싸스의 주장에 끌려 그를 아메리카 인디언의 호민관으로 지명했다. 그러나 나중에는 생각을 고쳐먹고 1550년에 발라돌리드(Valladolid)에서 특별 판관회의를 소집하여 이 중대 쟁점에 대하여 라스 까싸스와 황제의 다른 보좌관 가운데 하나인 쎄뿔베다(Juan Ginés de Sepúlveda) 간의 논쟁을 들었다. 라스 까싸스의 맞수인 쎄뿔베다는 라스 까싸스가 비판해온 아메리카인디언에 대한 대우를 정당화하는 논리를 네 가지 제시했다. 이들은 야만적이며 따라서 좀더 문명화된 민족들에게 예속되는 것이 이들의 자연적인 조건이라는 것. 이들은 우상을 숭배하며 인간을 제물로 삼는 제사를 지내니 자연법을 어기는 범죄를 방지하기 위해 개입하는 것은 정당하다는 것. 무고한 생명을 구하기 위한 개입은 정당하다는 것. 개입함으로써 기독교 복음화가 촉진되리라는 것. 이런 논리는 믿어지지 않을 만큼 우리 당대의 논리와 흡사하다. 다만 기독교 대신 민주주의를 대입하기만 하면 된다.

이 논리에 맞서 라스 까싸스는 이렇게 주장했다. 어떤 민족도 문화적으로 열등하다는 추정 때문에 다른 민족에게 강제로 예속당할 수는 없다. 그것이 범죄라는 의식을 갖고 있지 않다면 그 범죄를 물어 한 민족을 벌할 순 없다. 무고한 사람들을 구하는 것이 도덕적으로 정당한 것은 그 과정이 다른 사람에게 더 큰 해를 끼치지 않을 때뿐이다. 그리고 기독교가 칼로써 전파될 수는 없다. 이 논리 역시 믿을 수 없을 만큼 우리시대의 것처럼 보인다.

어떤 사람들한테는 라스 까싸스가 16세기 첫 삼분기에 스페인에서 일어난 최초의 거대한 사회적 항의운동을 대변하며 민주주의운동이면서 공동체운동이었던 꼬무네로(Comunero 1520년 까스띠야왕국의 읍민들이 칼 5세의 부당한 과세에 대항하여 읍 단위의 자치권을 수호하기 위해 벌인 운동—옮긴이)의 마지막 참여자로 간주되어 마땅한데, 라스 까싸스의 주장에 함축된 뜻은 스페인제국의 기초 자체를 문제삼는 듯했다. 사실 이것이 십중팔구 칼 5세가 라스 까싸스에 대한 초기의 지지를 철회한 이유일 것이다.[4] 실로 무엇이 야만인인가의 개념에 대한 논의에서 라스 까싸스는 "어느 누구도 지배를 염두에 두고 야만인의 지위를 정할 수 없다"고 주장함으로써 스페인 사람들에게 자기들이 로마인한테서 받은 대우를 상기시켰다.[5] 그러나 다른 사람들은 라스 까싸스가 실제로는 '좋은' 식민화의 이론가이며, "엔꼬미엔다(encomienda 스페인령 아메리카에서 스페인 정복자나 식민자가 토지와 함께 현지에 사는 원주민을 수여받는 제도로 1503년에 제정되었음—옮긴이)에 기초한 식민체제 문제의 대안적인 해결책을 생애 마지막까지 지칠 줄 모르고 제안한" 개혁가일 뿐이라고 주장한다.[6]

발라돌리드 종교회의의 대논쟁에서 흥미로운 점은 이 회의가 무엇을 결정했는지 아무도 확신하지 못한다는 것이다. 어떤 의미에서는 이것이야말로 근대 세계체제를 상징하는 대목이다. 우리가 결정한 적이 있는가? 우리가 결정할 수 있는가? 반(反)인종차별주의자이자 짓밟힌 사람들의 수호자인 라스 까싸스 역시 '좋은' 식민화를 제도화하려는 사람이었을까? 칼로써도 복음을 전해야 하는가, 전할 수 있을까? 우리는 이런 질문들에 대한 대답을, 모든 논란을 종식시킬 만큼 논리적인 일관성이나 정치적인 설득력을 갖춘 그런 대답을 들은 적이 없다. 어쩌면 그런 대답이란 아예 존재하지 않는지도 모른다.

라스 까싸스 이후 우리는 자본주의 세계경제를 구축하였고, 이것이 확장되어 지구 전체를 에워싸게 되었는데, 이것은 언제나 어떤 계기에서나 인종차별주의를 기초로 하여 자신의 위계를 정당화하였다. 자본주의 세계경제에는 분명 이런 인종차별주의의 가장 나쁜 특징들을 완화하고자 애쓰는 사람들 역시 언제나 일정한 비율로 있었고, 이런 사람들이 얼마간 제한적인 성공을 거둔 것도 인정해야 한다. 그러나 또한 잔혹한 대량학살, 말하자면 나찌의 '최종해결책' 이전에도 최종해결책은 항상 있었는데, 다만 이런 학살이 아마도 관료적으로, 체계적으로, 효과적으로 계획된 정도가 덜했으며, 공공연하게 눈에 띄는 것도 덜했을 것임이 분명하다.

그렇지만 그 다음에 프랑스혁명과 '인권선언'이 있었잖아요, 라고 여러분은 대꾸할 것이다. 과연 그렇다, 아니 그렇지 않다! 프랑스혁명이 위계·특권·억압에 대한 항의를 구현한 것은 분명하고, 그것도 평등주의적인 보편주의에 기초하여 이런 항의를 하기는 했다. 이 항의를 표시하는 상징적인 제스처는 말을 걸 때, 신사의 신분을 나타내는 '므슈'(Monsieur)를 거부하고 대신 시민임을 명시하는 '씨뚜와앵'(Citoyen)이라는 호칭을 사용했다는 것이다. 셰익스피어(W. Shakespeare)의 표현대로, 아아, 이게 걸림돌이다. 왜냐하면 시민이라는 개념은 모든 사람을 포함하는 것으로 의도되었기 때문이다. 제한된 한 귀족집단뿐 아니라 모든 시민들이 그들의 정부에 참견할 수 있도록 되어 있었던 것이다. 걸림돌은 한 집단에 속한 사람들을 모두 포함하려면 누군가가 먼저 이 집단의 성원을 구성하는 사람이 누구인지를 결정해야 한다는 것이다. 그러므로 이는 비구성원인 사람들이 있음을 필연적으로 의미하는 것이다.

시민개념은 포함하는 것만큼이나 배제하는 것이 불가피하다. 사실 프랑스혁명 이후의 2세기 동안 시민권의 배타적인 추동력은 그것의 포괄적인 추동력만큼이나 중요한 역할을 했다. 빈 시장 칼 뤼거(Karl Lueger 노동계급 출신으로 오스트리아기독교사회당을 창립하고 빈 시장을 역임했음—옮긴이)가 1883년 "우리는 모두 남성이며 기독교를 믿는 오스트리아 사람들이다"[7]라고 했을 때 그는 시민 신분의 한계에 대한 정의를 제시한 셈이다. 이 정의를 황제는 달가워하지 않았을지라도 당시 빈의 유권자들은 높이 사준 듯하다. 뤼거는 유태인과 마자르인을 포함할 뜻이 없었으니,[8] 그에게 이 종족들은 자신이 역시 비난한 외국자본가들만큼이나 낯선 이방인들이었다. 이것이 많은 사람들의 주장대로 '원형파시즘'(proto-fascism)이었을까 아니면 존 보이어(John Boyer)가 주장하고 싶어하듯 단지 "계산된 극단주의"였을까?[9] 오늘날 어떤 사람들은 외르크 하이더에게 이와 똑같은 질문을 한다. 그러나 대답이 무슨 차이가 있겠는가? 정치적인 결과는 사실상 동일한 것이다.

프랑스혁명이 이렇듯 우리에게 시민개념이라는 지뢰밭을 물려주는 근대사의 바로 그 순간, 지식의 세계는 주요한 변동을 겪고 있었다. 이 거대한 변동은 여러 세기에 걸쳐 철학이 신학에서 분리되어 지식의 세속화가 성공적으로 이루어진 결과였다. 그러나 이제는 이 과정이 지식의 세속화 문제에 그치지 않게 되었다. 그때까지 같은 뜻은 아닐지라도 심하게 중첩되어 쓰였던 두 용어인 과학과 철학이 18세기 후반쯤에는 존재론적인 대립물로 규정되기에 이르렀다. 근대 세계체제의 지식구조의 유별난 특징이라 할 '두 문화'가 지식의 기본적인 분할로 받아들여지게 된 것이다. 그리고 이런 분할과 더불어 진리의 추구(과학의 영역)를 한편으로, 선과 미의 추구(철학 혹은 인문학의 영역)를 다른 편으로 하는 양자의 지적·제도적인 분리가 일어났다. 이 근본적인 단절이야말로 자본주의 세계경제의 일부를 구성하는 인종차별주의에 대하여, 내가 믿기로는 아무 말도 못하는 사회과학의 무능력뿐 아니라 차후의 사회과학 발전형태를 해명해준다. 이제 이렇게 된 연유를 살펴보고자 한다.

프랑스혁명의 위대한 문화적 유산 두 가지는 정치적 변화가 정상적이라는 생각과, 주권은 통치자나 일군의 명사들에게 있는 것이 아니라 인민에게 있다는 생각이었다.[10] 후자는 시민개념의 논리적 표현일 따름이었다. 양자가 모두 함축된 뜻에서는 극히 급진적인 생각이었으니, 자꼬뱅정권의 몰락도 심지어 이를 계승한 나뽈레옹정권의 종식조차도 이 생각들이 세계체제 곳곳에 스며들어 널리 받아들여지게 되는 상황을 막지는 못했다. 권좌에 앉은 사람들은 이 새로운 지구문화적 현실에 대처하지 않을 수 없었다. 정치적 변화가 정상으로 여겨져야 한다면, 이제 그 과정을 더 잘 통제하기 위해서 체제가 어떤 식으로 작동하는지를 아는 것이 중요했던 것이다. 이것이 사회적 행동, 사회적 변화, 그리고 사회적 구조를 해명한다고 하는 지식분야, 즉 사회과학의 제도적 출현에 기본적인 추진력을 제공했다.

여기서 사회과학의 제도적 역사를 분석하지는 않겠다. 이 작업은 내가 책임을 맡은 국제적인 위원회의 보고서 『사회과학의 개방』에서 간결하게 이루어진 바 있다.[11] 여기서 내가 논하고자 하는 것은 단 두 가지이다. 두 문화 가운데 사회과학이 점하는 위치와 인종차별주의를 이해하는 데 사회과학이 한 역할이다.

두 문화는 지식의 영역들을 분할하였는데, 이 분할의 경계를

17세기나 그 전에는 아무도 자명하다고 생각하지 않았을 테지만 오늘날의 우리들은 자명한 것으로 받아들인다. 과학은 자연계의 영토를 자신의 배타적인 영역으로 전유하였다. 그리고 인문학은 사상계, 문화적 생산, 지적인 사색을 자신의 배타적인 영역으로 전유하였다. 그러나 사회현실의 영토에 대해서는 두 문화가 지배권을 놓고 경쟁을 벌였다. 각각은 이 영역이 사실은 자신에게 속한다고 주장했다. 그래서 사회과학이 19세기에 부흥한 대학체제 속에서 제도화되기 시작했을 때, 이 인식론적 논쟁, 이 방법론논쟁(Methodenstreit)에 의해 갈가리 찢겨지는 일이 벌어진 것이다. 사회과학은 출현하면서 두 진영으로 갈라섰는데, 오늘날 '학문'이라 불리는 것 가운데 몇몇은 적어도 초기에는 개별사례적인 인문학 진영 쪽으로 심하게 기울었고(역사학·인류학·동양학), 다른 몇몇은 법칙적인 과학주의 진영 쪽으로 심하게 기울었다(경제학·사회학·정치과학). 이것이 우리가 여기서 다루는 문제에 대해 함축하는 것은 사회과학이 진리의 추구에만 관여할 것인가 아니면 선의 추구에도 역시 관여할 것인가 하는 문제를 두고 심하게 나뉘었다는 것이다. 사회과학은 이 쟁점을 결코 해결한 적이 없다.

인종차별주의에 관해 말할 것 같으면, 19세기를 통틀어 그리고 1945년에 이르기까지 사회적 지식에서 가장 두드러진 점은 사회과학이 이 쟁점과 결코 직접 맞닥뜨린 적이 없다는 것이다. 그리고 간접적 대면에서도 사회과학의 실적은 통탄할 만한 것이다. 19세기 훨씬 이전부터 하나의 이름과 하나의 개념으로 존재한 유일한 근대적 사회과학인 역사학부터 살펴보자. 역사학은 19세기에 이른바 과학적 혁명을 겪었는데, 이 혁명의 중심인물은 랑케(Leopold von Ranke)였다. 랑케가 역사학자는 역사를 '실제 일어난 대로' 써야 한다고 역설했음은 여러분 모두가 알 것이다. 이는 무엇보다도 연구대상인 과거와 동시대의 자료들로 그 과거를 재구성하는 것을 뜻했다. 따라서 과거에 씌어진 문서들의 창고인 '문서보관소'라는 개념이 나왔으며, 문서들은 '사료'로서 비판적으로 분석되어야 했다.

나는 이 접근방식에 대한 후대의 비판, 이것이 국가와 그 통치자와 연관된 인물들의 저작을 사료로 이용함으로써 역사를 거의 정치·외교사만의 연구로 불가피하게 한정하였다는 비판을 여기서는 무시하겠다. 또 문서보관소를 핵심적인 자료원으로 강조함으로써 역사학은 오로지 과거 속으로 파고들게 되었으며, 그 과거의 시간적 경계란 것도 국가가 학자들로 하여금 문서보관소의 문서를 읽을 수 있도록 허용할 용의가 얼마나 있는가에 따라 정해졌다는 사실도 역시 무시하겠다. 다만, 적어도 1945년 이전까지는 관행이었던 역사학의 한 가지 요소에 대해서만 주장하겠다. 역사란 이른바 '역사적 민족'(historical nations)만의 역사였다는 것 말이다. 사용된 방법들로 보건대, 사실 그럴 수밖에 없었다.

다른 어느 곳에서나 마찬가지지만 오스트리아-헝가리제국에서 역사적 민족이라는 개념은 단지 학술적인 개념만은 아니었으니, 그것은 정치적 무기이기도 했다. 역사적 민족이 누구인지 혹은 무엇인지는 분명한 것이다. 역사적 민족이란 자기네 역사가들로 하여금 자국에 관해 쓰도록 자금을 대고 강제할 수 있는 강력하고 근대적인 국가에 위치한 민족이다. 1960년대까지만 해도 트레버-로우퍼(H. R. Trevor-Roper)는 아프리카는 역사를 갖고 있지 않다는 터무니없는 주장을 했다. 하지만 19세기에 빈대학에서 슬로베니아의 역사에 관한 강좌가 몇개나 개설되었는지 물어봄직하다. 오늘날에는 과연 몇개가 개설되어 있는가? '역사적 민족'이라는 용어 자체가 하나의 인종차별주의적 범주를 바로 역사학적 관행의 심장부 속으로 들이미는 격이다. 그렇다면 1945년 이전의 세계의 역사학 저작들을 살펴볼 때 (최소한으로 잡아도) 그것의 95퍼센트가 영국, 프랑스, 미국, 독일국가들(독일국가들로 표기하는 것은 나의 의도적인 선택이다), 이딸리아국가들 등 5대 역사적 민족이나 그 영토에 관한 이야기인 것은 결코 우연한 일이 아니다. 게다가 나머지 5퍼센트조차 주로 네덜란드나 스웨덴, 스페인과 같은 덜 강력한 유럽 국가들의 역사이다. 근대유럽의 원천으로 추정되는 고대 그리스와 로마에 관해서뿐 아니라 유럽의 중세에 관해서도 얼마 되지 않는 분량이 씌어졌다는 사실을 덧붙여야 한다. 하지만 고대페르시아나 심지어 고대이집트에 관해서는 씌어지지 않았다. 19세기 마지막 삼분기에 칼 뤼거와 그밖의 사람들에 의해 빈에서 시작된 공론을 해명하는 데 독일국가들의 역사를 구축한 역사가들이 약간이라도 쓸모가 있었던가? 나는 그렇지 않다고 생각한다.

인종차별주의를 다루는 데 있어 다른 사회과학은 역사학보다 좀 나았던가? 경제학자들은 '경제적 인간'(homo economicus)의 보편적 이론들을 구축하느라고 바빴다. 애덤 스미스(Adam Smith)는 자신의 유명한 공식에서 모든 인간은 "거래하고 교환하고 장사하기"를 추구한다고 말했다. 그의 저서 『국부론』(*The Wealth of Nations*)의 목적은 오직 그 누구든지 모든 인간의 이러한 자연적 경향에 대한 간섭을 중지해야 함을 우리한테 (그리고 영국정부한테) 설득하는 것이었다. 리카도(D. Ricardo)가 비교우위의 개념에 기초한 국제무역의 이론을 창안했을 때 그 역시 유명한 가설적 사례를 이용하였는데, 그 예 속에 그는 영국과 포르투갈의 이름을 삽입했다. 그는 그 예가 실제의 역사에서 끌어낸 것이라고 하지도 않았지만 이른바 비교우위란 것이 영국의 힘에 의해 상대적 약세인 포르투갈 국가에 얼마만큼 강요된 것인지 설명하지도 않았다.[12]

하긴 몇몇 경제학자는 최근 영국역사의 과정이 보편적 법칙의 예증이 되지 못한다고 주장했다. 슈몰러(Gustav von Schmoller 1838~1917)는 경제학적 분석의 역사화를 꾀하는 '국가학'이라는 학술운동 전체를 이끌었다.[13] 이 이단적인 학설이 일찍이 프로이센 대학체제 속에 강력한 기반을 마련했음에도 불구하고 이에 대한 공격을 주도하여 마침내 이를 쓰러뜨린 장본인은 빈의 경제학자인 칼 멩거(Karl Menger 1840~1921)였다. 다른 한편 고전경제학에 대하여 슈몰러의 비판보다 더 강력한 비판은 칼 폴라니의 『거대한 변혁』(*The Great Transformation*)이었는데, 이 책은 그가 1936년 빈을 떠난 후 영국에서 쓴 것이다. 하지만 경제학자들은 폴라니를 읽지 않는다. 경제학자들은 할 수만 있다면 정치경제학을 전혀 다루지 않으려는 경향이 있으며, 주류 경제학자가 인종차별주의를 본격적으로 다루고자 할 때에는 이를 하나의 '시장 선택'으로서 논해야만 했다.[14]

주류 경제학자는 '다른 사정이 같다면'이라는 매개변수를 벗어난 어떠한 상황의 분석에도 냉소를 보냄으로써, 시장의 규범——이런 규범은 경제학자들이 규정하는데——을 따르지 않는 경제적 행위는 가능한 대안적 경제적 행위로 심각하게 고려할 가치가 없음은 물론이며 분석할 가치조차 없다고 못박는다. 이런 단정적 태도에 깔려 있는 거짓된 정치적 순진함 탓에 인종차별주의운동의 경제적 원천이나 결과를 분석하는 것이 불가능해진다. 이런 가장된 순진무구함이 인종차별주의라는 주제를 과학적 분석의 시야에서 지워버리는 것이다. 더욱 나쁜 것은, 이런 태도가 인종차별주의 혹은 인종차별주의에 대한 저항으로 분석할 수 있는 수많은 정치적 행위가 경제학적으로는 비합리적인 행위임을 암시한다는 점이다.

정치과학자의 기여도 그다지 나을 게 없다. 이들은 법학부와 맺어온 유구한 인연으로 말미암아 헌법상의 쟁점들에 일찌감치 집중함으로써 인종차별주의 분석을 하나의 형식적 입법상의 쟁점으로 바꿔놓았다. '아파르트헤이트'(apartheid)의 남아프리카는 법적 체제내에 공식적 차별을 두었기 때문에 인종차별주의이며, 프랑스는 적어도 중심부에서는 그런 법적 차별이 없기 때문에 인종차별주의가 아니라는 것이다. 헌법 분석 외에, 1945년 이전의 정치과학자들은 이른바 '비교정부론'이라는 것을 발전시켰다. 그러나 이들이 어떤 정부들을 비교하였던가? 우리의 한결같은 친구인 5대 범유럽국가, 즉 영국·프랑스·미국·독일·이딸리아의 정부인 것이다. 다른 어떤 나라도 연구할 가치가 없었는데, 그것은 다른 어떤 나라도, 내 생각으로는 심지어 저 별종의 오스트리아-헝가리제국조차도, 진정으로 문명화되지 않았기 때문이라는 것이다.

그렇지만 적어도 사회학자들은 대학체제 내에서 정치적 급진주의의 온상 노릇을 한다는 명성을 떨쳐왔으니 좀 나았을 것이다. 천만의 말씀! 그들이야말로 최악이었다. 1945년 이전에는 두 종류의 사회학자들이 있었다. 백인우월주의 개념을 명시적으로 정당화한 사회학자들이 있었는데, 특히 미국에 많았다. 그리고 사회사업이나 종교활동의 배경을 지니고서 대도시 도심의 혜택받지 못한 사람들을 기술하고 이런 주민들의 '일탈'을 해명하고자 한 사회학자들이 있었다. 이들의 기술은 비록 온정주의적이긴 해도 좋은 의도를 지니고 있었으나, 이런(혜택받지 못한 사람들의—옮긴이) 행위가 정상에서 벗어난 것이며 중간계급의 규범을 충족시키기 위해서는 교정되어야 한다는 가정은 전혀 문제시되지 않았다. 그런데다 하층계급들은 대다수의 경우—이는 미국에서만 그런 것은 아닌데—중간계급들과는 종족적으로도 구분되기 때문에, 이들 사회학자 집단의 인종차별주의적인 토대는 설령 이들 자신은 인식하지 못한다 해도 명백한 것이다.

그리고 가장 나쁜 것은 네 가지 기초학문—역사학, 경제학,

정치과학 그리고 사회학—모두가 근대성과 문명의 세계로 간주되는 범유럽세계만을 분석했다는 점이다. 이 학문들의 보편주의란 근대 세계체제의 위계를 전제한 것이다. 유럽 바깥의 세계에 대한 분석은 별개의 학문들에, 가령 야만적인, '역사가 없는 민족'은 인류학에, 비서구의 '고도문명'—그러나 유럽이 침입하여 그들의 사회적 동학(dynamics)을 재편하지 않으면 근대성으로 나아갈 수 없는 '고도문명'—은 동양학에 맡겨졌던 것이다. 종족학은 종족들이 적어도 '문화적 접촉' 이전에는 변하지 않는다고 하면서 '종족들'의 역사성을 명확하게 거부하였다. 그리고 동양학은 이 고도문명들의 역사를 '얼어붙은 것'으로 보았다.

유럽 바깥의 세계는 '전통'을 대변하고 범유럽세계는 근대성·진화·진보를 대변하였다. 서구 대 나머지 세계의 구도였던 것이다. 근대세계를 분석하면서 사회과학은 현재의 규칙성들을 기술하기 위하여 하나가 아니라 세개의 학문을, 즉 경제학·정치과학·사회학을 창안하였다는 사실을 눈여겨보라. 반면에 유럽 바깥의 세계를 분석하는 데는 역사가 필요하지 않았을뿐더러 범유럽세계에는 필수로 요구된 경제·정치·사회라는 세개의 접근방식마저 필요하지 않았다. 이는 사회적 행동의 별개의 각 축장—시장·국가·시민사회—으로의 '분화'야말로 근대성의 성취로, 근대성의 정수 자체로 간주되었기 때문이다. 과학과 철학의 분리 때문에 사회과학자들한테 이것이 자유주의 이데올로기의 한 가설에 불과하며 사회적 현실에 대한 그럴듯한 해명이 아니라는 것을 상기시켜줄 사람이 없었다. 나찌즘을 이해하는 데 사회과학이 도움을 주지 못한 것도 놀랄 일이 아닌 것이다. 그리고 1945년 이후 사회과학의 행로는 목표를 약간 수정하긴 했지만 하이더를 이해하는 데 그다지 도움이 되지 못했다. 무엇보다도 이번의 반인종주의 '저항'운동도 또하나의 일탈적인 행동으로밖에는 해명할 길이 없는 것이다. 어쩌면 약간 온정주의적인 방식으로 공감할 수 있는 일탈행동일지라도 말이다.

사회과학자들은 근대 세계체제의 탄생이라는 전쟁을 수행하느라고 너무 바쁜 나머지 작동중인 세계체제와 싸울 수 없었다. 학술적인 중립성을 추구하는 것은 학자들한테 간섭하려 드는 교회에, 그리고 간접적으로는 국가에 맞선 투쟁이었다. 베버(M. Weber)가 세상의 '마법에서 깨어남'(disenchantment)을 언급하였을 때, 그가 사실은 프로이쎈의 민족주의를 통렬히 비난했음에도 그 언어 자체는 신학적이었다. 제1차 세계대전으로 말미암아 부르주아 가치가 끔찍하게 파괴된 후에야 베버는 뮌헨대학의 학생들에게 행한 그 유명한 강연, '직업으로서의 학문'에서 다시 한번 사회과학이란 세계가 언제나 마법에 걸려 있는 방식들과 분리될 수 없음을 기억할 수 있었다.

현재 어느 집단이 외적으로 승리하건, 우리 앞에는 꽃피는 여름이 아니라 차라리 얼음같이 찬, 어둡고 가혹한 극지의 밤이 놓여 있습니다. 아무것도 없는 곳에서는 황제뿐 아니라 프롤레타리아들조차 자신의 권리를 잃어버린 것입니다. 이 밤이 서서히 이울고 나면, 그토록 화려하게 꽃핀 듯한 봄을 맞이했던 이들 가운데 그 누가 살아 있을까요?[15]

2000년 이후의 세계체제

오스트리아자유당 표의 강세와 유럽연합의 강경한 반응은 우리의 현 위기를 나타내는 최초의 신호는 아닐지라도 이를 알려주는 조짐이다. 세계의 부유한 지역에서는 미래에 대한 근본적인 낙관주의나, 상황은 사실상 점점 나아지고 있다는 확신이 그게 그렇지 않을 수 있다는 근원적인 불안으로 바뀌기 시작한 것이다. 오스트리아에서건 서유럽에서건 미국에서건, 느리지만 항상 오른쪽으로만 이동하는 중도적인 합리적 개혁주의를 믿던 사람들이 자칭 중도좌파든 중도우파든 주류 정치세력의 그 모든 공약에 회의를 품게 되었다. 19세기의 자유주의 이데올로기에 의해 형성된 중도주의적 합의는 더이상 존재하지 않는다. 이 합의는 1968년에 근본적인 도전을 받았고 1989년에는 매장되어 버린 것이다.

우리는 우리 자신이 그 일부를 이루는 세계체제의 장기간에 걸친 혼돈스러운 변혁 속으로 진입했다. 변혁의 결과는 그 본질상 예측할 수 없다. 그러나 다른 한편 우리는 그 결과에 영향을 미칠 수 있다. 이것이 바로 '복잡성의 과학들'(sciences of complexity)의 메씨지이다.[16] 이것이 사회과학이 오늘날 전달

해야 하는 메씨지인 것이다. 우리는 외르크 하이더와 이번의 '저항'운동을 이러한 맥락에서 자리매김해야 한다.

하나의 세계체제가 적응할 구조적 가능성들이 소진되었기 때문에 붕괴하고 있을 때, 권력과 특권을 지닌 사람들이 수수방관하며 아무런 조치도 취하지 않을 리는 없다. 그들은 조직적으로 단결하여 비록 현재의 세계체제와는 다른 원칙에 기초하고 있을지언정 그것 못지않게 위계적이고 불평등한 세계체제로 현재의 세계체제를 대체하려 들 것이다. 그런 사람들한테 외르크 하이더는 선동정치가요 위험인물이다. 하이더는 우리시대의 현실을 전혀 이해하지 못하니, 오스트리아인들이 현재의 생활수준을 유지하기 위해서는 그들이 받아들인 이민의 숫자를 다음 25~50년 동안에는 매년 2배, 3배 혹은 4배로 늘려야 할 것이며 그래야 고령화하는 오스트리아 주민들의 연금을 지탱할 만한 규모의 노동인구를 겨우 유지할 수 있다는 것조차 깨닫지 못하는 것이다.[17] 선동정치는 분명 범유럽세계를 파괴적인 내전의 길로 더욱 빠르게 이끌 위험을 안고 있다. 보스니아와 르완다 사태가 재연될 가능성이 다가오는 것이다. 유럽연합의 지도자들은 이를 알고 있다. 클레스틸대통령도 알고 있다. 그러나 오스트리아인민당 지도부는 모르는 듯하다.

한편 반인종주의 '저항'운동이 존재한다. 이 운동은 자본주의 세계경제의 구조적 위기 한가운데 존재하는 변혁세력을 대변하는데, 이 변혁세력은 오스트리아자유당 세력과 다를 뿐 아니라 유럽연합 지도부의 그것과도 또 다르다. 그렇다면 이들은 자기들이 원하는 바가 무엇인지에 대해 뚜렷한 전망을 갖고 있는가? 아마 흐릿한 형태의 전망만 있을 것이다. 이 지점에서 사회과학은 어떤 역할을 할 수 있지만, 다만 진리의 추구와 선의 추구를 분리하기를 거부하는 사회과학만이, 두 문화의 분리를 극복할 수 있는 사회과학만이, 영속적인 불확실성을 내부에 완전히 통합시켜 그런 불확실성이 제공하는 가능성을 최대한 활용하는 사회과학만이 인간의 창조성과 새로운 실질적 합리성(막스 베버의 Rationalität materielle)을 위해 어떤 역할을 할 수 있다.

왜냐하면 우리는 좀더 실질적으로 합리적인 역사적 체제를 위한 대안가능성을 탐구해서, 우리 삶을 에워싼 이 죽어가는, 광기의 체제를 갈아치울 필요가 절실하기 때문이다. 우리는 인종차별주의적 특권의 깊은 뿌리를, 우리의 현존 세계체제에 속속들이 스며들어 지식구조와 실로 '저항'세력 그 자체까지 포함한 이 체제의 모든 제도를 에워싸고 있는 이 깊은 뿌리를 반드시 드러내야 하는 것이다. 우리는 급속한 변화의 한가운데서 살고 있다. 그게 그렇게 나쁜 것인가? 앞으로 수십년간 우리에겐 많은 혼란과 변화가 있을 것이다. 그렇다, 빈 역시 변할 것이다. 그러나 변화란 언제나 우리가 기억하는 것보다 더 컸으며, 우리가 상상하는 것보다 더 빨랐다. 사회과학은 과거를 이해하는 데서도 우리를 실망시켰다. 사회과학은 전통적 세계가 너무너무 천천히 움직였다는 그릇된 상(像)을 우리에게 제공하였다. 그런 세계는 결코 실제로 존재한 적이 없다. 현재도 오스트리아에서건 다른 어디에서건 존재하지 않는다. 우리가 어디를 향하고 있는지는 매우 불확실하지만, 이런 엄청난 불확실성 가운데서도 우리는 우리의 과거들——이 과거들을 우리는 현재 만들어가는 중이다——에서 무엇이 선(善)이고 미(美)인지를 가려내어 이런 비전들을 우리의 미래 속에서 구축할 수 있도록 분투해야 한다. 우리는 좀더 살 만한 세계를 창조할 필요가 있다. 그러자면 우리는 상상력을 활용해야 한다. 그럼으로써 우리는 우리 속에 놓여 있는 뿌리깊은 인종차별주의를 송두리째 뽑아낼 수 있을 것이다.

1968년 프랑스의 대규모 학생봉기 때 '빨강머리 다니'(Dany le Rouge)로 알려진 학생들의 지도자 다니엘 꽁-방디(Daniel Cohn-Bendit)는 잠시 독일을 방문하는 전술적인 실수를 저질렀다. 그는 독일시민이지 프랑스시민이 아니었기 때문에 드골정부는 그의 프랑스 귀환을 막을 수 있었고, 실제로 그렇게 했다. 그러자 학생들은 빠리에서 행진을 하면서 '우리 모두는 독일의 유태인들이다, 우리 모두는 팔레스타인의 아랍인들이다'라는 슬로건을 치켜들고 항의했다. 그것은 훌륭한 슬로건이었고, 우리 모두가 채택할 만한 것이다. 하지만 우리는 더욱 겸허하게 '우리 모두는 외르크 하이더이다'라는 말을 덧붙임직하다. 우리가 전세계의 외르크 하이더들과 싸우고자 한다면——필히 우린 싸워야 하는데——먼저 우리 속을 들여다보아야 한다. 한 가지 작지만 의미심장한 예를 들겠다. 새 오스트리아정부가 들어서자, 이스라엘정부는 항의의 뜻으로 자국의 대사를 소환하는 올바른 행동을 했다. 그러나 불과 한달 남짓 후에 이스라엘의회는 골란고원에서 철수할 것을 국민투표로 결정하려면 어떠한 경우에도 '특별 과반수'—이는 이 쟁점에서 이스라엘 내 아랍시민들의 투표권을 사실상 박탈하는 조항을 뜻하는 약호이다—가 필요하다고 강변하는 동의안을 통과시킴으로써 바라크(E. Barak)수상을 궁지에 몰아넣었다. 그런데 이 동의안의 주동자 가운데 하나는 나딴 샤란스끼(Natan Sharansky)와 러시아 망명자로 구성된 그의 당이었다. 소련정부의 사실상의 반유태주의적 정책에 항의한 소련의 저 유명한 반체제인사인 바로 그 샤란스끼인 것이다. 인종차별주의에 맞서는 투쟁은 분리될 수 없다. 오스트리아, 이스라엘, 소련, 미국, 각각에 대하여 다른 규칙이 있을 수 없다.

흥미로운 일화를 하나 더 이야기하겠다. 미국에서 진행중인 대통령선거전 이야기인데, 싸우스캐롤라이나에서 공화당의 결정적인 예비선거가 있었다. 이 예비선거에서 부시는 이른바 기독교 우파의 강력한 지지를 확보하고자 이 세력의 요새인 밥 존즈 대학(Bob Jones University)에서 연설을 했다. 문제는 밥 존즈 대학이 두 가지 사항, 즉 (이 대학이 근본주의적인 프로테스탄트 기관이기 때문에) 교황을 적(敵)그리스도라고 비난하는 것과 학생들에게 다른 인종의 사람과 데이트하는 것을 금지한 사실로 유명하다는 것이다. 이것이 그후 주요한 정치쟁점이 되어 부시를 당혹하게 만들었는데, 부시는 자기가 그 대학에 갔을 때 두 입장(맹렬한 반가톨릭적 태도와 인종간의 데이트 거부)에 반대하는 발언을 하지 않은 것을 후회한다고 말했다.

부시의 당혹스런 처지를 전하려고 이 일화를 소개한 것은 아니지만, 그가 곤혹스러워졌다는 사실은 1945년 이후 성립된 금기에 대해 시사하는 바가 있다. 정작 흥미로운 것은 이런 논란이 벌어졌을 때 이 대학의 총장 밥 존즈 3세가 보인 반응이다. 밥 존즈 3세는 CNN의 래리 킹(Larry King) 대담 프로그램에 출연했다. 래리 킹이 밥 존즈 3세에게 한 첫 질문은 "이 대학이 왜 인종간의 데이트를 금하는가"였다. 대답은 대학을 운영하는 사람들이 제시한 바로는, 그들은 차이가 없는 '하나의 세계'라는 철학에 반대한다는 것이었다. 래리 킹은 하나의 세계에 대한 반대와 두 젊은이의 데이트에 대한 반대 사이에는 엄청난 괴리가 있는 것 아니냐고 말했다. 밥 존즈는 이의를 제기했지만, 자기나 자기 대학이 (크나큰 금기인) 인종차별주의를 행한 것이 아니며, 그 교칙이 기독교 장려라는 자기들의 목표에 근본적인 것이 아니라 부차적인 것이기 때문에 대학은 그날로 그 교칙을 폐기했음을 강조했다. 여기서 나타나듯 나는 공개적인 항의가 몇몇 인종차별주의자로 하여금 적어도 전술상으로는 공개적인 입장철회를 하게끔 만든다고 생각한다. 이는 극우 공세의 악몽에 직면한 보수주의 세력에게는 하나의 교훈이 되어야 마땅하다. 그러나 이런 전술적인 변화와는 전혀 별개로 인종차별주의가 그래도 계속되고 있는 것이 사실이다.

앨버트로스는 우리의 목에 걸려 있다. 그것은 우리를 못살게 괴롭히는 마귀이다. '저항'은 도덕적인 의무이다. 이는 분석 없이는 지적으로 그리고 유용하게 수행될 수 없는데, 그런 분석을 제공하는 데 도움을 주는 것이야말로 사회과학의 도덕적·지적 기능이다. 그러나 우리 각각의 내부에 있는 인종차별주의를 근절하기 위해서 우리들 각자가 대단한 자기쇄신을 수행할 필요가 있듯이, 사회과학자들이 우리를 불구로 만든 그런 종류의 사회과학에서 탈피하여 더 유용한 사회과학을 창출하기 위해서는 대단한 자기쇄신이 필요하다. 이제 나는 '이행의 시대에서의 사회과학'이라는 원래의 제목으로 돌아온다. 이런 시대에는 우리 모두가 사태진행에 어마어마한 영향을 줄 수 있다. 세게 밀어도 기껏해야 약간의 결과밖에 얻지 못하는 좀더 정상적이고 좀더 안정된 시기와는 반대로, 구조가 나뉘는 순간에는 상하의 진동이 격해서 약간만 밀어도 엄청난 결과를 얻을 수 있다. 이것이 우리에게 기회를 제공하지만 도덕적인 압박감도 역시 생겨난다. 이행이 끝났을 때 세계가 현재보다 명백하게 좋아지지 않는다면——그렇게 될 공산도 적지 않은데——그땐 우리 자신을 탓할 수밖에 없다. 여기서 '우리'란 저항운동의 구성원들이다. '우리'란 사회과학자들이다. '우리'란 예의를 아는 보통사람들 모두이다.

5

이슬람: 이슬람·서양·세계

 이 장의 제목 '이슬람, 서양, 세계'는 두개의 지리적 용어를 포함하고 있다. 그래서 나는 이 글을 지리에 대한 고찰로 시작하는 것이 가장 좋겠다고 생각한다. 이른바 세계종교들 가운데 세계에서 다소 작은 지역인 아시아대륙 남서쪽 변두리라는 동일한 지역에 역사적 기원을 둔 것으로 세 가지가 있는데, 바로 유태교·기독교·이슬람교이다. 이 종교들은 모두 이 지역과 어느 정도 특수한 관계에 있다고 주장하며, 그곳을 정신적 고향이라고 여긴다. 그렇지만 이 세 종교 가운데 어느 것도 이 지역에만 국한되지 않았다.

 유태인들은 정복당해 국가가 붕괴된 결과 이집트로, 그 다음에는 바빌로니아로, 또 로마시대에는 지중해 연안의 다양한 지역들로, 그 다음 더 훗날에는 유럽의 많은 지역들로, 마침내 근대시기에는 서반구와 세계의 다른 많은 지역들로 강제이주를

당하거나 또는 스스로 이주했다. 이 모든 것들이 이른바 디아스포라(diaspora 유태왕국이 패망하여 바빌로니아로 유배당한 뒤 전세계로 흩어진 형상 혹은 이방인 사이에 살게 된 유태인들의 공동체-옮긴이)라는 것을 만들어냈다. 그리고 주지하다시피, 20세기에 들어 많은 유태인들이 원래의 지역으로 되돌아가 새로운 정치구조, 즉 스스로 유태민족의 재건된 조국이라고 주장하는 이스라엘 국가를 세웠다.

기독교는 이 고향지역 유태인들의 종교운동으로 출발했다. 그렇지만 기독교인들은 비교적 빠르게 유태인 공동체와의 유태관계를 단절하고 주로 그 당시 방대했던 로마제국 안의 비유태인들 사이에서 개종활동을 펼쳐나갔다. 기독교는 겨우 3세기 만에 제국의 국교가 되었고, 뒤이어 500년에서 700년 동안 주로 유럽대륙 전역에서 개종정책을 펼쳐나갔다. 그후 근대 세계체제가 수립되면서 이른바 유럽의 팽창이 이루어졌는데, 이러한 팽창은 군사적이고 정치적이고 경제적이며 종교적인 것이었다. 이러한 상황에서 기독교 선교사들은 전세계로 퍼져나갔다. 이들이 특히 더 크게 성공한 곳은 세계에서 (기독교 이외의) 다른 종교, 이른바 세계종교들이 지배하지 않는 지역들이었다. 이슬람교, 불교, 힌두교, 유·도교가 지배하는 지역에서는 개종자의 수가 상대적으로 적었고, 이슬람지역에서는 그 수가 특히 적었다.

마지막으로, 이슬람교는 기독교가 출현한 지 약 6세기가 지난 후 동일한 고향지역에서 출현했다. 이슬람교 역시 개종종교였으며, 오늘날 우리가 중동이라고 부르는 지역과 아프리카 북부,

그리고 이베리아반도 전역에 걸쳐 매우 급속하게 확산되었다. 16세기에는 이베리아에서 밀려났지만, 이와 동시에 오늘날 우리가 발칸이라고 부르는 지역으로 밀고 들어갔다. 그러면서 지리적 범위를 동쪽으로는 동남아시아, 남쪽으로는 아프리카대륙으로 넓혀나갔다. 20세기 들어 그 확산과정은 계속되었고 마침내 이주와 개종을 통해 서반구와 서유럽까지 미치게 되었다.

지금까지 내가 서술한 것은 교과서 지식을 요약한 것에 지나지 않는다. 굳이 이런 식의 지리적 지식을 개관한 것은 세 가지 종교가 모두, 그중에서도 특히 기독교와 이슬람교가 범위와 주장의 측면에서 세계적인 종교임에도 불구하고 우리가 기독교는 '서양'(West), 이슬람교는 '동양'(East)이라고 생각하고 말하는 경향이 있음을 지적하기 위해서이다. 물론 이러한 단순화에는 어느정도 지리적 근거가 존재하는 것이 사실이지만, 우리가 생각하고 있는 것보다는 덜하며, 또 점점 약해지고 있다. 그러므로 우리에게 제기되는 문제는 우리가 이런 지리적 단순화를 고집하는 이유가 무엇일까 하는 것이다. 명백히 이것은 지리적 의미보다는 정치적 의미를 지니고 있다.

이에 관해 최근에 몇몇 잘 알려져 있는 대답들이 제시되었다. 헌팅턴(S. Huntington)은 서양과 이슬람을 장기적인 지정학적 갈등 속에 있는 두개의 대립적인 '문명'으로 이해한다. 싸이드(E. Said)는 오리엔탈리즘을 서구세계가 이데올로기적인 이유에서 만든 광범위하고 유해한 효과를 불러일으키는 그릇된 구성물로 생각한다. 나는 다른 방식으로 이 문제에 접근해서 이렇게 질문하고자 한다. 즉 기독교세계가 이슬람세계를 최근에 들어서만도 아니고 이슬람의 출현 이래 줄곧 특별한 악마로 선택한 듯이 보이는 이유는 무엇일까 하는 것이다. 역으로 이슬람교가 기독교를 특별한 악마로 간주한 것 역시 아마도 사실일 것이지만, 나는 그 이유가 무엇인지 또는 얼마나 그런지에 관한 문제를 논의할 만한 능력이 내게 있다고 생각하지 않는다.

물론 나는 강조점을 근대세계에 둘 것이지만, 그렇다고 유럽의 중세시대에 대해 조금도 언급하지 않고 이제까지 일어난 일을 설명할 수 있으리라고 생각하지는 않는다. 왜냐하면 이 관계를 둘러싼 우리의 신화들은 바로 이 시기부터 끌어낸 것이기 때문이다. 누구나 알고 있듯이, 이 시기에 기독교와 이슬람교는 다소간 서로 인접한 넓은 지역들을 지배했다. 비록 각 지역은 다종다양한 내부 투쟁으로 분열되었지만, 각자 스스로를 하나의 문화적 단위, 그것도 주로 상대방과 대립관계에 있는 단위로 여긴 듯이 보였다. 이것은 부분적으로 그 지배적인 신학들 각각이 스스로가 완전하고 유일한 진리를 체현하고 있다고 인식했기 때문이다. 아마 그 둘 모두 동일한 작은 지역에서 기원했다는 사실도 이유가 될 것이다. 기독교도들은 자기들이 유태교의 율법을 완성했으며, 그러므로 그것을 새롭고도 최종적인 계시로 대체했다고 주장했다. 이슬람교도들은 다시 자기들이 유태교도와 기독교도에게서 물려받은 지혜를 바탕으로 알라신에 대한 숭배라는 새롭고도 진정으로 최종적인 종교를 만들었다고 주장했다. 그러므로 이 싸움의 한 부분은 상속과 진리를 둘러싼 집안싸움이었다. 이것은 어떤 의미에서 애정과 경쟁의식으로 가득 찬 싸움이며, 그렇기 때문에 종종 가장 분열적이고 가장 극렬한 것으로 판명되곤 했던 싸움이다.

이 싸움에는 또다른 부분이 존재했는데, 그것은 이념보다는 자원과 권력을 둘러싼 것이었다. 서로 정복하고 정복당하는 과정——8세기에 오마야드(Ommayad)의 이베리아와 프랑스 침입, 성지를 향한 기독교도들의 십자군전쟁, 기독교도들의 정복에 대한 사라센의 격퇴, 기독교도들의 스페인 재정복운동, 오스만투르크제국의 발칸지역으로의 팽창, 오스만투르크제국의 궁극적인 격퇴——에서 사실 기독교세계와 이슬람세계는 방대한 지역의 땅——그 자원과 인구——에 대한 통제권을 둘러싸고 싸움을 벌여나갔으며, 서로에게 상대방이 주된 군사적 위협이었다. 물론 양자 모두 특정한 시기에 아시아 북쪽에서 밀고 들어오는 다른 정복집단에 직면한 것은 사실이다. 그렇지만 이들 다른 정복자들은 결국에는 격퇴되었을 뿐만 아니라 그 정복집단 가운데 다수는 종교적으로 개종되었고 이로써 문화적인 위협세력으로 순화되었다.

이 모든 것이 근대 세계체제로 가는 길을 열었다. 바로 이런 상황에서 서유럽에서 자본주의 세계경제가 출현하고 경제적 변경을 확장해 세계의 더 많은 부분들을 포함하기에 이른 것이다. 이 체제의 중심부는 서유럽과 기독교지역이었다. 그러나 여기서 우리는 유럽의 지리적 중심이 변화했다는 점을 주목해야 한다. 16세기와 17세기에 유럽의 최초의 팽창은 이슬람세계, 또는 적어도 그 중심부인 중동을 건너뛰는 경향을 보였다. 유럽 열강들은 서쪽으로 갔다. 그들은 인도로 갈 생각이었지만, 그 대신 아메리카대륙에 도착했다. 그리고 그들은 아시아에 도달하려다 다시 아프리카를 한바퀴 돌았다. 이는 그들이 아시아의 부(富)라고 생각한 것을 추구했기 때문이었다. 그러나 또다른 이유는 그쪽이 더 쉬웠기 때문이었다. 이슬람세계는 난공불락의 성처럼 보였으며, 오스만투르크제국의 전성기였던 당시에는 특히 그랬다. 어쨌든 중세시대 같은 기독교-이슬람교 투쟁의 중심적 지위는 중단된 것 같았다. 그 투쟁이 잊혀진 건 아니지만, 직접적인 지경학(地經學)·지정학적 요구와 관련된 서유럽의 관심사에서는 당분간 부차적인 지위로 밀려난 것처럼 보였다.

체제의 시작점인 멀리 16세기부터 20세기 초에 이르기까지 근대 세계체제의 역사를 고찰해보면, 우리는 유럽의 지배가 때로는 직접적인 식민지 지배의 형태를, 때로는 좀더 간접적인 형태, 즉 반(半)식민지의 수립이라고 불리곤 했던 형태를 띠었음을 알게 된다. 여기서 반식민지란 실제적인 제국적 지배까지는 아니고 정치·군사적 간섭이 혼합된 경제적 종속을 의미했다. 또다시 간략하게나마 세계지리를 개관하는 것이 유용할 것 같다. 식민화된 지역은 남북아메리카, 아프리카의 대부분, 남아시아와 동남아시아의 대부분, 그리고 오세아니아였다. 완전히 식민화되지 않은 지역은 동유럽과 극동, 그리고 중동이었다. 이것은 물론 매우 거친 요약에 불과하며, 그 상세한 내용과 미묘한 차이에 대해서는 다양한 방식으로 서술할 필요가 있다.

각 경우마다 왜 특정한 지역에서는 완전한 식민화를 추구하지도 않고 또 할 수도 없었는지, 그런데 왜 다른 지역에서는 그것이 가능했는지에 관해 매우 분명한 설명들이 존재한다. 나는 유럽이 상이한 지역들을 통제하려는 시도에서 왜 차이가 생겼는가를 재검토하기보다는 오히려 근대세계에서 특정한 지역의 민족들이 유럽의 식민지──반식민지와 대비되는 것으로서──여부에 따라 맞게 된 결과들의 차이가 무엇인가라는 질문을 던지고자 한다. (물론 19세기 말엽에 쓰던 유럽이라는 용어는 문화적 용어로, 그리고 미국을 포함하는 것으로 이해해야 한다.)

당분간 나는 '반식민지'에 지나지 않았던 세 지역──소련, 중화인민공화국(과 북한), 이슬람──이 20세기에 유럽과 가장 격렬한 갈등을 빚었다는 점을 고찰하는 데 집중하고자 한다. 물론 '이슬람'은 국가가 아니라 지역이며 이란, 이라크, 리비아는 범유럽세계와 격렬한 갈등관계에 있는 국가들의 선두에 있을 뿐이다. 이들 세 지역은 유럽과 가장 첨예한 갈등관계에 있으며, 그렇기 때문에 유럽담론이라는 가상의 세계에서 악마들이 위치한 자리라는 점을 이해하기는 매우 쉽다. 그 악마들이란 바로 공산주의, 황화(黃禍), 이슬람 테러리즘이다. 서구에서 오늘날 공산주의라는 악마는 역사 속으로 사라진 듯 보이며, 중국은 까다롭기는 하지만 문명화된 우방, 심지어는 동맹국인 듯 보인다. 그렇다면 남은 것은 주로 이슬람 테러리즘이다. 이 악마가 서구에서 여러가지 논의와 상당한 두려움을 불러일으킨 것은 사실이지만, 본질적으로 그것은 현실에 관한 불분명한 환상을 표상하는 부정확한 구성물이다.

어떻게 해서 이른바 이슬람 테러리즘이 오늘날, 그리고 특히 1989~91년 공산주의가 붕괴된 이래 세계에서 이처럼 중심적인 상징이 되었을까? 우리가 알고 있듯이, 몇십년 전부터 이슬람 국가들에서는 종종 '이슬람 근본주의'(Islamic fundamentalist)라고 불리고 또 드물게는 '이슬람 완전주의'(Islamic integrist)라고도 불리는 중요한 사회적·종교적 운동들이 나타났다. 이 명칭은 내가 알기로 이슬람이 스스로 붙인 이름이 아니라 서구세계와 서구 언론에서 사용하는 것들이다. 이슬람국가들은 이 운동들을 주로 '이슬람주의'(Islamist)로 부르는 듯하다.

서구에서 붙인 이런 명칭들은 어디에서 유래했고, 또 그것이 가리키는 바는 무엇일까? 이 두 용어가 이슬람영역이 아닌 기독교세계에서 기원한 것임을 주목할 필요가 있다. '근본주의'는 20세기 초 미국 프로테스탄티즘의 역사에서 유래한 용어인데, 이 때 특정 집단들, 특히 침례교회에 속한 특정 집단들은 '근본'으로 복귀할 것을 요구했다. 이는 그들이 다양한 근대주의적 사상, 심지어 세속주의적인 사상들이 기독교 신학과 실천 속으로 파고들어와 기독교를 타락시켰다고 믿었음을 의미한다. 그들은 초기의 믿음과 실천으로 복귀할 것을 요구했다. '완전주의'라는 용어는 서유럽, 특히 프랑스 가톨릭의 역사에서 유래했으며, 앞의 것과 비슷하게 근대주의적 또는 민족주의적 견해 및 실천과 섞이지 않은 '완전한' 신앙에 대한 요구를 가리켰다.

이와 유사하게 '이슬람 근본주의' 또는 '완전주의'는 근대주의적 견해와 수행이 신자들을 잘못된 길로 이끌고 있다고 느끼는 가운데 더 오래되고 순수하고 정확한 견해와 실천으로 복귀할 것을 요구하는 이슬람세계의 집단들에게 붙여진 명칭이 되었다. 이른바 근본주의자들의 주요 공격대상은 언제나 같은 이름의 종교를 믿고 있지만 전적으로 세속주의적인 실천을 행하거나 '근본주의자들'이 보기에 희석되고 왜곡된 형태의 종교를 따르는 사람들이다. 종교사상을 연구하는 역사가들이 끊임없이 지적하듯이 '근본주의' 집단이 더 오래되고 순수하고 정확한 형태의 신앙과 실천을 아주 정확하게 대변하고 있는 것은 아니다. 이들 이른바 근본주의 집단들은 늘 이전의 실제 신앙이나 실천과는 여러 면에서 달랐고 때로는 상당한 차이들을 보이는 전통들을 재창조하고 있음을 역사가들은 아주 쉽게 증명해낸다.

그렇지만 물론 이 운동들은 '실제로 있었던 바대로'의 종교적 진리를 추구하는 랑케학파의 역사가 집단들이 아니다. 모든 사람들이 어떤 특정한 것을 믿고 어떤 특정한 실천에 참여해야 한다는 주장을 내세우는 현재의 운동들이다. 그리고 이 운동들은 자신들의 주장이 역사적으로 얼마나 진실한 것인지를 검토하는 현학적인 활동에 대해서는 전혀 흥미가 없다. 그런 현학적인 활동은 '근본주의자들'이 무엇을 행하고 주장하는지, 그리고 그 이유가 무엇인지를 이해하고자 하는, 이들 집단에 속하지 않는 오늘날의 다른 사람들에게도 별로 쓸모가 없다.

이 용어가 기독교 종교사에서 유래했다는 사실은 우리에게 현재 벌어지고 있는 일에 대한 첫번째 단서를 제공한다. 어쨌거나 그것은 이슬람에 고유한 것이 아니라는 점이다. 20세기에는 기독교와 이슬람 '근본주의'만이 아니라 유태교·힌두교·불교 근본주의도 존재하며, 모두 일정한 특징들을 공유하는 것 같다. 바로 집단 내부의 '근대주의'적이고 세속주의적인 경향들에 대한 거부, 금욕적인 형태의 종교적 실천에 대한 강조, 종교적 전통의 완전성과 그것의 영원불변한 정당성에 대한 찬양이다. 그러나 이것들은 또다른 특징을 공유하는데, 이는 심지어 기독교 근본주의에도 해당된다. 근대 세계체제의 지배적인 권력구조들에 대한 반대가 그것이다. 바로 이 양자─한편으로 종교집단 내부에서 '근본'으로 복귀할 것을 주장하는 개혁적 요구와 다른 한편으로 단순한 종교적 쟁점들을 넘어서는 반체제적 수사─의 결합이 곧 근본주의운동들을 규정하는 특징이자 동시에 근대 세계체제 발전사에서 이 운동들이 차지하는 의미를 분석해 낼 수 있는 열쇠가 된다.

잠시 종교적인 문제를 벗어나서 세계체제의 정치경제학을 고찰해보자. 우리 앞에 존재하는 것은 무엇일까? 자본주의 세계경제는 기축적 노동분업─이것은 주권이 있다고 여겨지는 나라들로 구성된 국가간체제와 결합된, 불완전한 자율성을 지닌 세계시장을 통해서 통합된다─과 특정한 지구문화─이것은 경제적 변화와 이윤 획득을 밑받침하는 근간으로서 과학적 풍조를 정당화한다─와 자유주의적 개혁주의─이것은 자본주의 발전과 더불어 지속적으로 증대하는 사회경제적 양극화에 대해 대중들이 지니는 불만을 봉쇄하는 양식이다─를 결합함으로써 존재하는 하나의 역사적 체제이다. 이 체제는 서유럽에서 기원했으며 수세기 동안 팽창하며 전세계를 통합하기에 이르렀다.

19세기에 이 체제 내부에서 체제내 피억압집단들의 이해에 근거한 반체제운동들이 등장했다. 이 운동들은 스스로 이 체제를 다른 무언가로, 좀더 민주적이고 좀더 평등주의적인 무언가로 변혁시킨다는 목표를 세웠다. 그 두 가지 주요 형태는 사회운동과 민족운동이었다. 1945년 이후 시기에 이르러 그와 같은 운동은 전세계에 걸쳐 훌륭하게 조직되었고, 사실상 지리적으로 세 부분으로 분화한 것으로 보였다. 제1차 세계대전에 이르러 이른바 사회운동들은 국제적으로 제2인터내셔널과 제3인터내셔널로 조직된 두개의 주요 진영——사회민주주의와 공산주의——으로 분열되었다. 사회운동의 두 변종은 모두 노동계급의 이해를 대변한다고 주장했다. 두 종류의 운동은 모두 '민족'을 내세운 '제국들' 내부의 민족주의운동들과는 구별되었다. 이런 민족은 민족적 정체성을 인정받지 못한 채 민족국가의 수립을 추구한 것이다.

세 종류의 운동은 모두 1850년과 1945년 사이에 등장했으며, 처음에는 정치적으로 대단히 허약했다. 그렇지만 모두 역사가 자기들 편이고 자신들의 대의가 궁극적으로는 완전히 실현될 것이라고 믿었다. 또 이들 운동은 상당한 내부 논쟁 끝에 채택한 2단계의 역사적 전략에 의지했다. 그것은 먼저 국가구조의 통제권을 획득하고, 그런 다음 세계를 변혁한다는 것이었다. 1945년 이후 25년 동안에 세 종류의 운동 모두 그 전략의 제1단계를 성취했다고 말할 수 있다. 이는 20세기 초의 관찰자들에게는 아연실색할 성취였을 테지만 (당시로서는) 역사가 자기들 편이라는 그들 스스로의 확신을 입증하는 듯이 보인 성취였다.

세 가지 주요 운동은 지리적으로 세계를 분할했다. 공산주의운동은 중부유럽에서 북태평양을 아우르며 세계의 약 3분의 1에 해당하는 지역에서 권력을 장악했다. 사회민주주의운동은 서구세계——서유럽, 북아메리카(뉴딜 민주당원들을 사회민주주의자로 계산한다면), 오스트랄라시아——에서 권력을 장악했거나 적어도 대안권력이 되었다. 그리고 오늘날 흔히 민족해방운동이라고 불리는 민족주의운동들은 아시아와 아프리카에서 권력을 장악했으며, 이와 다소 유사한 대중주의운동들이 라틴아메리카에서 권력을 장악했다.

반체제운동들의 이와 같은 눈부신 정치적 부상에 대해서는 두 가지 점을 주목할 필요가 있다. 먼저 세계체제에서 미국의 힘이 절정에 이른 순간에, 그러므로 친체제세력들이 가장 잘 조화를 이루고 가장 잘 통합되어 추정컨대 가장 강력했던 바로 그 순간에 그와 같은 일이 일어났다는 점이다. 다른 하나는 사실상 이러한 운동들이 모두 2단계 전략의 제1단계를 완수——국가권력을 장악——했으며 그들이 권력을 장악함으로써 이제 사람들은 그들이 전략의 제2단계로 약속한 변화들, 즉 세계의 변혁을 어느 정도나 성취했는지 판단할 수 있게 되었다는 점이다.

1968년 세계혁명은 이러한 이중의 현실——한편으로 미국의 전세계적인 헤게모니와 미국 주도의 세계질서 수립, 다른 한편으로 반체제운동들에 의한 제1단계 전략의 전세계적인 실현, 즉 종종 구좌파라는 이름 아래 집결한 다양한 운동들의 권력 장악——에 대한 세계의 대응이었다. 68년의 혁명가들은 첫번째 행위자인 미국에 대해서는 그 억압성을 비난했으며, 두번째 행위자인 구좌파운동들에 대해서는 설사 그들이 헤게모니 계획에 실제로 공모한 것은 아니라 하더라도 반대운동으로서 부적절하다는 점을 비난했다. 급진적인 세계운동이 첫번째 비난을 전면에 내세우긴 했지만 그 운동에서 더 중요한 것은 전통적인 반체제운동들에 대한 두번째의 요란한 비난이었다.

두번째 비난은 기만을 비난하는 외침이었다. 기만을 이해하려면 기대와 어쩌면 환상에 대한 평가를 해야 한다. 1968년의 관점에서, 세계는 대중적 상상력의 측면에서 적어도 프랑스혁명으로까지 거슬러올라가는 반체제 투쟁의 역사를 반추하고 있었다. 비록 그 투쟁들이 국지적으로는 그보다 뒷시기인 20세기 초에 이르러서야 시작되었을지는 모르지만 말이다. 어쨌든 장기적인 역사적 기억이 존재했다.

이러한 역사적 기억에서 주요 요소들은 무엇이었을까? 첫째는 실제 운동들이 허약한 세력으로 시작해서 그 지역이나 다른 곳에서 우호적인 대중적 지지를 이끌어내 서서히 힘을 획득하기까지 치른 지난한 투쟁에 대한 기억이다. 더 나아가 투쟁뿐 아니라 억압에 대한 기억이 있다. 종종 각 지역의 권력자들은 전세계적인 권력자들——가장 직접적으로는 미국정부——의 적극적인 선동과 지원하에 잔혹한 방식으로 그 운동들을 억압하곤 했다.

두번째 기억은 억압세력의 대항전술인 포섭(包攝)에 대한 기억이다. 이것은 역사적으로 포섭의 열매를 받아들인 사람들과 필연적으로 이를 받아들일 수 없는 사람들로 운동을 분열시켰다. 후자는 의기소침해지거나 그렇지 않은 경우라면 분노로 가득 차서 한층 더 급진적인 대변자들을 찾아나섰다. 그러나 모두가 아닌 일부의 운명을 개선하는 포섭의 과정, 양보의 과정은 언제나 반복해서 진행되었는데, 그것은 혼란을 불러일으키는 과정이기도 했다. 왜냐하면 뒤이은 각 세대마다 그에 관한 교훈들을 다시 체득하지 않으면 안되었고, 이로 인해 다양한 분파의 피억압자들이 서로 공동의 대의를 세워서 근본적인 변화를 성취할 수 있는 능력이 약화되었기 때문이다.

그리고 다른 두 가지 기억들, 즉 억압의 기억과 포섭의 기억을 상쇄하는 세번째 기억이 있다. 다름아닌 성취의 기억인데 이 성취는 운동 자체의 힘이 증대했다는 것으로 평가할 수 있다. 그 잣대는 그 운동들이 동원할 수 있는 사람 수나 그 운동들이 정치적인 영역에서 행위자로 공인받는 정도이다. 또 포섭과정의 일환으로서 누적된 양보성도 성취로 여겨졌다.

이 세번째 기억은 정치적·역사적 희망——'역사가 자기들 편'이고 지금 살아가고 있는 사람들의 자손들에게는 더 나은 삶이 준비되어 있다는 확고한 기대——의 원천이었다. 이 기억은 최근의 역사에 대한 이른바 계량적 해석——각종 단체회원 수의 증대, 생활양식의 향상(즉 평생 은행에 예치된 더 많은 돈, 생활양식의 더 많은 편의물들)——에 기반했다. 미래를 밝은 희망 속에서 바라보는 이런 인식, 앞으로 더 많은 평등과 더 많은 민주주의가 있을 것으로 확신하는 이런 인식은 역설적이게도 가장 탈정치적인 세계관을 가능하게 했고, 피억압자들이 힘겨운 투쟁을 통해 이를 성취했고 그들의 투쟁 덕분에 이를 성취할 수 있었다는 사실에 기반하고 있는 경우에 특히 그러했다. 이로써 사람들은 미래에 다가올 의미있는 결과들에 비추어 현재의 사소한 가치들을 폄하하게 되었다.

이러한 비전은 사실 자유주의적 개혁주의의 핵심적인 메씨지였는데, 아이러니컬하지만 다름아닌 반체제운동들이 이를 효과적으로 조장했다. 그리고 더욱 급진적이라고 주장하는 운동일수록 성급하고 격렬한 시위가 불러올 수 있는 결과와 관련하여 인내심을 발휘하도록 자기들이 동원한 사람들을 더 잘 설득할 수 있었다. 이런 식으로 구좌파의 다양한 반체제운동들은 종종 정치적인 소란을 촉구했음에도 불구하고, 역설적이게도 장기적으로 세계체제의 정치적인 안정을 보장하는 가장 중요한 세력으로 기능했다.

겉으로는 명백히 적극성을 내세우면서도 그 이면에서 은근히 수동성을 강요하는 이런 요구, 지역적으로 그리고 동시에 전세계적으로 측정되는 성취에 대한 계량화를 통해 정당화되는 이 요구에는 한 가지 부정적인 면이 있었다. 그것은 바로 궁극적으로 실현된 변화의 의의와 이 변화의 진정한 속도를 계산할 수 있고, 평가할 수 있다는 것이다. 반체제운동들이 가시적 성과를 한껏 이룩한 바로 그 순간, 모든 것을 계산할 수 있는 이러한 궁극적인 순간이 온 듯했다. 1968년 세계혁명은 장장 1세기에 걸친 전략의 유효성을 이런 식으로 평가한 결과였다. 그리고 그 평결은 부정적이었다. 성공의 환상에 뒤이어 환멸이 나타났다. 구좌파가 그토록 개혁과 성공을 부르짖었음에도 그 성공은 그리 실질적이지 않은 것처럼 여겨졌고, 변화의 혜택은 작은 집단(쏘비에뜨체제에서 노멘끌라뚜라라고 불리는 집단)에게만 돌아갔으며, 특권을 지닌 사람들과 그 아래에 있는 사람들의 실질적인 격차는 이전보다 더 커졌다.

이와 같은 전세계 차원의 전반적인 평가에서 이제 이슬람세계로 돌아가보자. 물론 여기서 서술한 과정들은 중심부 바깥에 있는 세계의 나머지 대부분 지역에 대해서와 마찬가지로 이슬람세계에도 똑같이 해당되었으며, 그 이상도 그 이하도 아니다. 그렇지만 물론 각 지역은 자체의 역사적 특수성을 지녔으며, 반응의 양상도 지역마다 달랐다. 이슬람세계, 특히 역사적으로 중요한 아랍 중심부의 역사적 특수성은 무엇이었을까?

다양한 아랍 국가들에서, 예컨대 1900년부터 전개된 일련의 모든 운동들을 고찰해보면 부흥(nahda), 아랍의 반란, 민족주의적 각성에 대한 요구들은 모두 근대주의적인 수사를 사용하는 경향이 있었다. 이 운동들은 자신들이 느끼는 억압이 일부는 외부의 통제(제국주의)에서, 일부는 내부의 '전통주의'에서 비롯한 결과라고 분석했다. 그러므로 그 운동들은 외부의 통제에 대한 거부와 함께 동시에 내부의 문화적 변화를 요구했다. 이 두 가지는 한쌍으로 묶여 있으면서 서로를 강화했으며, 사실상 서로가 서로를 존재하게 한다고 말할 수도 있다. 물론 이러한 정서들이 촉발한 운동들은 사회적 기반이나 사회의 미래에 대한 전망을 다 달리했다. 좋은 사회란 무엇인가에 대해 보수적인 견해를 지닌 운동이 있는가 하면, 급진적인 견해를 지닌 운동도 있었다.

그렇지만 대체로 이 운동들 모두에게 종교로서의 이슬람은 작은 역할을 했을 뿐이며, 많은 운동에 다소 부정적인 역할을 했다. 물론 그 운동들은 자신들이 무슬림이라는 사실을 강조했지만 이것은 일종의 문화적인 친화관계로, 아마도 덜 계몽된 잠재적 추종자들을 달래기 위한 불가피한 주장으로 생각되었다. 그들이 구상한 미래는 근대적인 것이었고, 그들에게 그것은 세속적이라는 의미였다. 다양한 아랍운동들은 터키 케말주의(Kemalism)의 전제들을 많은 부분 공유했다. 식민지시대 인도의 무슬림동맹(Moslem League)도 별반 다르지 않았다.

이들 운동, 그중에서도 특히 더 급진적인 운동들은 1945년 이후 시기에 대부분 성공을 거두었다. 이 운동들은 다양한 형태로——이집트에서는 나쎄르주의(Nasserism), 시리아와 이라크에서는 바트당(the Baath), 튀니지에서는 네오데스뚜르당(the Neo-Destour), 알제리에서는 민족해방전선(FLN)이——권력을 장악했다. 이 정권들은 제3세계——반둥회의에 의해 고무된 이른바 비동맹국의 운동들에서 이제 그렇게 불렸는데——의 다른 부분들에서 전개된 유사한 운동들과 결합하는 경향을 보였다.

우리가 알고 있듯이, 나쎄르는 직접 이러한 세계네트워크의 수립에 중요한 역할을 담당했으며, 알제리 민족해방전선은 베트남운동의 그것과 비슷하게 이 네트워크에 영감을 주는 모델을 제공했다.

다른 한편, 1945년 이후 시기에 아랍세계와 더 광범하게는 이슬람세계 전체는 몇가지 주요한 어려움을 안게 되었다. 가장 큰 어려움은 이스라엘 국가의 수립이었다. 나는 여기서 그 전체 역사와 그 역사의 공과를 논할 생각은 없으며, 다만 몇가지 사실들을 강조하고자 한다. 시온주의운동은 아랍 민족주의운동들과 거의 동일한 시기인 20세기로 접어드는 무렵에 발생했다. 그것은 동일한 수사를 상당부분 공유했다. 독립국가 수립에 대한 필요성, 세계체제의 권력자들이 가하는 억압에 대한 인식, 유태민족의 심리상태가 내적으로 변해야 한다는 인식, 유태교라는 종교와 맺고 있는 애매한 (그리고 신중한) 관계 등이 그것이다. 시온주의적 가상의 세계에서 아랍인들은 1948년 이전만 해도 실질적인 역할을 하지 않았다. 그 적(敵)은 기독교세계였고, 물론 1918년 이후에는 특히 영국이었다.

그러나 이 가상의 세계는 이스라엘 국가의 수립과 더불어 급속하게 변화했다. 이스라엘의 수립에 대한 아랍국가들의 군사적 저항은 시온주의자들에게 주적이 아랍세계로, 대체로 이슬람교를 믿는 세계로 바뀌었다는 사실을 의미했다. 1967년 전쟁들에서 이스라엘이 승리를 거두고 상당수의 아랍인구를 지배하게 되면서 이러한 태도는 훨씬 더 강화되었다. 근대적 팔레스타인 민족주의운동인 팔레스타인해방기구(PLO)가 급부상한 것은 바로 이 싯점이었다. PLO는 그 유형이나 수사 면에서 내가 언급한 다른 근대주의적이고 민족주의적인 운동들과 동일한 운동이었다. 그리고 그것은 이슬람교라는 종교와도 동일하게 신중하고 애매한 관계를 유지했다. 팔레스타인에는 사실상 PLO를 지지하는 상당수의 기독교 아랍인구가 존재하기 때문에 더더욱 그럴 수밖에 없었다.

1948년부터 오늘날까지 이스라엘-아랍 그리고 이스라엘-팔레스타인 관계의 역사를 굳이 검토하지 않더라도, 우리는 대체로 이스라엘이 군사적으로나 정치적으로나 우세했다고 말할 수 있다. 그러나 우리는 또한 이스라엘이 대개 마지못해서이긴 해도 이른바 평화협상——질질 끌면서 아무런 결론도 이끌어내지 못한 채 좌절감만 불러일으키다가 결국에는 완전히 붕괴되고 만——이라는 것에 참여하지 않을 수 없도록 만들 만큼 팔레스타인의 대중동원이 충분히 성공적이었다고도 말할 수 있다.

이스라엘의 존재는 아랍 민족주의에 한 가지 문제를 던져주었다. 그것은 더 멀리 떨어져 있는 서구세계 이외에 지역적 기반을 지닌 적이 추가되었고, 그 적은 집단으로서의 서구에 비해 양보하려는 의사가 별로 없었다는 점이다. 20세기 비유럽세계에서 유일하게 이와 진정으로 유사한 국가는 남아프리카의 아파르트헤이트 국가였는데, 헌법이 바뀌고 아프리카민족회의가 집권하면서 이제 이런 상황은 해결이 된 상태이다.

게다가 아랍세계는 거의 이스라엘 문제만큼이나 중요하면서 그것과 중첩된 두번째 특수한 문제를 안고 있다. 바로 그곳이 세계 상당 지역의 석유 공급지라는 사실이다. 이는 19세기에는 알려지지 않은 사실이었다. 그 사실이 고려대상이 된 것은 제1차 세계대전 이후의 일이지만 그 이래로, 특히 1945년 이래로 그것은 줄곧 지정학적 현실의 중심에 자리잡았다. 미국은 바로 이런 이유에서 그 지역의 정치에 결코 무관심할 수 없었다. 러시아나 서유럽도 마찬가지였다. 석유 공급의 지속적인 흐름과 적정 수준의 석유가격을 유지하는 것은 강대국들의 주요 관심사였다. 이 때문에 그들은 이스라엘을 더욱더 지원하면서 동시에 아랍 국가들에서 비교적 더 보수적인 정권들을 장려하고 안정시키는 노력을 전개했다.

아랍세계의 이슬람주의운동들을 고찰해보면, 그 운동들은 실제로 민족주의운동들만큼이나 오랜 역사를 지니고 있으며, 일부 나라에서는 민족주의운동들과 혼동될 정도이다. 아라비아사막의 와하브파운동(Wahhabite movement 18세기 중앙아라비아의 나지드에서 무하마드 이븐 아브드 알 와하브가 창시한 이슬람의 청교도적 운동으로, 신의 절대적 유일성을 강조하며 꾸란과 하디스에 담겨 있는 대로 이슬람의 근본 가르침으로 돌아갈 것을 주장한다—옮긴이)과 키레나이카(리비아)의 사누씨파운동(Senussi movement 1837년에 시디 무하마드 이븐 알리 앗 사누씨가 설립한 이슬람의 수피교단으로 초기 이슬람의 순수한 신앙생활로 돌아가는 것을 목표로 하는 개혁운동—옮긴이)은 세속적인 민족주의운동들과 몇가지 특징들을 공유했다. 그들 역시 외부의 억압을 우려했고, 좀더 순수하고 금욕적인 행위를 강조하는 내부의 쇄신을 요구했다. 그들 역시 근대 국가구조의 수립을 목표로 삼았다. 그러나 물론 그들은 세속주의적인 운동들과 달리 종교적인 수사를 사용했다. 그들 역시 권력을 장악했다. 사누씨파정권은 1969년에 더 세속적인 정권에 의해 교체되었다. 사우디정권은 지금까지 그와 같은 운명에 성공적으로 저항해왔다.

우리가 이른바 이슬람주의운동들을 고찰하면서 알게 되는 것은 무엇일까? 이들 집단이 이야기하는 바는 두 가지이다. 첫째, 그들은 여러 나라에서 권력을 장악한 이 운동들이 설사 모두 법률상 독립국가라 할지라도 자신들의 국내문제에서 외부 열강들의 역할을 제거하거나 무력화하는 데 성공하지 못했다고 이야기한다. 그들은 그 지역에서 미국의 지속적인 역할과 이스라엘——주로 서양의 전초기지, 중세시대 십자군 국가들과 비슷한 식민국가(settler state)로 여겨지고 있는——의 강력한 출현에 주목한다. 둘째, 그들은 이런 상황에 반대하고 있다고 주장하는 바로 그 정권들——세속주의적인 정권들은 물론이고 이를테면 사우디아라비아정권처럼 종교에 기반하고 있는 것으로 여겨지는 정권들도 마찬가지로——이 이런 상황을 부추기고 실제로 가능하게 만들고 있다고 이야기한다.

그러므로 이슬람주의자들이 이야기하는 바는 외부의 억압을 타도하고 내부의 쇄신을 촉진하려면 이들 근대주의적 아랍정권들을 제거해야 한다는 것이며, 그들은 이 범주에 와하브파를 포함시키고 있다. 물론 아야톨라 호메이니도 이란의 샤(Shah)정권에 관해 이와 똑같은 말을 했고, 탈레반도 아프카니스탄의 사이비 공산주의정권과 그것의 다양한 후계 정권들에 대해 같은 말을 했다. 지금까지 아랍세계에서 이슬람주의 정권이 권력을 장악한 예는 수단이 유일하다.

더욱이 이들 이슬람주의 집단들이 정치적으로 대중을 동원하는 방식을 고찰해보면, 그들은 자신들이 반대해온 근대주의운동들에 맞서 근대 세계체제의 작동방식에 관한 대안적인 수사와 그러므로 대안적인 분석을 제시했을 뿐만 아니라 이들 근대주의적 정권들이 시민들에게 최소한의 복지와 안전을 제공한다고 하는 근대국가의 기본과제를 수행하지 못했다는 점도 이야기하고 있음을 알 수 있다. 이슬람주의 조직들이 빈곤한 사람들에게 폭넓은 사회적 써비스를 제공하면서 빈번하게 국가 기능의 공백을 채우고 있음은 잘 알려져 있다. 이슬람주의운동의 특징으로 또 한 가지 주목할 점은 그 운동들이 대학의 과학기술 분야 학생들을 광범위하게 성공적으로 모집하고 있으며, 그런 다음 이 학생들의 기술을 활용해서 자신들의 대의를 증진시키고 있다는 것이다.

이 두 가지 특징—사회적 써비스 기능, 그리고 젊은 엔지니어 및 과학자 들에 대한 이슬람주의의 흡인력—은 이슬람주의자들이 지나간 농업사회를 그리워하는 낭만주의자들이 아니라는 점을 입증한다. 오히려 그들은 기술의 진보에 대해서는 개방적이지만 세속주의와 그에 부수되는 가치들에 대해서는 거부하는 근대성의 대안적인 형태를 제시하는 사람들이다. 그들이 애매함을 보이는 지점은 국가구조에 대한 태도에서이다. 권력의 바깥에 있는 경우에, 그들은 정치적으로나 이데올로기적으로나 강력한 반국가주의 세력이다. 그들은 포괄적이고 추정컨대는 중립적인 국가가 도덕적·정치적 지주로서 중심적인 지위를 차지한다고 하는 세속적 근대주의의 핵심을 거부한다. 그들은 권위있는 해석자 집단이 해석하는 일련의 종교적인 가치들이 우선한다는 점을 강조한다. 이런 식의 우선권 부여는 예를 들면 오늘날의 이란에서처럼 이슬람주의자들이 실제로 정치권력을 장악하는 경우에 문제를 만들어내며, 국가와 종교기관 사이의 긴장—근대 세속국가가 해결하고자 했던 바로 그 문제—을 만들어낼 가능성이 있다. 지금까지 정치세력으로서의 이슬람주의는 계속해서 초국가주의적 수사에 우선권을 부여해왔다.

그렇다면 최근 약 20년 동안 이슬람 국가들에서 일어나고 있는 일들을 우리는 어떻게 해석할 수 있을까? 내가 생각하기에 가장 중요한 요소는 20세기 대중투쟁의 주된 표현인 역사적 반체제운동들, 즉 민족부흥 및 민족해방 운동들이 이룬 성과에 대해 교육받은 엘리뜨층과 전체 인구가 느낀 환멸이었다. 이 운동들은 어떤 형태의 것이든 모두 여러모로 부족하다는 사실이 입증되었다. 이 운동들은 효과없는 전략을 추구했다는 이유로 비난을 받고 있다. 이 운동들은 한 소규모집단이 투쟁에서 금전적인 이득을 얻도록 허용했다는 비난을 받고 있다. 이 운동들은 같은 종교를 믿는 민족들로 하여금 세계의 우세한 지역들에 비견되는 실질적인 정치적 자율성이나 경제적 향상을 확보할 수 있도록 한다는 그들의 가장 중요한 목표를 달성하는 데 실패했다는 이유로 비난을 받고 있다. 이러한 비난이 이 운동들의 활동에 대한 균형잡힌 판단인지 여부를 따지는 것은 적절하지 않다. 중요한 사실은 이러한 환멸이 널리 퍼져 있다는 점이다.

이 환멸은 반체제운동들의 근본적인 장기적 개혁주의 전략, 그중에서도 특히 그들의 두 가지 중심전술——세속화를 통해 사회적 습속을 변혁하고 강력한 국가구조를 수립한다는——을 무의미해 보이도록 하는 결과를 가져왔다. 길은 이러한 이른바 무의미한 전술들을 전혀 사용하지 않는 대안적인 비전을 향해 열려 있었다. 이슬람세계에서 이 대안적인 비전은 이슬람주의였다. 세계의 여타 지역들에서 이 환멸은 저마다 다른 비전들을 낳았지만 이들 모두 이른바 무의미한 전술들을 거부한다는 특징은 공유한다.

세계체제의 권력자들이 보기에 그와 같은 대안적인 비전들은 그들에게 이제는 구식이 된 민족해방운동의 전술들보다 더 유리하기도 하고 더 불리하기도 하다. 그것들이 더 유리하다는 것은 구좌파가 항상 그 비전들의 문제를 지적하려 든다는 의미에서이다. 대안적인 비전들은 사람들로 하여금 근대 세계체제의 실제 구조들에 대한 예리한 분석에 다가가지 못하게 하며, 이로써 세계체제의 특권층이 일상적인 토대 위에서 이 구조들을 더 쉽게 유지하도록 한다. 비판의 내용은 이렇다. 이슬람주의와 같은 대안적인 비전을 지닌 자들이 국가권력을 장악했을 경우 이들은 현실적인 대외정책을 지니고 있지 않거나 무력한 대외정책을 지니고 있으며 사실은 쉽사리 포섭되어 체제의 틀 내에서 움직이게 된다는 것이다. 지금까지 이러한 비판은 적실하다.

다른 한편, 대안적인 비전을 지닌 세력들의 부상은 한 가지 단순한 이유 때문에 세계체제의 권력자들에게 몹시 불리하다. 근대 세계체제를 안정시키는 데 핵심이 되는 특징 가운데 하나는 사람들이 자신들의 일상적 삶을 침해하는 모든 영역의 외부세력을 막아주는 유효한 정치적 방어수단으로서 국가구조에 부여하는 신뢰이다. 그런 의미에서 이 국가구조들은 진정한 정치적 탈동원화의 수단이며, 세속주의적인 반체제운동들이 국가권력을 장악한 이후에는 특히 그렇다. 반체제운동들은 지도부에 대한 신뢰를 설파하고 인내를 설파한다. 대안적인 운동들이 국가구조들에 대한 신뢰를 분쇄하는 경우에 정치적 탈동원화를 야기한 제약은 제거된다.

이러한 대안적인 운동들이 나타남으로써 초래되는 득과 실에 관해 세계체제의 권력자들 관점에서 이루어지는 이런 식의 계산을 통해 우리는 현재 서구에서 이슬람의 악마화가 진행되는 이유를 상당부분 이해할 수 있게 된다. 비록 서구가 이슬람주의 세력을 협력적인 관계로 포섭하려고 끊임없이 노력해왔지만 전반적으로 서구의 권력자들은 그들 자신의 국가구조에 대한 대중적 신뢰가 무너질 것을 심히 우려해왔다. 이슬람세계의 경우 그곳 이슬람 나라들에만 있는 특별한 두 가지 요인—이스라엘의 존재와 석유 공급지로서의 역할—때문에 이런 태도가 더욱 강화되었다. 이 두 가지 요인은 그 자체로는 설명해주는 것이 거의 없지만, 이슬람주의에 대해 어떤 전술적 대응을 택할 때

보강하는 것으로는 결정적인 요소가 된다.

석유자원을 갖고 있다는 것이 아랍세계에게 축복이자 동시에 저주라 해도 그것은 그들의 통제 바깥에 있는 현실임이 분명하다. 설령 그 현실이 영원히 지속되지는 않을지라도 말이다. 그러나 이스라엘의 존재는 역사적으로 우연한 현실이며, 그렇기 때문에 변화될 여지가 더 많은 현실이며, 그런 까닭에 첨예한 투쟁의 촛점이 되어온 현실이다. 그래서 우리는 서구세계가 이스라엘 국가에 제공해온 매우 강력한 지원의 근원을 간략하게나마 고찰해야 한다. 그것은 결코 필연적인 것이 아니었다. 그리고 나는 그것이 1945년 당시는 물론이고 심지어 1948년에도 매우 불확실한 것이었음을 여러분에게 일깨우고자 한다. 내가 믿기로는 사실 1967년 이전까지는 그것이 미국이나 서유럽에서 주요 정책사항이 아니었다.

이러한 정책에는 세 가지 요소가 있다. 하나는 기독교 성립 초기부터 사실상 널리 퍼져 있던 기독교세계의 역사적인 반유태주의가 나찌즘과 유태인대학살에서 도덕적 혐오의 절정에 이르렀으며, 이것이 죄의식이라는 매우 깊은 반작용을 불러일으켰다는 것이다. 기독교인들이 갖고 있는 이런 의미에서의 죄의식이 현상황에서 담당하는 역할을 과소평가하는 것은 잘못일 것이다. 그것은 서구에서 세속적 지식인들, 가톨릭교회, 근본주의적 프로테스탄트 분파들과 같은 일련의 주요 사회집단들이 구사하는 수사를 극적으로 변화시켰으며, 그들 가운데 일부는 현재 그리스도 재림의 전제조건으로 이스라엘 국가의 출현이 필연적이라는 담론을 펼치고 있다.

1967년 전쟁들에서 이스라엘이 승리하지 못했더라면, 이러한 죄의식은 다른 지정학적 고려사항들에 밀려나고 말았을 것이다. 이 승리는 두 가지 일을 했다. 하나는 세계 유태인들로 하여금 이스라엘을 전례 없이 압도적으로 지지하게 한 점이다. 아랍에 대한 이러한 승리는 유태인대학살에 대한 보상과 함께 아랍세계가 제2의 유태인대학살에 돌입하려 한다고 믿게 하는 두 가지 심리적 효과를 동시에 가져다주었다. 다시 한번 나는 그와 같은 견해가 어느만큼 타당한지에 대해 논의하기보다는 그런 견해가 나타났음을 강조하고자 한다.

다른 하나는 의심할 나위 없이 이스라엘이 반항적인 아랍 국가들을 군사적으로 통제하는 역할을 맡을 수 있을지도 모른다는 주장을 서구세계가 처음으로 받아들이게 되었고, 이스라엘이 서구의 지정학적 전략에 통합되었다는 점이다. 이 두번째 결정에 대한 댓가는 1989년 인티파다(Intifada)가 시작되면서 심각하게 나타났다. 서양이 이른바 평화과정에 관심을 보이고 서구 열강들이 이스라엘 정부에 점점 불만을 품게 되었던 것도 이런 이유 때문이다. 그러나 이스라엘을 기본적으로 지지하는 입장은 아직도 사라지지 않았다.

어쨌든 반유태주의에 대한 기독교인들의 죄의식, 이스라엘에 대한 전세계 유태인들의 지지, 세계 주요 산유지역을 정치적으로 안정화하는 한 요소로서 이스라엘이 유용하다는 서양의 인식, 이 세 가지의 결합은 언론매체에서 이른바 이슬람 테러리즘을 1990년대의 거대한 악마로 부각하는 결과를 낳았다. 소련공산주의와 황화라는 악마가 사라진 듯 보인 이후에는 더욱 그러했다. 그리고 불교나 힌두교와 달리 이슬람은 문화적으로 기독교의 사촌인 만큼 이슬람주의를 악마로 만들기는 훨씬 더 쉽다. 집안싸움이라는 색조는 악마화의 비합리성과 집요함을 강화시킨다. 이슬람의 악마화를 강화시키는 또다른 요소는 이슬람세계의 중심부 대부분이 진정으로 식민화되지 않았다는 사실이다. 중요한 의미에서 서양은 구식민지들을 다루는 데 어느정도 자신감을 갖고 있다. 따지고 보면 그들은 한때 군사적으로 이들 지역을 정복해서 지배한 적이 있고, 그래서 그들의 약점들을 알고 있다고 생각하는 것이다. 이와 달리 비식민지나 반식민지 지역들은 불가사의한, 그러므로 위험한 아우라를 간직하고 있다.

내 주장의 골자를 말하자면 이렇다. 한편으로, 이슬람세계에서 진행된 것, 특히 사회적·정치적 세력으로서 이슬람주의가 부상한 것은 단지 세계체제의 주변부 지역 어디에서나 진행된 것의 한 변종일 뿐이다. 이들 사건에 대한 기본적인 해석은 반체제운동들의 역사적 부상, 그들의 표면적인 성공과 실질적인 정치적 실패, 그로 인해 나타난 환멸, 대안적인 전략들의 추구가 중심이 되어야 한다. 이 모든 것은 역사적 사회체제로서 근대 세계체제 발전의 본질적인 부분이다.

다른 한편으로, 서양과 이슬람의 관계에는 몇몇 특수한 요소들이 존재하고, 이로 말미암아 결국 서구에서 이슬람을 대단히 예외적으로 악마화하는 현상이 나타난다는 것이다. 나는 이런 요소들이 복잡하다는 점을 지적하고자 했다. 다시 말하면 기독교와 이슬람교, 기독교와 유태교가 각각 천여년에 걸쳐 관계를 맺어왔고 이 세 종교가 모두 이른바 확대가족관계라고 할 만한 것으로 연결되어 있다는 사실이다. 나는 확고부동하기는 하지만 이론적으로는 우연한 지경학적 현실인 석유매장지역이라는 점을 덧붙였다. 그리고 마지막으로 대안으로 여겼던 악마들이 세계의 비식민지역들에서 사라졌다는 점을 덧붙였다.

이것은 나의 마지막 주제로 이어진다. 서양은 악마 없이 살아갈 수 있을까? 지금 이 순간 나는 그럴 수 없다고 생각한다. 서구는 대대적인 위기 — 경제적으로뿐 아니라 근본적인 정치·사회적인 — 에 직면했다. 자본주의 세계경제는 역사적 사회체제로서 위기에 처해 있다. 이 위기의 몇몇 경우에 대해서는 다른 곳에서 고찰한 적이 있고,[1] 여기서 상세하게 다루지는 않겠다. 그러나 내가 이 문제들을 제기하는 것은 위기로 인해 서양은 상당한 혼란과 자신감의 상실을 겪고 있으며, 이런 상황은 언제나 악마에 대한 필요성을 불러일으키게 마련이라는 주장을 펼치기 위해서이다. 이와 동일한 혼란과 자신감의 상실이 이슬람세계를 뒤덮고 있다. 모든 주요 행위자들의 갈팡질팡하는 전술들을 볼 때 이 점은 명백하다. 세속주의 세력들은 혼란에 빠져 있다. 이슬람주의 세력들은 그들 사이에 자신들의 진정한 정치적 강령이 무엇인지 또는 무엇이어야 하는지에 관해 입장이 별로 분명하지 않으며, 합의를 전혀 도출하지 못하고 있다.

다시 한번 말하지만, 우리는 이를 전체로서의 세계체제라는 맥락에서 이해해야 하며, 우리의 관심을 이슬람세계에 국한해서는 안된다. 위기에 처한 체제들은 혼돈스러운 시기로 진입하며, 거기서 마침내 새로운 질서가 출현한다. 그것들의 궤적은 나뉘어 갈라지며, 어느 갈래가 우세할지를 예견하기란 본질적으로 불가능하다. 이것은 실천적으로 두 가지를 의미한다. 첫째, 체제가 평형상태를 벗어나 있기 때문에 이쪽 또는 저쪽으로 향하는 작은 압력들조차 결정적일 수 있다. 둘째, 그러므로 사회적 투쟁은 매우 첨예하다. 따라서 문제는 후속 사회체제를 형성하기 위한 투쟁에 가담한 세력들이 어느 편에서 조직적 대오를 형성할 것인가 하는 점이다.

그 투쟁들이 덜 첨예했을 때는 전선이 뚜렷한 듯이 보였다. 우리가 근대 세계체제 내의 반체제운동들에 관해 말할 수 있는 것은 바로 그런 이유 때문이다. 이 운동들은 자신들이 무슨 일을 하며 자신들의 주적이 누구인지 스스로 알고 있다고 생각했다. 현존하는 체제를 옹호하는 세력들도 마찬가지였다. 최근 25년이 우리 모두에게 가르쳐준 것—나는 그것을 1968년 세계혁명이 준 교훈이라고 생각한다—은 투쟁에 관한 우리의 시각에 대단한 결함이 있었고, 어느 편에 서 있든 적대자들이 진정한 적대자가 아니고 동맹자들이 진정한 동맹자가 아니었다는 점이다. 이런 의미에서 이슬람주의자들은 현존하는 역사적 체제를 분할하는 쟁점들이 무엇이고 새로 만들어질 세계체제의 대안적인 역사적 가능성들이 무엇일지에 관해 우리가 이해한 바를 재조정해야 한다고 말한다는 점에서 매우 옳다.

그들의 비판은 정곡을 찌르는 것이었다. 하지만 해결책에 관해서는 어떤가? 이미 말했듯이, 나는 그들이 진정으로 의도하는 해결책이 무엇인지 스스로 확신하고 있다고 믿지 않는다. 그들의 전제들 가운데 일부나 대부분을 공유하지 않고 있고 좀더 세속주의적인 전통을 물려받은 우리로서는 그들이 더 나은 미래를 향한 첫걸음으로 제시하는 것을 대부분 받아들이기가 어렵다. 진정으로 느끼건대, 현존하는 세계체제의 본질적인 한계들과 역사적 대안들에 관한 매개변수들을 놓고 진정한 대화 또는 다자간 대화를 나눌 필요가 있다. 내 개인적인 생각으로는, 기본적인 갈등은 일부가 특권을 지니고 있고 다른 대다수는 그렇지 못한 위계적인 세계질서를 수립하거나 재수립하고자 하는 사람들과 최대한 민주주의적이고 평등주의적인 질서를 건설하고자 하는 사람들 사이에서 생겨난다. 내가 생각하기에 목표는 그것을 떠받치는 서로 다른 종류의 가치체계들을 필요로 하며, 오랜 전통을 가진 세계종교들은 그런 가치체계들에서 결정적인 것이 무엇인지에 대해 우리에게 많은 것을 가르쳐줄 수 있을 것이다.

내가 예상하기로는 다가올 50년 동안에 거대한 정치·사회적 투쟁이 전개될 것인데, 여기서 정말 문제는 전세계의 모든 세속주의 진영과 근본주의 진영에 그 투쟁의 이편이나 저편에 가담할 사람들이 뒤섞여 있다는 것이다. 생각건대 쟁점을 세속주의 대 근본주의로 보게 되면, 매우 중요한 도정 위에 있는 우리로서는 명료한 시각을 잃어버리게 된다. 현재 우리에게 가장 필요한 것은 악마가 아니라 바로 명료함이다.

6

우리는 누구인가? 타자들은 누구인가?

> 인종학 — 여기서 인종학은 생물학적이면서 동시에 문화적인
> 성격을 지닌 각양각색의 본질주의적이고 환원주의적인
> 사고방식들을 가리키는 간단한 용어로 사용되고 있다 — 의
> 권력을 인식하는 것이야말로 우리의 사회·경제·문화·역사적
> 경험들을 총괄 지배하는 '인종'의 지속적인 권력에 대한
> 대항의 본질적인 부분이다. — 폴 길로이, 『인종에 반대하여』[1]

불과 얼마 전까지만 해도 냉전이 있었다. 모든 사람들은 그것을 이데올로기적인 싸움이라고 했다. 어떤 사람들에게는 자유세계와 악의 제국인 공산주의 사이의 싸움이었고, 또 어떤 사람들에게는 착취하는 전세계 자본가계급과 노동자들 사이의 싸움이었다. 그러나 모든 사람들이 믿고자 했던 바는 이것이 근본적

인 정치적 가치들을 둘러싼 생사를 건 투쟁이라는 점이었다.

어느날 냉전이 종식되었다. 냉전의 종식은 사실 다소 갑작스러운 일이었고, 참으로 예상치 못한 일이었다. 맑스·레닌주의를 자처한 유럽 정권들은 거의 모두 사라지고 말았다. 공산당들이 집권한 아시아 국가들과 꾸바가 계속해서 이전과 똑같은 이데올로기적 외투를 걸치고 있었던 것은 사실이지만, 일반적으로 세계는 더이상 '냉전'은 없다는 사실을 받아들이는 것처럼 보였으며, 대체로 이러한 사실을 어느정도는 안도감 속에서 바라보았다.

대다수 사람들은 여전히 역사가 끊임없이 지속되고 있다고 생각하는 것 같았지만, 새로운 상황을 거창하게 '역사의 종말'이라며 환호하는 사람도 있었다. '지구화'라는 새로운 단어는 막 출현하려 하고 있거나 어쩌면 이미 출현했고 또 (새처여사의 잊을 수 없는 문장을 빌리자면) 그외에 "다른 대안이 없다"(TINA)는 경이로운 새로운 세계를 표현하는 일반적인 통용어가 되었다. 이런 역사의 순간에 새로운 학문적 중요성을 지닌 유력한 학문 분야가 성장하게 되었는데, 이것은 1970년대에 출현했지만 1990년대에 들어서서 정점에 다다른 것으로 보였다. 이것은 총칭해서 문화연구로 알려졌다.

'문화'라는 말은 한때 좋은 단어였다. 고급문화는 자랑거리로 여겨졌다. 그 누구도 '비문화적'(uncultured 일반적으로 '교양없는'이라는 뜻—옮긴이)으로 묘사되는 것을 좋아하지 않았다. 문화는 자제력, 교양, 취향을 의미했다. 그러나 새로운 분야로서의 문화연구는 좀더 공격적인 분위기를 띠었다. 그것은 학계에 갑자기 나타난 분야였고 너무나도 분명한 어조로 자기가 지식구조가 안고 있는 깊은 무지를 치유하고 있다고 공표했다. 문화연구는 종종 무언가 다문화주의라고 하는 것의 추구와 연관을 맺고 동맹관계를 형성했다. 그리고 다문화주의는 하나의 정치적 요구, 그것도 자신들이 짓밟히고 무시당하며 억압당하고 있다고 느끼는 집단들의 요구였다. 그러는 동안 다른 진영이나 세계의 기성 세력 내부에서는 문화라는 개념을 상당히 다른 방식으로 사용하는 목소리들이 있었다. 그들은 21세기는 '문명 충돌'의 세기가 될 것이며, 우리는 이러한 도전에 대처하기 위해 스스로를 정치적으로 (그리고 암암리에 군사적으로) 무장해야 한다고 이야기했다. 다문화주의의 옹호자들이 해방의 전망으로, 즉 비서구문화들을 통하여 자기들의 입장을 재천명한 것으로 받아들인 것을 문명의 충돌을 옹호하는 자들은 중대한 위협이라고 여긴 것이다.

지금 여기서는 무슨 일이 벌어지고 있는가? 그리고 무엇보다도 나는 어떤 자격으로 이에 관해 강연을 하고 있는가?* 지금 나는 중국이라는 나라에서 미국인의 자격으로, 세계에서 가장 오래된 문명의 청중에게 세계체제에서 현재 가장 강력한 국가의 시민이라는 자격으로 강연하고 있는가? 아니면 나는 비서구 세계의 청중에게 범유럽인이라는 자격으로, 백인이 아닌 사람

---

* 이 논문은 원래 2002년 9월 20일 홍콩과학기술대학교 문화연구센터의 'Y.K. 파오 저명인사 초청 강좌'에서 강연한 것이다.

들 사이에서 백인의 자격으로 연설하고 있는가? 아니면 나는 이름 자체가 근대성을 상징하는, 과학기술대학의 청중들에게 연설하고 있는 근대세계인인가? 아니면 단지 동료(학자)들——우연히 홍콩에서 연구하거나 공부하고 있는 동료들——앞에 서 있는 학자일 뿐인가? 아니면 근본적으로 인문학적 성격을 띤 개념인 문화라는 개념을 다루고자 하는 사회과학자인가?

솔직하게 말하자면 나는 이러한 역할들 가운데 어느 것이 나를 설명하고 있는지, 또는 가장 잘 설명하고 있는지 확신할 수 없다. 그중 어떤 것이 그렇다고 해도 말이다. 내가 어떤 역할을 떠맡고 싶어하는지도 확신할 수 없다. 우리가 우리의 전기적 삶에 대해 갖고 있는 통제력은 우리가 생각하고 싶어하는 것보다 훨씬 보잘것없으며, 만일 '객관적' 분석이라는 것이 의미하는 바가 우리의 학문연구에서 전기적 삶을 배제해야 하는 것이라면, 이는 대단히 어려운 일임을 알게 된다. 우리들 가운데 어느 누구도 어느 한 가지로 분류해버리기란 결코 쉽지 않다. 한 사람의 삶의 내력은 복합적인 혼합체이며, 우리가 속한 서로 다른 영역들의 비중은 타자에 의해서든 우리 자신에 의해서든 판가름하기가 꼭 쉬운 것만은 아니다. 이 비중들이 언제까지고 변함없이 지속되는 것도 아니다. 오늘의 내가 어제의 나와 반드시 같은 것은 아니다.

나는 우리가 살고 있는 세계를 이해하려고 시도하고 있고, 이 세계의 궤적에 대해 깊은 관심을 지니고 있으며, 나 스스로 이 세계 내에서, 그리고 이 세계에 대해서 수행해야 할 어떤 도덕적 의무가 있다고 믿는 그런 사회과학자로서 지금 여러분 앞에 와 있다고 생각한다. 나는 근대세계인이지만 그럼에도 근대세계의 실제 행적에 대해 깊은 유보감을 갖고 있고 근대세계가 그 이전의 세계체제들에 대해 진보를 나타냈다는 식의 확신은 더 이상 없는 그런 사람으로서 와 있다고 생각한다. 나는 아마도 미국인이자 범유럽인이라는 사실을 피할 수 없을 것이며, 또 피하려고 애쓸 이유도 별로 없다고 본다. 그리고 나이가 나이인 만큼 나는 확실히 학자로서의 삶의 미덕뿐만 아니라 잘못도 지니고 있다.

나는 시간에 관해, 보편주의에 관해, 특수주의(particularism)에 관해 이야기하고, 그런 다음 이러한 논의를 활용하면서 우리의 사유와 정치에서 '우리'가 누구이고 '타자들'이 누구인지에 관해 여러분에게 말하고자 한다. 한데 나는 지금 한 말을 곧바로 수정하지 않을 수 없는데, 나는 시간, 보편주의, 특수주의라는 단어들이 단수로는 어떠한 의미도 지니고 있지 않다고 믿고 있어서 앞으로는 그것들을 오로지 복수로만 언급할 것이기 때문이다. 다수의 시간성들(temporalities), 다수의 보편주의들, 다수의 특수주의들이 존재할 뿐이다. 그리고 문화를 논의할 때 우리가 겪는 혼란의 상당부분은 분석에서 이와 같은 다수성을 억압하는 것에서 비롯된다.

시간성들로 시작해보자. 나는 냉전을 언급하며 강연을 시작했다. 냉전은 보통 1945년부터 1989년까지 진행된 것으로 이야기된다. 사실은 오래전 앙드레 퐁뗀느(André Fontaine)가 냉전은

1917년에 시작되었다고 주장한 바 있다.[2] 그리고 냉전을 1917년에 시작된 것으로 파악하면, 그에 대한 분석도 상당히 달라진다. 그러나 전혀 문제될 것은 없다. 냉전은 이미 끝난 것으로 여겨지고 있기 때문이다. 그런데 미국이나 중국 또는 러시아에서 들리는 몇몇 발언에 귀를 기울여보면, 모두가 그것을 끝난 것으로 보는 건 아닌 모양이다. 그와 같은 발언들은 계속해서 냉전이라는 이데올로기적 수사를 사용함으로써 냉전을 현재의 세계 현실을 규정하는 방식에 관한 여전히 유효한 표지(標識)로 삼고 있는 듯하다. 어쩌면 우리가 그러한 발언들을 너무 심각하게 받아들일 필요는 없을 것 같다. 현실정치의 옹호자들은 항상 이데올로기는 단지 국가의 존재이유를 감추려는 의도를 지닌 수사에 불과하며, 지배층은 자신들이 공식적으로 지지하는 이데올로기에 대해 지대한 관심을 보인 적이 한번도 없었다는 주장을 펼쳐왔다. 샤를르 드골은 소련은 무엇보다도 러시아제국이고 미국은 아메리카제국이라는 것을 거의 의심하지 않은 것으로 보였으며, 이러한 토대에서 분석하고 계산했다. 그가 틀렸는가? 리처드 닉슨(Richard Nixon)이 중국에 가서 마오 쩌뚱(毛澤東)을 만났을 때, 두 사람은 각자 이데올로기를 존재이유에 종속시켰는가, 아니면 단지 더 장기적인 이데올로기적 목표들을 추구하고 있었을 뿐인가? 역사가들은 틀림없이 수세기가 지나도록 계속해서 이 문제에 관한 논쟁을 펼쳐나갈 것이다.

오늘날, 미국과 중국은 모두 세계시장을 목표로 생산을 장려하는 데 공동으로 헌신하고 있는 듯하다. 그럼에도 이들 두 나라는 이러한 헌신의 근본 이유를 서로 다른 식으로 규정한다. 미국의 정치가와 학자 들은 계속해서 미국을 자유기업 자본주의에 헌신하는 나라로 묘사하고 있는 반면, 중국의 정치가와 학자 들은 계속해서 중국을——지금은 종종 시장사회주의라고 부르기도 하는——사회주의에 헌신하는 나라로 묘사하고 있다. 우리는 사회과학자로서 그와 같은 자기묘사를 액면 그대로 받아들여야 하는가? 그리고 만일 그렇지 않다면, 우리는 이들 두 나라의 구조를 실제로 어떻게 묘사해야 하는가?

물론 이와 같은 자기묘사에는 이들 두 나라, 또는 적어도 각 나라의 지도자들과 대다수 시민들에게 공통된 시간관(chronosophy)[3]이라는 요소가 있다. 두 나라는 각자 단선적인 진보라는 가정에 근거한 장기적인 낙관주의에 헌신하고 있다. 이들 두 나라는 각자 더 완벽한 사회를 향하여 나아가고 있다고 확신하는 듯하다. 그렇지만 이와 같은 자기묘사는 어느 의미에서는 현재에 대한 분석인 만큼이나 이들 나라가 지향하는 목적론적 목표에 대한 서술이기도 한 셈이다. 그러나 우리에게는 상이한 시간성을 제공해주는 다른 시간관들이 있다. 그리고 어떤 하나의 시간관 내부에서도 다시 우리에게 상이한 시간성들을 제공해주는 여러가지 서로 다른 시대 구분들이 존재한다.

잊어서는 안될 한 가지 대단히 중요한 사실은 우리가 이러한 사회적인 시간성들 속에서 동시에 살고 있다는 점이다. 예를 들어 우리는 세계를 역사적 체제로서의 근대 세계체제라는 관점에서 분석할 수 있으며, 그렇게 되면 멀리 16세기에서 현재에 이르는 시기를 시간적 범위들로 여길 수 있게 된다. 그리고 우리가 이 체제를 묘사할 수 있는 많은 방식들 가운데 하나는 중심부의 주기적인 변동이다. 말하자면, 그 체제는 항상 일시적일 뿐인 헤게모니국가들의 연이은 출현으로 이루어져 있다는 것이다. 이렇게 인식할 경우에, 우리는 1870년대에 처음 출현해서 1945년부터 1970년대까지의 시기에 절정에 이르렀고 이제 쇠퇴의 초기 단계로 접어들고 있는 미국 헤게모니의 부상에 대해 말할 수 있다. 그리고 우리는 실제로 빈번하게 제기된 다음과 같은 질문, 즉 헤게모니국가의 계승자는 어느 나라가 될 것인가 하는 질문을 당연히 던져볼 수 있다. 어떤 사람들은 그것이 일본이라고 주장하고, 몇몇 사람들은 중국이라고 주장하며, 그런가 하면 우리가 그와 같은 문제에 대해 명료한 생각을 펼쳐나가기에는 미국의 헤게모니가 여전히 너무도 크다고 생각하는 사람들도 있다.

아니면, 여전히 근대 세계체제의 시간 범위들 내에 머무르는 가운데, 우리는 지난 2세기 동안의 역사를 범유럽적 세계 지배 과정('유럽의 팽창')으로 인식하면서 더불어 이같은 팽창이 언제 절정에 이르렀는지, 1900년이었는지 1945년이었는지 1989년이었는지, 그리고 그 후퇴가 언제 시작되었는지, 1905년 러일전쟁에서 일본이 러시아를 이기면서였는지, 1949년 중국공산당이 상하이로 입성하면서였는지, 1955년 반둥회의가 열리면서였는지, 1973년 미국이 베트남전에서 패하면서였는지 등에 관해 논쟁할 수도 있다. 그리고 그런 다음 우리는 이 후퇴가 근대 세계체제의 구조적 위기를 보여주는 징후인지, 아니면 (몇몇 사람들이 주장하듯) 훨씬 더 장기적인 역사적 과정 가운데 아시아라는 전지구적 중심부가 서양 또는 유럽의 짧은 순간에 의해 일시적으로 밀려났던 한 국면의 종결에 불과한지에 관해 논의할 수도 있다.

우리가 몸담아 살고 있는 다수의 시간성들은 우리에게 약간의 분석상의 혼란을 가져다줄 수도 있지만, 다수의 보편주의들과 비교하자면 시간성들이 사유의 대상으로 삼고 다루기에 훨씬 수월하다. '다수의 보편주의'는 물론 모순어법이다. '보편주의'는 시공간적으로 모든 지점들에서 모든 사람들, 모든 집단들, 모든 역사적 사회체제들에 적용되는 법칙들이나 진리들이 존재한다는 견해를 뜻하는 것으로 되어 있다. 그러므로 그것은 하나이고 유일하며 단일하다. 어떻게 하나인 그것에 다수의 변종들이 존재할 수 있단 말인가? 그렇지만 나는 오랫동안 신이 하나이자 동시에 셋이라고 하는 삼위일체가 존재한다고 주장해온 기독교 신학의 몇몇 변종들이나 신들이 많은 화신들을 갖고 있다는 힌두교사상을 언급할 수 있다. 이것들은 과학적인 사상이 아니라 신학적인 사상이지만, 나름의 어떤 지혜, 즉 과학이 종종 스스로 위태로운 지경에 빠질 정도로 무시해왔고 좀더 시간이 흘러 과학 자체가 진화하면서 정당하다는 것을 깨닫게 되는 그러한 종류의 지혜를 가리키는 것이 분명하다.

그러나 나는 신학적인 통찰들에 호소하고 싶지는 않다. 대중적이며 공동체에 기반한 주장의 차원에서 학문적인 주장의 차원에서 다수의 보편주의들이 있다는 것은 매우 분명하다. 이러한 주장들 가운데 어떤 하나의 틀 내부의 관점에서 이야기를 전개할 경우에, 물론 그 나머지 것들은 잠재적으로 그릇된 것이거나 서투르게 표현된 것으로 무시할 수 있으며, 이러한 일은 주기적으로 일어나고 있다. 보편적 법칙을 추구하는 모든 사회과학은 바로 이와 같은 절차에 근거하고 있다. 많은 사람들이 '과학'이라는 용어는 어떤 지식영역에서든 유일한 보편주의를 수립하려고 노력하는 사람들에게만 사용되어야 한다고 주장한다. 나는 유일한 보편주의는 결코 존재하지도 않고 존재할 수도 없을 뿐만 아니라 과학이란 어떻게 하면 본질적으로 불확실하고 그러므로 바라건대 창조적인 우주 내에서 다수의 보편주의들을 최상으로 탐색할 수 있는 방법을 찾는 것이라고 주장하고자 한다.[4]

근대세계는 그 역사의 대부분 기간 동안 아리스토텔레스가 제시한 배중률(排中律 중간배제의 원리-옮긴이)에 사로잡혀 있었다. 어떤 것은 A이거나 A가 아니다. 제3의 가능성은 전혀 존재하지 않는다. 그러나 물론 양자역학 덕택에 우리는 한 사물이 동시에 두 가지의 서로 다른 사물일 수 있거나 아니면 적어도 두 가지의 매우 서로 다른 방식들로 측정할 수 있거나 아니면 두 가지의 서로 다른 방정식을 만족시킬 수 있다는 관념에 익숙해졌다. 빛은 다수의 입자들이자 동시에 연속적인 파동인 것이다. 우리는 이 둘 사이에서 선택할 필요가 없거나 더 정확하게 말하자면 선택할 수 없다.

우리는 사회과학에서 이와 동일한 문제에 직면해 있다. 공공정책의 영역에서 여러 집단들은 일정하게 서로 다른 이른바 기본가치들 또는 가치들의 서로 다른 우선순위에 근거하여 경쟁한다. 우리는 사실 우리의 개인적 삶에서 그런 쟁점들과 계속 맞부딪친다. 나는 샴쌍둥이인 유럽의 두 어린아이가 처한 비극적 상황에 관한 신문기사를 읽는다. 의사들은 이 쌍둥이는 심장과 폐가 하나씩만 있어서 두 아이를 분리할 경우 한쪽은 살고 다른 한쪽은 죽을 수밖에 없다고 말한다. 의사들은 또한 그 쌍둥이를 분리하지 않을 경우 둘다 몇개월 안에 죽고 말 것이라고 말한다. 부모들은 한 아이를 살리기 위해 다른 아이가 죽도록 허용할 수는 없다고 말한다. 그리고 영국법정은 이러한 도덕적 딜레마, 도덕적 우선순위에 대한 의견 차이를 사법적으로 결정해달라는 요구를 받았다.

그와 같은 선택들이 모두 비극적인 것은 아니다. 그러한 것들이 모두 우리로 하여금 경쟁하는 생존권들 사이에서 선택할 것을 요구하는 것은 아니다. 그러나 기본적인 쟁점들은 어디에나 존재하며, 우리 모두는 집단적으로 역사적 선택을 할 것을 끊임없이 요구받고 있다. 어떤 나라의 '국내 문제'에 대한 외부의 간섭을 둘러싸고 벌어지는 모든 논쟁들은 한편으로는 보편적인 인권에 관한 주장들에 호소하고, 다른 한편으로는 다른 나라들이 그들의 가치를 제국적이고 오만한 방식으로 강요하는 것에 대해 각 나라들이 종속되지 않을 권리를 호소하면서 전개된다. 그리고 바로 이 마지막 논쟁은 근대 세계체제가 출현한 이래 지금까지 이 체제의 중심 논쟁이었고 최근 십년 동안에 다시 전면에 등장하게 되었다.

근대 세계체제, 즉 자본주의 세계경제의 현실은 그것이 위계적이고 불평등하며 양극화되는 체제이며, 그 체제의 정치구조는 어떤 국가들이 다른 국가들보다 명백하게 더 강한 국가간체제로 이루어져 있다는 점이다. 끝도 없이 자본축적을 촉진하는 과정에서, 강한 국가들은 가능한 한도까지 약한 국가들에게 자국의 의지를 부단하게 강요하고 있다. 이것이 바로 제국주의라는 것인데, 이것은 근대체제의 구조에 본래 내재해 있는 것이다. 그렇지만 제국주의는 예나 지금이나 항상 스스로에 대한 도덕적 옹호수단을 지니고 있다. 그것은 '문명화 사명', 즉 타자들에게 보편적인 가치들로 규정된 규범에 따르도록 강요하는 이른바 도덕적 필연성에 근거하여 정당화되어왔다. 보편적이라고 말해지는 가치들이 항상 주로 제국주의 국가들이 준수하는 것들이라는 점은 기묘한 우연의 일치인 듯 보인다. 그와 같은 그럴듯한 도덕성에 대해 희생자들이 저항하는 것은 자명한 미덕인 듯하다.

그렇지만 다른 한편, 각 지역의 독재정권들은 항상 폐쇄된 국경선을 유지하고 그들의 극악한 행위들에 대한 그 어떤 '외부 간섭'도 모두 거부하는 능력을 보여주며 번성해왔다. 그리고 때때로 주권을 구실삼아 저질러지는 엄청난 범죄들을 보면서, 우리는 불간섭으로 생기는 해악들에 점차 민감해지게 되었다. 오늘날과 같이 그렇게나 많은 정부와 교회가 지난 악행들을 사죄하고 있는 시대에, 우리는 여전히 타자들의 악행에 항의하는 데 (그리고 아마도 이를 통해서 그 악행들을 방지하는 데) 실패한 자들, 그중에서도 특히 외관상 강력해 보이는 자들을 잊어서는 안된다는 요청을 끊임없이 받고 있다. 유태인대학살에서 르완다사태에 이르기까지, 죄의식의 굴레가 우리의 목을 옥죄고 있다. 그러나 물론 이런 불간섭의 죄가 유태인대학살과 더불어 시작된 것은 아니다. 유태인대학살 이전부터 오늘날까지 전세계에 만연해 있는 아동노동은 말할 것도 없고 대서양 중앙항로를 통한 노예무역이나 숱한 원주민학살도 있었다.

그래서 우리는 과거와 현재에 대한 이런 식의 평가를 마주할 때마다 짐짓 그것은 정치적 세계의 사례이지 과학적 세계의 사례는 아니라는 시늉을 하게 된다. 그것은 결국 다수의 보편주의들에 관한 논의인데, 이러한 논의를 우리 모두는 지금까지 애써 외면해왔던 것이다. 그렇다면 무수히 많은 보편주의들이 존재하기 때문에, 우리는 그것들 모두에 동등한 비중과 지위를 부여해야 하는가? 이 질문을 다른 식으로 던지자면, 우리는 전적으로 상대주의적으로 되어야 하는가? 그 대답은 물론 '아니다'이다. 그 이유는 만일 다수의 보편주의 사이에 화해의 공식들이 존재한다면, 다른 보편주의들과 진실로 공존할 수 없는 보편주의들이 존재하는 것 역시 사실이기 때문이다. 이로써 우리는 메타논쟁에 빠져들지 않을 수 없다. 보편주의들간에 단일한 위계가 존재하며, 그래서 어떤 보편주의들은 온당하고 받아들일 만하고 다른 보편주의들은 대단히 혐오스럽다고 할 수 있는가? 만일 그 대답이 '그렇다'라고 한다면—나는 그렇다고 생각하는데—이것은 우리가 피하려고 시도해온 유일한 보편주의로 되돌아가는 또다른 방식에 불과한 것이 아닌가? 어쨌든 우리는 여전히 확고하게 배척해야 할 주장들이 무엇인지 판단할 수 있는 근거를 결정하지 않으면 안되기 때문에, 보편주의들 사이에 위계가 존재한다고 말하는 것으로는 아무것도 해결되지 않는다.

그와 같은 질문에 쉽게 또는 즉각적으로 내놓을 수 있는 대답은 전혀 없다. 대신에 흐릿한 선들을 긋는 시도가 유일한 현실적 대안이다. 진리와 선을 통합하는 데 꾸준히 매진하는 것이 바로 그것이다. 어떤 유토피아적 도착지점에 도달하는 것보다 여정 자체가 적극적인 행동이다. 그것은 도덕적인 행동이지만, 또한 지적인 행동이기도 하며, 더욱이 이 행동은 그런 추구에 동참하는 진정으로 전세계적인 참가자들의 집합체에 의해서만 그럴듯하게 수행될 수 있다. 각 참가자들은 그 과정에서 서로 다른 삶의 이력, 우선순위에 대한 다른 경험, 대안적인 길들의 가능한 결과들에 대한 다른 통찰을 제공하게 될 것이다. 각자는 그 나머지 사람들의 최악의 충동들이나 가장 취약한 판단을 제어할 수도 있다.

실제로는 근대정신을 지배하고 있는 세 가지의 주요 보편주의 변종들이 존재한다. 세계종교들(그리고 물론 많은 종교들이 있다)에서 기원하는 것들, 근대성의 중심인 세속적인 계몽주의 이상들에서 기원하는 것들, 그리고 자신들의 권력의 토대는 자신들의 정의로운 행동들이며 따라서 제국적 팽창은 악이 아니라 미덕이라는 권력자들의 의식을 표현하는 것들이 바로 그것이다.

우리는 사람들의 정신에 대한, 그러므로 세계체제의 정치에 대한 종교들의 지배력을 과소평가해서는 안된다는 점을 최근 20년 동안 다시 한번 배웠다. 종교들은 거의 정의(定義) 그 자체에 의해 보편주의적이다. 심지어는 대단히 지역적인 상황에서 기원하는 경우에도, 그것들은 거의 항상 모든 사람들에게 적용할 수 있는 보편주의적인 진리라는 주장을 제시한다. 그렇지만 종종 종교적 보편주의들은 단순히 모든 사람들에게 적용할 수 있는 것 이상이라고 여겨진다. 그것들은 모든 사람들이 따라야 하는 것으로 인식되기도 한다. 심지어는 수사가 덜 강제적인 어조를 띠고 있는 경우에도, 거의 모든 종교들이 자신들의 길이 진리 또는 구원에 이르는 유일무이한 길이라고 가르친다. 어떤 종교들이 다른 것들보다 더 배타적이기는 하지만, 모든 종교들이 자신들의 특별한 교리와 실천들이 지니고 있는 미덕을 강조한다. 세계에서 가장 광범하게 퍼져 있는 세 종교——기독교·이슬람교·불교——가 모두 개종활동을 하고 있으며, 그중에서도 앞의 두 종교는 공격적인 개종활동을 펼치고 있다. 틀림없이 바로 이런 이유 때문에 그 종교들이 가장 광범하게 퍼져 있거나, 아니면 적어도 그런 종교들을 믿지 않는 관찰자에게 그렇게 보이는 것이다.

그렇다면 세계의 종교들이 우리에게 말하는 바는 무엇인가? 서로 사랑하고, 모든 사람들을 사랑하되 신앙이나 실천을 공유한 사람들을 특히 사랑하라는 것이다. 이것이 분명한 메씨지라고는 말할 수 없다. 그리고 지금까지 나타난 결과들은 물론 대단히 불분명하다. 종교조직들이 지금까지 늘 평화와 관용의 편에 선 세력이기는 했지만, 마찬가지로 늘 폭력과 불관용의 편에 선 세력이었던 것도 분명하기 때문이다. 신이 불가사의한 방식으로 움직이는 것이야 틀림없는 사실이지만 단순한 우리 인간들은 이러한 방식들의 의미를 이해하려고 하고, 감히 말하건대 우리의 신앙과 우리의 과학에서 단순한 숙명론 이상의 더 일관된 결론들을 끌어내려고 할 수밖에 없다고 느끼는 것이다.

계몽주의의 휴머니즘 과학주의는 진정으로 보편적인 보편주의, 즉 모든 사람들이 영원한 진리에 대한 합리적인 통찰과 이해를 통해 누구나 되풀이할 수 있는 방식으로 이런 진리들의 정당성을 입증하는 방식을 통해 모든 사람들이 동일하게 접근할 수 있는 보편주의를 갖고 있다고 주장했으며, 이것은 물론 종교의 지배력에 대한 반항의 일환이었다. 우리 모두 알고 있듯이 여기서 문제는 모든 사람들이 통찰과 이해를 발휘했을 때 그들은 서로 다른 진리 목록들을 들고 나왔다는 점이다. 물론 이러한 상황이 이성적인 논쟁을 통해 해결될 수 있는 일시적인 것이라고 주장할 수는 있다. (그리고 실제로 그렇게 주장했다.) 그러나 실제로는 이러한 해결책이 문제를 해결한 것 같지는 않다. 그리고 그로 인해 계몽주의의 휴머니즘 과학주의는 합리성의 정도에 따라 인간들의 위계를 만들어내지 않을 수 없었다. 교육 때문이든 경험 때문이든 타고난 지적 재능 때문이든, 어떤 사람이 다른 사람들보다 분명히 더 합리적이었다. 이 사람들은 지식의 전문가들이었다. 그리고 좀더 합리적인 세계를 위해서는 좀더 합리적인 사람들이 그들이 인식한 영원한 진리의 현실적인 의미를 강요할 필요가 있다는 결론이 도출되는 듯했다. 그래서 계몽주의의 휴머니즘 과학주의는 세계종교들과 마찬가지로 모호한 길로 들어서게 되었다. 한편으로 우리는 모든 인간을 합리적인 존재로 여기라는 요청을 받았으며, 다른 한편으로 좀더 합리적인 사람들의 탁월함과 정치적인 우선권을 존중하라는 요청을 받았다. 우리는 서로 존중하고, 모든 사람들을 존중하되 우리의 엘리뜨적 기술과 그에 상응하는 특권적 지위를 공유한 사람들을 특히 존중하라는 요청을 받았다. 또다시 그것은 분명하지 않은 메씨지였다.

힘이 곧 정의라는 명령을 자신들의 보편주의의 토대로 삼은 사람들은 적어도 좀더 솔직했다. 본질적으로 그들은 우리에게 존재하는 것은 무엇이든 존재해야 했던 것이며 위계의 양극화는 불평등한 능력, 지혜, 도덕적 미덕의 결과이자 결과여야 한다고 말했다. 이 입장은 어쨌든 생물학에 기원을 둔 것으로서 19세기에 이론화되었다. 생물학에 기반한 설명들은 나찌가 이 이론들을 자신들의 논리적 결론으로 채택한 이래 반감을 사게 되었다. 그러나 결코 걱정하지 말지어다! 이러한 생물학적 설명들은 문화적 설명들로 쉽게 대체되었다. 권력과 특권을 지닌 사람들은 능력, 지혜, 미덕을 부여받은 문화의 상속자들이기 때문에 권력과 특권을 지니고 있다는 것이다. 문화라는 개념이 이러한 맥락에서도 역시 전면으로 부상하고 있음을 주목할 필요가 있다.

그렇지만 보편주의들의 세 가지 변종——종교적인 것이든, 휴머니즘 과학주의적인 것이든, 제국주의적인 것이든——가운데 그 어느 것도 우리에게 다수의 보편주의들에 관한 이론은 물론 보편주의들의 위계에 관한 이론조차 제시하지 않았다. 그것들 각각에는 최고가 되기 위한 경쟁만이 있는 것처럼 보였다. 이것이 인류역사상 보편주의화가 최대로 진행된 세기인 20세기가 다른 한편으로 인류에 대해 가장 잔인하고 가장 파괴적이기도 했던 이유를 설명해줄 것이다.

보편주의들이 파괴나 억압을 위해 활용되면, 사람들은 특수주의들에서 피난처를 구한다. 그것은 명백한 방어수단이며, 대개의 경우 매우 필수적인 것이었다. 그것은 어느정도는 효과적이다. 특수주의들은 정의 자체에 의해 보편주의들에 대한 거부를 담고 있다. 그것들은 사실상 이렇게 말한다. "우리는 다르며 다름은 미덕이다. 당신들의 규칙은 우리에게 적용되지 않는 것이거나 우리에게 부정적인 효과를 초래하는 것이거나 우리에게 해를 끼치기 위해 특수하게 고안된 것이다. 우리는 그러므로 그것들을 수정하거나 아니면 그것들을 분명하게 거부하는 것이며, 우리의 거부는 당신들이 내세우는 보편주의적인 규칙이라는 것과 적어도 도덕적으로 동등한 지위를 갖고 있다." 그러나 특수주의를 주장할 수 있는 입장도 다수 있다는 사실과 다수의 특수주의라는 이름으로 제기되는 문화적 주장들도 서로 상당히 다른 여러 정치적 의미를 띨 수 있다는 사실이 드러나고 있다.

우선 보편주의 경쟁에서 밀려난 현재의 패자들이 주장하는 특수주의들이 존재한다. 현재의 패자들은 일반적으로 우리가 '소수세력'이라고 지칭하는 사람들이다. 소수세력은 근본적으로 양적인 개념이 아니라 사회적 지위에 관한 개념이다. 그것은 지배적인—세계체제 내에서 지배적이거나 세계체제 내의 어떤 제도적 구조, 이를테면 우리가 어디서나 발견할 수 있는 국가체제나 계급구조나 실력사회나 인위적으로 구성된 인종·종족적 위계질서 내에서 지배적인—집단과는 (어떤 구체적인 방식으로) 다르다고 규정되는 사람들이다. 소수세력이 반드시 처음부터 특수주의를 주창하는 것은 아니다. 그들은 종종 승자들의 보편주의적 기준에 호소하여 동등한 권리를 요구하고자 한다. 그러나 그들은 이런 기준들이 자신들이 패배하게 되는 방식으로 적용된다는 사실을 아주 빈번하게 경험한다. 그래서 그들은 이른바 다수세력에 대항하기 위한 무기로서 특수주의로 방향을 돌린다.

이러한 대항적인 특수주의들이 작동하는 메커니즘은 잘 알려져 있다. 패자들의 주장은 사실 장기적인 관점에서는 자신들이 보편주의적인 기준들에서 승자들보다 앞서 있었지만, 불법적인 힘이 어떤 식으로 작용하면서 일시적으로 뒤로 밀려나게 되었으며, 지금의 위계는 언젠가 다시 한번 뒤바뀔 운명이라는 것이다. 또 그것은 보편주의적인 기준들이 실제로는 소수세력의 특수주의적인 기준들보다 더 나을 것이 없는 (사실은 더 나쁜) 특수주의적인 기준들이며, 그러므로 지금의 위계는 뒤바뀌게 될 운명이라고 주장한다. 또 진정으로 보편주의적인 그 어떤 기준들도 존재할 수 없고, 위계는 항상 힘의 문제이며, 소수세력이 양적으로는 다수세력이므로 지금의 위계는 뒤바뀌게 될 운명이라고 주장하는 것이다. 또한 이 모든 테제들을 동시에 천명하기도 한다. 특수주의의 이러한 변종에서는 강조점이 항상 현재의 지배집단을 '따라잡는' 것에 있으며, 아주 많은 경우 '넘어서는' 것에 있다. 현재의 지배집단을 완전히 제거함으로써 성취하게 될 보편주의를 제외한다면, 그것이 새로운 보편주의의 탐색인 경우는 드물다.

다음으로는 하락하고 있는 중간세력들의 특수주의가 존재한다. 사회과학은 이에 관해 많은 연구를 진행해왔다. 이 집단은 어떤 방식 —— 계급·인종·종족·언어·종교 —— 으로든 스스로를 규정할 것이다. 자본주의 세계경제가 끊임없이 양극화의 압력을 가하는 상황에서는, 멀지 않은 과거를 기준으로 할 때 위계제에서 지위나 생활수준이 하락하고 있는 사람들의 무리가 항상 존재하게 마련이다. 그런 사람들은 당연히 불안해하고 분개하고 있으며 전투적이다. 때때로 그들은 이러한 하락에 책임이 있는 사람들에게 분노를 퍼붓기도 하는데, 이런 공격을 받는 사람들은 생산의 전반적인 경제적 효율성을 극대화하는 관점에서 변화가 불가피하다는 점을 내세워 자신들을 옹호할 것이다. 그러나 아주 많은 경우에 권력을 쥔 자들의 어떤 행위들이 그러한 하락을 불러왔는지를 인식하기란 쉽지 않다. 따라서 그같은 하락을 경험하는 사람들은 자신들보다 훨씬 더 허약해 보이는 (그러나 지위나 수입 면에서 상승하고 있는 것으로 종종 잘못 인식되곤 하는) 집단을 희생양으로 삼게 되는 것이다.

이것은 지난 수세기 동안 전세계 어디서나 쉽게 찾아볼 수 있는 이야기이니만큼, 여기서 시간을 쏟아 상세하게 다룰 필요는 없을 것 같다. 그러나 주목할 점은 그같은 상황에서 우리는 종종 대단히 고약한 성격의 격렬한 특수주의들을 발견하게 된다는 것이다. 그리고 당연한 귀결로서 이러한 분노, 이러한 증오의 표적이 되는 집단들은 그들 고유의 강력한 특수주의들을 만들어내는 것으로 대응하게 된다. 그리하여 우리는 무의미한 폭력의 악순환에 빠져들게 된다. 이러한 폭력의 악순환은 해당집단은 물론 나머지 세계 역시 완전히 지치게 만들고 결국에는 분쟁집단들에게 어떤 종류의 휴전이 강요될 때까지 매우 오랫동안 지속될 수 있다. 그 과정에서 희생양 만들기는 또한 제3자들의 게임이 되기도 한다. 그들은 그와 같은 대립을 끝없는 반목(反目)의 산물이라고 규정한다. 그와 같은 주장들은 많은 경우 그릇된 주장들일 공산이 크지만, 실제로 양측 희생자들——자본축적이라는 피할 수 없는 과정 때문에 하락하고 있는 원래 집단과 이러한 하락에 대해 책임이 있다고 비난받고 있는 더욱 허약한 집단——을 비난하는 결과를 낳고 서로를 파멸시키는 격렬한 싸움의 적절한 원인들을 분석해내기 어렵도록 만든다. 이런 상황에서 문화적 특수주의들에 호소하는 것은, 설사 그런 특수주의들이 어떻게 해서 발생했는지 우리가 이해할 수 있다고 하더라도 결코 긍정적인 행위라고 할 수 없다. 결국 우리가 이러한 악순환에서 벗어날 수 있는 길은 적절한 보편주의들에 호소하는 것뿐이다.

특수주의의 세번째 변종은 어떤 식으로 규정하더라도 영구히 최하층집단을 벗어날 수 없는 사람들의 특수주의이다. 이 집단들은 특수하다고 여겨지고 또 스스로도 그렇게 생각하는데, 그것은 물론 정체성에 관한 사회적 정의에서 기본적인 것이다. 그들은 우리 체제에서 추방된 사람들——흑인, 로마(Roma 동유럽 집시—옮긴이), 하리잔(Harijan 인도의 불가촉천민으로 마하트마 간디가 신의 자녀라는 뜻으로 이렇게 부르기 시작했다—옮긴이), 부라꾸민(部落民 일본의 천민집단—옮긴이), 아메리카인디언, 오스트레일리아 원주민, 피그미——이다. 그들이 특수한 정체성을 지니고 있다는 주장은 20세기, 특히 20세기 말에 최소한의 정치·경제·사회적 권리들을 성취하기 위해 그들이 정치적으로 동원되는 과정에서 본질적인 요소가 되었다. 그들이 어떤 경우에는 너무 지나친 주장들을 펼쳤고 때로는 대항인종주의에 빠지기도 했다는 것은 그들이 온갖 노력에도 불구하고 기껏해야 추방자 범주에서 벗어나는 데도 그다지 성공하지 못했다는 사실을 생각하면 그러한 지적이 그리 타당한 것 같지는 않다. 사실 사회적으로 이 집단들은 모두 여전히 불리한 입장에 처해 있다. 그리고 그들을 계속 억누르는 데 이용되는 주요 무기들 가운데 하나는 보편주의적 규범들이 최우선한다는 주장이다. 그러한 주장은 그들이 수세기(그 이상은 아니라고 하더라도) 동안 받은 차별대우로 누적된 부정적인 결과를 극복하기 위해 개입을 통한 보상이나 원조——미국에서는 소수세력 우대정책이라고 부르는 것——를 요구할 때마다 항상 나타난다. 전반적으로 평가할 때, 하락하는 중간세력들의 특수주의가 사회에 끼치는 파괴적인 영향이 아무리 크다고 하더라도, 영속적 최하층집단들이 내세우는 특수주의들은 그들은 물론이고 사회 모든 계층에 대해 긍정적인 영향을 미치는 경향이 있다. 소수세력 우대정책의 가장 커다란 수혜자들은 장기적으로는 이른바 다수세력일 것이다.

우리 모두에게 낯익은 특수주의의 네번째 변종이 존재한다. 그것은 신사연하는 속물들(effete snobs)의 특수주의, 자신들의 고급문화(또 그 얘기다!)에 자부심을 느끼면서 대중들의 저속성을 비난하는 사람들의 특수주의이다. 대중들이 저속하지 않은 것은 아니다. '저속한'(vulgar)이라는 단어는 '평민들'(common people)을 뜻하는 라틴어에서 나온 것이다. 옛날에 귀족들은 자기 자신들의 품행을 고급문화라고 규정하고 평민들이 고급문화의 관행들에 참여하지 못하도록 했다. 예를 들면, 의복에 관한 예법들이 있었다. 그러나 근대 세계체제는 문화의 피상적인 민주화를 만들어냈다. 우리는 모두 이러한 관행들에 참여할 수 있다. 그리고 어느 곳에서나 그런 사람들은 계속해서 늘어나고 있다.

신사연하는 속물들은 상류계층 가운데 특히 부의 하락을 겪으면서 대중과의 문화적 분리를 고수하기로 작정한 부류에서 때로 발견되곤 한다. 이것은 기묘한 게임을 만들어낸다. '고급'이라고 규정되는 개개의 문화적 관행이나 예술품을 평민들이 모방하거나 누리게 되면, 그것은 저속한 것으로 재규정되기에 이른다. 그러면 신사연하는 속물들은 부랴부랴 새로운 예술품과 관행들을 찾아나선다. 그들은 그러한 새로운 관행들을 바로 영속적인 최하층집단의 저항적이고 반체제적인 관행들 속에서 찾아내기도 한다. 이는 끊임없는 긴장을 만들어내는데, 그것은 모든 사람들이 상당한 혼란을 겪으며 그와 같은 예술품이나 관행들을 끊임없이 재평가하면서 빈번하게 이름을 새로 붙이고 그것들에 대한 권리를 확보하기 위해 고군분투하기 때문이다.

다섯번째 종류의 특수주의는 지배 엘리뜨들의 특수주의이다. 이것은 신사연하는 속물들의 특수주의와는 조금 다르다. 이 특수주의는 고급문화 대신 일련의 기본적인 문화적 전제조건들로 치장하고 있다. 나는 그것을 '지정학의 이면'인 지구문화(geoculture)라고 부른다. 이러한 형태의 특수주의는 보편주의──오늘날의 세계에서는 합리성의 보편주의──의 장막 뒤로 숨는다. 이런 특수주의는 특수주의에 대한 비난을 자신이 최우선임을 주장하는 가장 효과적인 수단으로 활용한다. 미국에서는 거기서 비롯되는 논쟁들을 '문화전쟁들'──또 그 문화다!──이라고 부르게 되었다.

이러한 다수의 특수주의 변종들은 물론 다수의 보편주의 변종들과 마찬가지로 배중률의 지배를 받지 않는다. 우리 모두는 이 모든 변종들 사이에서 이리저리 끊임없이 움직이며, 어떤 특정한 시간과 공간에서 그것들 가운데 몇가지를 채택한다. 각 변종들의 정치적 함의가 선명하게 부각되는 것도 아니다. 그것들의 역할은 그것들이 발생하고 인식되는 총체적인 사회상황과 함수관계에 있다. 그러나 우리는 이런 역할들을 물론 평가할 수 있으며, 또한 우리 자신의 가치의 우선순위에 따라 그것들을 지지하거나 무시하거나 억누를 수 있다.

근대 세계체제의 장기적인 역사적 전개를 관찰해보면, 우리는 시간성들, 보편주의들, 특수주의들 사이의 선택이 우리의 정치적 투쟁들의 중심무대를 구성해왔음을 알게 된다. 권력자들이 지닌 무기들 가운데 하나는 시간과 공간이 우리의 삶을 형성하는 구성물이라기보다는 단지 우리가 살고 있는 맥락일 뿐이라고 암시하는 이미지를 활용해 논쟁들을 그릇되게 규정하고 이로써 그것들을 모호하게 하는 것이었다. 그리고 보편주의와 특수주의는 절대적 이율배반의 관계에 있는 것으로, 우리가 모든 사회행동을 분석하기 위해 활용할 수 있고 우리 모두 그것들의 우선순위를 선택――그것도 단 한번만――해야 하는 것으로 규정된다. 이것은 승자들에게는 도움이 된 반면 패자들에게는 전혀 그렇지 않았다. 우리가 이러한 이율배반에서 벗어나야 하고 우리 모두가 이용할 수 있는 선택대안들에 대한 우리의 인식을 훨씬 복잡정교하게 가다듬어야 하는 가장 절박한 이유는 바로 이 때문이다.

문화 역시 그저 거기에 존재하는 것은 아니다. 내가 이전에 주장했듯이, 문화의 정의 자체가 싸움터이다.[6] 게다가 내가 이 논의에서 보여주려고 노력했듯이 문화개념의 용례는 여러가지이다. 오늘날 문화연구의 가장 긴급한 과제들 가운데 하나는 문화와 좀더 정서적인 거리를 유지하면서 문화개념의 연구자들은 물론 문화개념 그 자체까지도 연구의 대상으로 삼는 것이다. 이와 마찬가지로, 우리는 문화의 정치학과 경제학에 대한 이해를 심화할 필요가 있다. 자유주의 이데올로기의 신성한 삼위일체인 정치·경제·사회문화적 이데올로기는 지배계층의 특수주의가 보유한 가장 억압적인 무기들 가운데 하나이다. 이러한 삼위일체는 아마도 가장 벗어나기 어려우면서도 꼭 벗어나야 할 개념인 것 같다. 나는 할 수만 있다면 우리 어휘에서 이 단어들을 모두 없애버리고 싶다. 그러나 아직 그럴 수 있을 것 같지 않다. 한 가지 이유는 내가 그것들을 대체할 만한 것이 무엇인지 확신하지 못하고 있기 때문이다.

그렇다면 문화들은 충돌하고 있는가? 물론 그렇기는 하지만, 그것이 우리에게 말해주는 것은 별로 없다. 우리가 살고 있는 역사적 체제는 모든 것을 상품화하는 노력을 통해서 번성하고 있다는 점을 인식할 필요가 있다. 고급문화는 적어도 지난 2세기에 걸쳐 줄곧 상품화되어왔으며, 최근 반세기 동안에는 모든 관련 당사자들——문화생산품의 제작자들과 예술품을 일괄제작하는 예술가들——에게 수익성있는 사업으로 눈부시게 급성장했다.

최근 20년 동안에 우리는 어떻게 저항문화가 마찬가지로 상품화될 수 있는지 목격했다. 사람들은 누구든 그저 자신의 정체성을 주장하고 있는 것이 아니라, 돈을 들여서 자신의 정체성을 주장하고, 돈을 들여서 다른 사람들이 그들의 정체성을 주장하는 것을 관람한다. 심지어 우리에게 우리의 정체성을 파는 사람들도 있다.[7] 사람들은 누구든 문화의 관권을 취득한다. 오늘날에는 CD 형태의 음반을 팔려고 하는 음반제작자들과, 소비자들이 무료로 이 CD음반들을 다운로드할 수 있도록 해주는 인터넷 싸이트 운영자들 사이에 투쟁이 진행되고 있다. 물론 웹싸이트 운영자는 거기에 올려지게 될 광고들을 통해 돈을 벌 것을 기대하고 있다. 사실상 이 분쟁에 연루된 사람들 가운데 문화생산품의 진정한 탈상품화를 옹호하는 사람은 아무도 없다.

우리가 돈을 들여서 우리의 전통이나 영혼, 심지어는 정치적 요구들에 관한 표현을 전시하는 것이 곧 문화인가? 또는 이러한 전시물들의 전달을 통해 이익을 얻는 사람들의 수익을 늘려주기 위해 우리에게 부과되는 가치들을 내면화하는 것이 곧 문화인가? 우리가 그 두 가지를 구분하는 것이 가능하기는 한가? 전통적으로 비상품으로 규정되는 민속조차도 무한한 자본축적 속으로 깊이 끌려들어가는 이 과정을 피할 길이 없다.

그렇다면 우리는 누구인가? 타자들은 누구인가? 그 대답은 우리가 어떤 싸움을 진행하고 있는가에 따라 달라진다. 그 싸움은 특정 지역에서, 또는 한 국가에서, 아니면 전세계에서 일어나는 것인가? 그 대답 또한 우리의 역사적 체제 내부에서 무슨 일이 진행되고 있는가에 대한 우리의 평가에 따라 달라진다. 지금까지 한동안 나는 우리의 역사적 체제, 즉 자본주의 세계경제가 구조적 위기에 처해 있다는 주장을 펼쳐왔다. 나는 우리가 혼돈스러운 시기의 한가운데에 있고, 어떤 구조적 분기가 진행되고 있으며, 앞으로 50년쯤 지나면 현체제가 사라지고 새로운 체제가 출현하게 될 것이라고 말해왔다. 마지막으로 나는 이러한 새로운 체제의 성격은 본질적으로 미리 알 수 없는 것이지만, 그럼에도 그 성격은 근본적으로 '자유의지'가 최적의 싯점에 이를 것으로 보이는 이 이행의 시기에 우리가 취할 행동에 의해 만들어질 것이라고 주장해왔다. 마지막으로 나는 불확실한 그 결과는 현체제와 비교할 때 도덕적으로 더 낫거나 더 나쁘거나 혹은 똑같은 역사적 체제로 귀결될 수 있지만, 더 나은 체제를 만들어내기 위해 노력하는 것이 우리의 도덕적·정치적 의무라고 주장해왔다.

나는 그와 같은 구조적 위기의 존재에 대해 그리고 지금 활용하고 있는 시간관에 대해 그간 펼쳐온 주장을 여기서 또다시 되풀이하지는 않을 것이다. 그보다도 나는 정치적이면서 경제적이면서 문화적인 투쟁이 동시에 진행되는 이 결정적인 시기에 나타날 수 있는 '우리들'(we's)과 그에 상응하는 타자들(other's)의 대략적인 윤곽을 그려보고 싶다.

어떤 가능한 '우리들'을 거부하는 것으로 논의를 시작해보자. 나는 우리가 실제로 서구세계, 이슬람세계, 동아시아세계가 서로 대치하는 문명의 충돌을 겪으면서 살아가고 있다고, 또는 살아가야 한다고 믿지 않는다. 사람들 중에는 실제 싸움에서 우리가 활용할 수 있는 수단들을 약화시키기 위하여 우리가 이것을 믿었으면 하고 바라는 사람들이 있을 것이다. 그러나 나는 정치가들과 시사평론가들의 수사를 벗어나서는 그와 같은 충돌에 관한 실질적인 증거를 거의 발견할 수 없다. 이런 문명의 싸움터로 추정되는 현장 각각의 내부에는 내가 대략으로 살펴본 다수의 보편주의들과 특수주의들이 별다른 비율의 차이 없이 존재한다.

물론 문명의 충돌은 남북갈등을 규정하는 한 가지 공식이다. 나는 남북갈등이 현대세계의 근본적인 정치적 현실이라고 믿고 있지만——끊임없이 양극화하는 세계체제에서 어떻게 그와 같은 갈등이 존재하지 않을 수 있겠는가?——그렇다고 미덕이 지리학에서 파생되는 것이라거나 또는 각 측의 대변자들은 언제나 반드시 그들이 대변하고자 하는 더 큰 집단의 이익을 반영한다는 식의 결론을 이끌어내고 싶지는 않다. 얽히고설킨 이해관계들이 너무 많고 전술적 오류 역시 너무나 많아서 어느 누구든 끝없이 발생하는 소소한 충돌들 속에서 아무런 거리낌 없이 양측 가운데 어느 한편의 손을 들어준다는 것은 불가능하다. 그렇지만 양극화가 종식되어야 하고 세계 자원들을 공평하게 활용하는 방향으로 과감하게 나아가야 한다는 기본쟁점에 관해서는 그 어떤 애매한 태도도 있을 수 없다는 것이 나의 생각이다. 나에게 그것은 도덕적으로나 정치적으로나 가장 중요한 쟁점이다.

그렇다면 '우리'는 계급투쟁에서 묘사되는 사람들인가? 물론 그렇다고 볼 수 있다. 그러나 그것이 정확하게 의미하는 바는 무엇인가? 우리는 다른 사람들이 생산한 잉여가치에 의존해서 살아가는 사람들과 자신들이 생산하는 잉여가치의 전부를 보유하지는 못하고 있는 사람들 사이에 선을 그을 수 있다. 그리고 이 선을 부르주아지와 프롤레타리아트 사이에 그어진 선이라고 부를 수도 있고, 아니면 그와 유사한 다른 언어를 사용할 수도 있다. 그러나 사실은 이 각각의 범주들 내부에는 복잡하고 중첩된 내부적 위계제가 존재한다. 기존 체제가 만들어낸 것은 동질화된 두 계급이 아니라(하나의 동질화된 인류는 더더욱 아니다), 실타래처럼 얽히고설킨 특권과 착취이다. 그렇게도 많은 특수주의의 변종들이 존재하는 것도 바로 이 때문이다. 다름아닌 칼 맑스가 자신의 정치분석에 관한 고전인 『루이 나뽈레옹의 브뤼메르 18일』(*The Eighteenth Brumaire of Louis Napoleon*)에서 보여준 바 있듯이, 이같은 그림을 두 진영으로 축소하는 것은 결코 단순한 과제가 아니다. 심지어 마오 쩌뚱조차 사회주의사회 내부에서도 계급투쟁은 지속된다는 주장을 펼쳤다는 것을 생각하면, 우리는 계급에 기초해서 '우리의식'(we-ness)을 규정하는 것에 얼마나 신중해야 하는지 깨닫지 않을 수 없다.

그 다음으로 민족성(nationhood)이라는 '우리의식'이 존재한다. 민족주의는 최근 2세기 동안 대단히 강력한 호소력을 발휘하며 사람들을 연대하도록 만든 것으로 입증되었으며, 이러한 호소력이 역사의 지평에서 사라졌다는 표시는 거의 없다. 우리 모두는 민족주의 때문에 국가들간에 일어난 갈등들에 대해 알고 있다. 그러나 나는 민족주의가 국가들 내부에서 만들어낸 갈등들을 상기시키고자 한다. 왜냐하면 민족주의는 비용이 들지 않는 지고의 선이 아니기 때문이다.

일본을 보자. 메이지유신 이후에 민족주의는 근대국가——강력하며 세계체제에서 일본의 상대적 지위를 향상시킨다는 관점에서 자신의 목표를 성취한 국가——를 수립하기 위한 강력한 무기가 되었다. 그것은 결국에는 조선합병, 중국 침략, 동남아시아 정복, 진주만 공격으로 이어졌다. 일본은 제2차 세계대전에서 패배했으며, 히로시마 원폭투하라는 무시무시한 댓가를 치렀다. 전후에 민족주의는 그것 자체로 일본 내에서 내부 갈등의 한 요소가 되었다. 일부 사람들은 민족주의적 상징들이 부활하면 군국주의적이고 공격적이며 내부적으로 억압적인 정권이 되살아날지 모른다고 우려한다. 그런 반면 유독 일본만이 이른바 전통적 가치들이 희생되고 민족(주의)적 정체성을 부인당하고 있다고 느끼는 사람들도 있다.

민족(주의)적 정체성의 효용성을 둘러싼 이러한 갈등이 일본에만 있는 것은 아니다. 중국과 미국 두 나라 모두 똑같은 잠재적인(그렇게 잠재적인 것만도 아니다) 갈등에 휩싸여 있다. 전세계의 많은 나라에서도 사정은 비슷하다. 이로써 나는 민족적 정체성에 호소하는 것이 위험한 외과수술과 다를 바 없다는 결론에 도달한다. 어떤 상황에서는 그것이 생존에 (또는 단순히 건강회복에) 필수적일지도 모르지만, 외과의사(정치지도자)는 자신의 손을 베일 위험이나 다른 어떤 외과의사(정치지도자)도 막을 수 없을 부작용을 경계해야 할 것이다.

내가 이처럼 (전적으로 악의적이고 인위적으로 고안된 기준인 인종은 말할 것도 없고) 문명·계급·민족이 '우리의식'의 손쉽고도 간명한 기준이 될 수 없다고 거부한다면, 다가올 50년 동안 우리가 살고 있는 역사적 체제에서 우리 후손들이 살게 될 어떤 대안적인 체제로 넘어가는 혼란스러운 이행기의 세찬 물살을 헤쳐나가기 위해 우리가 할 수 있는 일은 무엇인가? 쉽사리 규정할 수 있는 것은 아무것도 없다.

먼저 도덕적·정치적 목표들을 주장하는 것으로 시작해보자. 한 역사체제가 위기에 처하게 되면, 내가 보기에 사람들은 누구든 두개의 기본방향 가운데 어느 한쪽으로 나아갈 수 있다. 사람들은 기존 세계체제의 형태와 어쩌면 그 토대는 새로 바꿀지라도 그 위계적 구조를 보존하려고 시도할 수 있다. 아니면 모든 불평등을 완전히 없애지는 못하더라도 할 수 있는 한 불평등들을 줄이려고 시도할 수 있다. 그리고 당연하게도 우리 대다수는(그러나 우리 모두는 아니다) 우리가 현체제에서 누리고 있는 특권의 정도에 따라 두 가지 대안 가운데 한 가지를 택하게 될 것이다. 당연히 두개의 광범한 진영이 출현할 수 있으며, 그와 같은 진영의 정체성은 문명이나 민족, 심지어는 현재의 방식으로 규정된 계급적 지위를 통해서는 확인할 수 없을 것이다.

두 진영 사이의 정치를 예견하기는 어렵지 않다. 위계질서들을 선호하는 진영은 현재 자신들이 누리는 부와 무기는 말할 것도 없고 정보와 고도의 이론을 장악할 수 있는 권력에서 나오는 각종 혜택들을 누릴 것이다. 그럼에도 그 진영의 강점은 명백하긴 해도 한 가지 억제요소에 종속된다. 그것은 바로 눈에 잘 띈다는 점이다. 정의대로라면 이 진영은 수적으로 세계인구의 소수를 대변하기 때문에, 위계제 이외의 다른 사안들에 호소함으로써 자기 진영으로 지지자들을 끌어들여야 한다. 이 진영은 자신의 최우선 관심사들을 눈에 잘 띄지 않게 만들어야 한다. 이 일이 항상 쉬운 것은 아니며, 이 일을 얼마나 잘 성사시키느냐에 따라 핵심 구성원들 사이에 혼란을 불러일으키고 연대를 축소시킬 수도 있다. 그러므로 그 진영의 승리는 보장된 것이 아니다.

그 진영에 대립해 있는 진영은 수적으로는 다수일 것이다. 그러나 이 진영은 다수의 특수주의들, 그리고 심지어는 다수의 보편주의들에 의해 매우 세분되어 있다. 이러한 분열을 극복할 수 있는 정식은 이미 이전에 제시되었다. 그것은 바로 무지개연합(rainbow coalition)이라는 정식이다. 그러나 이것은 말하기는 쉬워도 행동으로 옮기기는 어렵다. 그와 같은 정식에서 각 참가자가 이익을 얻으려면 웬만큼 시간이 필요한데 우리 모두는 단기적으로 성과를 내야 한다는 데 짓눌린다. 우리에게는 단기적인 이익들을 무시할 수 있을 만큼 규율이나 심지어는 자원조차 거의 없다. 각 개인으로서 우리는 결국 단기적인 차원에서 살아가고 있는 것이다. 우리는 오직 집단으로서만 중기적인 차원에서 살아갈 수 있고 또 우리의 최우선 사안들의 계획 속에 그런 대안적인 시간성을 통합시킬 수 있다. 그리고 국가적 무지개연합이 아닌 전지구적 무지개연합의 수립을 목표로 생각하면, 우리는 이것이 얼마나 만만치 않은 정치적 과제인지 그리고 그와 같은 연합을 형성하는 데 우리에게 남아 있는 시간이 얼마나 적은지 새삼 깨닫게 된다.

그렇다면 우리는 이와 같은 일을 이루기 위해 어떤 식으로 활동해야 할까? 부분적으로 이것은 지역·국가·전지구적인 차원에서 동시에 추구해야 하는 정치적 과제이다. 어떤 의미있는 연합을 일으켜세우는 데 성공하려면 우리가 건설하고자 하는 대안적인 체제라고 하는 중기적 문제에 집중하면서 동시에 기존 체제하에서 발생하는 불행들을 완화시키는 단기적인 문제를 무시하지 않도록 해야 한다. 나는 정치적 전략의 개요를 더 상세하게 제시하는 것이 내 임무는 아니라고 생각한다. 오히려 나는 이러한 이행의 시대에 사회과학이 할 수 있는 지적인 공헌에 집중하고자 한다.

내가 생각하기에 우리가 할 수 있는 첫번째 일은 기존 세계체제가 우리에게 물려준 유산이면서 당면한 현실뿐만 아니라 우리가 건설할 수 있을 대안들에 관한 분석을 방해해온 사회과학의 범주들에서 탈피하는 것이다. 다수의 시간성들, 다수의 보편주의들, 다수의 특수주의들이 존재한다는 점을 인정하는 것이 그 첫번째 발걸음이다. 그러나 우리는 단순히 그것들의 존재를 인정하는 것을 훨씬 넘어서야 한다. 우리가 해야 할 일은 그것들이 서로 얼마나 잘 어울리는지, 최선의 혼합은 무엇인지, 그리고 어떤 상황에서 그러한지를 밝혀내는 일이다. 우리의 지식체계들을 대대적으로 재건하기 위한 의제는 바로 이것이다.

나는 지금까지 '두 문화'——인문학과 과학 사이에 있다고 추정되는 근본적인 인식론적 분열——에 관해 이야기한 것이 아니다. 이러한 분열은 사회과학 내부에서 개별적인 사례들에 입각한 방법론과 보편적인 법칙을 추구하는 방법론 사이의 방법론 논쟁으로 재생산된 것으로, 사실은 최근의 발명품이다. 그 분열은 200년에서 250년 정도밖에 되지 않았고, 그 자체가 근대 세계체제의 주요 산물이다. 그 분열은 또한 대단히 비합리적인 것이다. 왜냐하면 과학은 문화적 현상, 다시 말해 문화적 맥락에 둘러싸인 포로이고, 인문학은 그것이 사용하는 언어 중에 과학적이지 않은 언어는 없다. 그렇지 않다면 인문학은 어느 누구에게도 자신들의 메씨지를 일관되게 전달할 수 없을 것이기 때문이다.[8]

우리 모두가 해야 할 한 가지 일은 훨씬 더 광범한 독서이다. 독서는 이론적 발견과정, 즉 막대하게 축적된 지식생산물 속에 파묻혀 있는 단서들과 연관들을 밝혀내는 과정의 일부이다. 우리는 근본적인 인식론적 쟁점들을 숙고하도록 학생들을 이끌어 갈 필요가 있다. 우리는 철학이든 과학이든 어느 것도 더이상 두려워하지 말아야 한다. 결국 그것들은 동일한 것이고, 두 가지를 다 하든지 아니면 양자가 동일한 작업이라는 사실을 인식해야만 비로소 일을 제대로 할 수 있기 때문이다. 그 과정에서 우리는 우주를 지배하는 다수의 보편주의들을 충분히 인식하게 될 것이고, 그제서야 비로소 실질적으로 합리적인 존재가 될 것이다. 다시 말하면 우리는 스스로 끊임없이 선택해야 하고 그렇기 때문에 창조성을 발휘하지 않으면 안되는 이 우주에서——그 합의가 아무리 잠정적이라 해도——가치들과 진리들의 우선순위에 관한 합의에 도달할 수 있을 것이다.

사회과학자들이——아니, 분야를 막론하고 모든 학자들은——이로써 자신들의 연구작업을 재건하는 데 성공할 수 있다면——

그것은 실로 대단한 가정인데——우리는 오늘날 이 이행의 시대에 우리 모두가 필연적으로 하게 되는 역사적 선택들에 막대한 공헌을 하게 될 것이다. 이 이행의 시대는 역사의 종말도 아닐 테지만, 그것은 우리가 더 나은 방향으로 발을 내디딜 수 있도록 해줄 것이다.

중국 청조의 격언 가운데 이런 것이 있다. "백성은 지배자를 두려워하고, 지배자는 외적을 두려워하며, 외적은 백성을 두려워한다." 물론 청조는 이미 근대 세계체제를 겪은 뒤였다. 그러나 우리는 백성이자 또한 외적이다. 결국 타자들은 존재하지 않는다. 아니면 적어도 집단으로서의 우리가 창조적으로 그것에 주의를 돌리고 그것을 논의하고 대안들을 숙고하고 선택할 경우에 우리가 통제할 수 없는 타자들은 존재하지 않는다. 사회적으로 구성되는 세계에서 세계를 구성하는 자는 바로 우리 자신인 것이다.

7

민주주의: 수사인가? 현실인가?

지금까지의 민주주의와 세계체제

민주주의는 오늘날 모든 이들의 구호가 되었다. 사람들 중에 민주주의가 좋은 것이라고 주장하지 않는 사람이 있는가? 또 정치인들 중에 그 자신이 속해 있는 정부가 민주주의를 실천하고 있고 그가 대변하는 정당이 민주주의를 유지하고 확대하고 싶어한다고 단언하지 않는 사람이 있는가? 그리 오래지 않은 시기에, 적어도 프랑스혁명에서 1848년에 이르는 기간에 '민주주의'라는 단어가 위험한 급진주의자들에 의해서만 사용되었다는 사실을 기억해내기란 쉽지 않다.[1] 1830년대와 1840년대에 '민주주의자'라는 단어는 다수의 극좌 조직들에 붙여진 꼬리표였다.[2] 신성동맹 시기의 강대국들이 누군가에게 민주주의자라는 비난을 퍼부은 것은 1945년 이후 서방세계에서 어떤 사람에게 공산주의자라는 비난을 퍼부은 것과 꽤 흡사했다.

  1848년 이후 (스스로를 민주주의자라고 불렀던) 마찌니(G. Mazzini)가 사회주의자들과 중요한 싸움에 빠져들었을 때 사회주의자들은 자신들의 구호에다 '사회적'이라는 용어를 덧붙였으며, '보편적인 민주사회공화국을 위하여'라는 구호를 이야기하고 다녔다.[3] 이것이 아마도 '사회민주주의자들'이라는 용어의 기원이 아닐까 싶다. 좀더 중도주의적인 정치를 표방하는 다른 사람들까지 '민주주의자'라는 용어를 사용하자 더이상 그것만으로는 급진주의자임을 나타낼 수 없게 되었고, 그렇기 때문에 이제 '사회적'이라는 구분이 필요하다고 생각하게 된 것이다. 보수주의자들까지도 그 단어를 사용하게 되기까지는 적어도 또다른 반세기가 필요했다.

  어떤 단어든 우리가 그 단어에 부여하는 내용에 따라 모든 것이 달라지게 마련이다. '민주주의'의 한 용례이자 오늘날 광범위하게 통용되는 한 가지 정의는 자의적인 정치권력으로부터의 자유이다. 이 정의에 따르면, 민주주의란 어느정도는 개인주의적인 자유주의 정치의제의 실현이다. 어느 나라가 얼마나 민주주의적인가를 가늠하는 외적인 척도는 다수 정당들이 경쟁하는 자유로운 선거제도가 존재하는가, 정부의 직접적인 정치적 통제를 벗어난 언론매체가 존재하는가, 누구든 국가의 간섭 없이 자신의 종교적 신앙을 추구할 수 있는가 여부이다. 간단히 말해서, 일반적으로 '시민적 자유들'로 요약할 수 있는 그 모든 것들이 특정 국가의 영역 내부에서 실제로 얼마나 실행되고 있는가

하는 것이다.

 이 정의를 사용할 경우에 민주주의의 역사적 발전은 단선적인 곡선을 따라 이루어지는 것으로 기술되는 경향이 있다. 일반적인 이론적 모델은 암묵적으로 '절대군주' 또는 그와 비슷한 것이 존재한 시기와 더불어 시작된다. 의사결정권을 행정부의 최고수반으로부터 빼앗아내는 것, 또는 적어도 그의 권력들을 선거를 통해 구성된 입법부와 공유하도록 그에게 강요하는 것이 그 역사의 한 부분이다. 국가가 이른바 사적인 영역을 침해해도 되는 허용범위를 제한하는 것은 그 역사의 다른 부분이다. 비판자들이 침묵을 강요당하거나 처벌당하지 않도록 보장하는 것은 또다른 부분이다. 이런 기준들을 활용할 경우에, 우리는 오늘날 범유럽세계(서유럽, 북아메리카, 오스트랄라시아)의 상황이 가장 낫고, 세계의 나머지 지역은 나라마다 정도는 꽤 달라도 별로 좋지 않아 보인다는 사실을 발견하게 된다. 2000년, 외르크 하이더의 정당이 오스트리아정부에 참여하면서 촉발된 분노에는 오스트리아가 이와 같은 득점표에서 성적이 별로 좋지 않으리라는 두려움이 포함되어 있다.[4] 오늘날 서방의 정치인들이 어떤 특정한 나라가 얼마나 민주주의적인가에 관해 이야기할 때, 그들이 그것을 측정하는 방식은 보통 이와 같다. 실제로 최근 여러해 동안 미국정부는 바로 그와 같은 기준을 활용해서 다른 나라 정부들의 공식적인 득점표를 해마다 발표해왔다.

 물론 시민적 자유들은 실제로 매우 중요하다. 그리고 우리는 그런 자유들이 심각하게 제약당할 때마다 그것들이 얼마나 중요한지 정확하게 알게 된다. 우리가 보통 '독재'라고 이름붙이는, 시민적 자유들을 제약하는 정권들 하에서는 특히 공개적으로 아무런 거리낌 없이 발언하고자 하는 사람들(지식인, 언론인, 정치인, 학생)에 의해 언제나 일정정도 저항이 이루어지는데, 억압이 너무 심할 경우 반대세력은 지하로 깊이 침잠할 수도 있다. 이유야 어찌 됐든 그 정권이 점차 약해지다가 어떤 식으로든 전복될 때, 사람들이 환호를 보내는 이유 가운데 하나는 그같은 억압이 끝났다는 점 때문이다. 그래서 우리는 그런 시민적 자유들이 존재하는 경우에는 언제 어디서나 그것들이 존중받고 가치를 인정받고 활용된다는 사실을 알고 있다.

그러나 우리는 보통사람이 시민적 자유들을 바람직한 것으로 여기면서도 좀처럼 자신의 가장 중요한 정치적 의제로 내세우지는 않는다는 사실 또한 알고 있다. 그리고 시민적 자유를 상당히 존중하는 정권의 국가들에서도 시민적 자유들은 민주주의 사회의 정의에 관한 보통사람의 인식을 충족시킬 만큼 그렇게 충분해 보이지 않는다. 만일 시민적 자유들이 그 정도로 충분했다면, 우리가 이처럼 정치에 무관심하고 이렇게나 정치에 참여하지 않는 상황에 빠지지는 않았을 것이다. 이른바 자유주의 국가들, 비교적 높은 수준의 시민적 자유들을 누리고 있는 국가들을 관찰해보면, 우리는 대다수 사람들의 중대한 관심을 끌고 있고 그들의 불만을 불러일으키며 그들의 정치적 우선순위를 굴절시키는 다른 모든 일련의 쟁점들을 발견하게 된다.

내가 보기에 불만은 세 가지 주요 범주로 나누어볼 수 있다.

부패에 관한 불만, 물질적 불평등에 관한 불만, 시민권의 불충분한 포괄성에 관한 불만들이 그것이다. 부패부터 다루어보자. 아무리 당연한 일이라고는 해도, 이 주제에 관해서는 믿을 수 없을 만큼 많은 냉소가 존재한다. 지난 백년 동안 전세계를 통틀어 한 차례나 여러 차례, 또는 그 이상의 많은 부패 스캔들을 일으키지 않은 정부는 단 하나도 없을 것이다. 물론 여기서도 역시 그것은 다소간 정의(定義)의 문제이다. 우리가 부패라는 말을 정치인이나 공무원 같은 공인(公人)이 공무수행이나 정책결정에 관한 사안들을 사적으로 취득하는 데에 사용한다면, 이것은 물론 흔히 정부 계약에서의 리베이트라는 형태로 어느 시대에나 발생한다. 이것은 가난한 나라들에서 더 자주 발생하거나 더 자주 보고될 가능성이 크다. 가난한 나라들의 부패인사들은 대개 부유한 국가 출신의 비시민들, 다른 나라의 자본가들이나 재외 사절들이다. 그렇지만 드러난 뇌물수수는 빙산의 일각에 불과하다.

훨씬 더 근본적인 쟁점은 돈으로 접근권을 어느 정도나 매수할 수 있는가 하는 점이다. 이러한 종류의 부패는 부유한 국가들 — 이 나라들은 시민적 자유들과 관련하여 더 나은 점수를 획득한 바로 그 나라들이다 — 의 정권이 작동하는 과정에 만연해 있다. 다당제하의 정치는 진행비용이 많이 드는 게임이며, 그 비용은 계속해서 늘어나고 있다. 대다수 정치인과 정당 들의 재정수요는 그들을 지지하는 대중이 내는 비교적 적은 액수의 기부금들로 충당할 수 있는 수준을 훨씬 넘어선다. 우리는 모두 그 결과 무슨 일이 일어나는지 알고 있다. 부유한 기부자들(개인과 법인조직)은 엄청난 액수의 돈을 제공하며, 때로는 서로 경쟁관계에 있는 다수의 정당들에 동시에 제공하기도 한다. 그 댓가로 그들이 기대하는 것은 일정정도 자신들의 필요에 암묵적으로 동조해주고 자신들이 로비활동을 위해 접근할 수 있도록 명시적으로 보장해주는 것이다.

이론적으로 자본가들은 시장을 통해서 활동하며 정부가 시장의 작동에서 물러서 있기를 원한다. 실제로는 모든 자본가들이 알고 있듯이, 정부는 자본가들이 시장에서 성공하도록 다양한 방식으로 결정적인 작용을 한다. 정부는 일정 규모의 시장 독점을 허용하거나 금지하고, 대규모 구매자로서 값비싼 품목들을 거의 독점적으로 구매하며, 과세를 비롯하여 거시경제적 결정들을 교묘하게 조작하는 방식을 사용한다. 성실한 자본가라면 자기 나라 정부가 되었든 자기가 활동하는 다른 나라의 정부가 되었든 결코 정부를 무시할 수 없다. 그러나 정치가들이 권력획득이나 유지를 최우선으로 여기며 막대한 재정을 필요로 하는 한, 성실한 자본가라면 정부에 대한 이런 명백한 압력의 공급원을 결코 무시할 수 없다. 만약 무시한다면 그들은 경쟁자나 적대적인 이익집단에 패배하고 말 것이다. 그러므로 성실한 자본가라면 결코 정부를 무시하지 않으며, 성실한 자본가들은 모두 정치가들이 막대한 재정을 필요로 한다는 사실을 명확히 인식하고 있다. 따라서 부패는 극히 정상적인 것이며 현재 진행되고 있는 자본주의 세계경제의 정치적 삶과는 떼려야 뗄 수 없는 것이다.

하지만 부패는 단지 불법적이기만 한 것이 아니며, 끊임없이 선포되는 정직한 정부와 중립적인 관료제라는 규범에 반하는 것이기도 하다. 주요 규범들이 일상적으로 위반될 때 있을 수 있는 유일한 결과는 광범한 냉소이다. 그리고 이것이 바로 우리가 처한 상황이다. 냉소는 아주 상이한 반응들을 초래할 수 있다. 한 가지 반응은 정부에 우리 사람을 심는 것이다. 다른 반응은 부패의 해악을 제한하기 위해 싸움을 벌이는 것이다. 세번째 반응은 정치에 대한 적극적인 참여에서 물러나는 것이다. 각각의 반응은 저마다 한계가 있다. '정부에 우리 사람을 심는 것'의 문제점은 그것이 규범과 현실 사이의 격차를 거의 변화시키지 못한다는 점이다. 해악을 제한하려는 노력의 문제점은 그것을 행하기가 너무도 어려워서—거의 불가능해서—그것이 종종 애써 노력할 만한 가치가 없는 것처럼 보인다는 점이다. 그리고 이것은 점점 더 많은 사람들로 하여금 세번째 반응인 이탈을 선택하도록 이끌며, 이로써 부패는 아무런 방해도 받지 않고 만연하게 된다.

그렇지만 또다른 가능성은 민주주의에 대한 이전의 정의를 확대하고 단순한 선거절차말고도 실질적인 결과들의 중요성을 주장하는 방식으로 민주주의의 의미를 재정의하는 것이다. 물론 선거절차는 최근 2세기 동안 중요한 진전을 이룩했다. 사실상 모든 국가가 보통선거권이라는 규범에 도달했다. 세계가 200년 전에 어떠했는지를 고려할 때 이것은 중요한 구조적 변화이다.

그리고 우리가 이미 주목한 바 있듯이, 보통선거권은 끊임없이 민주주의의 도래로 찬양되고 있다. 선거권 확대의 역사를 살펴보면,[5] 우리는 그것이 항상 정치적 투쟁의 결과였음을 즉시 알게 된다. 그리고 우리는 또한 선거권의 확대가 권력을 쥔 사람들이 선거권이 없는 사람들이 수행한 운동들에 제공한 양보였음을 알게 된다.

그와 같은 선거권의 확대가 논의될 때마다 정치기구를 통제하는 사람들 사이에서 벌어진 주된 논쟁은 항상 (강경한 사람들로 가장한) 소심한 사람들과 노련한 사람들 사이에 이루어졌다. 소심한 사람들은 선거권에 대한 접근권을 더 폭넓게 허용하는 것은 국가기구에 대한 통제를 상당히 부정적인 방향으로 변화시키고 기존 사회체제를 해체하려는 사람들의 손에 정치권력을 쥐여주는 셈이라고 주장하는 사람들이었다. 이것은 '무지한 대중'이 사회적 요인들을 몰아내려 한다는 이야기였다. 노련한 사람들은 반대로 선거권이 부여되면 '위험한 계급들'은 정치과정에 명목적으로 포함되었다는 사실 때문에 덜 위험해질 것이고, 우려했던 정치적 변화들은 발생하지 않거나 미약한 상태로 드러날 것이라고 주장한 사람들이었다.

궁극적으로는 노련한 사람들이 옹호한 점진적인 양보의 노선이 광범하게 채택되었으며, 선거권의 확대가 체제 전복으로 이어지지는 않을 것이라는 그들의 예상이 실제로 옳았음이 판명되었다. 오히려 양보가 바로 '무지한 대중'의 혁명적 성향을 해체시킨 것처럼 보였던 것이 사실이다. 그러나 물론 이것은 양보가 선거권에만 국한되지 않았기 때문이기도 하다. 두번째 양보의 종류는 우리가 일반적으로 '복지국가'라고 부르는 것들이다. 우리가 이것을 느슨하게 임금 수준의 증가를 뒷받침하고 또 가능하게 하는 모든 국가활동과 전지구적 잉여를 일정정도 재분배하기 위한 국가의 활용이라고 정의하면, 사실상 전세계에 걸쳐 (물론 그 정도가 매우 다르긴 하지만) 한 세기 이상 어느정도까지는 복지국가가 존재해왔다.

실제로 우리는 복지국가의 재분배 혜택을 세 가지 주된 범주들로, 다시 말하면 보통사람들이 국가에 대해 제기한 세 종류의 근본적인 요구들에 대한 반응으로 나누어볼 수 있다. 바로 건강, 교육, 평생소득이다. 사실 모든 사람들은 자기 자신과 가족을 위해 생명과 건강을 최대한 연장하고자 한다. 또 주로 삶의 기회를 향상시킬 목적에서 자기 자신과 자녀들이 교육받도록 배려하고자 한다. 그리고 거의 모든 사람들이 평생에 걸친 실질소득의 불규칙성에 대해 걱정하고 있으며, 자신들의 현재 수입을 증대시키는 것은 물론 심각한 변동을 최소화하고자 한다. 물론 이것들은 모두 전적으로 정당한 열망들이다. 그리고 이것들은 진행중인 정치적 프로그램들에 꾸준하게 반영되어왔다.

실제로 지난 200년 동안 이런 노선들에 따라 꽤 많은 것들이 성취되었다. 건강영역에서 보면, 정부는 위생상태를 개선하고 (대량 예방접종 같은) 예방의학을 제공하며 병원과 진료소에 보조금을 지급하고 의료교육을 확대하며 일정한 종류의 무료 치료는 물론 다양한 종류의 건강보험을 제공하는 활동을 해왔다.

교육영역에서는, 200년 전만 해도 정식교육을 받은 사람이 사실상 거의 없었던 반면, 오늘날 초등교육은 거의 어디서나 받을 수가 있고 중등교육은 (비록 불균등하기는 해도) 널리 퍼져 있으며 적어도 부유한 국가들에서는 상당수의 국민들이 심지어 제3차 교육까지도 받을 수 있다. 평생소득 보장에 관해서는 실업보험, 노령연금을 비롯하여 평생에 걸쳐 소득의 변동폭을 균등화하려는 다른 다양한 방법의 정책들이 있다. 물론 평생소득을 보장하는 정책들은 건강과 교육에 비해 세계체제 전체에 걸쳐 훨씬 더 불균등하게 시행되고 있다.

우리는 이러한 복지국가의 혜택들을 어떻게 평가해야 할지 심사숙고해야 한다. 한편으로, 그와 같은 정책들과 메커니즘들이 거의 모두 알려지지도 않았고 정치적으로 상상조차 할 수 없었던 200년 전의 상황과 비교할 때, 그것들은 주목할 만한 구조적 차이를 보인다. 다른 한편으로 이러한 정책들은 세계인구 가운데 체제의 간부층, 즉 중간계층이라고 할 수 있는 부분에게 주로 혜택을 주었다. 주목해야 할 점은 이런 중간계층이 세계체제 전체에 걸쳐 균등하지 않다는 것이다. 제3세계 나라에서는 기껏해야 인구의 5퍼센트만이 이 범주에 속하는 반면, 부유한 나라에서는 아마도 인구의 40~60퍼센트가 이런 범주에 속할 것이다.

그런 까닭에 국가 통계라는 렌즈를 통해 살펴보면, 몇몇 국가들에서는 인구의 대다수가 그 조상들이 200년 전에 누렸던 것보다 오늘날 더 유복한 생활을 누리고 있다. 동시에 세계체제의 사회적 양극화가 국가들 사이에서뿐 아니라 각 나라들 내부에서도 급속히 진행되어왔다. 더욱이 이러한 양극화는 상대적인 것일 뿐만 아니라 세계인구 가운데 (측정하기는 어렵지만 관측하기는 그리 어렵지 않은) 어느정도 비율에게는 절대적인 것이다.

그런데 비록 복지국가의 재분배 효과가 우리가 흔히 믿고 있거나 세계체제의 선전가들이 우리에게 끊임없이 이야기해주는 수준에는 훨씬 못 미친다 해도 지금까지 든 재분배 비용이 상당하고 부유한 나라들의 상대적으로 높은 세율에 반영되어 있는 것 또한 사실이다. 세금을 내야 하는 사람들은 끊임없이 세금이 너무 많다고 불평한다. 세계인구의 상류층과 중간층 양자 모두 그리고 자본주의 기업들의 세금액이 50년, 100년, 200년 전에 비해 오늘날 훨씬 더 많은 것은 사실이다.

물론 이러한 재분배에는 자본가들에게 유리한 점들이 있는데, 이는 재분배가 유효수요를 증대시키기 때문이다. 그러나 장기간에 걸쳐 측정했을 때, 증대된 유효수요가 세금액보다 더 많은 것인지는 결코 확실하지 않다. 한 가지 단순한 이유에 비추어볼 때 이것은 사실이다. 정치적으로 민주화에 대한 대중적 요구는 재분배에 대한 요구 수준을 끊임없는 상승곡선으로 변화시켜왔다. 재분배에 대한 요구수준이 국가 내부에서 상승할 뿐 아니라 밖으로도 점점 더 많은 나라들로 확산되고 따라서 전체 세계체제의 내부에서 상승한 것이다.

이제 이러한 종류의 민주화는 시민적 자유들에 비해 전체 자본가집단에게 별로 인기가 없으며, 재분배를 제한하고 그 유형을 반전시켜서 비율을 가능한 정도까지 낮추기 위한 투쟁은 보수주의적인 정치강령들의 기본요소가 되었다. 나는 보수주의 세력이 거듭 승리함으로써 그들이 재분배 수준의 증대를 저지하거나 심지어 낮출 수 있다는 점을 믿어 의심치 않는다. 그러나 약 200년 동안의 양상을 주시해보면, 과세는 톱니바퀴 모양의 상승형태를 띠고 있는 것 같다. 각각의 반전은 그 다음번 상승에 비해 작았다. 1980년대의 신자유주의 공세(새처리즘-레이거니즘)와 1990년대의 지구화라는 수사는 바로 과세 증대를 저지하기 위한 노력이었다. 이러한 노력이 성취한 것도 있지만, 그 주창자들이 바랐던 수준에는 훨씬 못 미쳤으며, 정치적 반작용이 전세계에 걸쳐 이미 시작되었다.

이제 세번째 불만들, 시민권의 불충분한 포괄성에 관한 불만을 살펴보자. 우리가 알고 있는 '시민'이라는 용어는 프랑스혁명을 계기로 돌연 세계의 정치적 어휘가 된 것이다. 이 개념이 의도한 바는 귀족과 평민이 서로 다른 사회적 지위와 정치적 권리를 지녔던 신분제도의 거부를 상징화하는 것이었다. 그 의도는 '포함'이었다. 귀족뿐만 아니라 평민도 역시 정치과정에 포함되어야 한다는 것이었다. 모든 사람, 즉 모든 시민이 평등하다는 것이었다. 모든 시민이 권리들을 지녔다는 것이다.

당장 제기되는 문제는 시민의 '권리들'에 무엇이 포함되어야 하는가다. 이러한 권리들을 단번에 매우 광범위하게 정의하고자 했던 다양한 시도들은 '반(反)혁명들'에 의해 분쇄되었다. 그러나 권리들은 지난 200년 동안 꾸준하게 확대되었으며, 이러한 확대는 특히 최근 50년 동안 가속화되었다. 그중 하나는 유산자들에서 무산자들로, 나이 든 사람들에서 젊은 사람들로, 남자들에서 여자들로, 핵심 민족집단에서 이른바 소수민족들로 선거권이 확대된 것이었다. 두번째 전선은 노예제와 다른 형태의 노예상태에 대한 투쟁이었다. 세번째 전선은 공식적인 차별들을 국가영역의 실천들에서 제거하고 민간영역의 관행들에서 금지함으로써 그러한 차별들을 종식시키려는 노력이었다. 오늘날 사회적으로 불법화된 차별의 근원들은 그 목록이 길다. 계급, 인종, 종족성, '토착성', 성, 나이, 섹슈얼리티, 신체장애 등인데, 이 목록은 끊임없이 늘어나고 있다.

민주주의에 대한 마지막 수준의 불만을 살펴보자. 이 불만은 우리가 시민으로 있는 나라들에서 민주주의의 양에 관해 불만을 제기하고 그에 관해 어떤 행동을 취하는 것이 이론적으로 제약되어 있는 데 대한 불만이다. 사회정의나 시민권, 민족해방을 추구하는 다른 나라의 운동들과 연대를 이룬 사람들은 항상 존재해왔다. 혁명을 비롯한 다른 여러 투쟁에 참여하려고 다른 나라로 떠난 세계시민주의적인 개인들은 늘 존재해왔다. 그러나 국가는 주권의 상호존중이라는 원리에 따라 다른 국가의 투쟁들에 참여하지 못하도록 제약받았고 또 스스로 제약을 가했다.

19세기에 주권의 상호존중은 국가간체제의 일부로 간주된 국가들, '문명'국가들로 정의된 나라들에만 주어졌다. 지구상에서 '문명화된' 것으로 간주되지 않은 지역들은 '문명'국가들 스스로가 천명한, '문명화 사명'에 참여할 수 있는 권리에 종속되었으며, 이것은 필연적으로 정복, 지배, 특정 관습들의 강제적인 변형을 수반했다. 제국주의가 절정에 달한 19세기 후반에 '제국주의'라는 용어는 적어도 그것이 정책의 기초를 형성한 나라들에서는 명예로운 단어였다.

제국주의의 정당성에 대한 태도는 제2차 세계대전 이후 변화되었다. 갑자기 그것은 부정적인 단어가 되었다. 그리고 우리는 민족해방운동의 시대로 접어들었으며, 이 운동은 1945년 이후 시기에 거의 어느 곳에서나 계속해서 지역마다 국가주권이라는 주된 목표를 성취하는 데 성공했다. 그렇지만 이런 일이 일어나자마자 '인권'을 옹호하는 새로운 운동이 주로 서구세계에서 등장했으며, 여기서 인권은 시민적 자유들에서 시민적 권리들에 이르는, 우리가 말해온 다양한 종류의 민주적 권리들로 정의되는 것이었다.

인권이 불충분한 것으로 정의된 국가들의 정부에 직접적으로, 그리고 인권기구들이 자리잡고 있는 국가들의 정부들을 통해 간접적으로 정치적 압력을 가하고자 하는 인권기구들이 이런 비난을 받는 나라들 바깥에 설립되었다. 그 압력은 공개, 보이콧, 궁극적으로는 '간섭권'과 같은 많은 형태를 띨 수 있었다. 최근 발칸제국에서 나토국가들이 행한 활동들은 모두 '인권'과 '간섭권'이라는 명목하에 수행되었다.

그렇다면 민주주의에 관한 이러한 담론 안에서 우리가 서 있는 곳은 어디일까? 그것은 현실인가 신기루인가, 아니면 그 사이에 있는 무엇인가? 그것은 실현될 수 있는 것이지만, 아직 실현되지 않은 것인가? 점진적인 발전을 옹호하는 사람들은 많은 것을 성취했다고 단언한다. 다양한 방식으로 더 커다란 민주주의를 쟁취하기 위해 등장한 다양한 집단들의 대변자들은 대체로 평등권이라는 목표가 실현되기에는 아직 까마득하다고 주장한다. 이처럼 서로 어긋나는 평가들에 관해 내가 요약한 역사적 현실들에 비추어 이야기할 수 있으려면, 우리는 좀더 분석적인 차원에서 민주주의의 진보에 대한 평가를 세 범주——수사로서의 민주주의, 실천으로서의 민주주의, 가능성으로서의 민주주의——로 나누고 또다시 그 근거를 면밀히 검토해야 한다.

수사로서의 민주주의

'민주주의'라는 용어가 혁명적 열망의 표현에서 일반적인 상투어로 변한 이유는 무엇일까? 원래 그리스시대에서 18세기에 이르기까지 서양의 정치철학에서 민주주의라는 말은 항상 그리스어의 어원이 가리키는 대로 인민의 지배——즉 일인지배는 물론이고 나아가 최상의 사람들인 귀족의 지배에 반대되는 인민의 지배——를 의미하기 위해 쓰였다. 그러므로 민주주의는 무엇보다도 양적인 개념이었다. '최상의' 사람들이 존재한다면 '그보다 못한'——무지하고 더럽고 버릇없고 가난한——사람들이 존재하는 것은 당연하기 때문에, 그것은 근본적으로 불평등한 상황에서의 평등에 대한 요구를 의미하였다.

누가 최상의 사람들인지 하는 것은 실제로 중요하지 않다. 그들은 혈통, 가문, 형식적인 속성들이라는 관점에서, 부, 재산, 경제적 역할이라는 관점에서, 그리고 교육, 지성, 숙련기술이라는 관점에서 정의되었다. 최상의 사람들을 분류하는 이러한 양식들은 모두 '문명화'된 삶과 존재의 예절, 생활양식이 최상의 사람들의 특징이라는 전제를 항상 수반했다. 그 핵심요소는 항상 집단적인 의사결정 과정에 참여할 능력이 있다고 정의되는 사람들과 그런 능력이 없다고 이야기되는 사람들을 구별하는 것이었다. 이념으로서의 민주주의, 운동으로서의 민주주의는 원래 정치생활을 조직하는 토대로서 그와 같은 구별을 거부하려는 의도를 지녔다.

이 쟁점에 대해서는 실제로 그 어떤 중요한 논쟁도 이루어지지 않았으며, '시민권' 개념이 일반적인 정치적 담론에서 통용되기 전까지는 이루어질 수 없었다. 그리고 이러한 문화적 변동은 프랑스혁명의 위대한 수사학적 유산이다. 이제 우리는 모두 시민인 것이다.

아니, 우리는 과연 시민인가? 시민권 개념의 함의에 관한 기본적인 논의가 때마침 프랑스혁명을 계승하는 두 운동들에서 벌어졌다. 19세기 초에 그 논의는 영국·프랑스·미국을 비롯한 몇몇 나라들에서 국내 논쟁의 형태를 띠면서 선거권 문제를 중심으로 전개되었다.[6] 그것은 기본적으로는 프랑스인들이 제한선거권(suffrage censitaire)이라고 부른 유산자들의 선거권과 보통선거권 사이의 선택의 문제였다. 우리는 결국 이들 나라와 그후 다른 곳에서 보통선거권이 승리를 거두었고, 더욱이 '보통'이라는 용어에 포함되는 것이 계속해서 확대되었음을 알고 있다.

그러나 일단 보통선거권 원리가 (비록 완전하게 실현된 것은 아니지만) 받아들여지자, 논쟁의 장소가 바뀌었다. 선거권이 서구의 나라들에서 더 확대되자 (그리고 시민적 권리들의 다른 요소들도 마찬가지로 이들 동일한 나라에서 더 광범위하게 확산되자) '시민'이라는 용어는 이들 나라에서 더욱 큰 정당성을 획득하고 그것의 포괄적인 의도를 실현하는 데 활용되었다. 그렇지만 시민개념은 항상 어느모로나 포함하는 만큼 배제한다. 위험계급들이 더이상 위험하지 않다면, 또 야만적인 노동계급들이 이제 시민으로 받아들여진다면, 문명화된 사람들과 야만적인 사람들을 가르는 수사적 구분선은 문명화된 나라들과 야만적인 나라들을 가르는 선으로 변모한다. 이것은 제국의 지배를 수사적으로 정당화하는 주된 수단이자 영광스러운 문명화 사명에 노동계급의 참여를 요구하고 획득하는 수사적 기초가 될 터였다.

이런 상황에서 '민주주의'는 더이상 국내 차원의 계급투쟁에서 하층민들의 요구를 표현하는 용어가 아니라 오히려 이른바 문명과 야만, 서구와 비서구라는 세계적인 차원의 투쟁에서 지배세력의 정책들을 정당화하는 용어로 활용되었다. 민주주의 개념의 공명이 이런 식으로 변했기 때문에 19세기 전반에 이 말을 두려워했던 바로 그 집단들이 19세기 말에 이르면 그것을 채택하고 20세기 후반에 이르러서는 그것을 자신들의 주제곡으로 사용하게 되었다. 이 지점에서 민주주의 개념은 주로 문명의 상징이자 결과이자 증거가 되었다. 서구는 민주적이고 비서구는 그렇지 않다는 것이다. 세계경제의 헤게모니세력은 이를 통하여 도덕적 지도자들임을 자처하였다. 그들의 헤게모니는 전세계에 걸쳐 진보의 토대이다. 그들은 민주주의를 성배로 제시한다. 그러므로 그들은 미덕의 화신이다.

실현으로서의 민주주의

만일 이러한 주장들에 대한 몇몇 경험적인 토대가 없었더라면, 그 새로운 수사는 작동하지 않았을 것이다. 그 경험적 토대란 무엇이었을까? 이를 평가하기 위해서는 사회적 계층 분화와 관련하여 자본주의체제와 전(前)자본주의체제 사이에 존재하는 근본적인 차이에 대해 숙고해야 한다. 전자본주의적 구조에서 상류층은 폭력의 수단을 통제했기 때문에 권력을 장악했다. 그들은 그것을 통해 부의 불균등한 몫에 대한 권리를 주장했다. 군사적 착복 이외의 방식으로—말하자면 시장을 통하여—부를 획득한 사람들은 상류층의 일부로 정의되지 않았으며, 그러므로 이들은 항상 재산이 몰수될지 모른다는 두려움 속에서 살았다. 그들은 돈으로 귀족신분을 사는 것으로 이런 운명을 피하고자 했는데, 이렇게 되기까지는 때로 4대(代)나 되는 시간이 걸렸다.

자본주의 세계경제는 전자본주의 체제들만큼이나 심하게 계층화되어 있지만, 계층들간의 관계는 상이하다. 상류층은 과거의 군사적인 위용 때문이 아니라 과거의 경제적인 위용 때문에 그 지위를 장악하고 있다. 상층에 있지는 않지만 전문기술을 지니고 있는 사람들, 우리가 이 체제의 간부층 또는 중간층이라고 부르는 사람들은 몰수의 두려움 속에서 살고 있지 않다. 정반대로 이들은 세계체제 전반의 정치적 평형상태를 유지하기 위해, 즉 위험계급들을 억제하기 위해 이들의 협력이 필요한 상류층에게 사실상 끊임없는 간청과 환심의 대상이 되고 있다.

선거권을 확대하고 복지국가의 혜택을 주며 특수주의적인 정체성들을 인정하는 것은 모두 이들 간부층의 환심을 사고 체제 전반에 대한 이들의 충성심을 확보하며 세계인구 대다수로 하여금 자기 자리를 지키도록 하는 데 이들의 협력을 얻어내기 위한 정책의 일부이다. 자본주의 세계체제를 (상징적으로) 상층 1퍼센트, 간부층 19퍼센트, 하층 80퍼센트로 나누어진 사회적 삼중체제라고 생각해보자. 그런 다음 우리가 이미 언급한 공간적인 요소를 추가하자. 자본주의 세계경제라는 단일한 체제의 경계 내에서 19퍼센트는 모든 정치적 단위들에 균등하게 퍼져 있지 않고 그 가운데 소수의 단위들에 집중되어 있다.

우리가 이 두 가지 가정──삼중으로 계층화되어 있고 지리적으로 불균등한 체제──을 받아들이는 경우, '민주주의'라는 구호가 19퍼센트에게는 엄청난 의미였다는 것은 명백한 듯한데, 이는 그것이 그들의 정치·경제·사회적 상황의 실질적인 향상을 내포하기 때문이다. 그러나 우리는 또한 그것이 80퍼센트에게는 거의 아무런 의미가 없었다는 것도 알 수 있는데, 그들은 정치적인 것이든 경제적인 것이든 사회적인 것이든 추정되는 혜택들 가운데 받은 것이 거의 없었기 때문이다. 그리고 일부 나라들만이 좀더 많은 부와 좀더 자유주의적인 국가, 그리고 그럭저럭 작동하는 다당제를 지니고 있다는 사실—요컨대 일부 나라들만 문명화되어 있다는 사실—은 세계체제 전체에 존재하는 심각한 불평등의 원인이 아니라 바로 그 결과이다. 그리고 그 수사가 세계체제의 일부에서는 진실하게 들리고 다른 부분들, 더 큰 부분들에서는 그토록 공허하게 들리는 이유는 바로 이 때문이다.

그렇다면 민주주의는 실현되지 않았다는 말인가? 물론 그렇다. 민주주의를 어떤 식으로 정의하든 심지어 이른바 자유주의 국가들에서조차 민주주의가 제약되어 있고 온전하지 못하다는 점은 굳이 입증할 필요조차 없다. 그것이 세계의 대부분 나라에서 전혀 유의미하게 작동하지 않고 있다는 점을 주목하는 것으로 충분하다. 서양 지도자들이 어떤 제3세계 국가에 민주주의의 미덕들을, 그것도 반복해서 설교할 때, 그들은 세계체제의 현실에 의도적으로 눈을 감고 있거나 냉소적인 태도를 보이거나 아니면 자기 나라의 도덕적 우월성을 천명하고 있는 것이다. 내가 세계의 독재정권들을 옹호하거나 정당화하려는 것은 결코 아니다. 억압은 어느 곳에서나 미덕이 아니며, 대량학살은 더 말할 것도 없다. 단지 이 현상들이 우연적인 것도, 특정한 나라들이

야만적인 문화를 지니고 있다는 사실에서 비롯하는 결과도, 그러한 나라들이 자본의 흐름에 충분히 개방적이지 못한 것에서 비롯하는 결과도 분명 아니라는 점을 주목하자는 것뿐이다. 전세계 인구의 3분의 2가 자유주의 국가를 갖고 있지 못한 이유는 자본주의 세계경제라는 구조 때문이며, 그 구조가 그들이 그런 정권을 갖는 것을 불가능하게 만들기 때문이다.

가능성으로서의 민주주의

민주주의가 내가 파악하는 대로 우리의 현세계에서 이처럼 거의 실현되지 않았다면, 그것은 실현가능한 것인가? 이에 대해서는 두 가지 대답이 가능하다. '그렇다. 점진적으로 실현된다'이거나 '아니다'이다. 많은 사람들이 '그렇다. 점진적으로 실현된다'라고 말한다. 그 생각은 19퍼센트에게 제공된 혜택들이 그 다음에는 21퍼센트에게, 그 다음에는 25퍼센트에게, 그 다음에는 계속해서 더 많은 사람들에게 제공될 수 있다는 것이다. 이 사람들은 사회운동이나 NGO들을 통해서, 계몽적인 지식인들을 통해서, 또는 야만적인 민족들의 문화적 개혁을 통해서 조직화된 압력을 더욱 키울 필요가 있다고 말한다.

그와 같이 예견하는 사람들 입장의 주요 논거는 민주주의가 최근 200년 동안 이런 식으로 작동해왔으며 이 시기에 민주화라고 할 수 있는 양보들이 실제로 투쟁에 의해 점진적으로 획득되었다는 것이다. 이러한 예견에서 설명되지 않는 부분은 점진적인 변화가 체제의 작동에 미치는 누진적인 영향이다. 특권을 지닌 사람들이 민주화의 요구에 양보한 근본적인 이유는 분노를 희석시키고 반란세력을 통합하기 위한 것이지만 그 목적은 언제나 체제의 근본틀을 보존하기 위한 것이다. 이 전략은 '아무것도 변하지 않으려면 모든 것이 변해야 한다'는 디 람뻬두싸 원리(di Lampedusa principle)를 실현하고 있다.

디 람뻬두싸 원리는 와해되기 전까지는 매우 유효한 원리이다. 민주화를 더욱 추진하라는 요구, 정치·경제·사회적 총액의 재분배를 더욱 늘리라는 요구는 소멸되기는커녕 비록 점진적인 형태로나마 끝없이 제기된다. 그리고 지난 200년 동안의 민주화가 내 가정대로 세계인구의 19퍼센트에게만 혜택을 주었다고 하더라도 1퍼센트에게는 값비싼 것이었고 총액 가운데 상당부분을 소비했다. 만일 19퍼센트가 89퍼센트가 되는 것은 말할 것도 없고 29퍼센트만 돼도 특권을 지닌 사람들에게는 아무것도 남지 않을 것이다. 아주 구체적으로 말하자면, 그들은 뭐니뭐니해도 자본주의 세계경제의 존재이유인 끊임없는 자본축적을 더 이상 하지 못할 것이다. 그래서 정치적으로 어려운 일이기는 하지만 민주화의 중단을 요구해야 하며, 그렇지 않으면 위계적이고 불평등한 현실들을 유지하기 위해 어떤 다른 종류의 체제로 이동해야 한다.

나는 오늘날 우리가 바로 이런 종류의 변화를 향해 나아가고 있다고 믿는다. 나는 여기서 자본주의 세계체제의 구조적 위기를 초래한 모든 요인들에 관한 상세한 분석을 되풀이하지는 않겠다. 과정으로서의 민주화는 이 체제를 현재의 혼란상태와 임박한 분기(分岐)로 몰고 간 여러 요인들 가운데 하나일 뿐이다. 내가 아는 것은 그 결과 다음 25~50년 동안 자본주의 세계경제에 뒤이어 출현할 구조를 둘러싸고 격렬한 정치적 투쟁이 벌어질 것이라는 점이다. 내가 파악하기에 이것은 근본적으로 민주적인 체제를 바라는 사람들과 그것을 바라지 않는 사람들 사이의 투쟁이다. 그러므로 나는 민주주의가 '본질적으로 완성할 수 없는 기획'일 것이라는 몇몇 사람들의 주장에 다소 불만을 느낀다. 그와 같은 정식은 인류의 비극적 조건, 그 불완전성, 그 영속적인 개선가능성이라는 이미지를 불러일으킨다. 물론 과연 누가 그런 이미지에 대해 논쟁할 수 있을까? 그러나 그 정식은 엄청난 차이를 낳을 수 있는 역사적 선택의 순간들이 있을 수 있다는 점을 고려하지 않고 있다. 한 역사적 사회체제에서 다른 체제로 이행하는 시대들은 바로 그와 같은 역사적 선택의 순간들이다.

나는 우리가 설사 결코 완전한 민주체제를 가질 수는 없다고 하더라도, 대체로 민주적인 체제는 가질 수 있다고 굳게 믿는다. 나는 우리가 지금 그런 체제를 가지고 있다고는 믿지 않는다. 그러나 우리는 그것을 가질 수 있다. 그렇다면 그 다음에는 처음으로 되돌아가서 그 투쟁이 무엇에 관한 투쟁인지를 이야기하는 것이 중요해진다. 그것은 시민적 자유에 관한 투쟁이 아니다. 물론 존 스튜어트 밀(John Stuart Mill)이 흐뭇해할 만큼 민주사회가 시민적 자유들을 갖기야 하겠지만 말이다. 그리고 민주사회는 그런 자유를 가져야 마땅하다. 그것은 다당제에 관한 것이 아니다. 다당제는 대규모의 민주적인 선택기법으로서 많은 다양한 기법 가운데 하나일 뿐이며, 오늘날 국가적·준국가적 차원의 정기적인 투표 이외에 다른 영역에서는 널리 쓰이지 않는 기법이다.

반드시 말해야 할 것은 민주주의는 평등에 관한 것이며, 평등은 자본주의 세계경제의 정치적 삶에 널리 만연해 있는 정서인 인종주의에 반대되는 것이라는 점이다. 사회적 삶의 모든 영역에서 평등이 실현되지 않으면, 사회적 삶의 그 어떤 영역에서도 평등은 결코 가능하지 않으며, 그것의 신기루만이 존재할 뿐이다. 평등이 부재하는 곳에는 자유가 존재하지 않는데, 이유인즉 불평등한 체제에서는 항상 권력자들이 우세한 경향을 보일 것이기 때문이다. 부패에 관한 불만들이 우리 체제의 특유한 속성인 이유는 바로 이 때문이다. 그 불만들이 시민권의 불균등한 실현에 관한 불만인 이유는 바로 이 때문이다. 냉소가 존재하는 이유는 바로 이 때문이다. 평등한 체제라면 상대적으로 탈정치화될지언정 냉소적이지는 않을 것이다. 냉소는 권력에 대한 약자의 심리적 방어이다.

상대적인 평등과 상대적으로 민주적인 정치가 결합된 체제에 대한 요구는 '그것은 가능한가?'라는 질문을 이끌어낸다. 그 가능성을 반대하는 주요 논거는 그것이 역사적으로 알려지지 않았다는 점이다. 이 논거는 내가 보기에 매우 허약하다. 따지고 보면 인간사회들이 존재한 시기는 너무 짧았다. 우리의 짧은 역사적 과거를 근거로 미래의 가능성들을 배제할 수는 없다. 어쨌든 비관주의에서 끌어낼 수 있는 유일한 결론이란 단념하는 일뿐이다. 평등을 반대하는 두번째 주요 논거는 레닌주의 정권들의 초라한 모습이다. 물론 이런 정권들은 비록 초기에 평등주의적인 수사를 추구했고 어느정도는 그것을 신뢰했을지 모르지만 평등했던 적은 단 한번도 없었다. 그들의 실천은 대단히 불평등한 것이었고, 단지 자본주의 세계경제의 주변부와 반(半)주변부에 있는 다른 정권들의 변종에 불과했다. 그들의 경험이 평등한 사회체제의 가능성들에 대해 우리에게 말해주는 바는 전혀 없다.

근본적인 쟁점은 오늘날, 즉 자본주의 세계경제가 펼쳐지는 역사의 이 지점에서 점진주의는 현실적인 선택이 아니라는 점이다. 내가 보기에 우리는 현 역사적 사회체제의 틀 내에서는 한계에 도달한 것 같다. 이 체제는 위기에 처해 있으며 필연적으로 변하게 될 것이다. 그러나 이것이 반드시 더 나은 체제로 변하리라는 것은 아니다. 이것은 이 이행의 시대의 정치적이고 도덕적인 선택이다. 나는 진보, 정치적 또는 도덕적 진보의 필연성을 전제할 어떤 이유가 존재한다고 믿지 않는다. 그렇지만 나는 진보가 가능하다는 이론은 믿고 있다.

그렇다면 우리는 무엇을 해야 할 것인가? 무엇보다도 이 체제가 갈라지고 있고 그러므로 끝나가고 있기 때문에, 우리는 우리의 현 위치를 그리고 우리 앞에 여러 선택들이 있다는 사실을 명확하게 인식해야 한다. 둘째, 우리(뒤이어 나타날 체제가 평등주의적인 것이기를 바라는 사람들로서의 '우리')는 어떤 정치적 전술들이 우리에게 그와 같은 체제를 만들어낼 가능성을 제공할 것인지, 그리고 이를 성취하는 데 필요한 동맹들을 어떻게 맺을 것인지에 관해 서로 토론해야 한다. 그리고 셋째, 우리는 무언가 진보적인 것의 [후원] 아래 새롭지만 여전히 위계적이고 불평등한 체제를 만들어내려는 사람들의 기만적인 유혹에서 벗어나야 한다. 이 가운데 쉬운 것은 아무것도 없다. 그리고 우리가 성공할 수 있다는 보장도 없다. 우리가 확신할 수 있는 것은 특권을 지닌 사람들이 이런저런 형태로 불평등한 체제를 유지하려고 하며 이를 위해 격렬하면서도 영리하게 싸울 것이라는 점이다.

그렇다면 민주주의란 무엇인가? 그것에 대한 나의 느낌은 마하트마 간디(Mahatma Gandhi)가 서구문명에 대해 어떻게 생각하느냐는 질문을 받았을 때 느낀 것과 비슷하다. 그는 이렇게 대답했다. "나는 그것이 훌륭한 아이디어일 것이라고 생각한다."

8

지식인들: 가치중립성의 문제

나는 『우리가 아는 세계의 종언: 21세기를 위한 사회과학』[1]이라는 최근의 책에서 근대 세계체제가 종말을 향해 가고 있으며 새로운 역사적 체제로 넘어가는 이행의 시대로 진입하고 있다고 주장한 바 있다. 우리는 지금 그 새로운 체제의 윤곽을 알지도 못하고 미리 알 수도 없지만, 그 구조를 형성하는 데 적극 도움을 줄 수는 있다. 우리가 ('인식' cognoscere이라는 의미에서) '아는' 세계는 자본주의 세계경제인데, 그것은 사방에서 더이상 손쓸 수 없는 수준의 구조적 압박을 받고 있다.

여기서 나는 이러한 압박의 근원과 그 압박이 작동하는 방식에 대해 간략하게 개요만 제시하도록 하겠다. 그 방식은 세 가지이다. 첫째, 세계의 탈농촌화로 말미암은 결과이다. 이미 상당히 진행되었으며 십중팔구 앞으로 25년 안에 대체로 완료될 것이다. 그 과정은 창출되는 총가치에서 노동비용이 차지하는 비율을 부단히 증대시키고 있다. 둘째, 비용의 외부화로 말미암은 장기적인 결과인데 이는 생태학적 고갈로 이어졌다. 그리고 창출되는 총가치에서 투입비용의 비율을 끌어올리고 있다. 셋째, 세계의 민주화가 낳은 결과로서, 이는 교육, 의료, 평생소득을 보장하기 위해 공적 지출을 늘리도록 끊임없이 요구해왔다. 또 창출되는 총가치에서 과세비용이 차지하는 비율을 밀어올리고 있다.

이 세 가지가 결합해 생산에서 얻는 이윤에 대한 대규모의 장기적인 구조적 압박을 만들어내고 있으며, 자본주의체제를 자본가들에게 무익한 것으로 변모시키고 있다. 나는 이미 다른 글들에서 이같은 주장을 펼친 바 있으므로 여기에서 다시 되풀이하지는 않겠다.[2] 나는 이런 조건들이 결합된 상황을 내가 논의하고자 하는 주요 쟁점들의 전제조건이라고 가정할 것이다.

자본주의 세계경제의 구조적 위기의 일부로서, 우리는 또한 우리가 세계를 ('이해'scire라는 의미에서) '아는' 방식의 종말, 즉 우리의 현재 지식체계의 틀이 더이상 유용하지 않게 된 것을 목도하고 있다. 그중에서도 특히, 과학적 지식과 철학적·인문학적 지식은 근본적으로 다르고 지적인 측면에서 세계를 아는 정반대의 방식들이라고 하는 개념 — 우리는 때로 이런 개념을 '두 문화'라는 말로 표현하기도 한다 — 은 우리가 현재 살아가면서 겪는 대규모의 사회적 이행을 설명해야 하는 과제에는 부적절할 뿐 아니라 그 자체가 이 위기를 지적 차원에서 다루려는 우리의 능력을 방해하는 주요 장애물임이 드러나고 있다. 우리는 '두 문화'라는 개념이 겨우 2세기 전에 출현했으며, 이런 개념은 다른 어떤 역사적 체제에서도 존재한 적이 없었다는 사실을 기억해야 한다.

이 개념은 근대 세계체제의 이데올로기적인 틀을 형성하려는 시도의 일환으로 고안되었으며, 그런만큼 이 체제가 장차 소멸하면 함께 사라질 것이다. 한 역사적 체제가 다른 역사적 체제로 이행할 때 어떤 결과가 나타날지는 필연적으로 불확실하다. 우리의 궤적에서 분기의 결과로 생긴 이 이행은 소용돌이와 같은 혼돈스러운 형태로 낯익은 것들을 파괴하고 사방의 공세를 증폭시킬 것이며 그 과정에서 우리 모두는 혼란에 빠지고 말 것이다.[3] 그렇다면 우리가 던져야 할 적절한 질문은 우리 모두가 현재 겪고 있는 급속하고 불확실하지만 대단히 중요한 세계의 변혁들 한가운데서 지식인의 역할은 무엇인지, 또는 무엇일 수 있는지, 또는 무엇이어야 하는지가 될 것이다.

우리는 사회적 지식의 추구가 단지 지적인 문제들만이 아니라 도덕적인 문제들이나 정치적인 문제들과도 연관되어 있다는 사실을 늘 알고 있었다. 그런데 근대세계에서는 이렇게 다른 문제들이 서로 어떻게 연관되어 있는지를 둘러싸고 광범위한 논의가 있었다. 특히 적어도 최근 2세기 동안 논쟁은 지적·도덕적·정치적인 문제들을 서로 근본적으로 분리시킬 수 있는지 그리고 분리시켜야 하는지를 중심으로 전개되었다. 논쟁의 열기는 대단히 뜨거웠다.

근대 세계체제가 수립되기 이전에 나타난 여러 문화들에서는 이런 논쟁이 극히 드물었다. 언제나 세 종류의 문제들——지적인 문제, 도덕적인 문제, 정치적인 문제——은 분리될 수 없는 것으로 받아들여졌던 것이다. 그리고 그것들이 갈등관계에 있는 것으로 보일 경우에는 언제든지 도덕적인 고려들이 가장 우선하며 결과를 결정해야 한다고 보았다. 이런 문제들을 분리시켜야 한다는 개념은 '두 문화'에 관한 개념과 마찬가지로 근대세계체제의 발명품이었다. 실제로 이 두 개념은 논리적으로 연관되어 있다. 근대세계에서 자신을 과학자라고 부르는 사람들은 과학이 진리를 추구하는 유일한 영역이라고 주장했으며, 철학·문학·인문학에는 선과 미를 추구하는 영역의 역할을 부여했다. 전체적으로 보았을 때, 양쪽 모두 이런 인식론의 목표들을 구분하는 것을 받아들였다. 실제로 이러한 일련의 신조들은 근대성의 위대한 성취 가운데 하나로, 근대성의 징표 가운데 하나로 거론되어왔다.

이런 개념들이 이전의 세계관들과 얼마나 다른지는 고대그리스를 관찰해보면 쉽게 알 수 있다. 근대 서구의 사상가들은 종종 그리스문화가 자신들의 지적 원천이며 어쨌든 그리스사상에서는 '합리주의'가 중심이기 때문에 형이상학도 근대의 그것과 매우 유사하다는 주장을 펼치곤 한다. 그들은 모든 전근대문명들 가운데 고대 그리스문명이 근대 서구세계의 문명과 가장 가깝다고 주장한다. 그렇지만 그리스문화사에서 진리의 추구와 선의 추구를 분리한다는 쟁점과 관련있는 중대한 상징적 계기는 무엇일까? 그것은 바로 아테네 젊은이들을 타락시켰다는 죄목으로 고발당해 독약을 들이키도록 강요받은 소크라테스이다. 그는 독약을 들이키도록 강요당하지만 그러한 요구의 정당성을 인정한다는 뜻에서 아무런 저항도 하지 않고 독약을 마신다. 서구문화사에서 종교재판은 아테네의 소크라테스 재판을 낳은 세계관의 연장이라고 볼 수 있다. 지식인들은 종교재판의 좋은 먹잇감이었다.

사실 '근대성'에도 불구하고 근대세계에서 지식인들은 여전히 너무나도 자주 독약을 들이키도록 강요당하고 있다. 그들은 여전히 화형을 당하고 있다. 그러나 오늘날 희생자들은 그런 억압을 더이상 정당한 것으로 받아들이고 있지 않으며, 아마도 대다수 사람들도 같은 생각일 것이다. 지적 관용은 근대세계라는 가상의 세계에서 매우 강력한 주제이다. 지식인들은 관용을 이론적으로 정당화함으로써 자신들의 입지를 어느정도 마련하고자 했다. 하지만 이러한 가상의 세계에는 상당한 위선이 내재해 있는데, 실제의 실천은 이론과는 너무도 동떨어져 있기 때문이다. 지식인들은 사실 권력을 장악한 사람들에게서 끊임없는 압력을 받고 있었던 것이다.

지난 500년 동안, 특히 지난 150년 동안 지식인들은 두 가지 다른 양식에 의거해서 자신들의 자기표현을 억압하는 데 맞서 투쟁해왔다. 이 두 가지 방식은 상당히 다른 두 가지 정치적 입장을 반영한다.

사회과학 내부의 주요 논증양식은 진리의 영역인 과학과 가치의 영역인 정치의 가설적인 구분 위에서 그 논거를 세우는 것이었다. 오늘날 대다수 사회과학자들은 자신들은 오직 과학영역에서 학자로서 이야기할 뿐이며, 가치에 관한 논의와 따라서 사회과학자들이 그려놓은 현실의 모습에서 도출해야 하는 결론들은 모두 공공의 영역에 맡긴다는 주장을 펼친다. 그들은 자신들이 '가치중립성'을 옹호한다고 말하며, 그것이 일반적으로는 지식인과 특수하게는 실증적인 사회과학자가 취해야 할 유일하게 적절한 입장을 대변하는 것이라고 주장한다. 이런 중립성은 사회과학에 대한 사회적·정치적 관용을 정당화하는 근거가 되며 지식인들은 중립성의 댓가로 이런 관용을 요구한다고 한다.

가치중립성의 정확한 정의가 무엇이냐 하는 것 자체가 상당한 논란거리이지만 그 밑바닥에는 다음과 같은 근본적인 관념이 깔려 있다. 즉 자료를 수집하고 그 의미를 해석하는 과제는 그 결과가 연구자나 더 큰 사회집단이나 국가가 지지하는 가치들을 정당화하는가 또는 그 가치들과 배치되는가와는 무관하게 추구되어야 한다는 것이다. 어떤 서술이 정확한가 참인가 여부는 그 서술내용이 바람직한가 여부와는 전혀 상관이 없다는 것이다. 다시 말해 **존재**와 **당위**는 아주 별개의 것이라는 주장이다. 더 나아가 바로 그렇기 때문에 자신의 연구결과가 공적 사안들에 대해 어떤 함의를 지니고 있든 그것을 공중에게 공정하게 제시하는 것이 학자의 **도덕적 의무**라고 말한다. 역으로 그 결과의 도덕적 또는 정치적 함의가 다른 사람들을 심란하게 할지라도 지식인이나 학자나 과학자가 그 결과를 공표하는 것을 절대로 가로막지 않는 것이 곧 자유주의사회의 징표라는 것이다.

사회과학 내부의 이러한 기본적인 시각을 보여주는 가장 영향력있는 진술 가운데 하나이자 자주 인용되는 것은 막스 베버가 '가치자유'(value-freedom)와 '객관성'을 논하면서 제시한 진술이다.

> 의심할 나위 없이 주장할 수 있는 것은, 실제적인 정치적 (특히 경제적·사회정치적) 가치평가들에서 구체적인 지침들을 끌어내려고 시도하는 순간, 어떤 **실증적인** 분과학문이 가능한 모든 수단을 동원하여 입증할 수 있는 것이라고는 ① 필수적인 수단과 ② 불가피한 영향 그리고 ③ **실제적인** 결과들에 관한 수많은 가치평가들이 앞의 두 요소에 제약을 받으면서 서로 경쟁한다는 사실뿐이다. 철학적인 분과학문들은 그보다 더 나아가 가치평가들의 '의미', 즉 그것들의 궁극적인 의미있는 구조와 결과들을 해명할 수 있다. (…) 사회과학들은 엄밀한 실증 과학들이니만큼 어떤 선택을 내리는 데 따르는 어려움을 덜어주겠다고 나서기에는 대단히 부적절한 학문들이며, 그러므로 그렇게 할 수 있다는 인상을 주어서는 안된다.[4]

베버가 사용하는 언어에 주목해보자. 사회과학은 어떤 선택을 내리는 데 따르는 어려움을 덜어줄 수 없다는 것이다. 베버 자신은 이런 금욕주의적인 자기부정이 과학자들에게 얼마나 고통스러운 것인지 잘 알고 있는 것 같다. 제1차 세계대전이 끝난 직후 뮌헨대학의 학생들을 상대로 행한 '직업으로서의' 학문에 관한 유명한 강연에서 그는 똘스또이의 다음과 같은 말을 상기시킨다. "학문은 우리의 문제, '우리는 무엇을 해야 하고 또 어떻게 살아야 하는가?'라는 우리에게 중요한 유일한 문제에 대해 아무런 답도 제공해주지 못하기 때문에 무의미하다." 베버는 이것을 이렇게 인정한다. "학문이 우리에게 이에 대한 답을 제공해주지 못한다는 것은 논란의 여지가 없다."

그러나 이와 관련해 그가 내린 결론은 무엇인가?

> 우리시대의 운명을 특징짓는 것은 합리화와 지식화이며, 무엇보다도 '세계의 탈주술화'이다. (…) 대장부처럼 한 시대의 운명을 떠맡지 못하는 사람에게는 배신자라는 흔한 딱지를 붙이지는 않되 단순명료하게, 조용히 돌아오라고 말해야 한다. 고색창연한 교회가 두 팔 벌려 따스하게 그를 안아줄 것이다. (…) 그렇지만 우리에게 [지적] 성실성이 있다면 우리는 오늘날에도 여전히 새로운 예언자들과 구원자들을 기다리는 많은 사람들에게 그들의 상황이 이사야서에서 에돔사람 파수꾼이 아름답게 읊고 있는 유랑시절과 같은 상황임을 지적해야 한다.

> '그가 세일산에서 나를 부르시기를, 파수꾼아, 밤이 어떻게 되었느냐? 하시니, 파수꾼이 말하기를, 아침이 오나니 밤도 오리이다 하였도다. 너희가 물으려거든 물을지니, 돌아오라, 오라.'

이 말을 들은 사람들은 2천년이 넘도록 묻고 기다려왔으며, 그 운명을 아는 우리로서는 전율을 금할 수 없다. 이로부터 우리는 갈망하고 기다리는 것만으로는 아무것도 얻지 못한다는 교훈을 얻을 수 있으며, 우리는 이와는 다르게 행동해야 할 것이다.[5]

이 글은 냉정하고 심지어는 비관적이기까지 하지만, 베버는 그 어떤 역경에 부딪혀도 '탈주술화된' 세계에 관한 자신의 비전을 끝까지 고수할 것을 강조하면서 객관적인 학문이라는 이상을 높이 치켜들고 있다.

물론 베버의 말을 면밀하게 검토해보면, 입장의 복잡함, 단지 그의 개인적 입장뿐 아니라 전체적인 입장이 복잡다단하다는 것을 발견하게 된다. 룬시맨(Runciman)이 지적하듯이, "베버는 이후에 가치자유의 사회과학을 옹호했음에도, 할 수 있는 한 계속해서 사회정책의 문제에 영향력을 행사했다. 그러나 그가 1904년의 논설에서 학문적 객관성과 개인적 확신의 부재는 전혀 별개라고 쓴 바 있듯이, 이러한 태도가 모순된 것은 아니다."[6]

그럼에도 불구하고, 베버 자신의 논법이 아무리 복잡하다고 한들 그의 기본적인 입장은 명료하다. "가치의 **정당성**을 판단하는 것은 **신념**의 문제이다. 그러한 판단은 아마도 삶과 우주의 의미를 추구하는 사색적 해석자에게는 하나의 과제가 될 수 있을 것이다. 그러나 그러한 판단은 분명 실증과학의 영역에 속하는 것이 아니다. 이러한 궁극적인 목적들이 역사적 변화를 겪으며 논쟁의 여지도 있다는 사실이 실증적으로 입증가능하다고 해도 실증과학과 가치판단 사이의 구분에 영향을 미치는 것은 아니다."[7]

나는 이 주장이 지적 억압에 반대하는 입장을 대변한다고 말했다. 이러한 입장은 근대 세계체제의 초기 표현들에서 가장 분명하게 드러난다. 가치중립성을 옹호하는 주장은 원래 사회과학자들이 아니라 자신들의 삶과 연구를 짓누르는 기독교신학의 탄압에 반항하던 자연과학자들이나 다른 철학자들에게서 나온 것이다. 이러한 반항의 고전적 영웅은 갈릴레오로서, 그는 종교재판에서 지구가 태양 주위를 돈다는 자신의 과학적 주장을 회개하지 않을 수 없었지만 "그래도 지구는 돈다!"라고 읊조리는 것으로 자신의 회개를 마무리했다는, 낭만적이기는 해도 사실은 출처가 의심스러운 이야기가 전해지고 있다. 오늘날에 이르기까지 자연과학은 자신의 연구에 대한 정치적 침해라고 생각하는 것에 맞서 싸워야 한다는 생각을 계속 견지하고 있다.

1972년 룬시맨은 베버와 관련하여 그의 견해가 1945년 이후의 세계에서 '대다수 사람들' 사이에 정통일지 모르지만, 베버의 생애 말년에만 해도 사정은 별로 그렇지 않았다는 점에 주목했다. "알브바슈(M. Halbwachs)가 그랬듯이, 실제로 '가치자유의 의미'에 관한 논문을 읽은 많은 사람들은 베버가 명백한 것을 쓸데없이 심각하게 생각하고 있다고 느꼈을지 모른다. 그렇지만 이에 대해서는, 그것이 아무리 명백한 것이라도 그 논문을 처음 발표한 사회정책협회의 비공개회의에서 베버는 이기고 있는 쪽이 아니라 지고 있는 쪽이었다는 대답이 바로 나온다."[8]

베버의 직접적인 표적이 누구였는지에 대해서는 해석이 분분하다. 가장 명백한 표적은 트라이치케(H. von Treitschke)를 비롯해서 자신들이 충성해야 할 가장 중요한 대상은 추상적인 과학적 진리가 아니라 독일제국이라고 생각한 독일대학들의 우파 교수들이었다.[9] 그리고 베버가 종종 명시적으로 밝혔듯이, 맑스주의자들이 물론 제2의 표적이었다.

그러나 우리가 알 수 있는 것은 가치중립성을 옹호하는 입장이 자유주의 중도파의 정치적 주장이나 가정들과 가장 잘 들어맞는다는 점이다. 또 전문가들이 공공정책의 역할을 맡아야 한다거나 일정한 제약 안에서 논쟁을 거쳐 합의에 도달하는 것이 정치적으로 바람직하다는 자유주의 중도파의 주장을 강화한다는 점이다. 이같은 중도주의적 자유주의는 상당히 광범한 입장들을 포괄하며, 학자·과학자들이 언제든 자신들의 연구에서 정치적 파노라마의 '극단'으로 규정되는 것들에 대한 정치적 지지를 표명하지 않는 한, 그들이 말하고 행동하는 거의 모든 것을 용인할 수 있다. 이와 달리 합의된 가치들에 지지를 표명하는 것은 정상이며 심지어 의무로 여겨진다.

이리하여 가치중립성의 주창자들은 스스로가 모든 형태의 지식을 추구할 수 있는 공간을 만들어낸 창조자들이라고 자처하며 교회·국가·공동체의 주류질서와 반체제운동의 대항질서 양자 모두에 맞서 가치중립성의 실천자들을 옹호한다. 가치중립성을 정당화하는 근거는 자기 자신이다. 가치중립성의 실천은 진리를 획득할 수 있는 그저 더 나은 길이 아니라 유일한 길이라고 이야기된다. 그러므로 그것을 옹호하는 것은 그 자체로 사회·국가·세계체제 전체에 이익이 되는 것으로 여겨진다. 게다가 이 체제가 전문가들에게 부여한 특권이 남용되는 것을 체제 내에서 통제할 수 있을 경우 이러한 이익이 가장 잘 충족된다는 주장이다.

지적 억압과 관련된 두번째 가능한 입장은 가치중립성 개념을 거부한다는 점에서 매우 다르다. 이러한 견해는 역사적으로 정치적 좌파와 우파 양쪽 모두에서 유래한 것으로, 가치중립성이란 사상의 영역에서 중도주의적 자유주의의 지배를 은폐하는 가리개 구실을 한다는 주장이다. 이러한 주장 가운데 가장 영향력이 큰 것은 그람시(A. Gramsci)의 주장이었다. 그람시는 지식인들은 모두 반드시 자신의 계급친화적 헌신에 뿌리박고 있다고 주장했다. 훨씬 더 중요한 것으로는 계급들이 그람시가 '유기적 지식인들'(organic intellectuals)이라고 부른 집단을 자체 내에 만들어낼 필요성을 느낀다는 것이다.

> 모든 사회계급은 경제적 생산의 세계에서 핵심기능을 수행하는 것을 근원적인 토대로 삼아 존립하며 각 계급에 동질성을 부여하고 경제분야는 물론 사회·정치 분야에서 그 계급이 수행하는 기능에 대한 의식을 제공하는 하나 이상의 지식인집단을 유기적으로 만들어낸다. (…) 각각의 새로운 계급이

자체 내에서 만들어내고 자신의 점진적인 발전과정에서 다듬어나가는 '유기적' 지식인들은 대체로 그 새로운 계급이 세상에 제시한 새로운 사회 유형의 본원적인 활동 가운데 일부분을 '전문화'한 것이라고 볼 수 있다.[10]

그람시가 이룩한 일을 주목해보자. 그는 가치중립적 지식인들의 중립성을 문제삼았으며, 그들이 자신의 계급적 친화성과 유기적으로 연결되어 있다고 주장했다. 이것은 물론 진리가치(truth-value)를 대변하는 것이 있다면 그것은 무엇이고, 무엇보다도 누가 진리가치를 대변하는가라는 문제를 제기한다. 우리가 알고 있듯이 지식인의 역할에 대한 이런 식의 규정은 전세계 공산주의 정당들이 이용한 방식이다. 그 정당들에 따르면 지식인들은 개인적인 분석을 집단의 분석에 종속시켜야 하는데, 당이 노동계급의 이해를 대변한다고 주장하고 있으므로 그 집단은 다시 당으로 간주되었다. 포스트모더니즘 학자들은 본질적으로 유기성에 관한 그람시의 주장에서 핵심 요소들을 계승했지만, 그 주장을 '계급들' 이외의 집단들로 확장시키면서도 동시에 그 집단들의 표현을 통제할 권리를 지닌 정치집단들의 존재는 인정하지 않았다.

어떤 의미에서 그람시의 생각은 역사적으로 상황을 악화시켰다. 독일학계에서 우파 민족주의적 지식인들의 지배에서 벗어나기 위해 베버는 가치중립성의 정당성을 주장했다. 이딸리아 지식인사회에서 가치중립성으로 대변되는 중도주의적 자유주의의 지배에서 벗어나기 위해 그람시는 지식인들이 정치적 지도력에 종속되어야 한다는 것을 의미하는 지식인들의 유기성을 주장했다. 갈릴레오에 대한 박해가, 지식인들은 기존질서의 (기독교적) 도덕성을 체현하고 있다고 자처하는 사람들에게서 자유로워야 한다는 주장을 뒷받침하는 도덕적 일화라면, 리쎈꼬(T.D. Lysenko)·스딸린의 쏘비에뜨 생물학자들 박해는 그들이 반체제적 도덕성을 체현하고 있다고 자처하는 당에서 해방되어야 한다는 주장을 뒷받침하는 도덕적 일화이다.

그리고 19세기와 특히 20세기 내내 그에 관한 논쟁이 지속되었으며, 최근의 '문화전쟁들'이 보여주고 있듯이 이는 갈수록 더 격렬한 내부 투쟁의 형태로 진행되면서 진정 귀머거리들끼리의 대화가 되었다.[11] 이러한 종류의 지적인 언쟁은 지금 진행중인 역사적 체제의 구조적 긴장들을 자연스럽게 반영하지만 체제의 이행에 직면한 우리에게는 거의 아무런 도움도 되지 않는다. 이 이행이 어떤 결과를 낳을지는 전적으로 불확실하지만, 우리가 기존 세계체제의 해체나 소멸을 의미하는 혼돈스러운 분기의 한가운데에서 살아가고 있다는 점은 확실하다. 가장 좋은 이행의 결과를 성취하기 위해서 우리는 무엇이 가능하고 가능하지 않은지, 무엇이 바람직하고 바람직하지 않은지를 더 잘 파악할 필요가 있다.

근대 세계체제는 특히 한 가지 기묘한 특징을 지니고 있다. 이 체제는 자기 자신에 대한 일련의 이론적 분석을 제시하는데, 그것은 현실주의적인 서술인 동시에 규정이라고 여겨지지만 실은 부정확하다. 우리는 자본주의가 자유시장에서의 경쟁에 기초하고 있고 당연히 그래야 한다고 말한다. 우리는 우리가 무조건 따라야 하는 정치적 틀인 국가들이 주권을 지니고 있고 당연히 그래야 한다고 말한다. 우리는 시민권이 정치적 권리들의 평등에 기초하고 있고 당연히 그래야 한다고 말한다. 그리고 우리는 학자와 과학자 들이 가치중립성을 실천하고 있고 당연히 그래야 한다고 말한다. 이러한 진술들 각각은 서술이자 규정이다. 그렇지만 그것들 가운데 정확한 규정이라고 할 만한 것은 아무것도 없으며 세계인구는 물론이고 심지어는 체제를 옹호하는 엘리뜨들도 대부분 그 설교를 거의 실천하지 않는다. 이러한 서술·규정들 각각을 검토해보자.

자유로운 (또는 경쟁적인) 시장은 자본주의 세계경제의 거창한 선전문구에 불과한데도 자본주의 세계경제를 규정하는 특징으로 되어 있다. 하지만 애덤 스미스가 그러한 자유에 대해 규정한 바대로 시장이 진정 그렇게 자유롭다면, 즉 다수의 판매자와 구매자가 있고 그들 모두가 시장의 진정한 상태를 완전히 알고 있는 것을 포함해서 시장의 작동이 전적으로 투명하다면, 어느 누가 조금이라도 이윤을 얻는 것은 절대 불가능하다는 것을 지금 활동중인 모든 자본가는 알고 있다. 왜냐하면 (적어도 일정기간만큼은) 구매자들은 판매자들에게 언제나 생산비용을 밑돌 정도까지는 아니더라도 그에 근접하는 정도까지 가격을 내리도록 강요할 것이기 때문이다.

이윤을 얻으려면 적어도 부분적으로나마 시장에 어떤 제한을 가하는 것이 반드시 필요하다. 다시 말하면 어느정도 독점화가 필요하다. 그와 같은 제한이나 독점화가 커질수록 판매자들이 얻을 수 있는 잠재적인 이윤도 커진다. 물론 독점에는 하강국면이 있으며 이런 현상은 늘 나타난다. 그러나 독점의 해체는 하강국면에 대한 사회적 인식에서 비롯되는 것이 아니다. 독점은 이윤율이 높은 시장들로 진입하기 위한 새로운 생산자·판매자들이 합리적이고도 불가피한 노력들을 전개함에 따라 자기파멸을 초래하며 독점의 해체는 바로 이런 사실에서 비롯되는 것이다. 이러한 노력은 조만간 성공을 거두지만, 그 과정에서 새로운 생산자·판매자가 진입해들어간 특정 시장의 이윤율을 떨어뜨리는 것이다.

이렇게 시장은 자본주의의 작동과정에서 실제로 중요한 역할을 담당하지만 그것은 어떤 생산자·판매자들이 다른 생산자·판매자들의 독점을 해체하려고 끊임없이 시도하는 메커니즘을 통해서만 이루어진다. 그렇지만 이로부터 나타나는 궁극적인 결과는 독점화된 시장에서 이제까지 이익을 얻어온 사람들이 장차 자신들의 이점이 끝나리라는 전망에 직면하여 자신들의 이익을 챙겨 또다른——종종 새로운——독점화된 시장을 찾아 떠나거나 떠나려고 한다는 것이다. 이와 같이 옥신각신하는 중에 국가는 모든 사람의 행동에서 중심적인 역할을 한다. 다시 말해 국가는 독점주의 실천들을 정당화하는 중립적인 존재이자 독점을 보장하거나 산출하는 존재이기도 하지만, 또한 독점을 파괴하는 존재이기도 하다는 것이다. 국가를 자기편으로 끌어들이는 것이 큰 이윤을 얻는 지름길이다. 그리고 국가가 자기편에 서지 않고 다른 누군가의 편에 서 있다면, 그런 경우 기업가로서 해야 할 가장 중요한 일은 국가의 정치를 바꾸는 것이다. 자본가들은 막대한 이윤을 얻기 위해 국가가 필요하지만, 그 국가는 자신들의 편에 서 있는 국가이지 다른 누군가의 편에 서 있는 국가가 아니다.

주권은 또한 국가간체제의 진부한 구호이기도 하다. 근대세계의 모든 국가는 자기 자신의 주권을 공언한다. 그리고 모든 국가는 다른 국가들의 주권을 존중한다고 공언한다. 그러나 우리가 알고 있듯이, 그리고 현실정치의 옹호자라면 누구나 우리에게 말하듯이 실제로 돌아가는 상황은 그렇지 않다. 강한 국가가 있는가 하면 약한 국가도 있으며, 이 강함과 약함이 국가들의 상호관계를 평가하는 척도가 된다. 그리고 강한 국가들은 으레 약한 국가들의 국내 문제에 간섭하는 반면, 약한 국가들은 그러한 간섭에 저항하기 위해 더 강해지려고 노력한다. 게다가 훨씬 더 어렵기는 하지만 약한 국가들조차도 강한 국가들의 정치에 끼여들 수 있다. 그리고 모든 국가들은, 심지어 가장 강력한 국가들조차 집단적인 국가간체제의 작용에 제약을 받는다. '세력균형'이라는 말은 바로 그와 같은 제약들을 가리키는 것이다.

모든 국가들이 진정으로 주권을 갖고 있다면 어떤 국가도 정보기관을, 아니 그 문제라면 군대 역시 필요로 하지 않을 것이다. 그러나 물론 모든 국가들이 분명 그런 기관들을 갖고 있고 또한 국경선 안에서 벌어지는 일들에 대해 최소한의 통제권을 유지하기를 바라는 그런 기관들을 필요로 하는 것도 사실이다. 주권이라는 슬로건이 결코 무의미하다는 것이 아니다. 그것은 간섭의 정도와 종류에 대한 규범적인 제한을 설정하며, 그러므로 약한 국가들은 이를 활용하여 강한 국가들이 그들에게 입히는 손해를—어느정도까지는—제한할 수 있다. 유엔은 오늘날 그와 같은 제약을 행사하는 주된 매개체 가운데 하나이다. 그렇지만 세계 각국의 외무부들이 유엔을 얼마나 진지하게 받아들이고 있는가?

프랑스혁명 이래 모든 국가에는 '신민'과 반대되는 것으로서 '시민'이 존재한다. 시민들은 권리가 있다. 시민들은 자기 나라의 정치적 의사결정과정에 동등하게 참여한다. 그것을 제외하고는, 이 개념이 등장한 이래 사실상 모든 국가가 현실에서 이 개념의 적용가능성을 제한하려고 부단히 애를 써왔다. 이런 제한방법들 가운데 하나로 세계체제는 일련의 이분법적 구분들을 구체화하고 그것에 유례가 없을 정도의 정치적 중요성을 부여했다. 부르주아·중산계급/프롤레타리아·노동계급, 남자/여자, 백인/흑인(또는 유색인), 가족부양자/가정주부, 생산근로자/비생산적인 사람, 성적 주류/성적 비주류, 교양인/대중, 정직한 시민/범죄자, 정상인/정신이상자, 법적 성인/미성년자, 문명인/야만인 등이 그것이다. 물론 이런 구별짓기는 더 있다.

이러한 이분법적 구분들은 모두 19세기에 이론적으로 매우 상세하게 정교화되었는데, 우리가 주목해야 할 점은 이러한 이분법적 구분들이 예전의 구분들에 기초하여 구축되면서도 전에 없이 이것들에 중요성, 상호연관성, 엄격성을 부여한다는 사실이다. 각각의 이분법적 구분이 중요하게 부각되면서 시민권의 유효한 범위가 축소되는 결과가 나타난다는 사실도 주목해야 한다. 개념으로서의 시민권은 이론적으로 모든 사람들을 포괄한다. 이분법적 구분은 이 '모든 사람'을 상대적으로 적은 소수의 인구로 축소시킨다. 이것은 선거권운동을 보면 쉽게 측정할 수 있으며, 실질적인 참정권의 허용 정도를 살펴보면 더 쉽게 이해할 수 있다.

결국 우리가 대면하게 되는 것은 가치중립성이다. 이것은 제멋대로이고 까다로우며 지적인 체하는 집단, 즉 지식인들을 제한하기 위해 창안된 개념이다. 이론적으로 모든 학자와 과학자는 추상적 진리에 헌신하며 연구를 통해 자신들이 세계를 이해한 바대로 그 세계가 실제로 그러한 듯이 설명한다. 그들은 자신들의 본래 학문적 또는 과학적 관심만을 고려해서 연구주제를 고르고 타당성과 신뢰성의 관점에서 연구방법을 선정한다고 주장한다. 그들은 공적 영역에 유효한 어떠한 결론도 끌어내지 않으며 어떠한 사회적 압력도 두려워하지 않으며 연구결과나 결과보고서를 수정하려는 어떠한 경제적·정치적 압력도 인정하지 않는다는 것이다.

이것은 훌륭한 동화 같은 이야기이지만 어떤 사람이 얼마동안이든 대학이나 연구소를 수시로 드나들면서도 여전히 이런 믿음을 지니고 있다면 그 사람은 의식의 차원에서나 잠재의식의 차원에서나 순진하기 짝이 없는 사람이다. 물질적인 압력은 엄청나고 직업적인 압력도 그 못지않고 정치적인 압력은 다른 압력들이 없더라도 항상 존재한다. 주변에 갈릴레오 같은 사람들이 없는 것은 아니다. 실은 그런 사람들이 많으며 어떤 이들은 '그래도 지구는 돈다'라고 읊조리는 수준을 훨씬 넘어서기도 한다. 그러나 가장 자유주의적인 국가들에서조차 이의를 제기하는 데는 용기가 필요하다.

왜 이러한 네 가지 신화들—자유로운 시장, 주권국가, 모든 시민들의 동등한 권리, 가치중립적인 학자·과학자—이 근대세계체제의 작동에 필수적인지, 왜 그것들이 그토록 요란하게 선전되고 (적어도 표면적으로는) 또 그토록 폭넓게 신뢰받는지는 쉽게 설명할 수 있다. 그러나 여기서 내 관심은 그것이 아니다. 나의 관심은 우리가 살고 있는 역사적 체제가 구조적 위기에 빠지면서 분기하기 시작할 때—나는 오늘날 우리가 이런 상황에 처해 있다고 생각하는데—어떤 일이 벌어지는지를 논의하는 것이다. 그리고 특히 가치중립적인 학자·과학자에게 어떤 일이 벌어지는지, 그리고 그들에게 어떤 일이 벌어져야 하는지를 논의하는 것이다.

내가 생각하기에 우리 지식인들이 가장 먼저 해야 할 일은 신화를 폐기하고 어느정도 명료하게 실제상황을 선언하는 것이다. 이것은 곧 모든 논쟁들이 지적이고 도덕적이면서 동시에 정치적인 것이라는 것이다. 그런 다음에는 그람시의 너무 단순한 입장을 받아들이지 않으면서 베버의 복잡한 입장이 실제적인 한계를 갖고 있음을 인정하는 것이다. 나는 지식인들이 다루는 쟁점들의 특성을 나타내기 위해 일부러 세 단어——**지적·도덕적·정치적**——를 사용해왔으며, 그것은 논쟁들이 세 가지 분석양식들 모두를 동시에 포함하고 있지만, 이 세 가지 양식이 동일한 것은 아니며 각각 나름의 주장을 지니고 있다고 믿고 있기 때문이다. 더욱이 나는 어떤 일정한 순서에 따라 이들 세 가지 주장을 다루는 것이 가장 유용하다고 믿는다. 첫째 우리가 어디로 나아가고 있는지(우리의 현 궤적)에 대한 지적인 평가, 둘째 우리가 어디로 나아가고자 하는지에 대한 도덕적인 평가, 셋째 어떻게 하면 우리가 나아가야 한다고 믿는 곳에 도달할 가능성이 가장 클 것인지에 관한 정치적인 평가의 순이다. 각각의 평가를 내리기란 어려운 일이다. 이 세 가지 평가를 긴밀한 연관 속에서 연속적으로 내리기란 훨씬 더 어려운 일이다. 그러나 이러한 과제를 떠맡는 데 관심이 없다면, 우리는 뭔가 다른 직업에 종사해야 한다.

우리는 어디로 나아가고 있는가? 이 질문에 대답하기 위해서는 어떤 하나의 시간관, 어떤 하나의 분석단위, 어떤 하나의 분석적 시각이 있어야 한다.[12] 나의 경우는 분명하다. 나의 분석적 시각은 내가 '세계체제적 분석'이라고 부르는 것이다. 나의 분석단위는 역사적 사회체제이다. 그리고 나의 시간관은 분기점들이 직렬로 연결된 시간의 화살이 존재하며, 이를 통해서 가능하기는 해도 결코 불가피하지는 않은 (도덕적인 개념인) 진보가 이루어진다는 가정에 근거해 있다. 나는 이를 '가능한 진보의 이론'이라고 부른다. 이를 좀더 구체적인 언어로 명확하게 바꾸어보자.

 우리의 기존 역사적 사회체제는 근대 세계체제이며, 그것은 곧 자본주의 세계경제이다. 그것은 16세기 이래 지금까지 존재해왔다. 이 체제는 19세기의 마지막 3분기에 이르러서는 지구상의 다른 모든 역사적 사회체제들을 밀어내고 통합하면서 지리적 팽창을 거듭했고 마침내 지구 전체를 뒤덮기에 이르렀다. 모든 역사적 체제들과 마찬가지로 그것은 일단 탄생한 특정한 법칙들에 의거해 작동해왔는데, 이 법칙들은 명확하게 밝혀질 수 있고 주기적 순환들과 장기적 추세들에 반영되어 있다. 모든 체제들과 마찬가지로 단선적인 형태의 그 추세들이 일정한 한계에 도달하면, 이 체제는 평형상태를 벗어나 분기하기 시작하는 것이다. 이 지점에서 우리는 체제가 위기에 처해 있으며 새로운 다른 질서로 안정을 찾아나가는 혼돈스러운 시기를 거치고 있다고, 즉 한 체제에서 다른 체제로 이행해가고 있다고 말할 수 있다. 이 새로운 질서가 무엇이고 그것이 언제 안정을 찾게 될 것인지를 예견하기는 불가능하지만, 그 선택은 이행기 동안 모든 행위자들의 활동에 의해 강한 영향을 받는다. 그리고 오늘날 우리는 바로 그 지점에 있다.

 학자·과학자의 역할은 이 이행의 성격에 영향을 주게 될 능력을 발휘하는 것이며, 가장 중요하게는 그 이행이 제시하는 역사적 선택대안들을 개인으로서 그리고 집단으로서의 우리 모두에게 펼쳐놓는 것이다. 이 시기는 혼돈스럽고 또한 그 결과를 예견하기가 본질적으로 불가능하기 때문에, 이 이행과 그것이

제시하는 선택대안들을 분석하는 지적인 과제는 쉽지도 자명하지도 않다. 훌륭한 신념을 지닌 사람들이 다른, 어쩌면 상당히 다른 지적인 분석을 내놓을 수 있고 또 내놓을 것이다. 이 과정에서 지적인 논쟁을 지배하는 규칙을 이용한 어떤 지적인 논쟁이 벌어지게 된다. 나는 이 논쟁에 참여하려고 노력해왔으며, 물론 다른 많은 사람들도 마찬가지이다.[13]

'우리는 어디로 나아가고 있는가'라는 질문이 우리가 던질 수 있는 유일한 지적인 질문일까? 그렇지는 않지만 체제의 이행기 동안에 그것은 우리의 집단적인 미래에 대한 가장 결정적인 질문이 될 것이다. 그래서 그것이 우리의 집단적인 지적 관심의 중심이 되는 것은 바람직한 것이기도 하거니와 궁극적으로는 피할 수 없는 것이다. 물론 이렇게 말하는 것은 내가 선택한 시간관, 분석단위, 분석적 시각이 기본적으로 올바른 출발점을 제공한다는 전제에서이다. 이를 부인하고 나설 사람들도 있을 것이며, 어쩌면 많은 사람들이 그럴 것이다. 그리고 우리는 이러한 일련의 분석 이전의 문제들이라고 할 만한 것들에 관해 논쟁하는 데도 일정한 정력을 쏟아야 한다. 그러나 솔직히 말하자면, 그다지 많은 정력은 아니기를 바란다. 우리 스스로 일련의 올바른 전제들을 활용하고 있다고 확신하기 때문에 우리한테는 근본적인 전제들을 정당화하는 데 그렇게나 많은 시간을 쏟아부을 여유가 없다. 그렇게 해서는 이런 전제들에 기초하여 현재의 현실을 진단하는 어려운 문제들에 착수하지도 못할 것이다.

그 이행의 성격에 관한 논쟁에 도달하고 나면, 우리는 혼돈스러운 상황에서는 뜻밖의 일들과 갑작스러운 반전들이 많이 일어날 것이라는 점을 항상 염두에 두면서 이행의 궤적과 연루되어 있는 벡터들, 그것들이 작동하는 매개변수들, 그것들이 취할 수 있는 대안적인 길들을 밝혀내는 까다로운 과제에 몰두해야 한다. 가장 어려운 일은 낡은 체제의 일부인 주기적인 패턴들의 단순한 지속과 진정으로 새로운 것을 구별하는 것이다. 우리의 기존 세계체제가 지닌 특성 가운데 하나가 새로움에 대한 이데올로기라는 사실 때문에 이 일은 더 어려워진다. 그러한 이데올로기의 표현 가운데 하나는 학자들과 과학자들 그리고 실제로 홍보담당자들이 현실세계에서 벌어지는 뜻밖의 모든 사태 전개를 '새로운' 것으로, 그러므로 '놀라운' 것이거나 '굉장한' 것으로 찬양하는 경향이다. 우리는 평가에서 어느정도 냉정함을 유지할 필요가 있다.

혼돈스러운 상황에서 우리가 확신할 수 있는 것 가운데 하나는 우리에게 새로운 길들이 제시될 것이고 진정한 의미에서 그것들 가운데에서 우리가 선택할 것을 요구받고 있다는 것이다. 도덕적인 쟁점들이 개입하는 지점은 바로 여기이며 우리는 이를 피하거나 무시할 수 없다. 그 선택은 결코 전문적인 것도 형식적인 합리성의 문제도 아니다. 그것은 베버가 말한 '실질적 합리성'을 필요로 하며, 그것이 의미하는 바는 수단들이 아닌 목적들 사이에서의 선택이라는 것이다. 그리고 내가 목적이라고 말할 때, 그것은 협소하고 전문적인 차원에서 규정되는 목적이 아니라 우리가 건설하고자 하는 새로운 역사적 사회체제의 전반적인 형태와 근본적인 가치들을 의미한다.

  이것은 물론 모든 사람들에게 해당하는 문제이며 단지 학자들·과학자들에게만, 혹은 주로 그들에게 해당하는 문제가 아니다. 그렇다고 해서 이런 선택을 하는 것은 '시민' 또는 지식인영역 바깥에 있는 어떤 다른 사회적 인물의 과제라고 주장하는 방식으로 학자들·과학자들이 피해갈 수 있는 문제도 아니다. 왜냐하면 여기서 우리가 내리는 선택이 지적인 과제들을 추구하는 방식을 결정하기 때문이다. 그것들은 불가피하게 서로 얽혀 있다. 우리의 선택이 무엇이 형식적인 합리성인지를 결정하는데, 이런 합리성이란 학자·과학자의 내적 영역이기 때문이다. 그것이 의미하는 바는 우리가 규정하고 분석하는 과정에서 고려해야 하는 여러 요소들을 외부로 넓혀나가야 한다는 것이다. 예를 들어 특정한 환경정책이나 산업정책이 사리에 맞는지 ─ 합리적이라 할 수 있는지 ─ 여부는 부분적으로는 그 결과의 범위에 따라서 그리고 우리가 집단적으로 이런 정책들에 어떤 댓가든 지불할 의사가 있는지 여부에 따라서 달라진다. 그리고 즉각적으로 문제가 되는 것은 '그 댓가를 지불하고 있는 '우리'는 누구인가?' 하는 것이다. 우리는 그 '우리'에 포함되는 사람들의 범위를 넓혀나가고, 이 체제 내에서 형성되는 모든 사회적 집단의 관점에서 '우리'의 범위를 넓혀나가고, 지리적으로도 그 범위를 넓혀나가며, 아직 태어나지 않은 사람들까지 포함해서 세대의 관점에서 '우리'의 범위를 넓혀나가야 한다. 이는 결코 쉬운 과제가 아니다!

그런 다음에 우리는 오늘날 어떤 사람들이 다른 사람들보다 더 많은 특권을 누리고 있는 현실, 이행의 시대에 필연적으로 일어나기 마련인 끊임없는 변화의 와중에도 더 커다란 특권을 지니고 있는 사람들은 그 특권을 유지하고자 한다는 현실에 대항해야 한다. 요컨대 이행의 시대는 친선 스포츠경기의 시대가 아니다. 그것은 미래를 둘러싼 격렬한 투쟁의 시대이며, 우리들 사이에 극심한 분열을 불러일으킬 시대이다. '이행의 시대에 우리가 직면하게 되는 가장 커다란 도적적인 문제는 무엇인가'라는 질문은 두말할 나위 없이 상당히 간단한 문제이다. 이후에 나타날 역사적 체제 또는 체제들은 현재 존재하고 과거에 존재한 체제들의 유형, 위계적이고 불평등한 체제의 유형을 유지하는 것(들)일까, 아니면 그것(들)은 상대적으로 좀더 민주적이고 평등한 체제(들)일까?

 당장에 우리는 이것이 무엇이 훌륭한 사회인지를 묻는 도덕적 문제임을 깨닫는다. 그러나 이것은 또한 지적인 문제이기도 하다. 이를테면 어떤 종류의 사회를 건설한다는 것이 가능할까? 가능하다고? 어떤 조건에서? 인간의 심리라고 추정되는 것이 있으면? 일정한 수준의 기술이 주어지면? 지난 2세기간의 모든 주요 사회과학적 문제는 그 이면에 훌륭한 사회란 무엇일까 하는 이같은 도덕적인 문제가 깔려 있었다. 오늘날 우리는 1989년이나 1968년, 1914~18년, 1870년, 1848년, 1789년——근대 세계체제에서 사회적 분열이 일어난 중요한 순간들을 몇개만 거론하자면——에 비해 이 문제에 대한 합의에 아주 근접해 있다.

그러므로 우리는 두 도덕적 진영 사이의 심각한 투쟁을 예상할 수 있다. 이 각각의 진영은 도덕적인 언어뿐 아니라 지적인 언어로도 자신들의 주장을 치장할 것이다. 게다가 지적인 언어는 반드시 정직—일이 이런 식으로 진행되어야 한다는 것과는 대조적으로 일이 실제 이런 식으로 진행되고 있다고 발의자들이 진정으로 믿는다는 의미에서—하기만 한 것은 아닐 것이다. 사실 발언자들이 자신들이 이런 의미에서 전적으로 정직하지 않을 때가 있다는 점을 항상 자각하고 있는 것은 아니다. 그러므로 지적인 명료성은 도덕적인 투쟁의 일부이며, 여기에는 가장 넓은 의미에서 선전이 필요해서 생겨나는 분석의 왜곡을 찾아내려는 노력이 포함된다.

그리고 어쩌다 지적인 문제와 도덕적인 문제의 접점을 성공적으로 헤쳐나가면서 각각에게 마땅한 대접을 해준다 해도, 우리는 여전히 가장 커다란 장애물인 정치적인 문제와 대면하게 된다. 지적으로 문제가 되는 것을 명확하게 파악하는 것이나 도덕적인 함의들을 명확하게 측정하고 도덕적으로 나은 것들을 선언하는 것만으로는 충분하지 않기 때문이다. 우리는 또한 정치적인 영역에서 무슨 일이 벌어지고 있는지, 어떻게 하면 실제로 실질적으로 합리적일 수 있는지, 즉 어떻게 하면 진과 선에 관한 우리의 비전을 실제로 실행할 수 있는지도 이해해야 하기 때문이다. 예나 지금이나 이데올로기로서의 파시즘은 힘의 권리를 앞세워 지적이고 도덕적인 주장들을 거부하는 것이다. "'문화'라는 말을 들을 때마다 나는 권총을 집어들게 된다"고 나찌

지도자들은 말했다. 권총을 가지고 이런 식으로 행동하는 사람들은 여전히 존재한다. 역사적인 선택을 하는 건 가든파티가 아니며, 학자들·과학자들의 분석이 아무리 합리적인 것이라 하더라도 그 선택은 위험할 수 있다.

이 지점에서 우리는 이행의 시대에 어떻게 우리 스스로를 조직할 것인가라는 문제에 도달하게 된다. 이것 역시 단지 지식인들에게만 또는 심지어 주로 지식인들에게 해당하는 문제는 아니지만, 이것 역시 그들이 대면하지 않을 수 없는 문제이다. 그 문제를 직접 대면하지 않겠다고 말하는 사람들이 있다면, 그들은 우리를 기만하고 있거나 자기 스스로를 기만하고 있는 셈이다. 그렇지만 좀더 민주적이고 좀더 평등주의적인 세계를 위해 투쟁하기로 한 사람들에게 큰 문제는 지난 150년 동안 그리고 특히 최근 50년 동안 근대세계의 반체제운동들의 성취와 실패가 낳은 환멸이라는 유산이다. 우리 모두는 운동들을—그것들이 보여준 승리주의, 중앙집권주의, 흉포한 편협성을—경계하게 된 것이다.

그렇다면 이행의 정치에 관해 무엇을 말할 수 있을까? 무엇보다도 대중을 동원하기에 앞서 명료해야 한다는 것이다. 우리가 동원하는 경우 우리는 단지 그 방법뿐만 아니라 그 이유를 알고 있어야 한다. 그리고 이유는 단지 정치적이기만 한 문제가 아니라 지적이면서 동시에 도덕적이기도 한 문제이다. 이 점은 거듭 힘주어 강조할 필요가 있다. 지식인들이 구체적으로 공헌할 수 있는 지점은 바로 이 부분이다. 지식인이란 명료함을 밑받침하는 분석기술을 익히기 위해 다른 사람들보다 더 많은 노력을 기울인 사람들로 규정할 수 있을 것이다. 지적인 문제들이 여러 활동들이 요동치는 소용돌이 속에서 자기의 중요성을 주장하는 것은 바로 명료함의 추구를 통해서인 것이다.

근대세계의 지적인 현실 가운데 하나는 우리가 일체감을 느끼는 집단이 다수이고 중첩되어 있으며 우리에게나 세계체제에나 부각되었다가 관심 밖으로 밀려나기도 한다는 것이다. 이것은 부분적으로는 세계체제가 19세기에 제도화한 이분법적 구분들이 과다하게 넘쳐난 결과이며, 우리는 여기서 쉽사리 벗어나지 못할 것이다. 설사 그 구분들이 과장되어 개탄을 금할 수 없더라도 당분간은 그것들과 함께 살아가야 한다. 아무리 민주적인 것이라 하더라도 중앙집권주의는 작동하지 않을 것이고 작동할 수도 없다. 그러한 교훈은 1968년의 혁명에서 분명하게 제시되었으며, 그후 운동들은 이를 부분적으로 습득하고 체화했다. 그러나 이는 단지 부분적으로만 그러할 뿐이다!

우리가 만들어낼 미래의 역사적 사회체제에서 위계와 특권을 유지하고자 하는 사람들은 나머지 우리들에 비해 두 가지 커다란 이점을 지니고 있다. 우선 그들은 마음대로 처분할 수 있는 거대한 부, 기존 권력, 그들에게 필요한 전문지식을 살 수 있는 능력을 갖고 있다. 그들은 또한 영리하고 세상물정에 밝다. 그리고 그들은 다소간 중앙집권적으로 조직할 수 있다. 우리가 만들어낼 미래의 역사적 사회체제가 비교적 민주적이고 평등한 체제가 되기를 바라는 사람들은 이 두 가지 점에서 불리한 위치에 있다. 그들은 현재 부와 권력이 적다. 그리고 중앙집권적인 구조를 운영할 수도 없다.

그렇다면 당연하게도 그들의 유일한 희망은 제약을 이점으로 변화시키는 것이다. 그들은 자신들의 다양성에 기초하여 조직해야 한다. 그 이름이 '무지개연합'이든 '다원적 좌파'(la gauche plurielle)든 아니면 '좌파 연합'(frente amplio)이든, 그것은 중요하지 않다. 중요한 것은 위계적 구조가 전혀 없거나 거의 없는 반체제운동들의 범세계적인 동아리를 만들 필요성을 우리가 외면할 수 없다는 기본적인 생각이다. 그리고 이것은 두 가지 이유 때문에 조직적으로 어려운 문제이다. 그런 느슨한 구조는 실행가능하고 일관된 전략을 만들어낼 수 없을지도 모른다. 그리고 그런 느슨한 구조는 외부의 침투나 내부의 분열에 매우 취약하다.

게다가 그런 느슨한 구조는 살아남는다고 해도 상호 이해와 존중이 필수적이다. 여기서 다시 지식인들의 역할이 필요하다. 지식인들은 순간의 열정에서 물러설 수 있는 정도만큼 다수의 운동들 사이에서 해석자로, 다시 말하면 그 운동들 모두가 자신들이 직면한 지적·도덕적·정치적 문제들을 이해할 수 있도록 각 운동의 최우선 목표들을 다른 운동의 언어로 그리고 상호적인 언어로 옮기는 해석자로 기능할 수 있다.

나는 21세기에는 이렇게 새로워진 시각에 담긴 지혜를 통해 그람시를 설득할 수 있게 되리라고 믿는다. 더 어려운 일이기는 하겠지만 베버를 설득할 수도 있을 것이라고 믿는다. 그러나 이를 위해서는 대단한 노력이 필요하다. 세계 도처에 있는 막스 베버와 같은 사람들을 설득하지 못한다면 우리 자신이 바라는 그런 종류의 사회변혁에 다다를 수 있을지 확실치 않다.

  투쟁의 결과는 매우 불확실하다. 그러나 이행의 시대에는 그 어떤 사람도 방관자의 자리에 머무르는 사치를 부릴 수 없다.

9

미국과 세계: 메타포로서의 쌍둥이빌딩

1. 아름다운 미국

> 아 아름다운 애국자의 꿈/여러해가 지나도/
> 그대 희고 보드라운 도시들이 빛남을 보네/
> 인간의 눈물로 흐려지지 않은 채!/미국이여! 미국이여!/
> 신께서 그대에게 은총을 내려/그대의 선함 위에
> 형제애의 왕관을 씌우시길/이 바다에서 저 빛나는 바다에까지!
>
> ―캐서린 리 베일즈(Katherine Lee Bales) 「아름다운 미국」

 1990년 10월 24일 나는 버몬트대학 200주년 기념 저명인사 강연씨리즈의 첫번째 강연을 해달라는 초청을 받았다. 나는 그 강연의 제목을 '미국과 세계: 오늘, 어제 그리고 내일'[1]이라고 붙였다. 그 강연에서 나는 미국에 대한 신의 축복을―현재에는 번영을, 과거에는 자유를, 미래에는 평등을——논했다. 왠지 몰라도 신은 이런 축복을 모든 곳의 어느 누구한테나 나누어주지 않았다. 나는 미국인들이 신의 은총의 이런 불평등한 분배를 매우 의식하고 있음에 주목했다. 나는 미국이 자신을 규정하고 자신의 축복을 측량하는 데 항상 세계를 척도로 삼아왔다고 말했다. 우리가 더 낫다느니, 우리가 더 나았다느니, 우리가 더 나을 것이라느니 하는 식으로 말이다. 어쩌면 보편적인 축복이란 진정한 축복으로 간주되지 않는 것인지도 모른다. 어쩌면 우리는 신에게 오로지 소수만을 구원해달라고 강요하는지도 모른다.

오늘날 우리는 우리 대다수를 흔들어놓은 사건, 즉 일단의 개인들이 2001년 9월 11일 쌍둥이빌딩을 파괴한 사건의 그늘 아래 살고 있다. 그 개인들은 자신의 이데올로기와 미국에 대한 도덕적 분노에 너무나 헌신적이어서 미국과 전세계의 미국 지지자들이라고 여기는 사람들에게 치명적인 지정학적 타격을 가하는 방법을 여러해 동안 모의해왔으며, 자신의 목숨을 희생할 수밖에 없는 방식으로 이 일을 수행했다. 대다수 미국인은 이 사건에 깊은 분노와 애국적인 결의라는 반응을 보였지만 상당한 당혹감도 계속 갖고 있었다. 당혹감은 두 가지였다. 왜 이런 일이 일어났느냐는 것과 어떻게 이런 일이 일어날 수 있었느냐는 것이었다. 그런데 이런 당혹감은 엄청난 불확실성으로 장식되었으니, 그런 사건이 다시는 일어나지 않도록, 아니 일어날 수 없도록 하기 위해서는 무엇을 해야 하고 무엇을 할 수 있는가라는 물음이 대두된 것이다.

11년 전에 내가 한 말을 돌이켜보면, 그때 한 말 가운데 어느 것도 바꾸고 싶지는 않다. 하지만 그 말을 할 때의 내 자세에 대해서는 약간 불편함을 느끼는 것이 사실이다. 나는 마치 다른 어떤 곳에서, 이를테면 화성에서 온 민속학자인 양 '미국인' (Humanus americanus)이라는 이 흥미로운 종족을 이해하려고 애쓰는 것처럼 글을 썼던 것이다. 오늘 나는 그것으로는 충분치 않다고 생각한다. 나는 분명 한 인간이며, 인류의 운명을 걱정한다. 그러나 나는 또한 미국의 한 시민이다. 나는 미국에서 태어났고 여기서 내 삶의 대부분을 보냈다. 그러니 나는 나와 입장을 같이하는 다른 모든 사람들과 함께 여기서 일어난 일과 여기서 일어날 일에 대해 전적인 책임을 갖고 있는 것이다. 나는 미국을 내부에서부터 봐야 할 도덕적 의무가 있다.

그래서 나는 미국과 세계를 다시 한번 살펴보고자 한다. 그러나 이번에는 미국인들이 세계라는 프리즘을 통해 자신을 보는 방식이 아니라, 오히려 미국인들이 세계를 어떻게 보아왔는지, 미국인들이 이곳 내부에서부터 세계를 어떻게 보기를 원하는지 살펴보고 싶은 것이다. 그런데 나는 이 점에서 상당히 논쟁적인 입지에 서 있다는 것을 잘 알고 있다.

적어도 20세기 미국대통령 가운데 어느 싯점에서든 미국이 세계에서 가장 위대한 나라라고 선언하지 않은 사람은 드물다. 도처에 널려 있는 미국의 여론조사기관들이 우리의 공중에게 이 질문을 직접 한 적이 있는지 확신할 수는 없지만, 나는 그런 선언에 동의할 미국인들이 매우 많다고 믿는다. 나는 그런 선언이 우리와 매우 다른 문화를 가진 가난한 나라 출신의 사람들에게뿐만 아니라 우리의 가까운 우방과 동맹국——캐나다인, 영국인, 그리고 물론 프랑스인——에게 어떻게 들리는지 숙고하기를 요청한다. 토니 블레어가 미국을 세계에서 가장 위대한 나라로, 대영제국보다 더 위대한 나라로 생각할까? 그가 감히 그런 생각을 하겠는가? 교황 요한 바오로 2세가 그런 생각을 할까? 미국인들과 미국 이주를 희망하는 사람들을 제외하면 누가 그런 믿음을 가지고 있을까?

국가주의가 물론 미국사람들한테만 국한된 현상은 아니다. 거의 모든 나라의 시민들이 애국적이며 종종 국수주의적이기도 하다. 미국인들이 이를 의식하고 있음은 물론이다. 미국인들은 세계 곳곳의 많은 사람들이 미국으로 이주하기를 희망하고 다른 어떤 이민의 장소도 미국만큼 인기가 높은 것 같지 않다는 사실을 눈여겨보는 경향이 있으며, 이런 사실을 하나의 국가로서 미국이 지닌 우월한 미덕에 대한 그들 자신의 믿음이 옳다는 증거로 받아들인다.

하지만 우리는 자신의 우월한 미덕이 어디에 있다고 여기는 걸까? 나는 우리가 가진 많은 것들을 타자들이 덜 갖고 있으며, 우리가 더 많이 갖고 있다는 사실이 은총의 표시라고 믿는 경향이 미국인들에게 있다고 생각한다. 그래서 나는 이 덜함의 개념이 존재하는 것으로 생각되는 많은 경쟁의 장들을 좀더 상세하게 설명하고자 한다. 대다수 미국인들이 아주 확신하는 듯한 바로 그 경쟁의 장에서부터 시작해보자. 미국인들은 다른 나라들이 덜 근대적이라고 믿는데, 이때의 근대성은 과학기술의 발전 수준을 의미한다. 미국의 과학기술이 세계에서 가장 선진적이라는 것이다. 이 과학기술은 이 나라 곳곳의 가정에서 볼 수 있는 기계·전자장치, 통신·교통 네트워크, 이 나라의 기간시설, 우주탐사 기구들, 그리고 물론 우리 군대가 사용하는 군사적 하드웨어 등에 들어 있다. 과학기술이 이렇게 축적된 결과, 미국인들은 미국에서의 삶이 좀더 편안하고, 미국제품이 세계시장에서 좀더 성공적인 경쟁력을 지니며, 따라서 타자들이 우리를 끌어들인 전쟁에서 우리가 분명히 승리할 수 있다고 여긴다.

미국인들은 또한 자신의 사회가 좀더 효율적이라고 여긴다. 직장, 공공영역, 사회적 관계, 관료와의 대면에서 일이 좀더 원활하게 운영된다는 것이다. 이런 사회적 관행들 가운데 어떤 것에 대한 우리의 불만이 아무리 크다 해도 다른 곳을 돌아다녀보면 타자들은 일을 그렇게 잘 운영하지 못한다는 점을 발견하게 되는 듯하다. 타자들은 미국인의 적극성을 갖고 있지 않은 듯하다. 그들은 크고작은 문제들의 해결책을 발견하는 데서 덜 창의적이다. 미국은 앞으로 나아가는 데 반해 그들은 전통적이거나 공식적인 방식의 수렁에 빠져 정체되어 있다. 따라서 우리는 모든 이들—나이지리아인, 일본인, 이딸리아인—에게 어떻게 하면 상황을 개선할 수 있는지 우정어린 충고를 베풀 준비가 되어 있다. 타자들이 미국 방식을 열심히 모방하는 것은 미국인들이 다른 나라에서 벌어지고 있는 일을 평가할 때 큰 가산점이 된다. 대니얼 분(Daniel Boone 1734~1820, 미국 초창기의 전설적인 서

부개척자—옮긴이)에다 평화봉사단(Peace Corps)을 더한 것이 타국의 정치경제를 비교, 평가하는 바탕이 된다.

그러나 대다수 미국인들이 타자들이 단지 물질적인 것에서만 덜하다고 생각하지 않음은 물론이다. 정신적으로도 덜하다는 것이다. 혹시 '정신적'이라는 용어가 세속적인 인본주의자들을 배제하는 것 같다면, 그것을 문화적이라고 표현해도 좋다. 우리 대통령들이 우리에게 이야기하듯, 우리의 애국적 노래들이 우리에게 상기시키듯 미국은 자유의 땅인 것이다. 타자들은 우리보다 덜 자유롭다. 자유의 여신상은 "자유를 숨쉬고자 열망하는 온갖 잡다한 대중들"에게 손을 뻗치고 있는 것이다.

우리의 밀도있는 자유는 수많은 방식으로 가시화된다. 다른 어떤 나라가 권리장전을 가지고 있는가? 다른 어느 곳에서 언론의 자유, 종교의 자유, 연설의 자유가 그토록 존중되는가? 다른 어느 곳에서 이민들이 정치체제 속에 그토록 통합되어 있는가? 십대에 미국에 와서 지금까지 강렬한 독일식 억양의 영어를 구사하는 사람이 전세계에 미국인들을 대표할 제1인자라 할 국무장관이 될 수 있는 나라가 미국말고 또 있는가?(전임 국무장관 올브라이트Madeleine Albright를 가리킴—옮긴이) 실력있는 사람에게 사회적 이동성이 그토록 높은 나라가 또 있는가? 그리고 민주주의의 실현 정도에서 어떤 나라가 우리와 경쟁할 수 있을까? 양당제의 핵심이라는 정치구조의 지속적인 개방성뿐 아니라 일상적인 관습에서도 우리만큼 민주주의적일 수 있을까? 미국은 일상적 삶의 관행에서 특권을 지닌 사람이 우선권을 갖는 체제와 반대되는 '선착순'의 원리를 유지하는 데 빼어난 나라가 아니던가? 그리고 공공영역에서나 사회생활에서 이런 민주적인 습속이 400년 전까지는 아니라 해도 적어도 200년 전까지 거슬러올라가는 나라가 아닌가?

도가니(melting pot)에서 다문화성(multiculturality)에 이르기까지, 우리는 실제 미국인의 삶에서──식당에서, 대학에서, 정치지도층에서──놀라운 종족적 혼합을 자랑스러워해왔다. 물론 우리에게도 결함은 있었지만, 그런 결함을 극복하려고 애쓰는 데 우리는 다른 어떤 나라보다 많은 노력을 했다. 지난 몇 십년 동안 우리는 성과 인종의 장애들을 허물어뜨리고, 완벽한 실력주의 사회를 끊임없이 새로 모색하는 데 선두에 서지 않았던가? 심지어 우리의 항의운동조차 우리에게는 자부심의 원천이 되고 있지 않는가? 다른 어디에서 항의운동이 이렇게 지속적이고 다양하고 정당하단 말인가?

그리고 1945년까지는 우리가 세계의 전위가 아니라고 시인하던 단 하나의 각축장, 즉 고급문화의 각축장에서도 이제 사정이 완전히 달라지지 않았는가? 뉴욕은 오늘날 미술·연극·음악·무용·오페라의 세계적인 중심지가 아닌가? 우리의 영화가 너무도 뛰어나 프랑스정부는 프랑스 관객들이 우리 영화를 더 많이 보지 못하도록 보호주의적인 조치를 취하지 않을 수 없을 정도로 말이다.

이 모든 것을 우리는 미국인들이 적어도 9·11 이전에는 별로 사용하지는 않았지만 그럼에도 마음속에서는 중히 여기는 하나의 구절로 표현할 수 있다. 우리는 세계의 나머지 지역들보다 더욱 문명화되어 있다는 것이다. 우리는 그 나머지 지역을 예전에는 경멸의 표시로 구세계(the Old World)라고 말하곤 했다. 우리는 그냥 미국인이 아니라 모든 사람들의 가장 높은 열망을 대변한다. 우리는 세계에서 가장 자유로운 나라이고, 타자들은 우리가 지도력을 보여주기를, 자유와 문명의 기치를 높이 쳐들기를 기대하며 우리를 쳐다보고 있기 때문에 우리는 자유세계의 지도자이다.

나는 이 가운데 어느 것에 대해서도 아이러니컬하게 말하지 않았다. 나의 제시에 당혹해하면서 자기들은 그런 합의에 동조한 것이 아니며 자기들의 관점은 그것보다는 한결 코스모폴리탄적이라고 주장할 사람들이 아무리 많다고 해도, 나는 나머지 세계의 덜함이라는 이미지가 미국인의 정신 속에 깊숙이 새겨져 있다고 확신한다. 그리고 쌍둥이빌딩이 완벽한 메타포가 되는 것은 무엇보다 바로 이런 의미에서이다. 그것은 무제한적인 열망의 신호였고, 과학기술적 성취의 신호였으며, 세계를 향한 횃불이었다.

2. 미국에 대한 공격

미국이 오늘날 맛보는 것은 우리가 수십년 동안 맛보아온 것에 비하면 아주 작은 것이다. 우리 민족은 80년 이상이나 이런 수모와 경멸을 맛보아왔다. (…)

그러나 80년이 지난 후, 정작 미국에 칼이 떨어진 경우에는 위선이 그 추악한 고개를 치켜들고, 이슬람교도의 피와 명예와 성지를 함부로 더럽힌 이런 살인자들의 죽음을 애도한다. 이런 사람들에 대해 최소한으로 말할 수 있는 것은 그들이 타락한 사람들이라는 것이다. —오사마 빈 라덴, 2001년 10월 7일

오사마 빈 라덴(Osama bin Raden)은 미국이 아름답다고 생각하지 않는다. 그는 미국인들이 도덕적으로 타락했다고 생각한다. 물론 대다수 미국인들이 도덕적으로 타락했다고 생각하는 미국인들도 일부 존재한다. 우리는 미국의 문화적 우파라 부를 수 있는 사람들에게서 이런 소리를 듣는다. 그러나 미국의 문화적 우파의 비판과 오사마 빈 라덴의 비판이 일상적인 습속과 관련해서는 어느정도 겹치긴 하지만, 빈 라덴의 근본적 비난은 그가 세계의 각축장에서의 미국의 위선이라 일컬은 것과 관련되어 있다. 그리고 세계의 각축장에서 미국에 관해 논할 때 이런 특징묘사에 동의할 미국인들은 거의 없을 것이며, 빈 라덴과 비슷한 취지의 발언을 할 법한 사람들조차, 빈 라덴이 보기엔 부적절하고 용납할 수 없는 방식으로 이런 견해와 미묘한 차이를 두려워할 것이다.

이것이 미국인들에게는 9·11의 두 가지 큰 충격 가운데 하나였다. 세계의 각축장에서 미국의 행동과 동기에 어떤 선의도 부여하기를 거부하는 사람들이 세계에 존재한다는 점 말이다. 가치있는 모든 것을 더 많이 가진 사람들이 그것을 그들 자신의 실력으로 얻었다는 사실을, 모든 것을 덜 가진 사람들이 의심하는

게 어떻게 가능할 수 있단 말인가? 빈 라덴의 도덕적 뻔뻔스러움에 미국인들은 경악했으며 그 뻔뻔스러움에 쓰라림을 느꼈다.

빈 라덴이 이런 종류의 언어공격을 가한 최초의 인물은 분명 아니지만, 그는 그런 언어공격을 미국땅에 대한 물리적 공격으로 옮긴 최초의 인물이었고, 그 공격에 미국은 기습을 당해 적어도 한동안은 무력한 상태였다. 이런 일이 일어나기 전까지 미국은 세계에 너무나 만연해 있는 언어공격들을 바보들의 헛소리라고 무시할 수 있었다. 그러나 바보들은 이제 악당이 되었다. 게다가 악당들은 사태의 초기에는 성공적이었는데, 이것이 두번째 크나큰 충격이었다. 우리가 그런 비판들을 무시할 수 있는 위치에 있다고 생각했던 것은 우리가 본질적으로 상처받을 수 없는 존재이기 때문이었는데, 이제 우리는 그런 존재가 아니라는 것을 발견한 것이다.

9·11 이후에 세계는 결코 다시는 예전과 같을 수 없다는 말이 종종 나왔다. 나는 이 말이 어리석은 과장이라고 생각한다. 하지만 미국인의 정신이 결코 다시는 예전 같을 수 없다는 것은 사실이다. 일단 생각할 수 없는 일이 일어나면 그것은 생각할 수 있는 일이 되기 때문이다. 산발적인 일단의 개인들이 미국 본토를 직접 공격하는 일은 과거에는 늘 생각할 수 없었던 것이었다. 이제 우리는 본토안보국(Office of Homeland Security)이라는 것을 창설하지 않을 수 없게 되었다. 이제 우리는 펜타곤이 미국 자체를 관할하는 이른바 지역사령부——지역사령부란 이제까지는 미국 바깥의 지역들에 한정되어 미국 이외의 나머

지 전세계를 관할하는 군사구조인데——를 창설해야 하는지를 논하고 있다.

무엇보다도 우리는 이제 상용어 속에 '테러리스트'라는 말을 갖게 되었다. 1950년대에 '공산주의자'라는 말은 쓰임새가 광범위했다. 이 말은 공산주의 정당들의 당원은 물론이고 자의로나 타의로나 공산당의 '동조자'라고 생각하는 사람들, 심지어 수소폭탄 개발에 충분한 '열의'가 결여된 사람들까지 지칭했다. 이런 열의 부족이 사실은 미국 원자력위원회가 1953년에, '원자폭탄의 아버지'로 알려지고 그때까지 명예를 누려온 오펜하이머(J. Robert Oppenheimer)의 신원보증을 중지하게 된 구체적인 고발내용이었다.

이제 '테러리스트'라는 용어는 그와 똑같은 광범위한 의미를 얻었다. 2001년 11월 나는 '법과 질서'(Law and Order)라는 텔레비전 프로그램을 보았다. 그날 에피쏘드는 건설중인 한 건물의 방화사건을 중심으로 짜여 있었다. 이 사건의 배경은 한 건설도급자가 시에서 땅을 불하받은 일이었다. 이전에 그 땅은 동네의 정원이었으며, 지역공동체가 이를 돌보아왔다. 지역공동체 내에서는 건설공사에 대한 반대여론이 일었다. '환경운동가'로 밝혀진 일군의 젊은이들이 항의의 뜻으로 그 건물을 불태우기로 결정했다. 이야기가 복잡하게 된 것은 누군가가 그들 모르게 우연히 그 건물 속에 있었고 화재로 인해 죽었다는 것이다. 결국 방화범들은 붙잡혀 유죄판결을 받았다. 이 진부한 이야기에서 흥미로운 점은 프로그램 방영 내내 방화범들이 거듭 '테러리스트'로 언급된다는 것이었다. 테러리스트를 어떻게 정의하더라도 이 사건에서 그 말을 사용하는 것은 억지이다. 하지만 전혀 문제될 게 없다! 이미 그렇게 쓰였고 앞으로도 계속 그렇게 쓰일 것이니까.

미국은 자유의 땅이지만, 오늘날 너무도 많은 자유를——특히 비(非)시민들에게——부여하였으며 '테러리스트들'이 이런 자유를 이용했다는 소리가 정부와 언론 그리고 일반 주민에게서 나오고 있다. 따라서 자유의 특권을 안보의 요건을 충족시키는 절차에 양보해야 한다고들 한다. 예컨대 '테러리스트들'을 붙잡아 재판에 회부할 경우 테러리스트들이 공개토론의 대상이 될 수 있고 유죄판결을 받지 않을 수도 있다는 점, 설령 유죄판결을 받는다 해도 사형선고를 받지 않을 수도 있다는 점을 우리는 명백히 우려하고 있다. 그래서 이런 일들이 일어나지 않도록 확실히 하기 위해서 우리는 대통령 혼자서 수립한 규칙을 가지고 대통령이 소집하는 군사법정을 만들어내고 있다. 원래 이 법정은 어떤 사람에게도 항소권이 허용되지 않으며, 완전히 비밀로 운영할 수 있도록 되어 있었다. 이 법정은 지금도 속히 판결을 내릴 수 있을 터인데, 아마도 그것은 사형판결일 것이다. 정상적인 변호권이 얼마나 보장될 것인지는 아직 미정이다. 그런데도 이 자유의 땅에서 이런 일이 폭넓은 지지를 받고 있다.

우리는 미국에 대한 공격을 미국의 가치와 문명 자체에 대한 공격으로 생각한다고 공언했다. 우리는 그 공격을 후안무치하다고 생각한다. 우리는 테러리즘에 대한——테러리스트들 그리고 그들을 비호하고 지원하는 모든 사람들에 대한——세계적인 전쟁에서 승리하겠다는 단호한 결심을 한다. 우리는 이런 공격을 받았다고 해도 우리가 세계에서 가장 위대한 나라이며 또 그런 나라로 남아 있음을 보여주겠다고 결심한다. 이런 점을 입증하기 위하여 대통령이 우리에게 간청하는 것은 개인적인 희생을 해달라는 것도, 심지어 좀더 많은 세금을 내는 작은 희생을 해달라는 것도 아니며 오히려 생활을 정상적으로 영위하라는 것이다. 그러나 우리의 정부와 군대가 무슨 일을 하든, 심지어 그 일이 정상적이지 않다고 해도 우리는 아무 유보 없이 박수갈채를 보낼 것으로 기대된다.

'유보 없음'이라는 이 요구가 어느 정도인지는 9·11사태의 원인을 '설명'하려는 사람들에 대한 무차별적 비난에서 알 수 있다. 그 설명이 테러의 정당화이자 사실상의 찬동으로 간주되는 것이다. 린 체니(Lynne Cheney)와 상원의원 리버먼(J. Lieberman)이 창립한 전미 대학이사 및 동창평의회(ACTA)는 2001년 11월 "문명의 수호: 우리의 대학들이 미국을 어떻게 저버리고 있으며 그에 어떻게 대처할 수 있는가"[2]라는 제목의 소책자를 펴냈다. 이는 놀랄 만큼 간결하게 논점을 밝힌 짤막한 글이다. 여기에는 "이번 공격에 대한 미국의 반응에 있어서 대학교수들이야말로 약한 고리이다"라고 씌어 있다. 연이어 이런 분석이 나온다.

교수들은 공개적으로 영웅들을 언급한 적이 거의 없으며,

선과 악의 차이라든지 서구 정치질서의 성격이나 자유사회의 미덕에 대해서도 논한 적이 거의 없다. 그들의 공개적인 메씨지들에서 애국심은 짧고 자기질타는 길었다. 실로 대학교수 상당수의 메씨지는 **미국을 먼저 탓하라!**는 것이었다.

이 소책자는 117개 인용을 담은 부록에 지면의 대부분을 할애하고 있으니, 집필자들은 이 인용이 그들의 논지를 잘 보여준다고 느끼는 모양이다. 이 인용에는 촘스키(N. Chomsky)나 제씨 잭슨(Jesse Jackson) 같은 인물들뿐 아니라 평상시에는 이런 비난을 덜 받는 사람들——프린스턴대학의 우드로우 윌슨 대학원 학장과 전임 국무차관——의 진술도 포함되어 있다. 간단히 말해서, 소책자의 저자들이 겨냥하고 있는 대상이 광범위하다는 것이다.

이 싯점에서 설령 9·11사태가 현세계의 근본적인 지정학적 현실들을 바꾸지는 않는다 해도, 미국의 정치구조에 지속적인 영향을 끼치리라는 것은 확실하다. 얼마만큼의 영향을 끼칠 것인지는 두고볼 일이다. 그러나 내가 앞서 언급한 미국인들의 당혹스러움——왜 이런 일이 일어났을까? 그리고 어떻게 이런 일이 일어날 수 있었을까?——은 하나의 수수께끼처럼 보이는데, 현재는 우리가 이 수수께끼에 자유롭게 반응할 수 있는 분위기가 아니다. 적어도 아직까지는 그렇다.

쌍둥이빌딩은 또한 미국에 대한 공격을 나타내는 메타포이다. 이 빌딩은 대단한 공학기술로 지어졌고, 온갖 종류의 우발적·

고의적 파괴행위에도 견딜 수 있을 것으로 추정되었다. 그러나 고의적으로 그 빌딩을 향해 돌진한, 제트연료를 가득 채운 비행기 두대가 파괴의 효과를 극대화할 수 있도록 꼭대기에서부터 20퍼센트 아래의 지점을 정확히 들이받으리라고는 어느 누구도 미처 생각하지 못했던 것이 명백하다. 또한 그 빌딩이 서서히, 불가항력으로, 그리고 모든 사람들이 지켜보는 가운데 내려앉고 그 여파로 다른 건물들을 무너뜨릴 줄은 누구도 예상하지 못했다. 그 붕괴로 촉발된 화재가 그후 몇달 동안 계속될 줄은 누구도 예상하지 못했다. 미국이 그 공격에 대한 보복을 할 수 있을지 몰라도 그 공격을 돌이킬 수는 없다. 과학기술은 결국 방어막으로서는 완벽하지 않은 것으로 판명된 것이다.

3. 미국과 세계권력

[18세기 영국에서] 발전된 형태의 반(反)가톨릭주의는 통상 변증법적인
기능을 하였다. 그것은 영국의 자유, 최상의 해군력, 농업·상업적 번영 및
그로 말미암은 우월한 양식의 제국이라는 가정을 좀더 부각하기 위하여
가톨릭정권들의 독재, 미신, 군사적 억압 및 물질적 궁핍이라는
가정에 주의를 돌린 것이다. ─린다 콜리 「다수의 왕국들」(Multipul Kingdoms)

린다 콜리(Linda Colley)의 인용구[3]로 이 절을 시작하는 것은 미국이 근대 세계체제의 역사에서 최초가 아니라 세번째의 헤

게모니국가이며 그 헤게모니는 취약성뿐 아니라 문화적 규칙도 지니고 있음을 상기시키기 위해서이다. 그 문화적 규칙들 가운데 하나는, 세계권력을 효과적으로 행사하도록 하는 내적인 자기확신을 유지하려면 타자들을 멸시하는 것이 필수불가결하다는 것이다.

성공만큼 눈을 멀게 하는 것은 없다. 그런데 미국은 지난 200년 동안 상당한 몫의 성공을 누렸다. 성공의 고약한 결과는 거의 불가피하게 성공이 반드시 계속되리라는 확신을 낳는 데 있는 것 같다. 성공은 현명한 정책을 낳는 데는 좋은 길잡이가 못되는 것이다. 실패는 최소한 자주 성찰로 나아가는 반면 성공은 그런 예가 거의 없다.

50년 전, 세계체제에서 미국의 헤게모니는 모든 경쟁국들을 훨씬 능가하는 생산성 효율, 유럽과 아시아의 동맹국들에게서 열렬한 지지를 받은 세계적인 정치의제들, 그리고 군사적 우월성의 결합에 기초하고 있었다. 오늘날 미국기업들의 생산성 효율은 매우 광범위한 경쟁, 무엇보다도 가장 긴밀한 동맹국 기업들과의 경쟁에 직면했다. 그 결과 미국의 세계적인 정치의제는 동맹국들로부터도 더이상 그다지 열렬한 지지를 받지 못하며, 심지어 종종 반론에 봉착하기도 하는데, 특히 소련의 해체로 말미암아 더욱 그런 실정이다. 현재 남은 것은 군사적 우월성뿐이다.

지난 50년간 미국 행정부들이 지속적으로 추구한 미국의 외교정책 목표들에 대해 생각해볼 필요가 있다. 분명히 미국은 호전적이거나 적어도 미국의 이해에 적대적인 정부들이 가하는 위협을 우려해왔다. 이 점이 잘못되었거나 예외적이라는 것은 아니다. 근대 세계체제에서 어떤 국가, 특히 강대국의 외교정책에서도 이는 마찬가지이기 때문이다. 문제는 미국이 이런 위협들에 어떻게 대처할 수 있다고 생각해왔는가 하는 점이다.

1950년대와 60년대에 미국은 매우 강해서 그다지 큰 어려움 없이, 그리고 최소한의 군사력으로 다른 나라의 정부들을 뜻대로 조정할 수 있는 듯했다. 미국이 싫어하는 정부들은 중립화되거나(우리는 그것을 봉쇄라고 불렀다), 약한 정부의 경우 미국의 은밀한 지원을 받는 그 나라 내부의 군사력에 의해 전복될 수 있었는데, 간혹 약간의 구식 함포외교의 도움을 받기도 했다.

중립화는 공산주의세계에 대하여 사용한 전술이었다. 미국은 중·동부유럽에서 소련이나 소련의 위성국을 무너뜨리려 하지 않았다. 미국이 이런 전복을 꾀하지 않은 것은 기본적으로 소련정부의 예상되는 저항을 무릅쓰고 이를 수행할 만큼의 군사력을 가진 것은 아니었기 때문이다. 오히려 소련이 자기네 영토를 확장하려고 하지 않겠다는 맹세를 한다면 미국정부는 이런 전복을 시도조차 하지 않겠다는 소련과의 암묵적인 합의, 즉 얄따협정을 맺었다. 그러나 이런 합의를 동아시아에 적용하려고 의도한 것은 아니었다. 동아시아에는 무엇보다 중국과 북한의 공산주의 정권들의 고집 덕분에 소련의 군대가 없었다. 그래서 미국은 베트남정권은 물론 이들 정권을 실제로 무너뜨리려는 시도를 했다. 그러나 그 시도는 성공하지 못했는데, 이는 미국의 여론에 심각한 상흔을 남겼다.

그러나 미국은 나머지 세계에 자신의 의지를 강요할 수 있었고, 실제로 아무 거리낌 없이 그런 강요를 했다. 1953년의 이란, 1954년의 과떼말라, 1956년의 레바논, 1965년의 도미니까공화국, 1973년의 칠레를 생각해보라. 자유선거로 선출된 아옌데(S. Allende) 정부를 삐노체뜨(A. Pinochet) 장군이 미국정부의 적극적인 지원을 받아 무너뜨린 칠레의 쿠데타는 9월 11일 일어났다. 나는 오사마 빈 라덴과 그의 추종자들이 이런 날짜상의 일치를 알고 있었는지는 모르겠지만, 그럼에도 그것은 다수의 사람들, 특히 라틴아메리카의 사람들이라면 눈여겨볼 상징적인 일치이다. 이는 또한 쌍둥이빌딩의 또하나의 메타포를 가리킨다. 쌍둥이빌딩은 경이로운 과학기술적 성취였다. 그러나 과학기술적 성취란 모방될 수 있고 앞으로 모방될 것이다. 말레이시아 사람들은 이미 건축학적으로 쌍둥이빌딩을 모방하였으며, 이보다 더 큰 마천루가 현재 상하이에서 건설중이다. 상징들 역시 모방될 수 있다. 이제 우리는 희생자들이 애도하는 9·11 기념일을 두개 갖고 있는 것이다.

70년대 미국의 외교정책은 변했으며, 변하지 않을 수 없었다. 칠레는 미국이 다른 나라 정부를 자기 입맛에 맞게 대담하게 조정할 수 있었던 최후의 주요한 사례였다. (군사적 방어형태가 보잘것없는 아주 작은 나라들인 그레나다나 파나마의 경우는 치지 않는다.) 이런 변화를 야기한 것은 세계경제에 대한 미국의 지배력 상실과 베트남에서의 미군의 군사적 패배가 겹친 탓이었다. 지정학적 현실이 변해버린 것이다. 미국정부는 자신의 권력을 확장하는 것은 고사하고 그것을 유지하는 데에도 더이상 집중할 수 없었다. 그러기는커녕 미국정부의 제1의 목표는──세계경제와 군사적 각축장 양자에서──자신의 권력이 너무 급격하게 침식당하는 것을 방지하는 일이었다.

세계경제에서 미국은 서유럽 및 일본의 경쟁자들이 토해내는 기염(氣焰)뿐 아니라 나머지 세계의 큰 부분들에서 '개발주의' 정책들, 즉 주변부 나라들을 희생시켜 자본을 축적하는 것으로 여겨지던 중심부 나라들의 능력을 억제하기 위해 특별히 고안된 정책들의 그럴듯한 성공과도 맞닥뜨리게 되었다. 우리는 유엔이 70년대를 '개발의 시대'로 선언했다는 사실을 기억해야 한다. 70년대에는 '새로운 국제경제질서'를 창출한다는 이야기들, 그리고 유네스코에서는 '새로운 국제정보질서'를 창출한다는 이야기들이 무성했다. 70년대는 미국공중에게 공포의 물결을 안겨준, 그 유명한 두 차례의 OPEC 유가 상승이 있었던 시기였다.

이런 모든 공격들에 대해 미국은 불편해하면서 모호한 태도를 취하거나 아니면 정면으로 반대하는 입장을 취했다. 전지구적으로는 반격을 개시했다. 이 반격에는 신자유주의의 공세적인 주장과 이른바 워싱턴합의, GATT의 세계무역기구(WTO)로의 변형, 다보스(Davos) 회의들, 그리고 지구화의 개념과 그 결과인 '다른 대안은 없다'(There is no alternative, TINA)란 논리의 확산 등이 포함된다. 근본적으로는 이 모든 노력들이 결합되어 전세계에 걸쳐, 특히 세계경제의 주변부 지역들에서 '개발주의' 정책들이 해체되는 양상을 보였다. 단기적으로, 즉 1980년대와

1990년대에 미국정부가 주도한 이런 반격은 성공하는 듯했다.

 세계경제의 최전선에서 시행된 이런 정책들은 '핵확산 반대' 정책이라고 요약할 수 있는 집요한 세계 군사정책과 짝을 이루었다. 미국은 1945년에 원자폭탄을 처음 만드는 데 성공하고 나서 그처럼 강력한 무기에 대한 독점을 유지하려고 결심하였다. 미국은 이 독점을 자신의 충실한 하위파트너인 영국과 나누어 가질 용의는 있었지만, 거기서 끝내려 했다. 물론 주지하다시피 다른 '열강들'은 이런 주장을 간단히 무시했다. 처음에는 소련이, 다음에는 프랑스가, 그 다음에는 중국이 차례로 핵능력을 보유했다. 그 다음에는 인도, 그리고 나중에는 파키스탄이 핵능력을 보유했다. 남아프리카 역시 핵능력을 갖게 되었는데, 이 나라의 아파르트헤이트 정권은 권력에서 물러날 때 비로소 이 사실을 인정하였고, 권력을 그 후계자인 좀더 민주적인 아프리카흑인 다수파정부에게 이양하기 전에 핵능력을 해체하는 신중함을 보였다. 그리고 이스라엘 역시 핵능력을 보유했으나, 공개적으로는 항상 이를 부인하였다. 그 다음에는 핵능력에 '근접한' 국가들──실제로 이들 국가가 아직도 '근접함'의 범주에 있다면 말이지만──즉 북한, 이란, 이라크(이스라엘은 이라크를 '근접함'의 범주에 묶어두기 위하여 80년대에 이라크의 핵시설을 폭격한 바 있다), 리비아(영국, 미국과의 긴 협상 끝에 2003년 말 핵개발 포기를 공식 선언했다—옮긴이), 그리고 어쩌면 아르헨띠나 등이 있다. 게다가 핵능력을 물려받은 예전의 쏘비에뜨 국가들──우끄라이나, 벨로루씨아, 까자흐스딴──이 있다. 여기에다 다른 치명적인 과학기술들, 이를테면 생화학 전쟁무기들이 추가되어야 한다. 이런 것들은 만들고 비축하고 사용하기가 훨씬 쉽기 때문에 이 분야에서 얼마나 많은 나라들이 어느 정도의 능력을 갖고 있는지 확실히 알 수 없다.

미국은 단순명료한 정책을 취해왔다. 무력을 사용하든 매수를 하든 어떻게 해서라도 미국은 이런 무기들에 대한 다른 모든 나라의 접근을 봉쇄하고 싶어한다. 이 정책이 성공하지 못한 것은 분명하지만, 지난 여러해에 걸친 그 노력은 적어도 핵확산의 속도를 늦추었다. 미국의 정책에는 또하나의 함정이 있다. 미국은 국제적인 협정들을 이용하여 확산을 제한하려는 한편, 그와 동시에 자국은 그런 억제책에 매이거나 조금도 구속되지 않으려고 애쓴다는 것이다. 미국정부는 다른 나라 정부가 그런 제재를 거부하려 하면 소리높여 비난하면서도 자기가 필요하다고 생각하면 언제라도 그것을 거부할 것임을 분명히 해두었다.

하나의 정책으로서 핵확산금지는 장기적으로뿐 아니라 심지어 중기적으로도 실패할 운명에 처한 듯하다. 향후 25년간 미국이 할 수 있는 것은 확산의 과정을 다소 늦추는 것이 고작이다. 그러나 여기에도 역시 도덕적·정치적 문제가 있다. 미국은 자신 외에는 다른 어느 누구도 믿지 않는다는 것이다. 미국정부는 북한이 핵확산금지 규약을 위반하고 있는지 확인하기 위해 북한의 특정 장소들을 사찰하고 싶어한다. 반면 미국정부는 미국의 특정 장소들의 사찰권한을 유엔이나 다른 누구에게도 준 적이 없다. 미국은 그런 무기들을 현명하게, 자유수호(겉보기에는 미국의 국가이익과 일치하는 개념)에 사용할 것이라는 자기신뢰를 하는 것이다. 미국은 다른 누군가가 그런 무기를 자유(이 역시 겉보기에는 미국의 국가이익과 일치하는 개념)에 대항하여 사용할 의도를 지닐 수 있다고 가정한다. 개인적으로 나는 어떤 정부도 그런 무기들을 현명하게 사용할 것이라고 믿지 않는다. 그런 무기들이 모두 금지되는 꼴을 보면 좋겠지만, 작금의 국가간체제에서 그런 조치가 정말 시행될 수 있다고는 믿지 않는다. 그래서 개인적으로 나는 이 문제를 놓고 도덕적인 논의를 하지 않는다. 도덕적인 논의를 하면 위선이라는 비난을 받을 소지가 있다. 그리고 냉소적인 신현실주의자(십중팔구 나도 포함되는 범주)라면 모든 정부들이 위선적이라고 비난할 터인데, 만약 자국의 상대적인 미덕을 근거로 다른 나라들의 지지를 바란다면 그때의 도덕적인 논의는 심하게 삐걱거릴 것이다.

4. 미국: 이상 대 특권

보편적인 문명이 이미 정착해 있음을 암시하는 것은 현재의 현실에 고의적으로 눈을 감는 것이며, 더욱 나쁜 것은 그 목표를 하찮은 것으로 만듦으로써 미래에 있을 진정한 보편성의 구현을 방해하는 것이다.
—치누아 아체베[4]

지구화와 지역적 전통들 간의 대립은 그릇된 것이다. 지구화는 지역적 전통들을 직접 소생시키고, 문자 그대로 그것들에 기반하여 번창한다. 그렇기에 지구화의 반대는 지역적 전통들이 아니라 **보편성인 것**이다.
―슬라보예 지젝[5]

미국과 세계권력에 대한 이야기는 지금 이 순간 아주 간단히 요약될 수 있다. 나는 미국과 미국인들이 세계의 모든 불행과 부정의 원인이라고는 믿지 않는다. 나는 미국인들이 이런 불행과 부정의 으뜸가는 수혜자라고 믿는다. 그리고 이것이야말로 국가들의 세계 속에 위치한 미국이라는 한 국가의 근본적인 문제이다.

미국인들, 특히 미국의 정치가들과 홍보담당자들은 우리의 이상에 관해 말하기를 좋아한다. 텔레비전 사회자 크리스 매슈즈(Chris Matthews)의 '베스트쎌러' 『이제, 내가 진정으로 생각하는 바를 네게 말할게』(*Now, Let Me Tell You What I Really Think*)의 광고에는 이런 발췌문이 나온다. "생각해보면 우리 미국인들은 남다르다. '자유'라는 단어는 단지 우리의 문서들에만 있는 것이 아니라 우리의 카우보이 영혼 속에도 있다."[6] 카우보이 영혼이라, 내가 아무리 애를 써도 이보다 더 나은 표현을 찾지는 못했을 것이다. 우리의 이상은 어쩌면 특별한 것일 게다. 그러나 이 점을 우리에게 상기시키는 바로 그 사람들은 어쩌면 특별한 것일 수 있는 우리의 특권들에 대해서는 말하려고 하지 않는다. 사실 그들은 특권을 말하는 사람들을 비난한다. 그러나 이상과 특권은 함께 간다. 양자는 대립관계에 있는 듯하지만 실은 서로를 전제로 하는 것이다.

 나는 미국의 이상을 헐뜯는 그런 사람은 아니다. 나는 미국의 이상이 상당히 훌륭하고 심지어 참신하다고까지 생각한다. 나는 그것들을 소중히 여기고, 염원하고, 진작시킨다. 이를테면, 미국헌법의 수정조항 1조——모든 해당 예식에서 미국의 이상을 육화(肉化)한 것이라고 올바르게 상기되는 것——가 그렇다. 그러나 수정조항 1조에 관하여 두 가지를 상기하자. 수정조항 1조는 원래의 헌법에는 들어 있지 않았는데, 이는 그것이 건국원리로는 여겨지지 않았다는 의미이다. 그리고 종종 여론조사를 통해 미국공중의 과반수가 소위 평상시에조차 부분적으로 혹은 전체적으로 이 권리보장을 변경·축소하거나 심지어 제거하기를 원한다는 사실이 밝혀졌다. 우리가 '테러와의 전쟁'같이 '전쟁' 중에 있을 때에는 미국정부도 미국공중도 이런 이상을 수호하리라 믿을 수 없으며, 심지어 연방대법원조차도 '비상사태'에는 그런 이상을 굳건히 지키리라 신뢰할 수 없다는 것이다. 그것을 수호하는 것은 대개 여론 가운데 기껏 소수의 지지밖에 얻지 못하고 종종 소심한 태도를 보이는 조직, 가령 그 조직의 구성원이라는 사실이 총선의 출마자한테 표를 얻지 못하는 사유가 되는 것으로 종종 언급되는, 미국시민권연합(American Civil Liberties Union)의 몫으로 남겨진다. 그렇기에 나는 언론의 자유와 종교의 자유와 그밖의 모든 자유에 찬성하지만, 미국 역시 이를 찬성하는지 가끔은 궁금하지 않을 수 없다.

 물론 그 이유는 미국의 공중에게 볼떼르(Voltaire 기성체제의 권위에 대한 신랄한 풍자와 비판으로 유명했던 프랑스 문필가—옮긴이)적인 기질이 부재하기 때문이 아니라, 가끔 우리가 우리의 특권이 침식당하거나 사라질까봐 두려워하기 때문이다. 그리고 이런 경우에는 대다수 사람들이 이상보다는 특권을 앞자리에 둔다. 또다시 미국인들은 이 점에서 유별나지 않은 것이다. 그들은 그저 좀더 강력하고 좀더 많은 특권을 가지고 있는 것이다. 미국인들은 이상을 좀더 자유롭게 무시할 수 있기 때문에 이상을 좀더 자유롭게 취할 수 있다. 그들은 자신의 카우보이 영혼마저 제압할 힘이 있는 것이다.

미국인들 앞에 놓인 문제는 사실 이렇다. 미국의 헤게모니가 서서히 쇠퇴하고 있다면—나는 의심할 나위 없이 그렇다고 믿는데—이상을 제압할 힘이 감소할 것이기 때문에 우리는 이상을 상실할 것인가의 문제이다. 우리의 카우보이 영혼들이 쇠퇴의 위험에 처한 우리의 특권들을 지키기 위해 우리의 국가라는 목장 주위에 철조망을 칠 것인가? 마치 특권이 철조망을 통해 빠져나갈 수 없다는 듯이 말이다. 여기서 나는 쌍둥이빌딩에서 비롯되는 또하나의 메타포를 시사하고자 한다. 파괴된 빌딩은 다시 지을 수 있다. 그러나 우리가 그 빌딩을 똑같은 방식으로—우리가 별을 향해 손을 뻗으면서 그 일을 제대로 하고 있다는 똑같은 확신을 갖고, 그 빌딩이 세상사람들에게는 횃불로 보일 것이라는 똑같은 확실성을 갖고—지을 것인가? 아니면 우리에게 정말로 필요한 것, 우리가 정말로 할 수 있는 것, 그리고 우리에게 정말로 바람직한 것에 관해 세심하게 숙고한 다음

다른 방식으로 지을 것인가?

그리고 이때의 우리는 누구인가? 미국정부와 언론계 그리고 미국의 공중 가운데 다수가 찬성한——법무장관 애쉬크로프트(John Ashcroft)의 진술에 따르면——'우리'는 더이상 미국의 모든 사람이 아니며, 심지어 미국에 합법적으로 거주하는 모든 사람도 아니며, 오로지 미국의 시민만이다. 그렇다면 우리는 '우리'라는 범주가 가까운 미래에 더욱 협소해지지 않을까 궁금해진다. 지젝(Slavoj Žižek)이 지적하듯이, 지구화는 지역주의의 반대가 아니고, 지구화는 지역주의에, 특히 강자들의 지역주의에 기반하여 번성한다. 아무리 상상력을 확장해도 '우리'는 '현명한 현존인류'(homo sapiens sapiens)는 아니다. 그렇다면 과연 사람이라는 속(屬, homo) 자체가 그렇게 현명한(sapiens) 것일까?

5. 미국: 확실성에서 불확실성으로

다윈의 혁명은 자연현실의 핵심범주를 본질 대신 변종으로 대체한 것으로 요약되어야 한다. (…) 우리 현실개념의 완전한 전도(顚倒) 혹은 '멋진 공중제비'보다 더 당혹스러운 것이 있을 수 있겠는가. 플라톤의 세계에서 본질은 상위의 현실을 기록하는 반면 변종은 우연적이다. 다윈의 전복에서 우리는 변종을 결정적인 (그리고 이 세상의 구체적인) 하나의 현실로 평가하는 반면, 평균치들(우리가 실제작업에서 '본질들'에 가장 가까이 갈 수 있는 것)은 정신적 추상물들이 된다.

—스티븐 J. 굴드[7]

자연은 실로 예측불허인 신기함의 창조와 연관되어 있는데, 그 지점
에서 가능한 것이 실재하는 것보다 더 풍부하다. —일리야 프리고진[8]

부시대통령은 미국사람들에게 그들의 미래에 대한 확실성을
제시해왔는데, 그의 제시능력을 완전히 넘어서는 것이 한 가지
있다면 바로 이것이다. 미국의 미래, 세계의 미래는 단기적으로
도 그렇지만 중기적으로는 더욱 불확실하기 그지없기 때문이
다. 자기의 특권을 생각하면, 확실성을 믿는 것은 바람직해 보
인다. 특권이 쇠퇴할, 심지어 사라질 운명에 처해 있다고 생각
한다면 그것은 덜 바람직하게 보인다. 그리고 만약 이 세계의
오사마 빈 라덴들이 모든 진영에서 승리할 것이 확실하다면, 누
가 그런 확실성을 소중히 여기겠는가?

앞서 내가 미국인들이 현재 느끼고 있는 당혹감들 중의 하나
로 거론한 문제, 즉 9·11 같은 사태가 다시는 일어나지 않고 일
어날 수 없도록 하기 위해 무슨 일을 해야 하고, 무슨 일을 할
수 있는가라는 문제를 다시 살펴보자. 우리는 미국정부의 압도
적인 강제력—무엇보다 군사력—의 행사가 이를 보장할 것
이라는 대답을 듣고 있다. 우리의 지도자들은 그런 보장을 얻자
면 시간이 좀 걸릴 거라고 상기시키는 신중함을 보이지만 중기
적인 확신을 다짐하는 데는 주저하지 않는다. 당분간 미국민중

은 이런 가설을 기꺼이 시험해보려는 듯하다. 지금 미국정부가 비판을 받고 있다면, 그런 비판은 주로 미국정부의 군사력 표현이 너무나 소심하다고 믿는 사람들에게서 나오고 있다. 미국정부가 훨씬 더 강하게 나가도록, 이를테면 이라크를 공격하는 군사작전을 감행하도록 압박하는 중요한 집단들이 있는데, 몇몇은 공격대상에 이란, 시리아, 수단, 팔레스타인, 북한을 추가하기를 바란다. 그 다음에는 꾸바가 포함되지 않을 이유가 있겠는가? 심지어 좀더 젊고 좀더 씩씩한 전사들이 나설 수 있도록, 마음 내켜하지 않는 장군들은 퇴역시켜야 한다고 말하는 사람들도 있다. 아마겟돈(선과 악의 최후의 결전—옮긴이)을 재촉하는 것이 자기들의 역할이라고 믿는 사람들이 있는 것이다.

이런 가설을 반박할 수 있는 논거는 두 가지다. 하나는 미국이 그렇게 세계적인 규모의 군사적 격돌에서 승리할 수 없다는 것이다. 다른 하나는 미국이 누구한테보다 먼저 자신한테 돌아올 이런 전쟁기도의 도덕적 결과를 떠맡고 싶지 않을 것이라는 점이다. 다행히 현실주의와 이상주의 가운데 양자택일을 해야 할 필요는 없다. 우리의 도덕적 가치들이 기초적인 상식의 지지를 받는다고 해서 업신여김을 당하는 것은 아니기 때문이다.

남북전쟁 이후, 미국은 자신의 '명백한 운명'(manifest destiny 미국이 북미대륙 전체를 지배할 것이 명백하다는 믿음—옮긴이)을 추구하느라고 약 80년을 보냈다. 그러는 동안 미국은 줄곧 자신이 고립주의국가가 되고 싶은지 제국적인 국가가 되고 싶은지 확실한 입장을 정하지 못했다. 그리고 1945년 미국이 마침내 세계체제의 헤게모니를 획득했을 때, 미국이 (셰익스피어의 탁월함처럼) 위대함을 스스로 성취했을 뿐 아니라 위대함이 떠맡겨지기도 했을 때(『십이야』에서 말볼리오Malvolio의 대사—옮긴이), 미국민중은 자신이 당장 해야 할 역할에 대해 충분히 준비가 되어 있지 않았다. 우리는 이 세계에서 "우리의 책임감을 떠맡는" 법을 배우느라고 30년을 보냈고 이를 그런대로 잘 익혔을 때, 우리의 헤게모니는 정점을 지나버린 것이다.

우리는 지난 30년 동안 우리가 아직 헤게모니를 갖고 있으며 모든 나라는 이 점을 계속 인정할 필요가 있다고 소리높여 주장했다. 그런데 진정으로 헤게모니를 갖고 있다면 그런 요청을 할 필요가 없다. 우리는 지난 30년을 낭비한 것이다. 미국에 현재 필요한 행동은 새로운 현실——즉 미국은 모든 나라에 득이 되는 것을 이제 더이상 일방적으로 결정할 힘이 없다는 사실——을 받아들이며 살아가는 법을 배우는 것이다. 미국은 자신에 득이 되는 것이 무엇인지조차 일방적으로 결정할 위치에 있지 않을 수도 있다. 미국은 세계를 상대해야 한다. 우리가 대화를 해야 할 상대는 오사마 빈 라덴이 아니다. 우리는 우리의 가까운 우방과 동맹국들, 이를테면 캐나다와 멕시코, 유럽, 일본 등과 먼저 대화를 시작해야 한다. 그리고 일단 그들 나라의 이야기를 듣고 그들 역시 이상과 이해를 갖고 있다는 것을, 그들 역시 생각과 희망과 열망을 갖고 있다는 것을 믿을 만큼 자기훈련을 한 다음에야 비로소 우리는 나머지 세계, 즉 세계의 다수 국가들과 대화할 준비를 갖추게 될 것이다.

우리가 일단 이 대화를 시작한 연후에는 그것이 쉽지 않을 것이고 심지어 불쾌할 수도 있다. 왜냐하면 그들은 우리에게 몇몇 특권들을 포기하라고 요청할 것이기 때문이다. 그들은 우리에게 우리의 이상을 실현하라고, 그리고 배울 것은 배우라고 요청할 것이다. 50년 전에 아프리카의 시인이자 정치가인 쌩고르(Léopold-Sédar Senghor)는 전세계가 "주고받는 만남"에 나설 것을 요청하였다. 미국인들은 그런 만남에서 무엇을 주어야 할지 알고 있겠지만, 받고 싶은 것이 무엇인지 깨닫고 있을까?

우리는 요즈음 정신적인 가치들로 돌아가라는 요청을 받고 있다. 마치 우리가 이런 가치들을 한번이라도 지켰던 적이 있는 것처럼. 그런데 이런 가치들은 대체 무엇인가? 상기해보자. 기독교 전통에는 이렇게 씌어 있다. "부자가 신의 왕국에 들어가기보다 낙타가 바늘구멍을 통과하기가 더 쉽다"(마태복음 19장 24절). 유태인 전통에서 힐렐은 우리에게 말한다. "다른 사람들이 네게 해주기를 바라는 대로 다른 사람에게 행하라." 그리고 무슬림 전통에서는 이렇게 말한다. "혹은 그들이 하늘과 땅을 만들었더냐? 아니다! 그들은 어떤 확실성도 갖고 있지 않다"(꾸란 52장 36절). 이런 것들이 우리의 가치들인가?

물론 단 하나의 미국적 전통이나 단 하나의 미국적 가치 모음이 있는 것은 아니다. 지금도 그렇고 항상 그랬듯이 수많은 미국들이 있다. 우리는 각각 우리가 선호하는 미국을 기억하고 거기에 호소한다. 노예제와 인종주의는 뿌리깊은 미국적 전통이며 아직도 상당히 우리 곁에 남아 있다. 서부 변경의 개인주의와 권총을 휘두르는 무법자들도 미국적 전통이며 아직도 상당히 우리 곁에 남아 있다. 악덕자본가들과 그들의 박애주의적 자녀들도 미국적 전통이며 아직도 상당히 우리 곁에 남아 있다. 그리고 세계산업노동자연맹과 헤이마켓 사건(Haymarket riots 1886년 5월 시카고의 헤이마켓 광장에서 경찰과 노조원이 충돌한 사건으로, 5월 8일 노동절은 이를 기념한 것임-옮긴이)——미국을 제외한 세계 곳곳에서 경축되는 사건——도 미국적 전통이며 아직도 상당히 우리 곁에 남아 있다.

1851년 전국여성회의(National Women's Congress) 연설에서 "난 여성이 아닌가요?"라는 발언을 한 써저너 트루스(Sojourner Truth 1797~1883, 흑인여성 노예의 삶을 겪은 후 노예제철폐운동과 여권신장운동에 헌신함-옮긴이)는 미국적 전통이다. 그러나 흑인과 이민자의 표들에 대해 균형을 잡아줄 것이라는 근거로 투표권을 주장한 19세기 후반의 여성참정권론자들 역시 미국적 전통이다. 이민을 환영하는 것과 이민을 거부하는 것 모두가 미국적 전통이다. 애국적 결의로 단결하는 것과 군사주의적 참전에 저항하는 것 모두가 미국적 전통이다. 평등과 불평등 모두가 미국적 전통이다. 거기에는 본질이 전혀 없다. 거기에는 딱히 꼬집어 규정할 만한 것이 없는 것이다. 굴드(Stephen J. Gould)가 상기시키듯, 현실의 핵심은 본질이 아니라 변종이다. 그리고 문제는 우리 가운데 변종이 줄어드느냐 늘어나느냐, 아니면 그대로 남느냐이다. 내가 보기에 지금 변종의 정도는 예외적으로 높다.

오사마 빈 라덴은 곧 잊혀질 테지만 우리가 테러리즘이라고 부르는 종류의 정치적 폭력은 향후 30~50년 동안에도 우리 곁에 상당히 남아 있을 것이다. 테러리즘은 세상을 바꾸는 데 매우 비효율적인 방식임에 틀림없다. 그것은 비생산적이고 반발 세력을 낳아, 종종 그 당장의 행위자들을 소멸시킬 수도 있다. 하지만 그럼에도 테러리즘은 계속 발생할 것이다. 스스로 문명을 대표한다는 일방적인 확신에 근거하여 세계와의 관계를 계속하는 미국이라면, 고립주의적인 물러섬의 형태든 적극적인 개입주의의 형태든 세계와 평화롭게 살 수 없으며, 따라서 자신과도 평화롭게 살지 못할 것이다. 우리는 우리가 세계에 행하는 것을 우리 자신에게도 행하는 것이다. 자유와 특권의 땅이 쇠퇴하는 와중에서도 모든 곳의 모든 사람을 동등하게 대하는 땅이 되는 법을 배울 수 있을까? 그리고 우리가 우리 자신의 국경 내에서 동등하게 대하지 않는다면 과연 세계체제 속에서 동등하게 대할 수 있을까?

우리는 지금 무엇을 선택할 것인가? 나는 내 나름으로 선호하는 것이 있을 수 있지만 나나 여러분은 우리가 무엇을 할지 예측할 수 없다. 사실 우리가 이런 기획된 미래들 가운데 어느 것도 확신할 수 없다는 것은 행운이다. 그런 불확실성은 우리에게 도덕적 선택을 남겨두고 있다. 또한 우리에게 실재보다 더 풍부한 가능성을 남겨두고 있다. 그것은 우리에게 예측불허의 신기함을 남겨두고 있는 것이다. 우리는 끔찍한—우리가 상상하기조차 어렵다고 생각하지만 그럼에도 슬프게도 금방 익숙해질 수 있는 갈등과 악의—시대로 접어들었다. 우리의 감성이 생존투쟁 속에서 모질어지도록 용인하는 것은 쉽다. 우리의 카우보이 영혼을 구하는 것은 훨씬 어렵다. 그러나 이런 과정이 끝나는 지점에 확실성과는 거리가 먼, 훨씬 실질적으로 합리적인 세계, 좀더 평등한 세계, 좀더 민주적인 세계의 가능성──요컨대 주고받음에서 비롯되는 보편성, 지구화의 반대인 보편성의 가능성──이 놓여 있다.

쌍둥이빌딩에 결부된 마지막 메타포는 이 건물들이 과거에도 현재에도 미래에도 하나의 선택이라는 것이다. 우리는 예전에 이 건물을 짓기로 선택했다. 우리는 이제 이 건물을 다시 지을 것인지 말 것인지 결정하는 중이다. 이런 선택에 개입하는 요인들은 예나 지금이나 앞으로도 아주아주 많다. 우리는 미국을 다시 짓고 있는 중이다. 세계는 세계를 다시 짓고 있는 중이다. 이런 선택에 개입하는 요인들은 지금도 앞으로도 아주아주 많을 것이다. 우리가 이제껏 만들어온 세계는 우리가 창조할 수 있었던 수천개의 대안적인 세계들 가운데 하나일 뿐이라는 불확실성 가운데서도, 우리가 향후 30~50년 동안 만들게 될 세계는 어쩌면 지금보다 나을 수도 낫지 않을 수도 있고 우리의 이상과 특권 간의 모순을 감소시킬 수도 그러지 않을 수도 있다는 불확실성 가운데서도 우리는 우리의 도덕적 태도를 유지할 수 있을까?

인샬라(신께서 뜻하신다면).

제3부

우리는 어디를 향해 가고 있는가?

10

좌파 I : 이론과 실천 재론

다음과 같은 유고슬라비아 격언이 있다고 한다. "절대적으로 확실한 것은 오직 미래뿐이다. 과거는 끊임없이 변하기 때문이다."[1] 오늘날 세계 좌파는 거의 완전히, 그것도 다소 갑작스럽게 사라진 두개의 과거와 함께 살아가고 있다. 이것은 무척 당황스러운 상황이다. 사라져버린 첫번째 과거는 프랑스혁명의 궤적이다. 그리고 다른 하나는 러시아혁명의 궤적이다. 이 둘은 1980년대에 대체로 동시에, 그리고 함께 사라졌다. 이것이 의미하는 바가 무엇인지 면밀하게 설명해보도록 하겠다.

프랑스혁명은 물론 하나의 상징이다. 그것은 지난 2세기 동안 세계 좌파의 범위를 훨씬 벗어나서 매우 광범하게 공유된 역사이론을 상징한다. 대다수의 세계 자유주의 중도파 역시 이러한 역사이론을 공유했으며, 오늘날에는 심지어 세계 우파의 일부도 이를 공유하고 있다. 이 이론은 19세기와 20세기에 걸쳐 세계체제 내에서 지배적인 견해였다고 말할 수 있다. 이 이론의 전제는 진보와 인류의 본질적인 합리성에 대한 신념이었다. 이 이론은 역사를 단선적인 상승과정으로 볼 수 있다는 것이었다. 세계는 훌륭한 사회로 가는 도중이었으며, 프랑스혁명은 이 과정에서 전진의 주요 도약을 구성하고 상징했다.

이 이론에 관한 많은 변종들이 존재한다. 일부 사람들, 특히 미국에서는 이 이야기에서 프랑스혁명을 미국혁명으로 대체하고자 했다. 다른 사람들, 특히 영국에서는 영국혁명으로 대체하기를 좋아했다. 또 어떤 사람들은 이 이야기에서 모든 정치혁명을 없애버리고 이 역사이론을 세계경제 과정들이 지속적으로 상업화되는 것이나 세계의 세속화 과정들이 지속적으로 확장되는 것, 또는 국가(State)가 이른바 역사적 사명이라는 것을 완수하는 것에 관한 이야기로 바꾸고 싶어했다. 그러나 세부적인 내용이야 어떻든 이런 변종들은 모두 역사적 과정의 불가피성과 불가역성에 대한 인식을 공유했다.

이 역사이론은 행복한 결말을 제시했기 때문에 희망을 주는 것이었다. (예를 들어 나찌 독일의 운명이 최고조에 달한 듯했을 때나 인종주의적 식민주의의 억압이 최악의 상태에 달한 듯 했을 때처럼) 현재가 제아무리 끔찍하다 하더라도 그 이론을 믿는 사람들은(우리들 대다수는 그것을 믿었다) 우리가 갖고 있다고 공언한 '역사는 우리편이다'라는 지식에서 위안을 얻었다. 그것은 용기를 북돋아주는 이론이었으며, 심지어 현재 특권을 지닌 사람들에게조차 그러했다. 그것은 궁극적으로 (현재의 수혜자들이 특권을 상실하지 않고도) 다른 모든 사람들이 그 특권들을 공유할 것이며, 그러므로 피억압자들이 불평불만으로 억압자들을 괴롭히는 짓을 그만둘 것이라는 기대를 갖게 했기 때문이다.

이 역사이론에서 유일한 문제는 그것이 실증적인 경험이라는 시험을 통과할 것 같지 않았다는 점이다. 바로 이 지점에서 러시아혁명이 등장했다. 그것은 프랑스혁명에 대한 일종의 부록이었다. 그것의 메씨지는 프랑스혁명으로 상징되는 역사이론은 당 또는 당/국가로 조직된 헌신적인 간부집단의 보호 아래 프롤레타리아트가 (또는 일반대중이) 활력을 얻게 될 때에야 비로소 들어맞기 때문에 불완전하다는 것이었다. 이 부록을 우리는 레닌주의라고 부르게 되었다.

레닌주의는 세계 좌파만, 사실 기껏해야 그 가운데 일부에서만 지지를 한 역사이론이었다. 그럼에도 레닌주의가 특히 1945년부터 1970년의 시기 동안 상당한 비율의 세계인구에 영향을 미친 사실을 부인하는 것은 어리석은 일이 될 것이다. 레닌주의 역사이론은, 어느 편인가 하면 표준적인 프랑스혁명 모델보다 더 확고하게 낙관주의적이었다. 이것은 레닌주의의 다음과 같은 주장 때문이었다. 레닌주의는 역사가 계획된 대로 진행되고 있음을 입증하려고 할 경우 손쉽게 들이댈 수 있는 단순하고 구체적인 증거가 존재한다고 주장했던 것이다. 레닌주의자들은 레닌주의정당이 확고한 권력을 장악하고 있는 국가는 어디나 자명하게 역사적 진보의 길 위에 있으며, 게다가 결코 되돌아설 수 없노라고 주장했다. 문제는 레닌주의 정당들이 세계에서 경제적으로 덜 부유한 지역에서만 권력을 장악하는 경향이 있었고, 그러한 나라들의 상황이 반드시 좋은 것만은 아니었다는 점이다. 그럼에도 레닌주의에 대한 믿음은 레닌주의정당이 지배하는 나라의 당장의 상황이나 사태에 낙심한 탓에 생기는 모든 불안에 대한 강력한 해독제 역할을 해냈다.

최근 20년 동안 모든 진보이론들, 특히 레닌주의의 변종이 얼마나 의심받게 되었는지를 다시 설명할 필요는 없을 것이다. 신념을 지닌 좌파가 전혀 없었다는 말은 거짓말일 것이므로 그렇게 말하지는 않겠지만, 그들이 더이상 세계인구에서 의미있는 비율을 차지하지 못하고 있는 건 사실이다. 이것은 결코 작지 않은 지구문화적 변동을 만들어내고 있으며, 앞서 말했듯이 적어도 이 역사이론의 프랑스혁명 모델이 옳다는 쪽에 판돈의 (전부는 아닐지라도) 대부분을 걸었던 세계 좌파를 특히 동요시켰다.

이런 변동이 일어난 이유는 무엇일까? 오늘날 많은 설명들이 우리 귀에 들리고 있다. 세계 중도파와 우파는 세계 좌파가 이 역사이론을 잘못 해석하고 있으며, 이 이론이 여전히 진실이긴 하지만, 우리가 훌륭한 사회를, 모든 생산요소가 정부의 통제권을 벗어나 있어 생산요소들의 흐름이 자유롭고 특히 자본의 자유로운 흐름이 지배적인 특징이 되는 사회라고 규정할 때에만 그렇다고 설명한다. 이러한 유토피아는 신자유주의라고 일컬어지고 있으며, 정치가들과 수많은, 이른바 유명 지식인들에게 오늘날 특히 인기를 끌고 있다. 그렇지만 그것은 의도적인 미혹이

요 망상일 뿐이며, 그 영향력은 이미 전성기를 지났을뿐더러 실제 논의되고 있는 것보다 논의할 만한 가치가 훨씬 적은 것이다. 장담하건대 2010년이 되면 우리는 이 덧없는 미친 환상을 거의 기억하지 못할 것이다.

세계 좌파측이 제시하는 두번째 설명은, 본래의 이론은 여전히 옳으며 세계 좌파는 약간의 일시적인 후퇴를 겪었을 뿐 곧 반전되리라는 주장이다. 우리가 할 일은 오로지 이론(과 실천)을 강력하게 되풀이하는 것뿐이라는 것이다. 그러나 그런 대규모의 '일시적인 후퇴'가 그 이론에서 전혀 예견되지 않았고 그에 관한 더 상세한 설명이 없다는 점으로 볼 때, 이 설명은 내가 보기에 무사안일주의자들의 희망어린 생각에 지나지 않는 것 같다. 설사 그렇게 되기를 바라는 사람이 있다고 하더라도, 나는 레닌주의가 어떻게 이데올로기적인 입장과 조직의 현실로 부활할 수 있을지 알 수 없다. 그리고 프랑스혁명은 오늘날 제한된 학자집단 사이에서만 열정을 불러일으키고 있을 뿐이다.

이러한 역사이론의 붕괴에 관한 세번째 설명은 이 이론이 사실 자본주의 세계체제의 원인이자 결과라는 주장이다. 이것은 나 자신이 최근의 여러 저작들에서 상술한 바 있는 설명이다.[2] 나는 세계 좌파——나는 이를 반체제운동이라고 부르는데 여기에는 공산주의운동, 사회민주주의운동, 민족해방운동이라는 세 가지 역사적 변종이 있다——의 폭넓은 지지를 받은 이 역사이론 자체가 자본주의 세계체제의 산물이라고 본다. 그 결과, 물론 이들 운동이 막대한 대중을 동원해서 그 체제에 맞서 투쟁한 것은 사실이지만, 한편 역설적이게도 역사적으로 그 체제의 상대적인 정치적 안정을 떠받친 문화적 버팀목 구실을 했다. 진보의 불가피성에 대한 믿음은 실질적으로 탈정치화를 진행시켰으며, 반체제운동이 국가권력을 장악하고 나서 특히 그러했다. 더욱이 나는 이 운동들이 이미 약속한 것과 국가권력을 장악하고 나서 기존 세계질서의 틀 내에서 실현할 수 있었던 것 사이의 불일치가 어쩔 수 없이 너무 커졌다고 생각한다. 그 결과 운동의 토대였던 대중은 결국 이 운동들에 환멸을 느끼게 되었고, 이 운동들은 많은 나라에서 차차 권력을 잃어갔다.

결정적인 계기는 1968년 세계혁명이었다. 이때 이른바 구좌파(즉 역사적인 반체제운동들)는 여러 지역에서 다양한 형태로 표출된 이 세계혁명에 참여한 사람들에게서 도전을 받았다. 1968년 혁명의 중요한 지속적인 결과들 가운데 하나는 그 운동들이 설파한 불가피하고도 돌이킬 수 없는 진보에 관한 이론이 거부되었다는 점이다. 이러한 토대 위에서 세계인구는 역사적인 반체제운동들 자체에 등을 돌리기 시작했으며, 그런 다음에는 그 운동들이 진보적인 변화의 필수적인 메커니즘으로 지지해오던 국가구조의 정당성을 거부하기 시작했다. 그러나 반국가주의로의 이러한 대중적 이동은, 자본주의체제의 찬양자들에게 환호를 받긴 했지만, 실제로는 그들의 이익에 도움이 되지 않았다. 왜냐하면 현실적으로 반국가주의는 단지 특정한 정권만이 아니라 **모든** 국가구조의 정당성을 거부했기 때문이다. 따라서 반국가주의는 세계체제의 정치적 안정을 강화하기보다는 훼손했으며, 결과적으로 세계체제의 위기를 더 심화시켰다. 물론 여기에는 많은 다른 원인들이 함께 작용했다.

내가 보기에 현재 세계 좌파가 처한 상황은 다음과 같다. ① 출현한 지 500년이 지난 지금 세계 자본주의체제는 **처음으로** 진정한 체제위기를 맞았으며, 우리는 이행의 시대에 살고 있다. ② 결과가 어떠할지는 본질적으로 불확실하지만, 그럼에도 불구하고 역시 이 500년의 기간 동안 처음으로 근본적인 변화——진보적일 수도 있지만 꼭 그렇지만도 않은——에 관한 실제적인 전망이 존재한다. ③ 이 중대한 시기에 세계 좌파에게 주된 문제는 19세기에 개발된 세계변혁 전략이 만신창이가 되었다는 사실이며, 따라서 세계 좌파는 지금까지 불확실하고 취약하게, 그리고 전반적으로 다소 침체된 상태에서 활동하고 있다는 점이다. 이들 세 가지 논점 각각에 대해 상세하게 논의해보도록 하겠다.

체제위기

세계 좌파가 처한 혼란의 불행한 결과 가운데 하나는 오늘날 자본주의의 위기에 관한 그 어떤 주장도 의심의 눈초리를 받고 있다는 것이다. 처음에는 분노어린 비난을, 그 다음에는 비웃음을 받는다. 우리는 그렇게 수도 없이 분노어린 비난을 받아왔다. 만일 내가 그렇게 말해도 된다면, 근본적인 문제는 지난 2세기 동안 세계 좌파의 주요 인물들 대부분이 사회적 시간들의 다수성에 관한 브로델(F. Braudel)의 주장을 읽지 않았으며, 주기적인 변동들과 구조적인 위기들을 끊임없이 혼동하고 있었다는 점이다. 이런 혼동을 하기는 쉬우며, 역사의 단선적인 향상에 대한 전적인 믿음 때문에 늘 '새로움'을 칭송하는 근대 세계체제의 경우와 같은 지구문화 내에서는 더욱 그렇다. 좌파는 주기적인 과정들을 내세우는 주장을 특히 받아들이기 꺼려했으니, 그것은 좌파가 그와 같은 주장들과 내가 '역사의 영원한 주기성'이라 부르고 싶은 논리를 내세우는 주장들을 동일시하는 오류를 범했기 때문이다. 후자의 이론은 실제로 변혁운동들을 모조리 반박하는 주장으로서 보수주의적 사상가들에 의해 광범위하게 활용된 바 있다. 그러나 (내가 거론하고 있는) 구조들 내부의 주기들이라는 개념은 영원한 주기성이라는 개념과는 다를 뿐만 아니라 사실은 대립되는 것이다. 구조들은 결코 영구적인 것이 아니고 다만 장기지속적인 것일 뿐이며, 구조들 내부의 주기들은 구조가 결코 영구적일 수 없도록 만드는 것이기 때문이다. 그러므로 영구적인 주기들은 존재하지 않으며, 실제로 존재하는 것은 비록 단선적인 것은 아니라고 하더라도, 시간의 화살이다.

그러므로 내가 보기에 모든 역사적 사회체제(자본주의 세계경제는 역사적 사회체제이다)의 분석에서 필수적인 방법론은 이런 것이다. 한편으로는 그것의 **체제적** 성격을 규정하고, 적어도 그 체제가 유지되는 동안 그것이 일정한 평형상태를 유지할 수 있도록 해주는 주기적 순환들과 다른 한편으로는 이러한 주기적 순환들에서 생겨나 그것의 **역사적** 성격을 규정하며 조만간 특정 체제가 더이상 그 내부 모순들을 담아낼 수 없고 그리하여 체제위기에 빠지게 되리라는 점을 의미하는 장기적 경향들을 주도면밀하게 구별하는 것이다. 그와 같은 방법론에 따르면, 어떤 역사적 체제도 세 가지 시간적 계기를 지니고 있다고 말할 수 있다. 체제의 발생(이에 대해서는 설명이 필요하지만, 그것은 통상적으로 어떤 다른 역사적 체제가 붕괴한 결과로서 일어난다), 역사적 체제의 '준정상적인' 작동기라고 부름직한 비교적 장기적인 시기(그것의 규칙들과 제약조건들에 대해서는 설명과 분석이 필요하다), 최종적인 위기의 시기(이것은 그 결과가 미리 결정되지 않게 마련인 역사적 선택의 순간으로 이해할 필요가 있다)가 그것이다.

나는 수많은 경향들이 오늘날 마침내 체제의 기본적인 작동을 위협하는 지점에 이르렀다고 믿고 있다. 나는 다른 곳에서 길게 설명한 것들을 여기서 간략하게 요약하고자 한다.[3] 역사적 체제로서의 자본주의는 구조적으로, 끝없는 자본축적을 중심에 두며 가장 중요하게 여긴다는 사실로 정의할 수 있다. 이것은 그것의 틀을 구성하는 제도들이 무한한 자본축적을 추구하는 사람들에게는 보상을 제공하고 그렇지 않은 사람들에게는 불이익을 준다는 것을 의미한다.

그러면 어떻게 자본을 축적할 수 있는가? 핵심적인 **필요조건**은 경제활동들로 이윤을 획득하는 것인데 많으면 많을수록 좋다. 이윤은 실제비용과 가능한 가격 사이의 격차와 함수관계에 있다. 내가 가능한 가격이라고 말하는 이유는 물론 어떤 판매자도 어떤 상품에 요구되는 가격을 무한히 높여서는 그것을 팔 수 있으리라고 기대할 수 없기 때문이다. 항상 한계가 있기 마련인 것이다. 경제학자들은 이것을 수요의 신축성이라고 부른다. 신축성의 정도라는 한계 내에서 실제 이윤은 세 가지 비용에 의해 결정된다. 바로 노동비용, 투입 및 기간시설 비용, 과세비용이다.

이제 전지구적인 차원에서 이들 비용을 총 판매가격에서 차지하는 비율로 측정할 수 있고 가설적인 차원에서 평균 수준에 도달할 수 있다고 가정해보자. 이것은 이제까지 누구도 해보지 않은 작업이며, 어쩌면 불가능한 일일지도 모른다. 그러나 그에 대해 생각하고 대략적인 결과를 산출하는 것은 가능하다. 나는 여러분에게 지난 500년 동안 자본주의 세계경제 전체에 걸쳐 생산된 총가치에서 이 세 비용이 차지하는 비율이 지속적으로 증가해옴을 시사하고자 한다. 그리고 그 최종 결과는 자본가들의 자본축적 능력을 위협하는 전지구적 이윤압박 속으로 우리가 들어가 있고 점점 깊숙이 빠져들고 있다는 것이다.

이것은 실제로 자본가들이 늘 논의하는 문제이지만, 그들은 다른 용어를 사용한다. 그들이 논의하는 것은 '생산의 효율성'이며, 그들에게 이것은 본질적으로 총가치에서 비용이 차지하는 비율을 낮춘다는 것을 의미한다. 실제로 그들은 더 적은 인력을 이용해서 동일한 양의 재화를 생산하는 것이나 또는 더 값싼 투입물을 확보하는 것(이것은 종종 더 적은 인력을 이용해서 그 투입물을 생산하는 것까지를 포함한다)에 관해 이야기를 하고 있다. 자본가들 사이의 경쟁에서는 더 효율적인 생산자가 경쟁자보다 더 많은 이윤을 얻을 가망성이 있기 때문이다. 그러나 내 질문은 이와는 다른 것이다. 전지구적인 차원에서 그리고 모든 부문들을 함께 고려할 때, 생산은 과연 100년, 200년, 300년 전에 비해 오늘날 더 '효율적'인가?

나는 전지구적 생산이 생산자의 관점에서 더 '효율적'이라는 점을 의심하고 있을 뿐만 아니라 그 곡선이 지속적으로 하락해 왔다고 주장하는 것이다. 이른바 효율적 생산의 승리라는 것들은 모두 단지 이 하락곡선의 속도를 떨어뜨리기 위한 시도일 뿐이다. 최근 20년 동안 이루어진 신자유주의적 공세 전체를, 일차적으로는 임금 및 과세비용을 낮추고 이차적으로는 기술향상을 통해 투입비용을 낮추는 방식으로, 증대하는 생산비용을 낮추려는 거대한 시도로 간주할 수 있다. 나는 더 나아가서 그 공세에 정면으로 맞선 사람들에게는 그것이 아무리 고통스러운 것이었다고 하더라도, 그 공세의 전반적인 성공 정도는 대단히 제한되어 있으며, 그 제한된 이익조차 곧 역전될 것이라고 믿고 있다.

앨런 그린스펀(Alan Greenspan)을 비롯해서 독일과 영국에 있는 그의 동료들이 그렇게 자주 거론하듯이 인플레이션의 위협에 대한 비명소리가 끊이지 않는 상황에서 무슨 다른 쟁점이 있겠는가? 그들이 말하는 것을 살펴보면 인플레이션이라는 끔찍스러운 괴물의 잠재적인 원인은 노동자들이 실제로 더 높은 임금을 받거나 정부 지출이(그러므로 세금이) 훨씬 늘어난 때문이라고 한다. 그들은 적어도 자본축적을 위협하는 근원에 관해서는 잘못 생각하고 있는 것 같지 않다. 따지고 보면 어느정도의 인플레이션은 자본주의 세계경제가 원만하게 작동할 때는 자본주의 세계경제의 정상적인 조건이며, 지금까지 아주 오랫동안 그런 역할을 해왔다. 그러나 정상적인 인플레이션은 실제로는 임금 및 세금 인상의 결과이며, 이것이 내가 지적하는 바로 그 현상이다.

자본가들이 이 세 가지 비용을 낮추기 위해 온갖 노력을 기울이고 있음에도 불구하고, 이것들이 시간이 지나면서 느리게나마 지속적으로 올라가는 이유는 무엇일까? 각 비용이 증대하는 이유들을 대략적으로 살펴보자. 임금이 올라가는 이유는 노동자들이 조직적으로 단결하기 때문이다. 이것은 오래된 진부한 문구이지만 여전히 들어맞는다. 조직하는 방식은 다양하다. 노동자들의 단체행동이 자본가들로 하여금 너무 값비싼 비용 지출을 불러올 때마다 특히 전지구적 경쟁이 더 격렬해지는 꼰드라띠예프 B국면에서 자본가들은 도시에서 농촌으로, 노동자들이 잘 조직되어 있는 지역에서 그렇지 않은 지역으로 매번 '도피'하려고 했다.

지난 500년 동안의 과정을 살펴보면, 그것이 자본주의 세계경제 내로 새로 편입된 지역들로 생산과정들을 정기적으로 (그러나 결코 지속적이지는 않게) 이전하는 형태를 띠었음을 알게 된다. 이유는 단순했다. 그 지역들에서는 누구든지 상업화가 제대로 진행되지 않은 농촌에서 세계 기준에 못 미치는 임금 수준으로 임금노동에 참여하도록 설득할 수 있는 노동력을 찾아낼 수가 있는 것이다. 그들을 그렇게 설득할 수 있는 것은 당분간은 그들에게 그런 임금이 총수입의 실질적인 증대를 의미하기 때문이다. 한 가지 장애는 농촌을 떠난 노동자인 이들이 일정기간 (이를테면 25년에서 50년) 동안 새로운 노동지역(보통 도시지역)에서 지내고 나면, 자신들의 비교기준을 바꾸고 새로운 노동 세계의 방식들을 배우며 이제 조합을 결성하고 더 높은 임금 수준을 요구하기에 이른다는 점이다.

가난한 자본가들은 부득이 다시 한번 도피하게 된다. 오늘날의 문제는 500년이 지난 지금 도피할 장소가 거의 남아 있지 않다는 점이다. 임금인상 과정을 늦추기는 극히 어려워졌다. 오늘날에는 심지어 남(南)의 나라들 대도시 중심지의 비참한 빈민지역들에서조차 잠재적인 임금노동자가 수입을 얻을 수 있는 실질적인 대안들은 농촌에 있는 조부모들보다 훨씬 많다. 그러므로 이른바 공식경제에서 그의 노동력을 원한다면 더 많은 임금을 지불해야만 한다.

투입물의 영역에서도 저비용지역들이 사라지는 과정이 동일하게 진행되어왔다. 자본가들이 투입비용을 낮추기 위해 사용해온 주요 메커니즘은 투입물 일부를 돈을 주고 구매하는 것이 아니라 사회 전체의 비용으로 확보하는 것이다. 이것을 비용의 외부화라고 한다. 생산자는 주로 다음의 세 가지 방식으로 비용을 외부화한다. 생산자는 누군가에게 돈을 지불하여 폐기물을 처리하도록 하는 것이 아니라 처리되지 않은 폐기물을 자신의 소유지 바깥에서 처분한다. 생산자는 투입물을 구매할 때 그것의 입수비용을 지불하되 그것을 재활용하는 비용은 지불하지 않는다. 생산자는 사회 전체의 비용으로 건설된 기간시설을 활용한다. 이 세 가지 방식은 생산비용을 줄여 이윤율을 증대시키는 데 결코 작지 않은 부분이다.

이들 세 가지 방식 가운데 처음 두 가지는 폐기물을 내버릴 새로운 지역과 이전의 공급원이 고갈된 원자재의 새로운 공급원을 발견하는 것에 의해 좌우된다. 자본주의 세계경제 내부로 포함되는 지역이 계속 확대되고 그런 지역의 활용도가 지속적으로 증대함에 따라, 지구상에서 대체지역들은 사라지고 있다. 환경운동에서 제기하는 문제가 바로 이것이다. 환경운동이 이와 더불어 지적하는 것은 생산자들과 사회 전체가 이용한 저비용 처리양식들이 생태계에 심각한 해를 끼쳐왔으며, 이제 생태계는 막대한 비용을 들여 회복해야 할 긴급한 필요에 처하게 되었다는 점이다. 사회 전체의 비용으로 건설한 기간시설을 활용하는 세번째 형태인 비용의 외부화는 과세의 지속적인 인상을 필요로 하며, 이는 우리에게 쟁점으로 부각되고 있다. 이런 문제를 풀 수 있는 현실적이며 장기적인 유일한 대책은 비용의 내부화인데 그것은 수요의 신축성이라는 한계가 존재하는 한 장기적인 이윤 압박을 의미한다.

끝으로 우리가 갖가지 방식으로 깨닫고 있듯이 세금은 계속 증대해왔다. 세금이 불균등하게 배분된다는 것은 별로 중요하지 않다. 거의 모든 사람의 세금이 인상되어왔으며, 여기에는 생산자들도 전부 포함된다. 세금은 한 가지 간단한 이유, 즉 정치학자들이 세계의 민주화라고 부르는 것 때문에 인상되어왔으며, 그 결과는 복지국가의 확대였다. 사람들은 교육, 건강, 평생 소득의 보장 등을 위해 국가가 지출을 늘릴 것을 요구해왔다. 게다가 그 요구의 수위는 줄곧 올라갔으며 다른 지역으로 확대되어 세계의 점점 더 많은 지역이 동참하게 되었다. 이것은 상대적인 정치 안정에 대한 댓가였으며, 아래로부터의 이런 압력이 어떤 식으로든 잦아들고 있다는 징조는 전혀 없다.

최종적인 요점은 이러하다. 이윤율에 대한 압력이 증대하는 것은 오로지 생산자 이외의 사람들이 제기한 요구에서 비롯한 결과만은 아닌 것 같다. 자본가들 스스로 이러한 비용증대에 일부 책임이 있다. 그들은 (또는 적어도 그들 가운데 일부는) 유효수요를 창출하는 한 가지 수단으로서 어느정도 임금인상을 선호했다. 그들은 (또는 적어도 그들 가운데 일부는) 미래의 생산 가능성을 보장하는 한 가지 방식으로서 어느정도 비용의 내부화를 선호했다. 그들은 (또는 적어도 그들 가운데 일부는) 노동계급을 달래는 한 가지 방법으로서 복지국가를 원했다. 그리고 그들은 노동계급을 억누르는 한 가지 방법으로서 다른 종류의 국가 지출을 (그러므로 과세를) 선호했다. 그리고 마지막으로 그들은 (또는 적어도 그들 가운데 일부는) 더 약한 경쟁자들을 재정적으로 압박하기 위한 한 가지 방법으로서 이 모든 조치들을 선호했다.

그렇지만 이 모든 것의 최종적인 결과로 비용은 대폭 증대했으며, 이는 전세계적인 이윤 압박으로 이어지고 있다. 이 체제의 중심지인 미국에서 가장 격렬한 모습으로 나타나고 있는 현재의 투기광들이 보이는 광기는 이러한 가설에 대한 반증이 아니라 또다른 증거이다. 그렇지만 세계 좌파의 근본적인 변화와 전략을 위한 전망을 논의해야 하는 나로서는 여기서 이 문제를 더 논할 수 없다.

체제이행

한 체제가 체제위기로 진입한다는 말이 의미하는 바는 무엇일까? 그것의 의미는 장기적인 경향들이 더이상 넘어설 수 없는 점근선에 다가가고 있다는 것이다. 그것이 의미하는 바는 그 체제를 상대적인 평형상태로 복귀시키기 위해 그때까지 활용한 메커니즘들이 더이상 작동할 수 없다는 것이다. 평형상태로 복귀하려면 그 체제를 점근선에 너무 가까이 가져가야 하기 때문이다. 헤겔의 언어를 빌리자면, 그것이 의미하는 바는 체제의 모순을 더이상 억제할 수 없다는 것이다. 복잡성의 과학들의 언어를 빌리자면, 그것이 의미하는 바는 그 체제가 평형상태에서 멀리 벗어나 혼돈의 시기로 진입하고 있고, 그 벡터들이 분기할 것이며, 궁극적으로는 새로운 체제나 체제들이 만들어지리라는 것이다. 그것이 의미하는 바는 그 체제의 '소란'이 무시해도 되는 요소이기는커녕 전면으로 부각되리라는 것이다. 그것이 의미하는 바는 그 결과가 본질적으로 불확실하고 창의적이라는 것이다.

체제의 위기들에 관한 이런 주장은 우주 전체에서 원자보다 작은 세계에 이르기까지, 물리학적 체제에서 생물학적 체제, 역사적 사회체제들에 이르기까지 모든 체제들에 적용된다. 그것은 역사적 사회체제들에 가장 완전하게 그리고 가장 복잡하게 적용된다. 역사적 사회체제들은 우주 자체의 체제를 제외하고는 다른 모든 체제들 가운데 가장 복잡한 것이기 때문이다. 그와 같은 모델을 사용한다고 해서 그것이 곧 사회적 현상을 물리적 현상으로 환원하는 것은 아니다. 사실은 정확히 그 정반대이다. 그것은 물리적 현상을 마치 행위자, 상상력, 자체 조직 그리고 창의적 활동을 지닌 사회현상인 것처럼 해석하는 것이다.

나는 이러한 서술이 기계적인 것으로, 더욱 이상하게는 비관주의적인 것으로 받아들여진다는 사실이 늘 신기할 따름이다. 이 서술은 최근 몇세기 동안 사회사상에서 '기계적'이라고 불렸던 것의 정당성을 직접적으로 부인하는 분석형태이다. 그리고 그것은 결과를 필연적으로 중립적으로 예측하기 때문에 전혀 비관주의적인 것이 아니다. 좋은 결과도 나쁜 결과도 예측할 수 없다. 그 어떤 결과도 예측할 수 없다. 대안적인 결과들은 알려지지도 않았고 알 수도 없는 무수한 선택들에 따라 달라지기 때문이다.

체제이행의 혼돈스러운 시기에 대해 우리는 이렇게 생각해볼 수 있다. 그 시기는 '자유의지'가 (통상적으로 매여 있는) 관습과 구조적 제약들의 구속에서 벗어나서 대체로 그 절정을 구가하는 시기라고 말이다. 프랑스혁명과 러시아혁명은 둘다 전세계의 많은 지역들에서 오랜 기간에 걸쳐 수많은 사람들의 에너지를 동원해 세계를 변혁시키고자 한 믿을 수 없을 정도의 엄청난 노력이었으나 그것들이 이끌어낸 변화는 애초에 의도했던 것보다 훨씬 적었다. 그리고 그 혁명들이 스스로 변화를 이끌어내고 있다고 생각했던 만큼이나, 변화의 상당수가 이후에 반전되거나 전복되었다. 그 혁명들이 그 시기 이후 일어난 모든 것에 지울 수 없는 흔적들을 남긴 것은 사실이지만, 제시된 희망과 선언에 비추어볼 때 그 혁명들이 주목할 만큼 성공적이었다고 말할 수는 없다.

이행의 정치는 준정상적인 시기의 정치와는 다르다. 이행의 시기는 정치적으로 무엇이든 가능한 순간이며, 또한 대다수 행위자들이 중기적인 전략들을 체계화하는 것이 대단히 어렵다는 것을 깨닫는 순간이다. 이런 순간에 제때 기선을 잡고 유리한 고지를 장악하는 정치가 곧 이행의 정치이다. 이데올로기적이고 분석적인 차원에서 혼란은 우연한 변수라기보다는 구조적 현실이 된다. 일상생활의 경제는 우리가 익히 알고 있고 또 쉽게 설명할 수 있는 경제에 비해 더 폭넓은 변동을 겪게 된다. 무엇보다도 사회구조는 별로 믿음직스럽지 않을 것이며, 우리가 직접적인 안전을 보장받기 위해 의존하는 제도들은 흔들릴 것이다. 그리하여 반사회적 범죄가 만연할 것이고 이러한 인식은 두려움과 함께 그에 대한 반작용으로 사설 보안조치들과 단체들의 확대를 불러올 것이다. 이런 것들이 낯익은 것으로 여겨진다면, 그 이유는 이런 일들이 정도는 다르지만 세계체제 전반에 걸쳐 일어나고 있기 때문이다.

이런 상황에서 서로 다른 정치세력들이 보일 법한 반응들이 무엇일지 묻지 않을 수 없다. 가장 쉽게 예측할 수 있는 것은 세계체제 상류층의 반응이다. 그들은 물론 복잡한 혼합세력이며 조직화된 간부회의를 갖고 있지 않다. 그러나 그들은 아마도 두 개의 주요 진영으로 나눌 수 있을 것 같다. 다수파는 전반적인 혼란을 공유할 것이며, 양보의 정치가 기대하는 만큼의 단기적 평온을 성취하지 않는다고 생각하면 자신들의 전통적인 단기적 정치에 의존하여 아마도 억압의 정도를 높일 것이다.

다음으로는 상류층 중에서 소수파가 존재한다. 이들은 현체제가 붕괴하고 있다는 사실을 인식할 만큼 충분히 통찰력이 있고 지적인 사람들이며 새로운 체제가 자신들의 특권적 지위를 유지하는 체제가 되도록 확실하게 해두고 싶어하는 사람들이다. 이런 집단에게 유일한 전략은 디 람뻬두싸(G. T. di Lampedusa 1896~1957, 이딸리아의 작가로 『표범』이라는 소설에서 사회변혁을 요구하는 도전세력에 대한 기득권 세력의 고민과 해법을 탁월하게 묘파했다—옮긴이) 전략——아무것도 변하지 않도록 하기 위해 모든 것을 변화시키는——이다. 이 집단은 결의가 확고할 것이고 아울러 그들이 마음대로 처분할 수 있는 막대한 양의 자원을 지니고 있을 것이다. 그들은 지식과 전문기술을 어느정도는 자신들이 바라는 대로 고용할 능력이 있다. 그들은 그렇게 할 것이다. 이미 그렇게 하고 있을지도 모른다.

이 집단이 무슨 제안을 들고 나올지 또는 그 구성원들이 선호하는 이행의 형태를 어떤 수단을 동원해서 실행할지에 대해 나는 아는 바가 없다. 내가 알고 있는 것은 그것이 무엇이든지 간에 매력적이고 현혹적이리라는 점이다. 가장 현혹적인 측면은 그와 같은 제안들이 급진적이고 진보적인 변화로 치장되리라는 점이다. 그것의 실질적인 결과가 어떠할지 찾아내고 더불어 긍정적인 요소와 부정적인 요소 들을 구별하고 고찰하려면 끊임없이 분석적 비판을 들이대야 할 것이다. 이런 일들은 이미 생태학이나 유전공학 같은 다양하고 구체적인 형태의 문제들과 관련된 비교적 사소한 제안들의 길다란 목록에서 행해지고 있으며, 그 목록은 계속 이어질 수 있다.

사실상 전쟁터나 다름없는 그곳의 정반대편에는 좀더 민주적이고 좀더 평등한 세계를 재건하고자 하는 사람들 모두가 모여들 것이다. 나는 이 두 가지를 세계 좌파를 규정하는 최소한의, 그러나 사실은 결정적인 기준으로 삼고 있다. 이 목표를 공유하는 온갖 이질적인 집단들이 함께 행동한다면, 그들이 희망하는 방향으로 의미있는 변혁을 성취할 수 있는 중대한 가능성의 기회가 온다. 그러나 앞서 말했듯이, 그들은 현재 불확실성, 취약성, 전반적인 침체상태에서 행동하고 있다. 불확실성은, 물론 그것도 극복할 수 있는 것이기는 하지만 이해할 수 있는 부분이다. 그러나 취약성이나 침체성에 관해서는 최근 30년 동안의 충격이 그런 반응을 유발한 점을 인정한다고 하더라도 본질적으로 세계 좌파가 그런 상태에 빠져 있을 필요는 전혀 없다.

현체제처럼 위계적 특권이라는 결정적인 특징을 가진 새로운 역사적 사회체제를 향해 나아가고자 하는 사람들과 좀더 민주적이고 좀더 평등한 체제를 향해 나아가고자 하는 사람들이 체제의 분기를 결정하기 위해 벌이는 이러한 투쟁에서 어느 쪽이 승리할지 우리는 알지 못한다. 우리는 알지도 못하고 알 수도 없다. 행동을 하더라도 불확실한 결과의 틀 내에서 행동해야 한다. 누구에게 승산이 있는지 알 수 없다. 오직 격렬한 투쟁만이 있을 뿐이며, 그 속에서 우리가 할 일은 실질적 합리성의 승리를 위해 노력하는 일뿐이다. 이제 가능한 행동노선들을 살펴보자.

세계 좌파의 전략

세계 좌파가 19세기를 거치면서 개발한 전략은 무엇이 잘못되었을까? 그 전략이 성공을 거두지 못한 걸 보면 많은 잘못이 있음에 틀림없다. 전반적인 전략의 핵심은 먼저 국가권력을 획득하고 그런 다음 세계를 변혁시킨다는 '2단계' 개념이었다. 이러한 순서가 의미있었던 것은 국가기구를 통제하는 것이 특권계층의 축적된 경제·문화적 권력을 무너뜨릴 수 있는 유일한 길이자 새로운 종류의 제도를 수립할 수 있도록—그리고 반격에 맞서 유지할 수 있도록—보장하는 유일한 길로 보였기 때문이다. 사회변혁에 대한 다른 그 어떤 노선도 (공상이라는 경멸적인 의미에서) 유토피아적인 것으로 보였으며, 다양한 다른 변혁노선이 시도될 때마다 항상 공세적인 반격에 직면하고 결국에는 진압되었다는 사실에 의해 이러한 견해는 확고한 것처럼 보였다.

그러므로 2단계 전략은 제대로 작동할 유일한 전략처럼 보였다. 그러나 결국 그것은 실패했다. 돌아보면 우리는 무슨 일이 일어났는지 알게 된다. 2단계 전략이 실패한 이유는 일단 첫번째 단계를 성취한——그리고 실제로 꽤 많은 나라가 그것을 성취했다——새로운 정권들이 두번째 단계를 성취할 수 있을 것 같지 않았기 때문이다. 바로 이것이 구좌파에 대한 환멸의 근원이다. 그렇다면 그 운동들이 두번째 단계에서 흔들린 이유는 무엇일까? 오랫동안 제시된 주장에 따르자면, 만약 특정 정권이 약속했던 대로 세계를 변혁하지 않았다면 그것은 지도부가 어떤 의미에서 대의를 '배반하고' '배신했기' 때문이라는 것이다. 내가 보기에 지도자들이 배신한다는 관념은 대중들이 잘못된 의식을 지니고 있다는 관념과 매한가지로 빈곤한 분석이며 정치적 효용도 없는 것 같다. 물론 보통사람들 가운데 다수(심지어 대다수)가 믿고 있는 동일한 원칙들을 일부 동료들이 믿지 않는 것처럼 보이는 것과 매한가지로, 일부 지도자들은 자신들이 천명한 원칙들보다는 개인적인 야망을 중시하는 것이 사실이다. 그렇지만 문제는 왜 그런 사람들이 승리하는가 하는 점이다.

근본적인 문제는 윤리적이거나 심리적인 것이 아니라 구조적인 것이다. 자본주의 세계체제 내 국가들은 많은 권력을 갖고 있지만 그렇다고 국가들이 진짜 전능한 것은 아니다. 집권한 사람들이 자신들이 하고 싶은 대로 모두 한다면 권좌에 남아 있을 수 없는 것이다. 권력을 장악한 사람들은 사실 모든 종류의 제도들에 의해, 특히 국가간체제에 의해 상당히 심한 제약을 받는다. 이것이 권력을 장악한 운동들이 차례차례 직면하게 되는 구조적 현실이다. 폭풍 속의 나무들같이 그 정권들은 구부러지거나 부러졌다. 어떤 정권도 똑바로 서 있지 못했거나 똑바로 서 있을 수 없었다. 그리고 여러 측면에서 볼 때, 그 정권들이 똑바로 서 있기를 기대하는 것은 위험스러울 만큼 순진한 생각이었다.

좌파 내에서 2단계 전략의 위험들을 경고한 사람이 전혀 없었던 것은 아니다. 그 위험성을 주장한 사람들은 유효한 대안노선이 존재한다는 점을 다수파에게 확신시킬 수 없었을 따름이다. 세계의 권력자들이 (국가군대와 국가경찰의 힘을 매개로) 무기를 통제했기 때문에 그 운동들이 국가권력을 획득하기 전에는 그 어떤 진정한 변화들도 이룰 수 없는 것처럼 보였던 것이다. 좌파 내의 다수파가 이 점에 관해서는 아마 옳았을 것이다. 그들이 여전히 근본적으로 안정적인 자본주의 세계체제 내에서 활동하고 있는 한 대안적인 길은 전혀 없었다.

그러나 여기에는 이것 이상의 문제들이 있다. 좌파측의 분석에는 좌파를 이러한 국가지향으로 밀고 간 다수의 편견이 내포되어 있는 것이다. 첫번째 편견은 동질성이 이질성보다는 어쨌든 낫고, 그러므로 권력집중이 권력분산보다는 어쨌든 낫다는 것이었다. 이것은 평등이 곧 동일성을 의미한다는 그릇된 가정에서 비롯되었다. 물론 맑스가 평등(equality)과 공평(equity)을 구별한 것을 비롯해서, 많은 사상가들이 이러한 등식의 오류를 지적한 바 있다. 그러나 다급한 혁명가들로서는 권력집중과 동질화의 길이 가장 쉽고도 빠른 길로 보였다. 거기에는 복잡한 선택사항들의 이해득실을 따지는 방법에 관한 어려운 계산이 전혀 필요하지 않았다. 그들은 사실상 사과와 오렌지를 더 추가할 수 있다고 주장했는데, 유일한 문제는 현실세계가 바로 사과와 오렌지 들로 이루어져 있다는 것이다. 현실변화에 대응하는 이런 계산을 할 수 없다면, 실제적인 정치적 선택을 내릴 수 없다.

두번째 편견은 사실상 정반대의 것이었다. 노력과 결과의 통합을 선호한다면 논리적으로는 하나의 단일한 세계운동을 창설하고 하나의 세계국가를 옹호하는 쪽으로 나아가야 했다. 하지만 어떤 국가들이 다른 국가들보다 확연하게 더 강하고, 특권을 누리는 다국간체제라는 실제 현실 때문에 그 운동들은 국가를 세계체제 내에서 집단적 이익의 방어 메커니즘으로, 특권적인 소수세력보다는 각 국가 내의 다수세력에게 더 적절한 도구로 인식하게 되었다. 또다시 많은 사상가들이 근대 세계체제 내에 있는 국가가 특권적인 소수세력의 이익보다는 집단적인 이익에 봉사할 것이라거나 봉사할 수 있다고 믿는 것이 오류임을 지적했지만, 약한 국가들의 약한 다수세력들은 주변화와 억압에 맞선 자신들의 투쟁에서 자신들이 통제할 수 있을 것으로 생각한 (아니, 희망한) 국가구조말고는 가까이에서 다른 무기를 발견할 수 없었다.

세번째 편견은 그중 가장 기묘한 것이었다. 프랑스혁명은 '자유·평등·우애'라는 세개의 원리를 구호로 천명했다. 그후 실제로 일어난 일은 대다수 사람들이 그 구호 가운데 '우애'를 단지 감상적인 생각일 뿐이라는 이유로 슬그머니 빼버린 사실이다. 그리고 자유주의 중도파는 '자유'가 '평등'보다 우선해야 한다고 주장했다. 사실 그 주장의 실제 의미는 (순수하게 정치적인 관점에서 정의된) '자유'가 중요한 유일한 것이고, '평등'은 '자유'에 대한 위협을 의미하며 그래서 약화시키거나 아예 빼버려야 한다는 것이었다.

이러한 분석에는 속임수가 있었는데, 세계 좌파는 거기에 넘어갔다. 세계 좌파는, 그리고 특히 레닌주의적 변종은 중도주의적 자유주의 담론을 뒤집어서 (경제적) 평등이 (정치적) 자유보다 우선해야 한다고 주장하는 것으로 반응했다. 이것은 완전히 틀린 대답이었다. 정답은 결코 자유와 평등을 분리시킬 수 없다는 것이다. 어떤 사람의 선택이 불평등한 지위에 의해 제약당하고 있다면, 그 사람은 '자유롭게' 선택할 수 없다. 그리고 어떤 사람이 다른 사람이 누리는 만큼의 자유를 누리고 있지 못하다면, 즉 실제 결정에서 똑같은 정치적 권리와 똑같은 정도의 참여를 누리지 못한다면, 그 사람은 '평등'할 수 없다.

그럼에도 이 모든 것은 이미 지나간 일이다. 좌파는 자기주장을 내세웠고 그 주장과 더불어 살아야 했다. 그 결과 주지하다시피 오늘날 세계 좌파는 커다란 어려움에 빠져 있다. 그렇지만 이것을 따로 떼어서 관찰해서는 안된다는 것이 나의 주장이다.

좌파의 잘못들, 실패한 전략은 좌파가 투쟁대상으로 삼는 자본주의체제의 작동에서 비롯된 거의 불가피한 결과였다. 그리고 좌파의 이러한 역사적 실패를 폭넓게 인식하는 것이야말로 자본주의 세계체제의 전반적인 위기 때문에 생긴 혼란의 본질적인 부분이다.

지난날 좌파의 실패와 오늘날 그것을 인식하는 것이 훗날 세계 좌파로 하여금 자신의 목표들을 성취할 수 있게 할 것이다. **가능하기는 하지만, 결코 확실하지는 않다!** 새로운 종류의 역사적 체제가 다음 반세기 안에 수립될 것이다. 그것이 어떤 모습을 취할 것인지를 둘러싸고 이미 전세계적인 싸움이 시작되었다. 그렇다면 우리는 무엇을 할 수 있을까?

나는 좌파의 우리들이 할 수 있는 첫번째 일은 분석하는 것이라고 생각한다. 내가 이런 말을 하는 이유는 내가 사회과학자들, 다시 말하면 사회분석이라는 생업에 종사하는 것으로 추정되는 사람들에게 발언하고 있기 때문이 아니다. 세계와 특히 세계 좌파의 문제 가운데 하나는 우리의 이전 분석들이 모두 그렇게 훌륭한 것이기는커녕 우리를 오늘날과 같은 딜레마에 빠뜨린 원인 가운데 일부인 것 같아서 이런 말을 하는 것이다. 여기서 나는 그동안 되풀이해온 수많은 테마들을 반복할 수밖에 없다. 첫번째는 분석단위의 선택이 중요하다는 점이다. 나는 근대 세계체제, 곧 자본주의 세계경제가 적절한 분석단위라고 생각한다. 우리가 할 수 있는 두번째 일은 이 체제를 장기지속 안에서 분석하는 것이다. 그것이 영구적인 것은 분명 아니다. 이것이

의미하는 바는 이를테면 자본주의 세계경제 같은 어떤 특정한 역사적 체제의 경우에 주기적 순환들과 장기적 경향들을 구별하고 그것을 활용해서 발생의 시기, 준정상적 작동의 시기, 체제 전체의 구조적 위기의 시기를 구별할 필요가 있다는 것이다.

우리가 할 수 있는 세번째 일은 체제의 진행과정들을 복잡성의 관점에서, 즉 체제가 평형상태에서 훨씬 벗어나 결과가 불확실한 분기의 순간들에 도달하는 장기적 경향의 관점에서 이해하는 것이다. 네번째는 자본주의 세계경제 내에서 ① 반체제운동들과 ② 지식구조들이 담당하는 제도적 역할을 특별히 강조하는 것이다. 그리고 다섯번째는 상당부분 19세기에서 물려받은 범주들에서 탈피한다(이것은 재고한다는 것과는 다르다)고 하는 맥락에서 모든 분석을 진행하는 것이다. 이를 통해 우리는 현 세계체제의 필요에 응하고 그 지구문화를 반영할 수 있게 된다.

물론 분석은 언제나 실천의 필수적인 구성요소이다. 그러나 그것은 우리가 구조적 위기에 직면했을 때 특히 긴급하고도 중요하다. 수용된 사고범주들이 유용한 행동을 막는 가장 커다란 걸림돌이 되는 것은 바로 그때이기 때문이다. 그렇지만 분석은 그것만으로는 결코 행동이 아니다. 행동엔 조직이 필요하다. 세계 좌파는 지난 200년 동안 이것이 가능한 단일한 위계적 구조 내에서 이루어지는 고도로 통합된 행동을 의미한다고 믿었으며 그것이 가장, 어쩌면 유일하게 유효한 형태의 행동이라고 믿었다.

나는 이러한 가정이 틀렸음이 입증되었다고 생각한다. 세계

좌파를 잠재적으로 구성하는 사회적 구성요소들은 너무 다양하고, 너무 많은 서로 다른 당면 문제들에 직면했으며, 너무 많은 다양한 문화적 중심들에서 기원한 것들이어서 민주집중제의 체제——진정으로 민주적인 것이라고 하더라도——가 제대로 작동하기는 힘들다. 이런 사실은 그것과는 다른 방향을 가리키는 두 가지 구호가 출현하면서 최근 몇년 사이에 인식되었다. 하나는 '무지개연합'이라는 미국의 구호로서, 세계의 다른 지역들에서 이 문구를 모방하고 있다. 그것은 매우 많은 사람들이 정치가 사회적 지위와 정체성에 뿌리박고 있거나 또는 그것들에 깊이 영향을 받는다고 느끼면서 비롯한 것이다. 또 하나의 문구는 최근 몇년 전 프랑스에서 쓰기 시작한 '다원적 좌파'이다. 이 문구 역시 모방되고 있다. 그것이 가리키는 것은 서로 다른 정체성들이라는 현실이라기보다는 정치적 전통들과 우선순위들의 다원성이라는 현실이다.

새로운 양식의 좌파연합을 창설하기 위한 지금까지의 실제적인 노력들을 우리가 어떤 식으로 평가하든, 우리가 어떤 의미있는 정치적 진보를 이룩하고자 한다면, 내가 보기에 그러한 생각의 핵심은 절대적으로 옳고 또 실제로 필수적이다. 사람들이 자신들에게 의미있는 형식과 구조로 조직되는 한에서만, 즉 그 사람들이 형성하는 집단들이 서로에게 말을 걸고 의미있는 연합들을 운영할 준비가 되어 있는 한에서만 비로소 우리는 집단적으로 약해지지 않고 강해진다. 이것은 의회정치의 문제를 훨씬 뛰어넘는다. 이것은 전지구적 차원에서 지역적 차원에 이르기까지 모든 차원에서 작동할 수 있고 또 작동해야 한다. 그러나 무엇보다도 그것은 단지 의안 통과를 위한 정치적 협력의 문제일 수 없으며, 서로 협력하는 이 운동들에 의한 끊임없는 논의와 단체조직적 분석의 문제라고 할 수 있다. 그것은 위계적 정치행동에 반대되는 것으로서 단체조직적 정치행동의 특별한 문화를 창안하고 강화하는 문제이다. 그것이 쉽지는 않을 것이다.

그렇다면 그와 같은 연합들이 추구해야 하는 바는 무엇일까? 나는 이론과 실천의 세 가지 주요 노선을 강조할 필요가 있다고 생각한다. 첫번째는 내 식으로 말하면 '자유주의자들이 자유주의자들이 되도록 강제하는 것'이다. 중도주의적 자유주의자들의 아킬레스건은 그들이 자기들 자신의 수사를 이행하려고 하지 않는다는 것이다. 그들의 수사에서 중심을 차지하는 것은 개인의 선택이다. 그럼에도 많은 기본적인 차원들에서 자유주의자들은 개인의 선택에 반대한다. 가장 명백하고도 중요한 것 가운데 하나는 살 곳을 선택할 권리이다. 이민 통제는 반자유주의적이다. 부의 소유 정도에 따라 선택—이를테면 의사나 학교의 선택—하는 것은 반자유주의적이다. 특허권은 반자유주의적이다. 이런 식으로 계속 이어갈 수 있다. 사실 자본주의 세계경제는 자유주의적 수사의 불이행을 기반으로 생존한다. 세계 좌파는 체계적이고 정기적이고 지속적으로 자유주의자들의 속임수를 폭로해나가야 한다.

그러나 물론 수사적 속임수를 폭로하는 것은 단지 재건의 시작일 뿐이다. 우리는 우리 고유의 적극적인 강령을 지니고 있어야 한다. 1960년과 1999년 사이에 전세계 좌파정당과 운동들의 강령에 엄청난 변화가 있었다. 1960년에 그들의 강령이 강조한 것은 경제구조였다. 그것은 생산수단의 이런저런 형태, 이런저런 정도의 사회화, 보통은 국유화를 옹호했다. 그것은 계급적 토대로 규정되지 않는 불평등들에 대해서는 거의 언급하지 않았다. 오늘날에는 이 동일한 정당들과 운동들 또는 그 후신들이 거의 모두 성, 인종, 종족의 불평등을 다루는 강령을 제시한다. 그 강령들 가운데 많은 것들은 매우 부적합하지만, 적어도 그들은 뭔가를 표명할 필요가 있다고 느낀다. 다른 한편 오늘날에는 스스로를 좌파로 간주하면서 생산수단의 사회화나 국유화를 계속 옹호하는 정당이나 운동이 사실상 전혀 없으며, 수많은 정당이나 운동 들이 실제로 다른 방향으로 나아갈 것을 제안하고 있다. 이것은 깜짝 놀랄 만한 방향전환이다. 어떤 이는 이를 환영하고 어떤 이는 비난한다. 대다수는 이를 그저 수용한다.

이와 같이 강조점이 대거 이동함으로써 한 가지 커다란 이득이 생겨난다. 세계 좌파는 거의 모든 사람의 가장 중요한 문제, 즉 전세계 다수의 불평등이라는 일상적인 현실을 충분히 진지하게 다루어본 적이 전혀 없었다. 단지 부유한 사람들간의 평등이라면 평등은 거의 아무것도 의미하지 않는다. 자본주의 세계체제는 부와 특권의 역사상 가장 커다란 지리적 양극화를 낳았다. 세계 좌파의 최우선 과제는 그 격차를 근본적으로, 그리고 될 수 있는 한 급속하게 줄여나가는 것이어야 한다. 그러나 이것만이 줄여야 할 유일한 격차는 아니다. 우리가 아주 오랫동안 이야기해온 많은 문제들이 있다. 바로 계급, 인종, 종족, 성, 세대 등이다. 간단히 말해서, 우리는 평등이라는 문제를 그에 대해 뭔가 실제로 조치를 취할 수 있는 문제로 다루어야 한다.

그러나 무슨 조치를 취한단 말인가? 평등을 목표로 선언하는 것이 곧 그것을 성취하는 것은 아니다. 왜냐하면 온갖 선의에도 불구하고—그런데 이런 선의를 가정할 수도 없으며, 실제로는 그 정반대이다—공평한 해결책들을 발견하는 것은 쉽지 않기 때문이다. 내가 베버의 실질적 합리성 개념을 재도입하고, 사실인즉 부활시킬 필요가 있다고 생각하는 것은 바로 이 때문이다. 우리는 여기서 번역의 문제에도 주목해야 한다. 베버가 독일어로 말한 용어는 'Rationalität materiel'(실질적 합리성)—'formal'(형식적)에 반대되는 것으로서의 'materiel'—이었다. 영어 번역 'substantive rationality'(실질적 합리성)는 우리가 마음속에서 'substantial'(풍성한)이 아니라 'substance'(실질)를 연상할 때에야 비로소 'materiel'의 의미를 전달한다. 베버가 말한 것은 한 개인이나 조직이 스스로 정하는 특수하고 협소하게 서술되는 일련의 목표들의 관점에서 합리적인 것과는 정반대로 집단적이고 광범하게 적용할 수 있는 가치체계들이라는 관점에서 합리적인 것이었다. '실질적 합리성'에 대면하여 베버 자신이 취한 태도는 애매했다. 그가 이 개념을 서술할 때 때로는 그것이 자신의 우선사항인 것처럼 보이게 하는 방식을 취했고, 때로는 이데올로기 조직들(독일사회민주당SPD을 지칭)이 다른 모든 사람들에게 그들의 견해를 강요할 것이라는 자신의 두려움을 강조하는 방식을 취했다.[4] 베버의 1945년 이후 제자들은 대부분 후자의 감정만을 주목했을 뿐 전자는 무시했다. 그러나 우리는 이 중요한 개념과 그것이 우리에게 가져다주는 통찰을 우리 나름의 방식으로 활용할 수 있다.

내가 보기에 베버가 지적하고 있었던 것은 이렇다. 다수의 행위자들과 다수의 가치들로 이루어진 세계에는 (득표수를 세는) 단순한 산술적 계산이나 모든 사람들이 저마다 자신의 환상을 추구하는 집단적 난투극말고도 토론을 통한 해결들이 존재할 수 있다는 것이다. 사회적 결정을 내리는 실질적으로 합리적인 방식들이 있을 수 있다. 그 방식들이 무엇인지 알아내려면 오랜 기간에 걸친 명확하고 적극적이며 공개적인 토론과, 단기적인 것과 장기적인 것을 둘러싼 우선순위의 균형을 맞추려는 집단적인 노력이 필요하다.

아주 명백한 쟁점인 세대별 우선순위의 문제를 예로 들어보자. 어떤 일정한 싯점에는 네 부류의 세대별 집단 사이에 분배할 수 있는 일정한 사회적 잉여가 존재한다. 네 부류란 아이들, 노동연령층 성인들, 노인들, 아직 태어나지 않은 사람들이다. 집단적으로 지출한다고 할 때 적절한 할당비율은 무엇일까? 물론 쉽거나 자명한 대답은 결코 존재하지 않는다. 그러나 그것은 민주적으로 도달된 (즉 어느정도 의미있는 방식으로 모든 사람, 적어도 살아 있는 모든 사람이 실제적으로 참여하는 것을 의미하는) 어느정도 신중한 결정이 필요한 문제이다. 현 싯점, 현체제에서 이것을 수행할 수 있는 실제적인 절차는 전혀 없으며,

전지구적 차원에서는커녕 어떤 단일한 국가 내에서조차 없다. 우리는 과연 그같은 절차를 수립할 수 있을까? 수립해야 한다. 그렇게 할 수 없으면, 우리는 세계 좌파의 전통적인 목표인 비교적 민주적이고 평등한 세계를 영원히 포기해야 한다. 나는 이 목표를 포기할 마음이 없다. 그러므로 나는 인류가 그런 절차들을 수립할 수 있다는 것을 원칙적으로 낙관한다. 그러나 그것이 어려울 뿐만 아니라 그런 절차들이 수립되는 것을 원하지 않는 기득권자들이 너무나도 많다는 점을 기억하자.

이와 같은 다수의 불평등과 그것을 극복하는 방식에 관해 말할 수 있는 것은 적어도 그리고 마침내 그것들이 오늘날 진지한 토론주제가 되었다는 점이다. 그것들은 세계 좌파의 의제가 된 것이다. 그리고 지금까지 아주 좋은 답을 찾아내지 못했다고 하더라도, 그것을 찾기 위해 노력하는 중이며, 내부의 중상모략도 우려했던 것이나 이삼십년 전에 일어났음직한 것보다는 훨씬 적다고 생각한다.

그러나 다수의 불평등 문제에서는 큰 진전이 있었지만 동시에 우리의 기본적 경제제도들을 재건하는 측면에서는 커다란 손실이 있었다. 자본주의가 붕괴한다고 하더라도 우리는 여전히 전통적인 사회주의 목표——집단적 이익과 공정한 분배를 극대화하는 사회적으로 합리적인 체제——를 실현하는 대안을 갖게 될까? 설사 오늘날의 세계 좌파가 그와 같은 제안들을 제시하고 있다고 하더라도, 나는 그것들에 관해 들어본 바가 없다. 좌파 스펙트럼의 한쪽 끝에 있는 사람들은 단순히 자본주의체제의 중도주의적 관리의 아류에 불과한 '새로운' 사상들을 주창하고 있고, 다른 쪽 끝에 있는 사람들은 과거의 묘안들에 대한 향수에 젖어 있으며, 이 양극단 사이에는 진지한 사상이 실로 빈곤한 형편이다.

세계 좌파는 역사적 사회주의의 수사에 대한 가장 체계적이고 유효한 비판, 즉 생산수단의 비개인적 소유는 낭비, 기술적 효율성에 대한 무관심, 부패로 이어진다는 비난에 맞설 필요가 있다. 이러한 비판은 오늘날의 이른바 '현존 사회주의'에 어느정도 들어맞는 것이다. 살아남은 사회주의정권이 (또는 적어도 그 대다수가) 이것을 인식하기는 했지만, 그들의 대응은 그 정권들 내부에 사적 소유의 영역을 넓게 마련하고 거기에다 '시장사회주의'라고 이름붙인 것이었다. 이것은 어느정도 단기적인 경제적 난관들을 해결할지는 몰라도, 세계 사회주의운동이 가장 우선적으로 해결하고자 했던 근본적인 문제들——사회 전체의 불평등과 낭비——을 전혀 해결하지는 못한다.

나는 또하나의 노선이, 실제로 부분적으로 시도된 적이 있고 어느정도 가능성이 있는 노선이 있다고 제안한다. 나는 생산활동을 중간 규모의 분권적이고 경쟁적인 비영리구조 내부에 안착시킴으로써 사적 소유의 이점을 대부분 취하면서도 부정적인 것을 대부분 제거하는 것이 가능하다고 생각한다. 그 관건은 그것들이 비영리구조들이리라는 것, 즉 아무도 '이익배당금'이나 '이윤배당금'을 받지 않는 가운데 모든 잉여를 조직에게 되돌리거나 다른 곳에 투자하기 위해 사회 전체가 세금으로 거둬들인다는 점이다.

그와 같은 구조들은 어떻게 작동할까? 그런데 그와 유사한 것들이 존재한다는 점에서 우리는 실제로 그 작동방식을 알고 있는 것이다. 미국에서 대다수 주요대학과 병원 들은 지금까지 2세기 동안 그같은 원리에 따라 운영되었다. 그것들의 작동방식에 대해 우리가 뭐라 말하든, 극소수의 기존 영리기관들과 비교해서 대학과 병원이 '불충분'하거나 '기술적으로 낙후되어 있'지는 않았다. 사실은 정반대이다. 나는 현재 그와 같은 구조들을 영리기관들로 바꾸려는 움직임이 있다는 것을 알고 있다. 하지만 병원의 경우 그런 움직임의 결과가 별로 좋지 않았으며, 대학에서는 이윤을 우선하는 기관으로 바꾸려는 움직임이 아직 심각하게 시도되지 않았다. 물론 대다수 나라들에서 병원과 대학은 국고 지원을 받고 있지만, 전통적으로 그것들은 보통 권력 분산의 사례로 여기기에 충분할 만큼 자율성을 보장받았다. 국고 지원을 받는 비영리구조들은 어쨌든 민간 비영리구조들과 비교해서 효율성이 현저하게 뒤처지지는 않았다.

그렇다면 철강회사들, 컴퓨터기술 대기업들, 항공기와 생명공학 제조업체들이라고 해서 이런 구조가 작동하지 않을 이유가 있을까? 분명 논의해야 할 세부 항목들은 아주 많을 것이다. 특히 그와 같은 비영리회사들에 어느 정도 세금을 부과해야 하는가에 대해서는 논의가 필요하겠지만, 본질적으로 그것은 실현가능성이 있고 유망하며 전세계 모든 사람의 생활수준 향상에 대한 공약과도 어울리는 대안적 노선인 것 같다. 내가 보기에 적어도 그것은 진지하게 토론해야 할 만한 사안이고 정교하게 다듬어야 할 생각이 아닌가 한다.

내가 생각하기에 제일 염두에 두어야 할 것은 경제적 자원들의 소유나 심지어는 통제가 근본문제는 아니라는 점이다. 근본문제는 세계의 경제적 절차들을 탈상품화해야 한다는 점이다. 강조되어야 할 것은 탈상품화가 의미하는 것이 화폐제도의 해체가 아니라 이윤 범주의 제거라는 점이다. 자본주의는 모든 것을 상품화하기 위한 프로그램이다. 자본가들은 아직도 그것을 완전히 실현하지는 못했지만, 우리가 아는 그 모든 부정적인 결과들에도 불구하고 그들은 그 방향으로 멀리까지 밀고 나아갔다. 사회주의는 모든 것을 탈상품화하기 위한 프로그램이어야 한다. 지금부터 500년 동안 그 길을 가기 시작한다면, 그것을 완전히 실현하지는 못할지라도 그 방향으로 멀리까지 갈 수는 있을 것이다.

어쨌든 우리는 현체제가 붕괴할 때 우리가 수립하고자 하는 역사적 사회체제의 가능한 구조들에 관해 논의할 필요가 있다. 그리고 우리는 이행의 시기인 지금, 그리고 향후 반세기 동안 대안적인 구조들을 수립하기 위해 노력해야 한다. 우리는 독단적이어서는 안되지만 강력하게 이러한 문제를 추구할 필요가 있다. 우리는 대안들을 정신적 실험으로서 그리고 실제적인 실험으로서 시험해볼 필요가 있다. 해서는 안될 일은 이 문제를 무시하는 것이다. 왜냐하면 만일 우리가 이 문제를 무시한다면, 세계 우파는 새롭고 위계적이고 불평등한 세계질서 속으로 우리를 끌어들일 새로운 비자본주의적 대안들을 스스로 찾아낼 것이기 때문이다. 그리고 그때는 이미 늦어서 그후 오랜 기간 아무것도 바꿀 수 없게 될 것이다.

명백하지만 언급할 필요가 있는 만큼 마지막으로 한 가지만 이야기하도록 하겠다. 사회과학자들은 전문가들이다. 물론 우리가 유일한 전문가집단은 아니다. 어떤 의미에서 세계에는 수많은 일련의 전문가들이 있으며, 그들 가운데 어떤 사람들은 다른 사람들보다 더 오랜 기간 훈련을 받는다. 전문가들은 어떻게 비전문가들과 관계를 맺을까? 어떻게 관계를 맺어야 할까? 세계 좌파는 이것을 중간계급의 좌파지향적 지식인들이 어떻게 노동계급과 관계를 맺어야 할까 하는 문제로 규정하곤 했다. 그리고 우리는 그들이 '유기적 지식인들'이어야 한다는 이론을 선호하는 경향이 있었다. 이 말이 의미하는 바는 그런 지식인들은 사회운동에 몰두해야 하며, 사회운동과 함께, 사회운동을 위하여, 궁극적으로는 사회운동 아래에서 활동해야 한다는 것이었다. 그 운동들이 붕괴하면서 이전의 세칭 유기적 지식인들의 마음속에는 그런 발상 전체에 대한 나쁜 인상이 남아 있다.

그렇지만 이 문제를 다른 식으로 바라볼 수도 있다. 고객이 변호사나 의사와 어떻게 관계를 맺는지 고려해보자. 알다시피 그것은 근본적으로 계급의 문제이다. 노동계급 고객은 그 전문가를 대면하여 무지와 무력감을 느끼는 가운데 때로는 감사하는 마음을, 때로는 대단한 분노심을 품고 그 전문가의 판단을 받아들이겠지만 그럼에도 대개 그 전문가의 판단을 수용할 것이다.

부자나 다른 권력자는 변호사나 의사의 일차적 역할은 상관에게 전문적인 충고를 제공하는 것이라는 생각을 품고 그들을 부하처럼 다룰 것이다.

전문가들이 비전문가들과 동등한 자격으로 관계맺을 수 있는 방식이 있을까? 전문가들이 어떤 전문화된 지식을 갖고 있는 것은 분명하다. 그것은 다수의 차별적인 훈련 프로그램들의 핵심이다. 그리고 특정한 종류의 문제들을 해결하는 데 적합한, 비전문가들이 알지 못하는 많은 것들을 전문가들이 알고 있는 것도 역시 분명하다. 바로 그렇기 때문에 비전문가들이 전문가들에게 자문을 구하고 전문가들이 지닌 전문지식의 도움을 받는 것이다. 그러나 전문가들이 알지 못하거나 또는 알고 있더라도 전문적인 지식을 전혀 갖고 있지 못한 다른 많은 일들—자신에게 필요한 것들이나 좋아하는 것들에 관한 것들, 자신이 직면한 다른 문제들에 관한 것들—을 비전문가들이 알고 있다는 것 또한 분명하다.

전문가들이 권고하는 특정한 행동노선을 따라가다가 어디쯤에선가 그 노선이 실질적으로 합리적인가 아닌가에 관해 총체적인 판단을 내리지 않으면 안된다. 물론 나는 일단 그것이 형식적으로 합리적인 것이라고, 즉 그 전문가가 고려한 협소하게 규정된 목표는 성취할 것이라고 생각한다. 그러나 이러한 결정을 누가 그리고 어떻게 내릴 것인가? 만일 이 문제의 영역을 한 개인이 개인적 문제를 해결하기 위해 전문가를 만나는 차원에서 사회 전체가 집단적인 문제를 해결하기 위해 전문가집단을 만나는 차원으로 바꾸어놓으면, 우리는 이번에도 역시 대답이 간단치 않음을 곧바로 알게 된다. 그러나 나는 또다시 이것은 극복하는 것이 어려울 뿐 불가능하지는 않은 난제라고 생각한다. 전문가들이 사회 전체에 자신들의 해결책을 강요하는 것이나 정치적 결정기구들이 전문가들의 지식과 권고를 무시하는 것, 이 두 극단 가운데 어느 것도 받아들일 수 없다. 우리는 이 문제들을 공개적으로 토론하고 다수의 필요 및 이해득실을 따질 것을 어느정도 체계적으로 강제할 필요가 있다. 우리는 이렇게 해서 실질적 합리성의 문제로 되돌아왔다.

우리가 좌파를 위한 이 모든 프로그램을 우리들 사이에서만, 그리고 아주 평온한 상태에서 직면한다고 하더라도 이 모든 프로그램은 대단히 어려울 것이다. 그러나 우리는 우리의 근본적인 목표를 성취하지 못하도록 방해하고자 하며 또 마음대로 쓸 수 있는 강력한 자원들을 손에 넣고 있는 사람들에게서 끊임없이 공격받는 가운데 이 문제들에 직면해 있다. 더군다나 그것에 직면하는 시기는 평온한 시대가 아닌 혼돈의 시대가 될 것이다. 이행기의 혼돈은 우리에게 기회를 제공하기도 하지만, 동시에 이 혼돈스러운 환경은 우리를 혼란에 빠뜨리고 우리로 하여금 역사적 사회체제의 장기적인 재건을 외면하고 긴급한 문제들의 단기적인 해결에 주목하도록 압박하기도 한다.

마지막으로, 우리처럼 미국에 살고 있는 사람들 앞에는 1959년에 라이트 밀즈(C. Wright Mills)가 분명하게 관찰했고, 그 이후 근본적으로 변하지 않은 장애가 한 가지 더 있다. "미국이나 영국에 살고 있는 〔우리 같은〕 부류의 지식인들은 낙담스러운 문제들에 직면한다. 이런저런 종류의 사회주의자들로서 우리는 그 자체로 소수파인 지식인사회에서도 매우 극소수에 불과하다. 우리가 직면한 가장 직접적인 문제는 이 나라들의 지배적인 지식인집단에 만연한 민족주의적인 독선과 정치적 자만이다. 우리는 정치 일반에 대한 그리고 오늘날 세계의 더 큰 문제들에 대한 참으로 깊은 불감증에 직면해 있다."[5]

요컨대, 그리고 마지막으로 말하건대 이 일은 쉽지 않을 것이다. 그러나 노력을 기울일 만한 가치가 있는 게임인 것만은 분명하다.

11

좌파 II: 이행의 시대

1999년 나는 '새로운 정치학을 위한 간부회의'에서 오늘날의 좌파정치에 관한 강연을 했다.[1] 그 강연에서 나는 세계 좌파의 현상황을 다음과 같이 요약했다.

(1) 출현한 지 500년이 지난 지금, 세계 자본주의체제는 처음으로 진정한 체제위기를 맞았으며, 우리는 이행의 시대에 살고 있다. (2) 그 결과가 어떠할지는 본질적으로 불확실하지만, 그럼에도 불구하고 역시 이 500년의 기간 가운데 처음으로 근본적인 변화——진보적일 수도 있지만 꼭 그렇지만도 않은——에 관한 실제적인 전망이 존재한다. (3) 이 중대한 시기에 세계 좌파에게 주된 문제는 19세기에 개발된 세계변혁 전략은 만신창이가 되었다는 사실이며, 따라서 세계 좌파는 지금까지 불확실하고 취약하게, 그리고 전반적으로 다소 침체된

상태에서 활동하고 있다는 점이다.

나는 이 세 가지를 전제로 받아들이면서 이 가설이 앞으로 10년에서 20년 사이에 좌파 전략에 어떤 의미를 던질 것인지에 관해 묻고자 한다.

첫번째 의미는 우리가 전지구적 차원에서는 결코 패배하지 않았다는 점이다. 소련의 붕괴는 세계 좌파에게 재앙이 아니었다. 나는 그것을 좌절이라고 부르는 것조차 망설여진다. 그것은 더 이상 유용하지 않은 레닌주의 전략과 수사라는 골칫거리에서 우리를 집단적으로 해방시켰을 뿐 아니라 또한 세계 자유주의 중도파가 사실상 레닌주의운동들에게서 받은 구조적 지원을 제거함으로써 그들에게 엄청난 부담을 안겨주었다. 그전까지 레닌주의운동들은 레닌주의적인 발전론적 현재에 대한 믿음을 매개로 '찬란한 내일'을 보장함으로써 오랜 기간 대중적 급진주의를 억제해왔다.[2]

나는 신자유주의와 이른바 지구화의 전지구적 공세가 우리의 가능성들을 질식시켰다고 생각하지도 않는다. 첫째, 그 가운데 많은 것들은 다가올 디플레이션 이후까지 살아남지 못할 과대선전일 뿐이다. 둘째, 그것은 해독제를 만들어낼 것이고 이미 만들어내기도 했다. 셋째, 세계 자본주의는 '신(新)경제'를 향유하기는커녕 사실 구조적으로 열악한 상황에 빠져 있다.

여기서 또다시 내 입장을 논증 없이 간단하게 요약하도록 하겠다. 레닌주의의 붕괴와 냉전의 종식으로 발생한 정치적 난관들에 덧붙여, 자본은 자본축적 능력을 치유할 수 없을 정도로 제한하고 있는 세 가지 구조적 접근선을 향해 다가가고 있다. (1) 세계의 탈농촌화로, 이는 창출되는 세계 총가치에서 노동비용이 차지하는 비율 증대를 억제하는 자본주의의 능력을 소진시키고 있다. (2) 자원의 독성화 및 재생불능이라는 생태학적 한계들로, 이는 투입비용의 지속적인 외부화를 통해 이 비용을 줄여나가는 자본의 능력을 제한하고 있다. (3) 세계 민주화의 확산으로, 이는 의료, 교육, 평생소득 보장에 대한 지출을 늘리라는 대중의 압력 확대에서 입증되며, 또한 이는 창출되는 세계 총가치에서 세금이 차지하는 몫이 계속 상승하도록 압박하고 있다.

물론 자본은 언제나 이러한 구조적 압력들을 감축시키고자 한다. 최근 20년 동안 신자유주의 공세가 해온 일이 바로 이것이다. 그러나 장기곡선은 톱니바퀴 모양의 상승형태를 띠고 있다. 그들(자본·자본가—옮긴이)은 이런 압력들을 줄이는 데 정기적으로 성공하지만, 그 다음번 상승 턱에서 그 압력들이 증대하는 정도보다는 언제나 덜 성공적이다. 이에 맞서 싸우기 위해, 그들은 대항세력의 정치적 의지를 감소시키려는 시도로 대안부재론(TINA, there is no alternative)을 설파한다. 이것 역시 새로운 것이 아니다. 개럿 스테드먼 존스(Gareth Stedman Jones)는 19세기 후반 영국의 상대적인 정치 안정을 설명하면서, 그것을 "자본주의의 명백한 필연성"과 "명백한 완벽성" 덕분으로 돌렸다.[3] 제1차 세계대전은 적어도 상당기간 동안 그와 같은 감정들을 없앴다. 그 감정들은 이제 소생하고 있거나 적어도 우파가 그것들을 소생시키려고 시도하고 있다.

21세기를 위한 좌파 전략을 고찰하기 위해서는 먼저 지난날의 좌파 전략을 살펴볼 필요가 있다. 19세기 후반기에 개발되었고 20세기의 마지막 30여년 동안 다소 배척당한 (상징적으로 1848년에서 1968년까지 시기의) 좌파 전략은 아주 명확한 것이었다. 그것은 제1단계에 국가권력을 장악하고 제2단계에 세계를 변혁한다는 이른바 2단계 전략이었다. 이 전략과 관련해서는 세 가지 점을 주목해야 한다. (1) 다른 종류의 전략을 지닌 운동들은 국가권력에 의해 간단히 분쇄될 수 있었기 때문에, 이 전략은 어쩌면 이 시기에 가능한 유일한 전략이었다. (2) 이 전략은 모든 주요 운동들, 다시 말하면 민족해방운동들은 물론 세계 사회주의운동의 양대 분파인 사회민주주의자들과 공산주의자들 모두에 의해 채택되었다. (3) 이 전략은 성공했기 때문에 실패했다. 세 종류의 운동 모두 1945년에서 1970년까지 거의 모든 지역에서 권력을 장악했으나, 이들 가운데 어느 것도 세계를 변화시키지는 못했다. 이로 인해 오늘날까지 남아 있는 이 전략에 대한 깊은 환멸이 나타났고 그것의 사회심리적 결과로서 심각한 반국가주의가 등장하게 되었다.[4]

1968년 이래 신구(新舊)를 막론하고 각기 다른 운동들에서 대안적인 전략들이 엄청나게 시험되었다. 게다가 지난날의 지독한 상호비방과 악의로 가득 찬 투쟁이 상당히 누그러졌다는 의미에서 반체제운동들의 상호관계도 꽤 건전한 방향으로 변모했다. 이러한 긍정적인 발전을 우리는 그간 과소평가해왔다. 나는 대안적인 전략에 관한 생각을 더 발전시켜나갈 수 있는 몇몇 노선을 제안하고자 한다.

1. 뽀르뚜알레그레(Porto Allegre)정신을 확장하자(다보스 세계 경제포럼에 맞서 전세계의 좌파세력들이 2001년 처음으로 브라질의 뽀르뚜알레그레에서 더 큰 사회정의와 국제적 연대를 호소하는 세계사회포럼The World Social Forum을 개최했으며, 이후 이는 연례행사가 되었다—옮긴이)

이 정신은 무엇인가? 나는 다음과 같이 정의하고자 한다. 그것은 세계 반체제운동 집단이 비위계적인 방식으로 함께 모여 ① 지적인 명료성 ② 사람들의 삶에서 당장 유용한 것으로 여겨질 수 있는 대중동원에 근거한 전투적인 행동 ③ 장기적이고 좀더 근본적인 변화를 옹호하는 시도들을 추구하는 것이다.

뽀르뚜알레그레정신에는 세 가지 핵심요소가 있다. 그것은 느슨한 구조이며, 제씨 잭슨이 '무지개연합'이라고 부른 것과 다소 비슷하다. 그것은 남과 북의 운동들을 세계적인 규모에서 그리고 실질적인 차원에서 모아놓은 구조이다. 그것은 지적으로나 (다보스정신과의 전지구적 합의를 추구하지 않는다) 정치적으로나(1968년 운동들이 전투적이라는 의미에서) 전투적이다. 물론 우리는 구조가 느슨한 세계운동이 유의미한 방식으로 계속 단결할 수 있을지 그리고 어떤 방법으로 그 투쟁의 전술들을 개발할 수 있을지 두고보아야 할 것이다. 그러나 이런 느슨함으로 말미암아 그것을 억압하기 어려운 동시에 중도주의 세력의 우유부단한 중립성이 장려되기도 한다.

2. 방어적 선거전술을 활용하자

느슨한 구조로 이루어지고 의회주의를 벗어난 전투적인 전술에 세계 좌파가 참여한다면, 이것은 즉시 선거절차들에 대해 우리가 어떤 태도를 취해야 할 것인가 하는 문제를 제기한다. 한편으로는 그 절차들이 결정적인 것이라고 생각하면서 다른 한편으로는 부적절한 것이라고 생각하고 있으니 진퇴양난의 형국인 셈이다. 선거에서 승리한다고 세계를 변혁시킬 수 있는 건 아니겠지만, 그렇다고 그것을 무시할 수는 없다. 그것은 이미 성취한 혜택들이 침해되는 것에 맞서 세계인구의 즉각적인 요구들을 보호해주는 필수적인 메커니즘이다. 세계 우파가 전세계 정부들의 통제를 매개로 해를 입히는 것을 최소화하기 위해 선거에 참여해 싸워야 한다.

그렇지만 이로써 선거전술은 순전히 실용적인 문제가 된다. 우리가 국가권력 획득을 세계를 변혁하는 방식으로 생각하지 않는 순간, 선거는 항상 나쁘긴 하지만 택할 수밖에 없는 문제가 되며, 우리는 각각의 경우마다 그리고 그때그때마다 어느 것이 좀 덜 나쁜 것인지에 대한 결정을 내려야 한다. 선거는 부분적으로는 특정한 선거제도에 따라 좌우된다. 어쨌든 승자독식제도는 결선투표제나 비례대표제가 아닌 다른 방식으로 손질해야 한다. 그러나 일반적인 지도원칙은 '무지개연합', 프랑스에서 만든 구호인 '다원적 좌파', 라틴아메리카에서 사용하는 '좌파연합'이어야 한다. 세계 좌파에는 서로 다른 정당 및 준정당 전통들이 많이 있다. 이 전통들은 대부분 이전시대의 유물이지만, 많은 사람들은 여전히 그 전통들에 따라 투표한다. 국가 선거들은 실제적인 문제이기 때문에, 실제적으로 중요한 51퍼센트의 표를 얻기 위해 이런 전통들을 존중하는 연합세력을 창출하는 것은 결정적으로 중요하다. 그러나 우리가 이겼다고 거리로 뛰쳐나가 춤을 출 필요는 없다! 승리는 단지 방어적 전술일 뿐이다.

3. 끊임없이 민주화를 추진하자

어느 곳에서든 국가에 대한 가장 대중적인 요구는 '더 많이'—더 많은 교육, 더 많은 건강, 더 많은 평생소득 보장—라는 것이다. 이것은 대중적일 뿐만 아니라 사람들의 삶에 직접적으로 유용한 것이다. 그리고 이것은 끝없는 자본축적의 가능성에 대한 압박을 강화한다. 이러한 요구들은 지속적으로 어느 곳에서나 소리높여 추구되어야 한다. 여기에 과도함은 존재할 수 없다.

물론 이러한 '복지국가' 기능을 확대하는 것은 지출의 효율성, 부패, 지나치게 강력하고 둔감한 관료제의 창출이라는 문제를 야기한다. 우리는 이런 모든 문제들을 처리할 만반의 준비를 갖추고 있어야 하지만, 그것들이 더 많은 것들, 훨씬 더 많은 것들에 대한 근본적인 요구를 절대 약화시켜서는 안된다.

민중운동들은 자신들이 선출한 중도좌파 정부들에게 이러한 요구들을 면제해주어서는 안된다. 중도좌파 정부가 단지 철저한 우파 정부에 비해 더 우호적인 정부라고 해서 우리가 사정을 봐줄 필요는 없다. 우호적인 정부들을 압박하는 것은 곧 우파 내 반대세력을 중도좌파 쪽으로 밀어붙이는 것이다. 그들을 압박하지 않는 것은 곧 중도좌파 정부들을 중도우파 쪽으로 몰아가는 것이다. 경우에 따라서는 그런 행동을 할 수 없는 특수한 상황들이 있을 수도 있겠지만, 민주화에 관한 일반지침은 '더 많이, 훨씬 더 많이'이다.

4. 자유주의 중도파로 하여금 그들이 애용하는 이론들을 이행하도록 만들자

이것은 다른 식으로 말하자면 자유주의의 속도를 빠르게 해서 그것을 지치게 하는 방식이다. 자유주의 중도파는 자신의 발언을 이행할 뜻도 자신의 주장을 행동으로 옮기는 법도 거의 없다. 몇몇 명확한 주제들, 이를테면 자유에 대해 살펴보자. 자유주의 중도파는 자유로운 출국(이주)을 허용하지 않는다는 이유로 계속 소련을 비난해왔다. 그러나 물론 자유로운 출국(이주)과 짝을 이루는 다른 측면은 자유로운 입국(이주)이다. 다른 어디론가 갈 데가 없는 한, 어떤 나라를 떠나도록 허가받는 것은 아무런 가치가 없다. 우리는 국경선의 개방을 추진해야 한다.

자유주의 중도파는 기업가들의 결정을 정부가 침해하지 못하도록 막으면서, 계속해서 더 많은 자유무역과 자유기업을 요구한다. 다른 측면에서 보자면 시장에서 실패하는 기업가들을 구제해서는 안된다는 것이다. 그들은 성공할 때는 이윤을 획득하고, 반대로 실패할 때는 손실을 감수해야 한다. 종종 회사를 구

제하는 것이 곧 일자리를 구제하는 것이라는 주장이 제기된다. 그러나 훨씬 값싸게 일자리를 구제하는 방식들——실업보험을 지불한다든지 직업 재훈련을 실시한다든지, 심지어는 새로운 일자리 기회를 창출한다든지 하는——이 있다. 그러나 이러한 요구 가운데 그 어느 것도 실패한 기업가의 부채를 덜어주지는 못한다.

자유주의 중도파는 독점이 나쁜 것이라고 계속해서 주장해왔다. 그러나 그것의 다른 측면은 특허권을 폐지하거나 총체적으로 제한하는 것이다. 또한 대외경쟁으로부터 산업을 보호하는 데 정부가 참여하지 않는 것이다. 이로 인해 중심부의 노동계급이 고통에 빠지게 될까? 아마도 전세계의 임금격차를 크게 줄이는 데 돈과 에너지를 쏟아붓는다면, 그렇지는 않을 것이다.

이 명제의 세부사항은 복잡하며 더 논의할 필요가 있다. 그렇지만 요점은 수사를 제멋대로 구사하고 보상은 거둬들이면서 그러한 제안에 수반되는 비용은 지불하지 않아도 되도록 자유주의 중도파를 내버려두어서는 안된다는 것이다. 게다가 중도주의적 여론을 무력화하는 진정으로 정치적인 방식은 중도주의 세력의 이해가 아닌 이상에 호소하는 것이며, 그 한 가지 방식은 수사(修辭)에 대한 책임을 요구하는 것이다.

마지막으로 극빈층은 관료제의 장애물들을 뚫고 나아가기 어렵기 때문에 민주화로 인한 혜택을 상당부분 누릴 수 없거나 다른 계층과 똑같은 정도로 누릴 수 없다는 점을 항상 명심해야 한다. 여기서 나는 리처드 클로워드(Richard Cloward)와 프랜

시스 폭스 피븐(Frances Fox Piven)이 30년 전에 제시한 다음과 같은 명제로 되돌아간다. "악순환을 타파해야" 한다는 것, 즉 극빈층이 법적 권리들을 완전히 누릴 수 있도록 극빈층집단들을 동원해야 한다는 것이다.[5]

5. 반인종주의를 민주주의의 결정적 척도로 삼자

민주주의는 모든 사람들을 평등하게—권력이라는 관점에서, 분배라는 관점에서, 개인의 성취기회라는 관점에서—대우하는 것을 말한다. 인종주의는 권리(또는 더 많은 권리들)를 가지고 있는 사람들과 권리를 전혀 가지고 있지 않거나 덜 가지고 있는 타인들을 구별하는 주된 양식이다. 인종주의는 그러한 집단들을 규정하며 동시에 인종주의를 실천하기 위한 특별한 정당성을 만들어낸다. 인종주의는 국가적인 차원에서나 전세계적인 차원에서나 부차적인 쟁점이 아니다. 그것은 보편주의적인 기준들을 달성하려는 자유주의 중도파의 약속을 체계적으로, 의도적으로, 지속적으로 훼손하는 양식이다.

인종주의는 기존 세계체제 전체에 만연해 있다. 인종주의는 지구상의 모든 곳에 존재하며, 지역·국가·세계 정치의 핵심적인 특징이다. 2001년 3월 28일 멕시코 국회에서 행한 연설에서 사빠띠스따 민족해방군(EZLN) (여성)사령관 에스떼르(Esther)는 이렇게 말했다. "백인들[ladinos]과 부유한 사람들은 우리의 의상, 우리의 말, 우리의 언어, 우리의 기도 및 치료 방식, 우리의 피부색을 거론하면서 우리 원주민 여성들을 조롱하는데, 우리의 피부색은 우리가 일하고 있는 대지의 색깔이다."[6]

그는 계속해서 원주민들의 자치권을 보장하는 법을 옹호하며 다음과 같이 말했다. "원주민의 권리와 문화가 인정받을 때, (…) 그 법으로 말미암아 그 법의 시간과 원주민의 시간은 서로 만나게 될 것이다. (…) 그리고 오늘날 우리가 원주민 여성이라면, 훗날 우리는 타자들, 차별 때문에 죽거나 박해받거나 투옥되는 남성들과 여성들이 될 것이다."

6. 탈상품화를 향해 나아가자

자본주의체제의 결정적 오류는 자본축적의 한 수단에 지나지 않는 사적 소유가 아니라 자본축적의 본질적 요소인 상품화이다. 상품화 노력들은 계속되지만, 심지어 오늘날에도 자본주의 세계체제가 완전하게 상품화된 것은 아니다. 그러나 우리는 실제로 다른 방향으로 나아갈 수 있다. 우리는 대학과 병원(국가 소유든 민간 소유든)을 영리기구로 바꾸는 대신 어떻게 하면 철강공장을 비영리기구로, 즉 아무에게도 배당금을 지불하지 않는 자급자족적인 구조로 변형시킬 수 있을지에 대해 고민해야 한다. 이것이 더욱 희망에 찬 미래의 모습이며, 실제로 지금 시작할 수 있는 일이다.

7. 우리가 지금 기존 세계체제에서 다른 어떤 체제로 넘어가는 이행의 시대에 살고 있음을 늘 명심하자

이것은 여러가지 의미를 갖는다. 우리는 지구화의 수사나 '대

안은 없다'는 논리에 사로잡혀서는 안된다. 대안들이 존재할 뿐만 아니라 현재의 구조들과 함께 계속 살아가는 것이야말로 존재하지 않는 유일한 대안이다.

다음에 올 체제를 둘러싸고 거대한 투쟁이 벌어질 것이며, 이 투쟁은 20년, 30년, 50년 동안 지속될 것이다. 그리고 그 결과는 본질적으로 불확실하다. 역사는 그 누구의 편도 아니다. 역사는 우리의 행동에 따라 결정된다. 한편으로 이것은 창조적인 행동을 위한 거대한 기회를 제공한다. 역사적 체제가 정상적으로 움직이는 동안에는 변혁(이른바 혁명)을 위해 아무리 노력해도 결과는 제한적일 뿐이다. 체제가 그것을 평형상태로 되돌리기 위한 거대한 압력을 만들어내기 때문이다. 그러나 혼돈과 모호함으로 가득 찬 구조적 이행의 시기에는 동요가 심해지고 작은 압력조차 분기의 한쪽이나 다른 한쪽 방향에 유리한 중대한 결과를 초래할 수 있다. 주체의 행위가 제대로 작동하는 때가 있다면 지금이 바로 그 순간이다.

조직이 제아무리 중요하더라도 핵심문제는 조직이 아니다. 핵심문제는 투명함이다. 아무것도 변하지 않도록 하기 위해서, 다시 말하면 위계적이고 양극화하는 지금의 체제와 똑같거나 아니면 더 악화된 다른 체제를 만들어내기 위해서 이 체제를 변화시키고자 하는 세력들은 마음대로 쓸 수 있는 돈과 에너지와 지식을 갖고 있다. 그들은 가짜 변화들을 매력적인 의상으로 치장할 것이다. 주의깊게 분석해야만 그들이 파놓은 많은 함정들에 빠지지 않을 것이다.

그들은 우리가 동의하지 않을 수 없는 구호들——이를테면 인권——을 활용할 것이다. 그러나 그들은 인권에다 매우 바람직한 한두가지 요소들과 함께 야만적인 타자들에 대한 권력자들과 특권층의 '문명화 사명'을 영구화하는 다른 많은 요소들을 끼워넣을 것이다. 우리는 주의깊게 그들의 제안을 해부하고 그들의 속임수를 폭로해야 한다. 대량학살에 대한 국제적인 사법절차가 바람직하다면, 그것이 약자에게만이 아니라 모든 사람들에게 적용되어야 바람직한 것이다. 핵무장이나 생물학전이 위험한 것이고 심지어 야만적인 것이라면, 그런 무기를 안전하게 소유한 사람이란 있을 수 없다.

역사적 변혁의 순간에 처한 이 세계의 본질적인 불확실성 속에서 세계 좌파에게 유일하게 그럴듯한 전략은 그 근본목적——비교적 민주적이고 평등한 세계의 성취——을 지적이고도 전투적으로 추구하는 것이다. 그런 세계는 가능하다. 그런 세계가 탄생할지는 결코 확실하지 않다. 하지만 결코 불가능하지도 않다.

12

운동들: 오늘날 반체제운동은 무엇을 의미하는가?

내가 1970년대에 '반체제운동'이라는 용어를 만들어낸 것은 역사적인 차원이나 분석적인 차원에서 서로 구별되고 많은 면에서 경쟁했던 두 가지 민중운동——'사회'운동이라고 이름 붙여진 것과 '민족'운동——을 하나의 정식으로 묶기 위해서였다. 사회운동은 주로 사회주의정당과 노동조합 들로 인식되었으며, 그들은 각 국가 내에서 부르주아지나 고용주들에 대항하여 계급투쟁을 촉진하고자 했다. 민족운동은 하나의 민족으로 여겨지지만 분리되어 있는 정치 단위들을 결합시킴으로써(예컨대 이딸리아) 또는 해당민족(예컨대 아시아나 아프리카의 식민지들)이 제국주의적이고 억압적이라고 간주한 국가들에서 벗어남으로써 민족국가를 수립하고자 투쟁한 운동들이었다.

두 유형의 운동은 모두 19세기 후반에 유력한 관료적 구조를 띠기 시작했고 시간이 흐를수록 더욱 강해졌다. 양자는 어떤 다른 종류의 정치적 목표보다—특히 사회운동은 민족운동의 목표보다, 민족운동은 사회운동의 목표보다—자신의 목표에 우선권을 두는 경향이 있었다. 이것은 격렬한 상호비방으로 이어지는 경우가 많았다. 이 두 유형의 운동들은 정치적으로 거의 협력하지 않았고, 협력한 경우에도 그런 협력을 근본적인 동맹이 아니라 일시적인 전술로 여기는 경향이 있었다. 그럼에도 1850년에서 1970년 사이에 이 운동들의 역사는 일련의 공유된 특성들을 드러낸다.

대다수 사회주의운동과 민족주의운동은 스스로를 '혁명적'이라고, 즉 사회적 관계의 근본적인 변혁을 지지한다고 되풀이해서 주장했다. 이 두 유형의 운동에는 보통 좀더 점진주의적인 접근을 옹호하고, 그럼으로써 혁명적 수사를 삼갔던 당파—때때로 조직적으로 분리된—가 있었던 것이 사실이다. 그러나 일반적으로 말하자면, 처음부터—그리고 종종 수십년 동안—권력자들은 아무리 온건한 형태라고 하더라도 이 운동들을 모두 권력의 안정성 또는 심지어 정치적 구조의 생존 자체에 대한 위협으로 간주했다.

두번째로, 두 운동은 처음엔 정치적으로 매우 허약했고, 단지 살아남기 위해 매우 힘든 싸움을 해야만 했다. 그 운동들은 정부의 탄압을 받거나 불법화되었고, 지도자들은 체포되었으며, 구성원들은 종종 국가나 민간세력이 자행하는 체계적인 폭력에 시달렸다. 이 운동들의 초기 형태들 가운데 많은 수가 완전히 파괴되었다.

세번째로, 19세기의 마지막 30년 동안 두 유형의 운동은 전략을 둘러싸고 일련의 유사한 논쟁을 벌였다. 그 논쟁에서 '국가지향적'인 관점을 가진 사람들과 국가를 본질적인 적으로 간주하고 국가 대신 개인의 변화를 강조한 사람들이 서로 대립하게 되었다. 사회주의운동에서는 맑스주의자들과 아나키스트들 사이의 논쟁이었으며, 민족주의운동에서는 정치적 민족주의자들과 문화적 민족주의자들 사이의 논쟁이었다.

역사적으로 이 논쟁들에서는—그리고 이것이 네번째 유사성인데— '국가지향적' 입장을 지닌 사람들이 승리했다. 각각의 경우 결정적인 논거는 실제 권력의 직접적인 근원이 국가기구에 있다는 것, 그리고 국가는 아나키즘 또는 문화적 민족주의를 지향하는 그 어떤 공격도 성공적으로 제압할 수 있기 때문에 국가기구의 정치적 중심성을 무시하는 그 어떤 시도도 실패할 수밖에 없다는 것이었다. 19세기 후반에 이 집단들은 먼저 국가구조 내에서 권력을 획득하고 그런 다음 세계를 변혁한다는 이른바 2단계 전략을 수립했다. 이것은 민족운동이나 사회운동이나 마찬가지였다.

다섯번째 공통적인 특징은 덜 명확하지만, 위와 마찬가지로 실제적이다. 사회주의운동은 종종 그들의 주장에 민족주의적인 수사들을 포함했으며, 민족주의 담론은 종종 사회주의적인 요소를 지녔다. 그 결과 두 입장의 차이는 그 주창자들이 인식한 것보다 훨씬 더 흐릿해졌다. 흔히 볼 수 있듯이, 유럽에서 사회주의운동은 민족통합을 위한 세력으로서 종종 보수주의자들이나 국가 자체보다 훨씬 더 효과적으로 기능했다. 한편 중국, 베트남, 쿠바에서 권력을 장악한 공산당들은 확실히 민족해방운동에 기여하고 있었다. 여기에는 두 가지 이유가 있다. (1) 동원 과정에서 두 집단은 점점 더 광범위한 부문의 사람들을 끌어들이려고 노력하지 않을 수 없었으며, 그래서 수사의 범위를 확장하는 것이 유용했다. (2) 그러나 두 운동의 지도자들은 종종 무의식중에 그들이 현재 체제에서 공동의 적을 가지고 있다고, 그러므로 공식적인 선언에서 드러낼 수 있는 것보다 더 많은 공통점을 가지고 있다고 인식했다.

여섯번째 공통적 특징으로, 두 종류의 운동이 전개한 대중동원의 과정은 기본적으로 상당히 비슷했다. 대부분의 나라에서 두 유형은 대개 몇 안되는 지식인과 다른 계층에서 유입된 소수의 투사들이 참여한 소규모집단으로 출발했다. 그런 집단들이 성공을 거둘 수 있었던 것은 오랜 교육 및 조직활동 덕분에 투사들, 동조자들, 수동적 지지자들의 동심원 내에 대중적 기반을 다질 수 있었기 때문이다. 외곽에서 지지하는 사람들의 원이 커져서 마오 쩌뚱이 말한 대로 물에서 헤엄치는 물고기처럼 투사들이 활동할 수 있을 정도가 되었을 때, 운동들은 정치권력을 놓고 심각한 경쟁을 벌이게 되었다. 물론 우리는 스스로를 '사회민주주의'라고 부른 집단들이 주로 세계경제의 중심부에 위치한 국가들에서 강력했던 반면, 스스로를 민족해방운동이라 묘사한 집단들은 반주변부와 주변부에서 융성했다는 점 역시 주목해야 한다. 공산당들 역시 대개 후자의 경우에 속한다. 그 이유는 명백한 것 같다. 더 약한 지역의 운동들은 평등을 위한 투쟁이 제국주의 열강들—이들이 직접적인 지배를 행사하든 간접적인 지배를 행사하든—로부터 국가구조의 통제권을 탈취하는 능력에 달려 있다고 보았다. 중심부의 운동들은 이미 강력한 국가 안에 있었다. 평등을 향한 투쟁을 진전시키기 위해서 그들은 그들 자신의 지배층으로부터 권력을 탈취할 필요가 있었다. 하지만 이 국가들이 강하고 부유했다는 바로 그 이유 때문에, 봉기는 받아들이기 어려운 전술이었고, 이 당들은 선거노선을 활용했다.

일곱번째 공통적인 특성은 이 두 운동 모두 가장 중요한 변혁 양식으로서 '혁명'과 '개혁' 가운데 어느 쪽을 택할지 긴장하며 투쟁했다는 점이다. 이 논쟁을 둘러싸고 두 운동 모두에서 수많은 담론이 오고갔다. 그러나 결국 양자 모두의 경우, 담론이 현실에 대한 오독에 근거해 있음이 판명났다. 혁명주의자들이 실제로 그렇게 혁명적인 것은 아니었고, 개혁주의자들이 항상 개혁주의적인 것은 아니었다. 확실한 것은 이 운동들이 자신들의 정치적 궤적을 추구해갈수록 두 가지 접근방법의 차이가 점점 불분명해졌다는 점이다. 혁명주의자들은 살아남기 위해 많은 양보를 해야만 했다. 개혁주의자들은 가설로 설정한 합법적인 변화의 길이 종종 실제로 확고하게 차단되어 있다는 점, 그리고 장애물을 뚫고 나아가기 위해서는 무력이나 적어도 무력의 위협이 필요하다는 점을 터득했다. 이른바 혁명운동들은 보통 그들 자신의 봉기 능력을 통해서라기보다는 기존 권력기관이 전쟁중 붕괴한 덕에 권력을 장악했다. 1917년 러시아에서 볼세비끼가 말했다고 알려진 것처럼 "권력은 거리 여기저기에 널려 있었다." 운동들은 일단 권력을 잡자 어떻게 권력에 도달했는지와는 무관하게 권력을 유지하고자 했으며, 이 때문에 종종 다른 나라에 있는 운동세력들과의 연대는 물론 전투성까지도 희생시킬 수밖에 없었다. 처음에 대중은 이 운동들이 총알로 승리했든 투표용지로 승리했든 간에 열렬히 지지했다. 어느 경우나 사람들은 오랜 투쟁 끝에 권력에 오른 것을 환영하며 거리에서 춤을 추었다.

마지막으로, 두 운동 모두 2단계 전략을 수행하는 데 문제가 있었다. 일단 제1단계가 완수되고 그들이 권력을 잡자 추종자들은 그들이 제2단계의 약속을 실현할 것으로, 즉 세계를 변혁할 것으로 기대했다. 혹 그전에는 몰랐다 하더라도 그들이 발견한 것은 국가권력이 자신들이 생각했던 것보다 제한적이라는 사실이었다. 각 국가들은 국가간체제의 일원으로써 압박받고 있었고, 그 체제 안에서는 어떤 국가의 주권도 완전하지 않았다. 권력에 오래 머무르면 머무를수록 그들은 약속의 실현을 점점 더 뒤로 미루는 것처럼 보였으며, 전투적인 대중동원운동의 간부들은 집권당에서 요직을 맡았다. 그들의 사회적 지위도 바뀌었고, 불가피하게 그들의 개인적인 심리상태도 바뀌었다. 소련에서는 노멘끌라뚜라(Nomenklatura 스딸린 집권 이후, 이전의 권력층이었던 직업적 혁명가집단을 대신하여 체제를 유지한 특권적 지배계층—옮긴이)로 알려진 계층이 운동이 권력을 잡은 모든 국가에서 일정한 형태로 출현하는 것처럼 보였다. 즉 나머지 국민보다 더 많은 권력과 더 많은 부를 가진 고위 공직자들의 배타적 특권계층이 출현한 것이다. 동시에 평범한 노동자들은 국가적 발전이라는 미명하에 훨씬 더 열심히 일해야 했고, 더 많은 희생을 치러야 했다. 일단 운동이 권력을 잡자, 사회운동의 핵심요소였던 전투적이고 쌩디깔리슴적인 전술들은 '반혁명적'인 것으로 간주되었고 매우 위축되었으며 대개 탄압을 받았다.

1960년대의 세계상황에 대한 분석은 이 두 운동이 전보다 더욱 닮아 있음을 보여준다. 대부분의 나라에서 그들은 2단계 전략 가운데 제1단계를 완수했으며, 사실상 모든 곳에서 권력을 장악했다. 공산당들은 엘베강에서 압록강에 이르는 세계의 1/3을 지배했는가 하면, 아시아와 아프리카에서는 민족해방운동들이, 라틴아메리카에서는 대중주의운동들이, 범유럽세계의 대부분에서는 사회민주주의운동들 또는 그 아류들이 권력을 잡았거나 적어도 교체세력으로서의 기반을 마련했다. 그러나 그들은 세계를 변혁하지는 못했다.

1968년 세계혁명의 주된 면모 이면에는 바로 이러한 요소들의 결합이 있었다. 지역마다 혁명주의자들의 요구는 서로 달랐지만, 그들은 거의 모든 곳에서 두 가지 근본적인 주장을 공유했다. 우선 첫째로 그들은 미국의 헤게모니 그리고 이 헤게모니에 대한 소련의 공모 둘다 반대했다. 둘째로 그들은 구좌파를 '해결책의 일부가 아니라 문제의 일부'라고 비난했다. 이 두번째 특징은 그 운동세력이 권력을 잡고 나서 실제로 이룬 성과에 대해 전통적인 반체제운동 세력의 대중이 엄청난 환멸을 느끼면서 나타났다. 그들이 운영한 나라들에서 어느정도 개혁이 이루어진 것은 사실이다. 일반적으로 교육 및 의료 시설이 증대되었고 고용이 보장되었다. 하지만 불평등은 여전히 많이 남아 있었다. 소외된 임노동은 사라지지 않았으며, 오히려 노동활동에서 그 비율이 증대했다. 정부 차원에서나 작업장에서 실질적인 민주적 참여는 거의 또는 전혀 확장되지 않았으며, 종종 그 반대로 축소되었다. 국제적인 차원에서 이 나라들은 세계체제에서 이전에 해왔던 것과 매우 비슷한 역할을 담당하는 경향을 보였다. 그리하여 꾸바는 혁명 이전에는 설탕수출 경제였는데, 그 이후에도 최소한 소련이 해체될 때까지 그대로였다. 요컨대, 변화는 충분하지 않았다. 불평들은 조금씩 다를 수 있었지만 예전만큼 실제적이고 또 대개는 광범위했다. 권력을 잡은 운동들은 역사가 그들의 편에 있다는 이유로 이들 나라의 주민들에게 참을 것을 요구했다. 하지만 그들의 인내는 닳고 닳아 바닥이 드러났다.

세계인구가 권력을 잡은 고전적인 반체제운동들의 성과에서 끌어낸 결론은 부정적인 것이었다. 그들은 이런 정당들이 영광스러운 미래나 좀더 평등한 세계를 가져올 것이라는 믿음을 포기했고, 더이상 그들에게 정당성을 부여하지 않았다. 그리고 이런 운동들에 대한 신뢰를 잃어버렸기에 그들은 또한 변혁의 도구로서의 국가에 대한 믿음도 철회했다. 그렇다고 많은 사람들이 선거에서 더이상 이런 정당들에 투표하지 않은 것은 아니었지만, 그것은 어디까지나 이데올로기를 믿거나 기대가 있어서가 아니라 덜 나쁜 쪽을 택하는 방어적인 투표였다.

그럼에도 1968년 이래로 좀더 나은 종류의 반체제운동 — 세상을 실제로 좀더 민주적이고 평등한 세계로 이끌어갈 운동 — 을 찾기 위한 작업이 아주 사라지지는 않았다. 여기에는 서로 다른 네 가지 종류의 시도가 있었고, 그중 몇몇은 지금도 지속되고 있다. 첫번째는 다수의 마오주의들의 개화였다. 1960년대부터 70년대 중반 정도까지 마오주의자임을 주장하는, 각기 다르고 서로 경쟁하는 운동들이 다수 출현했다. 대개는 소규모였지만 때로 인상적일 만큼 대규모인 경우도 있었다. 그들은 마오주의자를 자처함으로써 자신들이 중국 문화혁명의 사례에서 어느정도 영감을 받았음을 나타내고자 했다. 본질적으로 그들은 구좌파가 실패한 이유는 혁명의 순수한 교리를 설파하지 않았기 때문이고, 자신들이 지금 그 교리를 제기하고 있다고 주장했다. 하지만 이 운동들은 모두 다음의 두 가지 이유로 어이없이 끝나버렸다. 첫째, 그들은 무엇이 순수한 교리인가에 관해 내부에서 심각하게 싸웠고, 그래서 급속하게 종파적인 집단으로 고립되어 왜소해졌다. 또는 인도에서처럼 규모가 클 경우에, 그들은 구좌파운동의 최신판 변종들로 변모해갔다. 둘째, 좀더 근본적으로는 마오 쩌뚱의 죽음과 함께 중국에서 마오주의가 붕괴하면서 영감의 원천이 사라졌다. 오늘날 이렇다 할 의미를 지닌 이 계열의 운동은 존재하지 않는다.

반체제적 지위를 주장한 두번째 변종으로 더 오래 지속된 것은 '신사회운동'들이었다. 다시 말해 녹색당을 비롯한 환경주의자들, 페미니스트들, 미국의 흑인들이나 프랑스의 외국인 2세들(Beurs) 같은 인종적 또는 종족적 '소수세력'의 운동들이었다. 이 운동들은 스스로 오랜 역사를 지녔다고 주장했지만, 사실 그들은 1970년대에 처음으로 두각을 나타냈거나 아니면 그때서야 쇄신되고 좀더 전투적인 형태로 다시 출현했다. 그들은 또한 세계체제의 다른 지역에서보다 범유럽세계에서 더 강했다. 그들의 공통적인 특성은 첫째, 구좌파의 2단계 전략이나 내부적인 위계 및 우선순위 — 여성, '소수세력', 환경에 대한 요구는 부차적인 것이고 '혁명 이후에' 다루어져야 한다는 생각 — 를 강력하게 거부했다는 점이다. 둘째, 그들은 국가와 국가지향적 행동을 몹시 수상하게 여겼다.

1980년대에 이르러 이 모든 신사회운동들은 독일 녹색당에서 근본주의자(the Fundis)와 현실주의자(the Realos)라고 부른 것으로 분열되었다. 결국 이것은 20세기 초에 있었던 '혁명주의자 대 개혁주의자' 논쟁의 재연으로 판명되었다. 논쟁의 결과, 근본주의자들이 모든 경우에서 완패했으며 거의 자취를 감추었다. 승리한 현실주의자들은 점점 사회민주주의정당과 같은 외양을 띠어갔다. 비록 생태주의, 성차별주의, 인종주의 또는 이 세 가지 모두에 대해 좀더 화려한 수사를 구사하기는 했지만, 이들은 고전적인 형태의 사회민주주의정당과 별반 다를 바 없었다. 오늘날, 어떤 나라들에서는 이 운동이 계속해서 중요한 것으로 남아 있지만, 구좌파들의 운동과 마찬가지로 이제는 거의 반체제적이지 않은 것처럼 보인다. 구좌파들이 1968년을 겪으며 얻은 하나의 교훈은 그들도 생태, 성, 성적 선호, 인종주의 등에 대한 관심을 자신들의 강령 속에 포함시킬 필요가 있다는 것이었기 때문에 특히 그러하다.

반체제적 지위를 주장했던 세번째 유형은 인권조직들이었다. 물론 국제사면위원회와 같은 몇몇 조직은 1968년 이전부터 있었다. 하지만 일반적으로 이 조직들은 1980년대가 되어서야 주요한 정치세력이 되었는데, 그것은 중앙아메리카 문제를 처리하는 과정에서 인권이란 용어를 사용한 카터(J. Carter)대통령이나 중·동부유럽의 공산주의 국가들에 관한 1975년의 헬싱키 협약(유럽안전보장협력회의의 최종 결의안으로, 알바니아를 제외한 모든 유럽국가와 미국, 캐나다가 이 협약에 서명했다—옮긴이) 조인에 힘입은 바가 크다. 이 두 가지 사건으로 말미암아 그때 막 시민들의 권리를 표방하고 나선 수많은 조직들에 주류세력측의 정당성이 부여된 것이다. 1990년대에 인종청소, 그중에서도 특히 르완다와 발칸 제국에서 벌어진 인종청소에 언론이 주목하면서 이 쟁점들에 관한 상당한 공론을 불러일으켰다.

인권조직들은 '시민사회'의 이름으로 발언한다고 주장했다. 그 용어 자체가 전략을 드러내준다. 시민사회는 정의상 국가가 아니다. 그 개념은 19세기에 법적 국민(le pays légal)과 실제적 국민(le pays réel)—권력을 쥔 사람들과 대중들의 정서를 대변하는 사람들—을 구별한 것에서 연원하는데, 그러한 구별은 다음과 같은 질문을 이끌어낸다. 어떻게 하면 시민사회가 자신과 국가 사이의 간극을 메울 수 있을까? 어떻게 하면 시민사회가 국가를 통제하거나 국가로 하여금 시민사회의 가치를 반영하게 만들 수 있을까? 그 구별은 국가는 현재 소수의 특권집단들에 의해 통제되고 있는 반면 '시민사회'는 계몽된 대중 일반으로 구성되어 있다고 전제하는 듯이 보인다.

이 조직들은 일부——어쩌면 모든——국가의 정책방향을 인권 지향적인 것으로 바꾸는 데 영향을 미쳤다. 하지만 그 과정에서 그들은 국가의 반대자라기보다는 국가의 보조자처럼 되었고, 전반적으로 그다지 반체제적이지 않은 듯이 보였다. 그들은 대개 중심부에 있으면서 주변부에서 자신의 정책들을 실행하려고 노력하는 NGO가 되었다. 주변부에서 그들은 종종 자신들의 국가를 비판하는 세력이라기보다는 그 국가들의 대리자로 간주되었다. 어쨌든 이 조직들은 거의 대중적 지지를 받지 못했으며, 오히려 중심부에 있는 그들의 엘리뜨 활동가들이 지닌 권력과 지위에 의존했다.

반체제적 지위를 주장한 네번째 유형이자 가장 최근의 변종은 이른바 반지구화운동들이다. 이 이름은 스스로 붙였다기보다는 그들의 적들이 붙인 것이다. 언론에서 이 용어를 쓰기 시작한 것은 1999년 씨애틀에서 열린 WTO 각료회의에 항의하는 시위를 보도하면서부터였다. 물론 상품과 자본의 자유로운 거래를 옹호하는 신자유주의의 수사인 '지구화'는 1990년대 동안에 강력한 힘을 얻게 되었다. 지구화의 중심은 다보스 세계경제포럼이었으며, 워싱턴합의와 IMF의 정책, WTO의 강화를 통해 제도적으로 실행되었다. 씨애틀회의는 WTO의 역할을 확장하려는 결정적인 계기를 만들기 위한 것이었으니, 회의 진행을 실제로 중단시킨 의미심장한 항의시위들은 많은 이들의 놀라움을 자아냈다. 그 시위대에는 구좌파, 노동조합, 신좌파운동들, 아나키스트집단 출신의 대규모 북아메리카 사람들이 포함되어 있었다. 실제, 미국노동총연맹산업별조합회의(AFL-CIO)가 그렇게 전투적인 행동을 보이면서 환경주의자들과 같은 편에 설 태세가 되어 있었다는 사실 자체가 무언가 새로운 것이었으며, 특히 미국에는 더욱 그러했다.

씨애틀에 뒤이어, 신자유주의적 의제에 의해 추동된 정부간 회의들에 맞서 세계 곳곳에서 시위는 계속됐고 그것은 세계사회포럼의 구성으로 이어졌다. 첫 회의는 뽀르뚜알레그레에서 열렸다. 2002년 두번째 포럼에는 천여개의 조직들이 파견한 5만여명의 대표단이 모였다. 그후로 2003년 뽀르뚜알레그레 세계사회포럼을 준비하기 위한 수많은 지역회의가 열렸으며, 이 포럼에는 거의 10만명이 참가하였다.

반체제운동의 역할을 자임하고 나선 이 새로운 세력의 특징은 이전의 세력이 보인 특징들과는 꽤 다르다. 우선 세계사회포럼은 이전의 모든 운동 유형들——구좌파, 신사회운동들, 인권단체들, 그리고 이들 범주에 쉽게 포괄되지 않는 여타의 운동들——을 결합하고자 하며, 엄연히 지방·지역·국가·초국가적 형태로 조직된 집단들을 포함하고 있다. 참여의 기반은 신자유주의의 결과로 나타난 사회적 재난들에 맞서 싸운다는 공동의 목적과 서로에게 닥친 우선과제들을 서로 공히 존중하는 것이다. 중요한 것은 세계사회포럼이 남과 북의 운동을 하나의 단일한 틀 속에 결합하고자 한다는 점이다. 아직까지 유일한 슬로건은 '또다른 세계가 가능하다'이다. 더욱 예사롭지 않은 것은 세계사회포럼은 총괄적인 상부구조를 만들지 않고 이러한 활동을 하려 한다는 점이다. 지금으로서는 다양한 운동과 지역을 대표하는 몇백명으로 구성된 하나의 국제조정위원회만이 있을 뿐이다.

세계사회포럼이 개혁주의적인 모습을 띠고 있다는 불평이 구좌파운동들로부터 어느정도 쏟아지기는 했지만, 지금까지 그 불평들은 매우 미미했다. 불평을 하는 사람들은 문제를 제기하는 것일 뿐 아직 비난을 퍼붓지는 않고 있다. 물론 이러한 성공이 부정적인 것에, 즉 이데올로기이자 제도적 실천으로서의 신자유주의에 대한 거부에 기반을 두고 있다는 점은 널리 인정되고 있다. 많은 사람들은 세계사회포럼이 좀더 명확하고 긍정적인 강령을 옹호하는 방향으로 나아가는 것이 필수적이라는 주장을 펼쳐왔다. 세계사회포럼이 그렇게 하고도 여전히 통일성을 유지하고 총괄적인 (필연적으로 위계적인) 구조 없이도 유지될 수 있을지는 앞으로 10년간 중요한 문제이다.

내가 다른 곳에서 주장했듯이 만약 근대 세계체제가 구조적 위기에 처해 있고 우리가 '이행의 시대'—분기와 혼돈의 시기—에 진입했다면, 반체제운동들이 직면한 문제들은 19세기와 20세기 대부분 동안 운동들이 직면했던 문제와는 다른 방식으로 제기되고 있음이 분명하다. 2단계 국가지향적 전략이 부적합해진 것이다. 이전의 반체제조직들을 계승한 대부분의 현존 조직들이 장기적인 또는 즉각적인 일련의 정치적 목표들을 제기하는 과정에서 불편을 겪는 것은 바로 이 때문이다. 몇몇 조직들이 노력을 멈추지 않고 있지만, 지지자였으면 하고 바라는 사람들로부터 회의적이거나 더 나쁘게는 무관심한 반응을 얻을 뿐이다.

이런 이행의 시기는 반체제전략이라는 발상 자체를 좌우하는 두 가지 특성이 있다. 첫번째는 권력을 쥔 사람들이 더이상 기존 체제를 유지하려고 애쓰지 않을 것이라는 점이다. (비록 스스로 붕괴될 운명이기는 하지만 말이다.) 오히려 그들은 이행이 기존 체제의 가장 나쁜 특징들인 위계제·특권·불평등을 복제한 새로운 체제의 수립으로 확실히 이어지도록 애를 쓸 것이다. 그들이 아직 기존 구조들의 종언을 반영하는 용어를 사용하지는 않겠지만, 그들은 그런 가정에 기반하여 전략을 수행하고 있다. 물론 이른바 중도우파의 전통주의자들과 극우의 군국주의적 매파들 사이의 갈등이 입증하듯, 그들의 진영은 통합되어 있지 않았다. 하지만 그들은 변화라고 할 수 없을 변화, 즉 현체제만큼이나 나쁜——또는 그보다 더 나쁜——새로운 체제의 지지 기반을 구축하기 위해 전력을 다하고 있다. 두번째 근본적인 특징은 체제이행의 시기는 심각한 불확실성의 시기이며, 거기에서 어떤 결과가 나올지를 아는 것은 불가능하다는 점이다. 역사는 어느 누구의 편도 아니다. 우리는 모두 저마다 미래에 영향을 미칠 수는 있지만, 다른 사람들이 미래에 영향을 미치는 어떤 행동을 할지는 알지도 못하고 알 수도 없다. 세계사회포럼의 기본적인 틀은 이러한 딜레마를 반영하고 있으며 이를 강조하고 있다.

그러므로 이행의 시기에 필요한 전략은 네 가지 요소를 포함해야만 한다——이 네 가지 모두 말하기는 쉬워도 행하기는 어렵다. 첫째, 이행과 우리가 바라는 결과에 관한 지속적이고 개방적인 토론의 과정이다. 이 일은 결코 쉬운 적이 없었고, 역사적으로 반체제운동들은 이 일에 전혀 능숙하지 못했다. 하지만 오늘날 분위기는 예전보다 훨씬 좋으며, 그것은 여전히 긴급하고도 필수적인 과제로 남아 있다. 이러한 국면에서 지식인들의 역할이 강조된다. 세계사회포럼의 구조는 이러한 토론을 고무하는 데 기여했다. 그리고 우리는 그것이 계속 이러한 개방성을 유지할 수 있을지 지켜봐야 한다.

둘째 요소는 자명한 것으로 반체제운동은 선거행동을 포함하여 단기적인 방어행동을 무시해서는 안된다는 것이다. 세계인구는 현재에 살고 있으며, 그들의 당면 요구는 처리되어야 한다. 이런 요구를 무시한다면 어떠한 운동도 장기적 성공에 필수적인 광범위한 수동적 지지자들을 잃게 될 것이다. 하지만 방어행동은 몰락해가는 체제를 치유하기 위해서가 아니라 단기적으로 부정적인 결과들이 더 악화되는 것을 막는 데서 그 동기와 정당성을 찾아야 한다. 이들 두 동기는 심리적으로나 정치적으로도 매우 다른 것이다.

셋째 요소는 옳은 방향을 지향하는 듯한 잠정적인 중기 목표를 수립하는 것이다. 나는 이런 목표로서 가장 유용한—실질적으로나 정치적으로나 심리적으로나—것 가운데 하나가 선택적이되 갈수록 확장되는 탈상품화를 지향하려는 시도임을 시사하고자 한다. 오늘날 우리는 이전에는 거의 또는 결코 사적인 판매를 위해 전유된 적이 없었던 것들—인간의 육체, 물, 병원 등—을 상품화하려는 격렬한 신자유주의의 공세하에 있다. 우리는 이것을 반대해야 할 뿐만 아니라 다른 방향으로 나아가야 한다. 산업들, 특히 사양산업들은 탈상품화되어야 한다. 이것이 의미하는 바는 그런 산업들이 '국유화'—대부분의 경우 이것은 단지 상품화의 또다른 형태일 뿐이다—되어야 한다는 것이 아니다. 그것이 의미하는 바는 시장 안에서 작동하면서 이윤보다는 성과와 생존을 목표로 삼는 구조를 만들어내야 한다는 것이다. 알다시피 대학과 병원—그 전부는 아니더라도 최선의 것—의 역사를 돌이켜볼 때 우리는 이 일을 이루어낼 수 있다. 그러한 논리가 탈지역화의 위협을 받고 있는 철강산업에서는 왜 불가능하단 말인가?

마지막으로, 우리는 우리의 장기적인 강조점들의 실질적인 의미를 진전시킬 필요가 있다. 나는 그 의미를 비교적 민주적이고 평등한 세계로 이해한다. 내가 '비교적'이라고 말하는 이유는 그것이 현실주의적이기 때문이다. 언제나 현실과 목표 사이의 간극은 존재할 것이다. 하지만 그 간극이 넓어야 하거나 깊어야 하거나 언제까지나 지속되어야 할 이유는 전혀 없다. 이것이 사회주의라고 또는 심지어 공산주의라고 불리던 것일까? 어쩌면 그럴 수도 있고 그렇지 않을 수도 있다. 그것은 우리를 토론이라는 쟁점으로 되돌아가게 한다. 우리는 이제 더 나은(완벽한 것이 아니라) 사회가 어떤 모습일지를 가정하는 일을 그만두어야 한다. 우리가 필요로 하는 일은 그것에 대해 논의하고 그것의 윤곽을, 그것을 실현할 대안적인 구조들을 실험하는 것이다. 그리고 우리는 체제의 이행기에 놓인 혼돈스러운 세계에 관한 우리 강령의 처음 세 부분도 함께 실행하면서 이를 수행할 필요가 있다. 그리고 만약 이 강령이 불충분하다면——십중팔구 불충분할 것인데——이 불충분함 자체를 그 강령의 제1항인 토론의 대상으로 삼아야 한다.

13

21세기의 지정학적 분열들:
세계에는 어떤 미래가 펼쳐질 것인가?

21세기의 처음 십년 동안 그리고 십중팔구 다가올 몇십년 동안 세계는 서로 영향을 주고받지만 독자적인 동력을 지니는 세 가지의 서로 다른 지정학적 분열에 시달리게 될 것이다. 오늘날 세계상황에 관한 대다수 분석가들은 때로 이 세 가지 분열들 가운데 하나만이 존재한다거나 아니면 적어도 실제로 중요한 것은 하나뿐이라고 주장함으로써 이 세 분열들의 특수성을 판별하지 못하는 실수를 범한다. 이 세 가지 분열은 (1) 다가올 몇십년 동안 자본축적의 중심축이 되고자 추구하는 가운데 전개되는 이른바 삼자(Triad)──미국·유럽연합·일본──사이의 투쟁 (2) 세계체제의──경제적·사회적·인구적──양극화가 지속되는 상황에서 전개되는 남과 북 또는 세계경제의 중심지대들과 다른 지대들의 투쟁 (3) 우리가 집단적으로 수립하고자 하는 세계체제의 형태를 둘러싼 다보스정신과 뽀르뚜알레그레정신 사이의 투쟁이다.

처음의 두 가지 갈등은 지리적인 차원에서 위치가 정해지는 것들이고, 전적으로는 아니더라도 본질적으로 국가간 관계들과 관련이 있다. 세번째 갈등은 국가간 갈등이 아니라 각각 전세계에 걸쳐 위치하고 있는 두 집단·운동·계층 사이의 갈등이다. '세계에는 어떤 미래가 펼쳐질 것인가?'라는 질문을 평가하기 위해서 우리는 세 가지 갈등을 각각 다루면서 다음 25년에서 50년 동안 펼쳐질 각 과정과 있을 법한 발전들을 밝혀내고 그런 다음 그것들이 어떤 식으로 영향을 주고받는지 살펴볼 필요가 있다.

삼자분열

삼자라는 개념이 처음 널리 알려지게 된 것은 1970년대였다.[1] 그것은 삼자위원회(Trilateral Commission)에서 처음 제도적으로 표현되었다.[2] 삼자위원회는 다음 두 가지 경제적 현실의 결과로 출현했다. 하나는 서유럽과 일본의 경제력 향상이다. 이 덕분에 그들은 1960년대에 미국을 '따라잡을' 수 있었다. 다른 하나는 1970년대에 불어닥친 세계경제의 어려움이다. OPEC의 결정에 따른 유가 급등은 경제난의 신호였지 원인이 아니었다. 첫번째 경제적 현실이 의미하는 바는 서유럽과 일본이 더이상 어떤 중대한 의미에서 경제적으로 미국정부의 결정에 의존하지 않아도 되었기 때문에 미국이 그들을 더이상 이전과 같이 오만한 방식으로 대할 수 없게 되었다는 점이다. 두번째 경제적 현실이 의미하는 것은 전세계적으로 이윤율이 하락했고, 그러므로 이제 삼자가 (불가피하게 다른 세력들을 희생시켜서) 손실을 최소화하기 위해 치열히 경쟁하게 되었다는 점이다.[3]

삼자위원회는 세 파트너 사이에 등장하는 긴장들을 완화하기 위한 정치적인 시도였다. 그것은 기껏해야 부분적으로만 성공했을 뿐이다.[4] '영광의 30년'이라 불리는 1940~45년에서 1967~73년의 시기는 꼰드라띠예프 A시기였다. 이 시기는 세계경제가 전반적으로 팽창하는 시기였는데, 실제로 이런 팽창은 자본주의 세계경제의 역사에서 가장 주목할 만한 것이었고, '밀물은 모든 배를 띄운다'는 격언을 훌륭하게 예증했다. 그러나 그 다음 30년은 꼰드라띠예프 B시기였으며, 이 시기에는 생산활동으로 얻는 이윤이 앞선 A시기에 비해 줄어들었다. 이로 말미암아 산업이 재배치되고 이윤의 원천이 투기활동으로 이동하였으며 전세계적으로 실업이 증대하고 세계 전체로나 한 국가 내부로나 경제적 양극화가 첨예하게 가속화되기에 이르렀다.

자본축적의 세 중심들은 이 B시기에 국부를 유지하고 또 최대로 늘리기 위해 상대방에게 '실업을 수출하는' 노력을 경주하는 것으로 경쟁을 드러냈다.[5] 삼자 모두가 동시에 좋은 성과를 거둘 수는 없는 상황이었다. 이 상황을 거칠게나마 요약해보면, 유럽은 상대적으로 1970년대에, 일본은 1980년대에, 그리고 미국은 1990년대에 최선의 성과를 얻었다. 이들 가운데 어느 나라에서도 생활수준이 급락(세계경제의 다른 부분들에서는 실제로 일어난 일이다)하지는 않았지만, 삼자간에는 각 십년마다 상당히 중요한 격차가 났다. 언론에서는 1970년대에는 산유국들과 독일이 힘을 합치면 맞설 상대가 없다고 생각한 것 같았다. 1980년대에는 일본이 세계챔피언으로 인정받았으며, 1990년대에는 미국이 그 자리를 차지했다. 이것은 본질적으로 언론의 과대선전이었는데, 그럼에도 많은 정책결정자들이 그런 과대선전을 믿었고 그 관점에서 자신들의 정책을 조정했다.

사실 세 중심 모두 한동안 근본적인 힘이 거의 비슷했다. 그들 모두 당장 높은 수준의 이윤을 산출하기에 가장 유망해 보이는 지역들에서 생산활동을 벌여나갈 만큼의 기술능력(이른바 인적자본)과 금융적 토대(본질적으로 축적된 부)를 지니고 있다. 그들은 또한 모두 세계시장에서 구매하고 판매할 수 있는 능력을 보장해주는 전세계적인 통상망들을 지니고 있다. 그들은 모두 적절한 연구개발 활동을 장려해서 우위를 확보하려 하고 있으며, 각각 이를 성공적으로 수행할 수 있는 과학공동체를 지니고 있다. 내가 암시하는 것은 그들의 자원이 절대적으로 동일하다는 것이 아니라 그들 사이의 격차가 그렇게 결정적이거나 완강한 것이 아니고 삼자 가운데 일시적으로 뒤처져 있는 나라들에 의해 얼마든지 꽤 빠른 시간 내에 극복될 수 있는 것이라는 점이다.

이러한 장기 꼰드라띠예프 B시기가 끝날 것이라고 전제할 때 (비록 경제영역에서 극적인 하락이 더 진행될 가능성도 여전히 있지만), 다음 30년 동안 자본축적의 지배적인 중심이 되기 위한 싸움에서 이들 세 영역 가운데 누가 선두를 차지하게 될지 결정하는 요소는 무엇일까? 나는 학자들이 그토록 선호하는 생산성이라는 모호한 범주에서 그 대답을 찾을 수 있을 것이라고 생각하지 않는다. 생산성의 우위(사실은 대단히 어려운 일이지만 설사 그것을 정확하게 측정한다고 하더라도)란 것은 일시적인 현상에 불과할 때가 너무 많다. 나는 그 대답을 기업문화에서 찾을 수 있다고도 생각하지 않는데, 왜냐하면 자본가들의 축적 욕구에는 문화적 장애들을 극복하는 경이로운 면들이 있다고 믿기 때문이다. 그리고 마지막으로 나는 그것이 노동조합의 힘과 큰 관련이 있다고 생각하지도 않는다. 첫째, 나는 이 점에 관한 한 세 중심 사이의 격차가 과장되어 있다고 생각한다. 둘째, 나는 생산활동에 참여하는 인적 자원의 비용에서 차이가 나는 주된 이유가 노동조합의 힘 때문이라고 생각하지 않는다.

그렇다면 삼자 사이의 경쟁에서 중요한 격차는 무엇일까? 내가 보기에 두 가지 핵심적인 격차가 있는 것 같다. 첫째는 어느 나라가 연구개발, 즉 혁신에 대한 투자를 우선시하는가이고, 둘째는 어느 나라의 (폭넓게 정의된) 상류층이 더 자유롭게 부를 소비할 수 있는가이다. 이 두 영역에서 한편으로는 미국과 다른 한편으로는 유럽연합 및 일본 사이에 실로 놀라운 격차가 존재한다. 우리에게 제시되는 많은 경제지수들의 매년 변동치로는 이 격차들을 측정할 수 없다. 이 격차들은 생산 및 금융 분야의 진행상황을 제약하는 근원적이고 중기적이며 정치문화적인 현실들을 만들어낸다.

미국은 스스로를 21세기 세계체제의 유일한 초강대국이라고 생각한다. 이러한 자아상은 주로 압도적인 군사력에 근거하고 있다. 미국의 군사력은 어느 한 나라의 군사력은 물론이고 다른 많은 나라들의 군사력을 합친 것을 훨씬 능가한다. 이러한 자아상이 세계체제에서 미국의 실질적인 정치력의 지속적인 쇠퇴—나는 그렇게 믿고 있다—를 은폐한다는 것은 여기서 쟁점으로 삼지 않겠다.[6] 미국—그리고 특히 미국에서 정책을 결정하는 엘리뜨들—자신이 미국에 관해 믿는 바가 경제영역에서 미국정부가 정하는 우선순위들을 설명하고 실제로 결정한다. 물론 정부들은 공식적으로는 정반대의 노선을 취하지만 그럼에도 직접적으로는 소비자로서 자신들의 힘을 통해서, 간접적으로는 과세 및 규제 정책들을 통해서 경제발전의 관점에서 무엇을 강조해야 할지에 대해 많은 발언권을 행사하고 있다.

어떤 초강대국이 세계무대에서 중요하게 내세울 것이 군사적인 우위뿐일 때, 그 초강대국은 군사무기에 대한 지속적인 투자를 강조해야 한다(그리고 강조할 것이다). 장기적인 경제발전의 관점에서 군사무기는 샛길이다. 물론 이 영역에서 배웠거나 창안한 것을 다른 영역들에 적용하는 일출(溢出)효과(공공지출에 의한 간접적인 영향—옮긴이) 가능성은 얼마든지 있다. 그러나 부수적인 혜택이 아무리 크더라도, 그것은 같은 돈을 더 장기적인 생산기업들을 세우는 데 써서 얻게 되는 혜택에는 미치지 못한다.

미국이 군사력의 우위를 유지하기 위해 사용하는 방식 가운데 하나는 특히 최첨단기술과 관련하여 다른 어떤 국가도 유사한 활동을 펼치지 못하도록 방해하는 것이다. 이 방식은 특히 서유럽과 일본에 적용된다. 물론 서유럽이나 일본은 이 영역에서 미국과 심각한 경쟁을 펼치는 데 별로 관심을 보이지 않고 있다. 오히려 그들은 지금 그리고 앞으로 몇십년 동안 국가예산 중에서 군사비가 차지하는 비율을 훨씬 더 떨어뜨리고자 한다. 미국의 압력과 서유럽 및 일본 성향의 결합은 사실상 서유럽과 일본이 미국의 군사적 경쟁자가 아니며, 곧 그렇게 되지도 않을 것을 의미한다. 그러나 사태의 이면을 보면 그들은 순전히 경제적인 각종 혁신에서는 힘차게 경쟁할 의도가 분명히 있다. 서유럽과 일본이 비군사적인 발전에 훨씬 더 높은 우선순위를 부여하고 있다는 사실은 다음 20~30년 동안 상당한 이득을 낳을 것 같다.

미국에 대한 서유럽과 일본의 이런 유리한 점은 생산비용의 문제로 말미암아 더욱 증폭된다. 보통 노동비용을 논의할 때 비교대상은 직접 임금으로 지불되는 것과 이른바 사회적 임금을 통해 간접적으로 지불되는 것을 더해 (숙련노동자든 미숙련노동자든) 일반 노동자들이 받는 액수이다. 이 액수에 정부가 (교육, 의료, 평생소득 보장에서) 재분배하는 것을 더하면 삼자의 구성원들 사이의 격차는 별로 크지 않으며, 이는 이들 나라로 가서 노동자의 실질 생활수준을 관찰해보면 명확하게 알 수 있다.

그러나 써비스를 제공하고 급료를 받는 두번째 집단이 존재한다. 이들은 상류층과 간부층으로, 대개 다양한 생산기업을 위해 직접 일하는 사람들과 비영리부문에서 활동하거나 이른바 자유전문직에 종사하는 사람들이다. 이 사람들이 받는 돈의 총액을 무어라 부르든, 기업에 투자하는 투자자들의 관점에서 보면 그 돈은 판매수익에서 지불되는 임금을 의미하며, 따라서 이윤의 수준을 떨어뜨린다. 여기서는 그 격차가 엄청나며, 이는 대체로 이전의 헤게모니국가와 장차 헤게모니국가가 되려는 경쟁자들 사이의 문화적 격차로 설명할 수 있다. 미국에서 CEO들의 실제 급료, 간부들의 실제 급료, 비영리부문에서 활동하거나 자유전문직에 종사하는 사람들의 실제 소득은 서유럽이나 일본에서 이루어지고 있는 것보다 훨씬 더 많다. 이것은 개인적인 차원에서 수익들이 더 높기 때문이기도 하지만, 전체 노동력에서 그런 사람들이 차지하는 비율이 훨씬 더 높기 때문이기도 하다.

최근 널리 알려진 미국기업들의 스캔들은 빙산의 일각에 불과하지만, 그 결과는 시간이 지나면서 장기적인 경쟁자들의 이윤율보다 미국에 뿌리를 둔 기업들의 이윤율이 더 심각하게 하락하는 것에서 필시 감지될 것이다. 미국이 이 격차를 줄일 수 있는 유일한 방법은 인구의 상위 10~20퍼센트에게 돌아가는 이윤의 유출량을 줄이거나 서유럽과 일본에서 그 양을 늘리는 것뿐이다. 미국 내에서 그 유출량을 대폭 줄이는 것은 정치적인 이유 때문에 단기적으로는 사실상 불가능한 것 같다. 이 방향으로 나아가는 정부는 핵심 지지층의 지지를 즉각 잃을 것이다.

그렇다면 미국의 실제적인 대안은 서유럽과 일본에서 이윤의 유출량을 증대시키려고 노력하는 것이다. 미국정부가 일본이나 독일에 구식 정부정책들을 '개혁할' 필요가 있다고 설교할 때, 미국정부가 종용하는 것은 이들 나라가 상류층에 대한 임금의 분배에서 미국을 모방해야 하며, 이로써 이 나라들이 장기적으로 유리한 입지를 갖는 것을 막아야 한다는 것이다. 이런 권고에 이들 나라가 완강하게 저항한 것은 불가사의한 문화적 변수들 때문이 아니라 바로 다음과 같은 이유 때문이다. 남의 여러 나라들(심지어는 브라질같이 상대적으로 강한 나라들까지 포함해서)과 달리, 서유럽과 일본은 그들의 경제구조를 '개혁'하려는 IMF의 조처에 구애받지 않아도 된다. 한 예로 그 나라 정부들이 경기불황 문제를 다루기 위해 부채 수준을 올릴 때조차, 그들의 부채는 대부분 국내부채이며, 그렇기 때문에 국제적인 압력에——예를 들면 아르헨띠나의 부채와 같은——노출되지 않는다.[7] 미국정부와 달리 서유럽 및 일본 정부는 더 관대한 복지지출을 통해서, 그리고 디플레이션이 제대로 진행될 수 있도록 허용함으로써 실업의 고통을 줄이는 것이다.[8]

오늘날 우리에게 존재하는 것은 통합된 세계경제가 아니다. 본질적으로 세개의 주요지대로 구성된 삼자의 세계경제가 있을 뿐이다.[9] 이 삼자분열은 아마도 다가올 몇십년 동안 더욱 심화될 것이다.[10] 그리고 우리는 이 삼자분열의 지정학적인 결과로 미국이 다음 20~30년 동안 가장 적은 성과를 얻는 것을 보게 될 것이다. 미국의 군사적 영향력은 이 근본적인 경제의 이동을 되돌리는 데 점점 더 힘을 발휘하지 못할 것이다. 그런 상황에서 진짜 경쟁은 서유럽과 일본 사이에서 벌어질 것이며, 각각은 미국을 자기편으로 끌어들이려고 노력할 것이다. 나는 계속해서 미·유럽 경제동맹보다는 미일동맹이 더 가능성이 있다고 믿고 있다.[11] 그러나 어떤 경우든 미국인들(그리고 어쩌면 다른 나라 사람들)로서는 그런 씨나리오를 상상하기란 무척 어렵겠지만, 미국이 지도적인 파트너가 될 것 같지는 않다.

남북분열

삼자분열이 전개되는 방식은 나머지 두개의 지정학적 분열이 어떤 형태를 띠는가에 따라 크게 달라질 것이다. 남북갈등에서 삼자의 구성원들은 북을 구성한다. 그러므로 그들은 이 갈등에서 지정학적인 이해를 공유하는데, 물론 그들은 이제까지 그에 관해 서로 약간 다른 정책들을 폈으며, 남의 다양한 지역들과 서로 다른 '특수한' 관계를 맺고 있다. 현재 남북갈등에서는 미국이 군사력과 IMF 및 세계은행에서 영향력이 큰 덕분에 북의 주역으로 선두를 차지하고 있다.

북이 언제나 단일한 진영은 아니듯이 남의 나라들 역시 마찬가지이다. 남의 나라들은 정치면에서 두 가지 방식으로 분열되어 있다. 남의 집권정권들 중에는 본질적으로 북에 종속된 정권들, 북에 의해 사실상 매수된 대리정권들이 있고 그렇지 않은 정권들이 있다. 그러나 특정한 정권들과 무관하게, 상대적으로 강한 반주변부지대들과 때로 제4세계라고 언급되기도 하는 나라들(즉 최약·최빈·최소국들) 사이에 객관적인 격차가 있는 것도 사실이다. 실제로 남에는 실제적이거나 잠재적으로 현실적인 지정학적 권력을 지니고 있는 몇몇 힘있는 국가들이 있다. 이러한 나라로는 러시아, 중국, 인도, 브라질, 인도네시아, 한국이 있고, 이 목록은 계속 늘어날 수 있다.

그럼에도 남북분열은 현실적인 것이고 자본주의 세계경제의 근본구조를 형성하는 일부이다. 경제의 양극화는 계속되고 있으며, 이따금씩 느려지기는 하지만 전체적으로 기하급수적으로 팽창한다. 북은 선진적인 생산과정의 독점, 세계 금융제도들의 통제, 세계 학문과 세계 언론의 지배, 그리고 가장 중요하게는 군사력을 통해서 이 구조를 유지한다. 삼자간 갈등이 보통 일정한 제약을 받는 듯이 보인다면, 그것은 각각이 나머지 두 세력을 상대할 힘이 있기 때문이다. 남북갈등은 이와 유사한 제약을 거의 받지 않는다. 북은 철권——이따금 벨벳장갑으로 감싼——을 휘두른다.

남은 이러한 현실——북의 철권과 결합되어 있는 사회경제적 격차——에 어떻게 대처하고 있을까? 1945년부터 1970년까지 남의 주요 전술은 개발주의였다. 남에 위치한 운동과 정권 들의 활동들을 특징짓는 이론은 '국가발전'이 가능하다는 것과 그것은 본질적으로 2단계——① 국가발전에 헌신하는 민족정권을 수립하고 ② 그런 다음 정확한 정책들을 추진하는——의 작용이라는 것이었다.

물론 각 단계를 실행하는 방식을 둘러싸고 상당한 이견이 있었다. 이러한 논쟁은 우리가 민족해방운동이라고 부르는 것의 틀 내에서 매우 광범하게 진행되었다.

그러나 결국 그 논쟁은 대체로 부적절한 것이었다. 첫째, 남에서뿐 아니라 북에서도 발전이 가능하다고 하는 지구문화적 합의가 존재했다. 말하자면 이야기의 판본이 두 가지 있었는데, 미국과 유럽이 주로 퍼뜨린 자유주의적 판본과 소련이 주로 퍼뜨린 이른바 사회주의적 판본이다. 그러나 두 판본 모두 '근대화' 정부(소련은 이를 '사회주의' 정부라고 불렀다)가 적절한 정부정책과 외국의 원조에 힘입어 이른바 경제개발을 허용하는 필수적인 사회적 틀을 수립할 수 있다고 주장했다. 두 판본 모두 그와 같은 '개발주의적' 정책들이 궁극적으로 세계체제 내의 양극화를 해소할 것이라고 주장했다. 두 판본 모두 전지구적으로는 실패했으며, 나라별로는 기껏해야 소수 나라들에서만 작동했던 것 같다. 대다수 나라들이 발전하지 못할 때 소수 나라들이 발전한 이유는 특정 국가들이 추구한 특정 정책과는 거의 아무런 관련이 없었다. 오히려 두 가지 이유에서 개발주의적 정책들은 소수의 나라들에 도움이 되었지만, 대다수 나라들에는 그러지 못했다. 자본주의 세계경제의 작동방식에 따라 오직 몇 안되는 나라들만이 어떤 특정한 시기에 자본주의 세계경제의 순위에서 상대적 지위를 향상시킬 수 있다. (한국이나 타이완 같은) 성공한 국가들이 그럴 수 있었던 것은 다른 어떤 단일한 요인 때문이라기보다 (냉전상황과 관련하여) 그들의 지정학적 위치가 작용한 덕분이었다.

1970년 이후의 시기는 '개발주의'에 대한 환멸의 시기였다. 이를 대신하여 신자유주의를 설파하기 시작한 중심부에서나 점점 벌어지는 양극화를 줄이는 대안적인 길들을 모색하기 시작한 남의 나라들에서나 마찬가지였다. 근본적으로 남은 북과의 투쟁을 위한 메커니즘으로 1970년 이후 세 가지 전략을 개발했다. ① 근대 세계체제와는 무관한 수사를 사용하는 근본적 타자성(radical alterity) 주장 ② 기존 세계체제에서 유래하는 수단들과 수사를 활용하는 직접 대결 ③ 인구이동이다.

근본적 타자성이 의미한 것은 근대 세계체제에서 서구의 기본가치들, 즉 본질적으로 세속주의와 교육의 확산을 바탕으로 필연적으로 진보하게 된다는 이론을 지닌 계몽주의의 기본가치들을 거부하는 것이었다. 물론 전세계에 걸쳐 이런 가치들을 거부한 사람들은 늘 있어왔다. 그러나 그런 사람들과 집단들은 오랫동안 후진적 활동——변화를 회피한다든지, 변화에의 압력에 저항한다든지 하는——을 벌여왔고 대체로 실패했다. 1970년 이후 시기에 새롭고도 특히 중요한 현상은 이른바 '근대주의적인' 근본적 타자성 운동들의 출현이다. 때로 이것들은 근본주의 또는 완전주의(integrist)운동이라고 불리기도 했으며, 그들이 종교적 신앙들을 구현한다고 주장할 때 특히 그러했다. 그러나 이런 운동들에는 몇가지 주목할 점들이 있다.

첫째, 원래 그들의 주된 표적은 '서구' 일반보다는 개발주의적 이념을 채택한 자국의 역사적 반체제운동들이었다. 근본적 타자성 운동들의 기본 주장은 민족해방운동들이 세계를 변혁하고 세계체제의 양극화를 극복하겠다는 약속을 실현하는 데 실패했다는 것이었다. 근본적 타자성 운동들은 민족해방운동들의 실패 원인을 이 운동들이 스스로 반체제적이라고 주장하면서도 사실은 지배적인 지구문화의 가치들을 설파하고 있었고 따라서 필연적으로 세계 권력구조에 얽매이게 되었으며 그러므로 그들이 약속한 변혁을 실현할 수 없었다는 사실에서 찾았다.

둘째, 근본적 타자성 운동들은 스스로가 남(南)의 실패한 국가들에 맞선 시민사회의 대변자임을 자처했다. 그들은 국가가 자국의 빈민들에게 기본적인 원조를 제공하지 못할 때면—거의 언제나 그러했다—언제 어디서나 개입했다. 근본적 타자성 운동들이 고통에 빠진 사람들에게 영혼의 안식은 물론 물질적인 안식까지도 함께 제공했던 반면, 민족해방운동은 과거 민족주의 투쟁들의 영광에 젖어 아무런 노력도 하지 않았고, 새로운 노멘끌라뚜라의 주머니를 두둑하게 채워주는 일이 아주 흔했다.

셋째, 근본적 타자성 운동들은 커뮤니케이션, 과학기술, 전쟁 같은 근대적인 하부구조들을 모두, 그것도 효과적으로 활용하는 가운데 근대세계의 과학기술적인 진보에 깊이 몰두해 있었다. 종종 주목받았듯이 이런 근본적 타자성 운동들은 대학의 공학도와 자연과학도를 대거 끌어들일 수 있었다.

마지막으로, 이러한 근본적 타자성 운동은—전통이라는 말이 수세기 전에 설파되고 실천된 것을 의미한다면—거의 비전통적인 신학을 창안했다. 그들은 경전을 활용했으며, 그것을 재해석하여 근대세계에서 살아남고 번성할 수 있는 정치구조들을 만들어내는 데 가장 적합한 형태로 바꾸어놓았다. 그러나 물론 확고부동한 타자성을 입증하기 위해서, 이러한 운동들은 서구를 구현하는 것이면 무엇이든, 이론적인 수준이든 개인적인 수준이든 모든 수준에서 결사적으로 반대했다.

이런 근본적 타자성 운동 가운데 가장 볼 만한 것은 이란에서 호메이니(A. Khomeini)가 주도한 운동이었다. 이 운동은 부유하고 큰 나라의 왕이자 북의 으뜸가는 동맹자(이란혁명으로 축출된 팔레비왕을 일컬음-옮긴이)를 폐위시켰다. 이 운동은 미국을 대사탄, 소련을 제2사탄이라고 비난했다. 이 운동은 미국대사관을 장악함으로써 국제법을 위반했으며, 그러고도 살아남았다. 한동안 이 운동은 미국에서 광적인 분노를 불러일으켰으며, 그 결과 미국은 넓게는 아랍세계와 구체적으로는 이라크의 사담 후세인을 부추겨서 이란정권을 봉쇄하고 궁극적으로는 전복하려고 했다. 이 운동은 국경을 넘어 멀리까지 확산되지는 못했는데 주된 이유는 이 운동이 주로 극히 일부의 다른 나라들에서만 신봉하는 특정 종교전통에 근거했기 때문이다.

그렇지만 이를 통해서 우리는 근본적 타자성 운동이 남에서 깊은 반향을 불러일으키고 거대한 정치적 힘을 표출할 수 있다는 점을 확인할 수 있었다. 외형상 그것은 그와 같은 운동들의 모델이 되었다. 그렇다고 일본의 오움진리교나 알카에다 같은 운동들이 의식적으로 호메이니의 운동을 모델로 삼고 있다는 것은 아니다. 그들은 사회를 조직하는 몇가지 기법들과 동일한 종류의 몇몇 수사를 똑같이 활용하고 있을 뿐이다. 오늘날 이런 운동들은 많다. 강한 것도 있고 약한 것도 있으며, 대부분 남에 있지만 북에도 제법 있다. 이 운동들은 북이 특권적 지위를 유지하기 위해 의존하고 있는 그런 종류의 안정에 맞서 지속적인 (그리고 대체로 예측할 수 없는) 압력을 가하고 있다. 구조적 위기에 처한 세계체제에서 혼돈스러운 투쟁들이 전개되는 한, 다음 25~50년 동안 이 세력의 영향력은 줄어들기는커녕 틀림없이 더 커질 것이다. 이런 운동들은 정치적 혼돈의 표출이며, 현 세계체제에서 그 다음 세계체제로의 이행이 완료될 때까지 사라지지 않을 것이다. 그때까지 이 운동들은 계속해서 군사적으로 북의 골칫거리로 남을 것이다.

남의 두번째 수단인 직접 대결이라는 전략은 근본적 타자성의 전략과는 매우 다르다. 대결은 국가간 관계들의 가장 정상적인 측면이랄 수 있다. 그러나 사실 남의 국가들은 힘이 약하다는 바로 그 이유 때문에 보통 북의 국가들과 대결을 피했다. 대결은 어떤 것을 강요하거나 남의 국가가 행하고 있는 무언가를 저지할 의도에서 북이 촉발한 경우가 많았다. 내가 지금 말하려는 것은 남이 촉발하는 직접 대결의 가능성이다.

그 본보기 사례는 사담 후세인과 이라크의 쿠웨이트 점령이다. 내가 보기에 후세인이 아무래도 미친 사람이라거나 또는 이웃나라의 사악한 정복자일 뿐이라고 가정하는 것으로는 결코 상황을 제대로 이해할 수 없다. 내가 생각하기에 후세인은 비스마르크식 계산——북의 약점들을 노출시키고, 남(특히 이 경우에는 아랍세계)을 군사적으로 강화시키며, 미래에 나타날 세계적인 세력 균형의 변동에 대비하는 과감한 도박——을 염두에 두고 있었다.

1990년 8월 2일, 이라크가 쿠웨이트를 침공했을 때 사담 후세인은 마음속으로 두 가지 가능성을 생각했을 것이다. 세계(즉 북과 사우디아라비아)가 반격을 하지 않으면 그가 첫판에 이기게 될 것이다. 세계가 반격을 하면, 상황은 결국 출발선으로 되돌아간 정전협정으로 결말이 날 것이다. 그는 자신이 전쟁에서 패배해 권력을 잃고 서양군대가 이라크를 점령하는 광경을 목도하게 되리라고는 생각하지 않았다. 물론 실제로 일어난 일은 우리도 알고 있듯이 두번째 결과, 즉 출발선에서의 정전협정이었다. 이라크가 대량살상무기를 파괴하기 위한 사찰과 강제명령을 부과받은 것은 사실이다. 알다시피 이와 같은 유엔의 조처는 일부는 성공하고 일부는 실패했다.

우리는 미국이 이끄는 군대가 1991년 바그다드로 진격하지 않은 이유를 묻지 않을 수 없다. 미국정부로서도 바그다드 진격이 현명한 선택이 아니라는 점을 수긍하게 된 몇가지 이유가 있다. (1) 그러한 진격은 커다란 군사적 손실과 함께 어쩌면 상당한 인명 손실을 초래할 것이고, 그렇게 되면 다시 미국 시민들이 반대할 것이며, 이른바 베트남증후군이 부활할 것이다. (2) 상황을 안정시키고 그 나라를 계속 통합해나갈 수 있는 대체정권을 출범시키기가 불가능할 것이다. 터키나 사우디아라비아 어느 쪽도 만약 이라크 북부에 쿠르드족 국가가 그리고 남부에 시아파 국가가 생길 경우 그들이 겪게 될 결과 때문에 이라크가 갈라지는 것을 원치 않았다. (3) 전쟁이 장기화되면 아마도 중동 전체에서 수많은 정권들이 불안정해질 것이다. (4) 대체정권은 오직 미국이 이끄는 임시점령군이 있을 경우에만 살아남을 수 있을 뿐이며, 이것은 미국에서 심각한 국내 문제를 야기할지도 모른다. 이 모든 고려사항을 종합하면 미국이 바그다드로 진격할 수 있을 만큼 충분히 강하지 않았다는 것이다.

9·11사태 이래 미국의 세계정책을 이끌어왔고 어쩌면 앞으로도 수년 동안 그 일을 수행하게 될 매파의 분석은 이러한 모든 고려사항들이 본질적으로 근거가 없다는 것이었고 이것들에 근거한 행동이 사담 후세인에게 정치적인 승리를 안겨주었다는 것이다. 그렇기 때문에 미국은 지금 바그다드로 진격하기 시작한 것이다. 우리는 과연 누구의 예측이 가장 타당한 것인지 곧 알게 될 것이다. 사태가 사담 후세인과 아버지 부시 행정부 양측 모두 예견했던 대로 전개된다면, 바그다드 진격은 미국에 큰 정치적 패배를 안겨줄 것이다. 그런 상황은 남의 다른 국가들로 하여금 사담 후세인의 예를 따라 주도면밀하면서도 과감한 비스마르크식 전략을 채택하도록 부추길 것이다. 어쨌거나 핵무기를 획득하려는 노력이 남의 강국들의 전술에서 근본적인 것이 되리라는 것은 분명한 듯하다. 그 국가들은 미국과 핵무기 경쟁을 벌일 수는 없다는 점을 알고 있다. 그러나 그 국가들은 핵 억지력으로 작용할 수 있을 만큼의 파괴력을 지닌 핵무기를 획득하고자 한다. 핵확산을 봉쇄하려는 미국의 시도는 기껏해야 사태를 지연시킬 뿐, 성공할 수 없다. 그러한 시도는 미국이 오늘날보다 훨씬 더 강력했을 때도 먹혀들지 않았으며, 다음 십년 안에 십여개의 또다른 핵무기 보유국들이 나타날 것이다.

남의 전략적 수단들 가운데 마지막 요소는 의식적으로 연출된 것은 아니지만 세 가지 중 가장 현저한 것이기 쉽다. 세계체제의 사회경제적 양극화와 나란히 인구의 양극화가 진행되고 있는데, 이것은 최근 50년 동안에 비로소 첨예해진 것이다. 분명한 사실은, 북의 국가들이 고용수요를 충족시키기 위해서나 점점 비율이 늘어나는 65세 이상 인구에 대한 경제적 이전(주로 사회보장과 의료보험)정책을 유지할 수 있을 만큼 충분한 수의 노동연령층 인구를 유지하기 위해서는 그만큼 충분한 수의 인구를 재생산해야 하는데도 그러지 못하고 있다는 점이다. 북은 이민들을 필요로 하며, 그것도 몹시 필요로 한다.

이와 동시에 남은 어느정도 훈련과 교육을 받았고 어느정도 돈도 있되 본국에서 적절한 일자리와 수입을 찾을 수 없고 그래서 북으로 이민을 가고자 하는 의사와 열망이 있는 사람들로 가득 차 있다. 북은 이러한 이민들이 필요하기는 하지만, 북의 인구 가운데 상당수 사이에서 이민들은 정치적으로 인기가 없다. 그들은 자기들 나라에서 이민들이 일자리와 임금 수준을 위협하고 있고 반사회적인 실천들에 참여하고 있다고 믿고 있기 때문이다. 이러한 상반되는 압력 때문에 북의 정부들은 이민을 받아들이는 문제에 대해 계속 애매한 태도를 보이고 있다. 북의 정부들은 이랬다저랬다 하는 것이다. 잠재적인 이민들의 관점에서 이런 태도는 불법적인 통로를 이용한 이민을 부추기고 있다.

이러한 상황——이는 앞으로 몇십년 동안 더욱 악화될 것이다——의 결과 남에서 북으로 거대한 이민의 물결이 일고 있으며, 그중 상당수는 불법 이민이다. 비록 법적 장애들이 존재하고 지속적으로 강화되고 있지만, 그 흐름을 멈추게 할 수는 없다. 그렇지만 불법 이민들이 도착해서 기존 사회적 연결망 안으로 들어오는 순간, 그들의 신분을 합법화하는 문제를 두고 찬반이 엇갈린다. 이것은 시간이 지남에 따라 북의 나라에 거주하면서도 완전한 정치적·경제적·사회적 권리들을 지니지 못한 광범한 계층의 사람들이 생겨날 것을 의미한다. 그 권리들을 누리지 못하는 정도야 북의 나라마다 다르겠지만 그런 계층은 어느 곳에나 존재하며 또 더 늘어갈 것이다. 우리가 예상할 수 있듯이, 이것은 북의 나라들 내부에서 정치적 긴장을 일으키는 커다란 원천이 될 것이며, 또한 북의 나라들의 안정은 물론 남북 투쟁에서 자신들의 이해를 추구하는 능력에도 영향을 미칠 것이다.

다보스-뽀르뚜알레그레 분열

세계경제포럼은 1971년에 창립되었으며 (2002년을 제외하고) 매년 모임이 개최되는 장소의 이름을 따 통상 다보스포럼이라고 부른다. 그것은 "기업인·정치인·지식인을 비롯한 사회지도자들이 협력관계를 형성하여 전지구적 의제에 관한 핵심 쟁점들을 정의하고 논의하고 제시함으로써 (…) 세계의 상황을 향상시키는 데 헌신하는 독립기구"임을 자처한다. 세계사회포럼은 2001년부터 비로소 매년 모이기 시작했으며, 그 회의가 처음 열린 브라질 도시의 이름을 따 통상 뽀르뚜알레그레포럼이라고 부른다. 그것은 "신자유주의에 반대하고 자본이나 모든 형태의 제국주의에 지배당하는 세계에 반대하면서 인간이 중심이 되는 지구사회를 수립하려고 노력하는 시민사회 단체들과 운동들이 발의안을 마련하고 경험을 자유롭게 공유하며 효과적인 활동을 위한 네트워크를 만들어낼 목적에서 한자리에 모여 자신들의 생각을 펼치고 여러 의견을 민주적으로 공유하는 열린 모임"임을 자처한다. 다보스포럼은 천여개의 '세계 일류 회사들'을 회원으로 거느리고 있다고 자랑한다. 뽀르뚜알레그레포럼은 천여개의 '가장 광범위한 사회운동들'을 결집시키고 있다고 자랑한다. 사회적 토대의 차이는 뚜렷하다.

다보스정신과 뽀르뚜알레그레정신은 서로 정반대 입장에 있다. 다보스포럼은 전세계의 권력자들과 예비 권력자들이 어느 정도 자신들의 행동을 조정하고 이와 함께 널리 퍼뜨려야 할 복음인 규범적인 범세계적 정책을 수립하기 위해 모이는 회의가 되기 위해 탄생했다. 뽀르뚜알레그레포럼은 다보스포럼, 구체적으로는 그것의 근본철학, 구체적인 정책들, 미래에 대한 비전에 도전하기 위해 탄생했다. 뽀르뚜알레그레포럼의 구호는 '또 다른 세계가 가능하다'이다. 무엇과 다른 세계란 말인가? 그것이 다보스포럼이 구상하고 실행하는 세계와 다른 세계임은 자명한 사실이다.

물론 이 두 구조 모두 포럼 형식을 취하고 있다. 그것들은 공개적으로 관찰되고 공개적으로 설득하기를 바라는 공론의 장(場)인 것이다. 그러나 다보스포럼은 또한 삼자의 갈등이 드러나고 논의되고 어쩌면 완화되는 장소이기도 하다. 그것은 북이 자기의 목적들을 추구할 수 있는 무대이며 여기에는 남의 정치인·경제인·지식인 일부의 참여도 요망된다. 한편 뽀르뚜알레그레는 온갖 종류의 운동들——초국적·지역적·국가적·지방적 운동들과 가장 중요하게는 남과 북의 운동들——을 끌어모으고자 한다. 그것은 세계체제를 재편하고자 한다. 그것은 남북간 쟁점들에서 보통 남의 편에 서고자 한다. 그러나 그것은 또한 북의 내부의 삶에도 깊은 관심을 보인다. 그것은 삼자간 갈등에 대해서는 어떤 입장도 드러내지 않으며, 지금까지 대체로 그것을 무시해왔다.

다보스정신과 뽀르뚜알레그레정신은 둘다 변혁운동이다. 다보스포럼 역시 뽀르뚜알레그레포럼과 마찬가지로 현상유지를 옹호하지 않는다. 양자는 모두 큰 구조변화가 가능하고 임박했으며 바람직하다는 전제 위에 서 있다. 그러나 어떠한 변화들이 나타나야 하고 나타날 수 있는지에 관한 비전은 상당히 다르다. 아니 정반대이다. 그들의 말에서 항상 명시적으로 드러나는 것은 아니지만, 내 식으로 말하자면 그들은 구조적 위기에 처한 세계체제, 그러므로 혼돈스러운 분기를 겪고 있는 세계체제, 현실적인 정치·도덕적 선택들이 이루어질 세계체제, 그와 같은 선택들이 현실적으로 결과에 영향을 미칠 수 있는 세계체제에 대한 반응들을 표상하고 있다.

세계에는 어떤 미래가 펼쳐질 것인가?

다보스정신과 뽀르뚜알레그레정신 사이의 분열은 지리적 위치와는 아무런 관련이 없다. 그것은 분명 세 가지 분열 가운데 가장 근본적인 분열이며, 그 이유는 그것이 다음 25~50년 동안이 아니라 다음 500년 동안 세계의 미래와 관련있기 때문이다. 그러나 이 분열의 실제 궤적은 다음 몇십년 동안 다른 두 가지 분열——삼자분열과 남북분열——이 전개되는 양상에 의해 엄청난 제약과 깊은 영향을 받게 될 것이다.

미래는 본질적으로 결정되어 있는 것이 아니기 때문에, 우리가 할 수 있는 가장 큰 일은 다음 십년 동안 격심하고 갑작스러운 변화가 일어날 가능성이 가장 큰 지점들을 예시하는 것이다.

▶제2차 이라크전쟁의 결과 핵무기가 사용되고 핵전쟁이 하나의 전쟁양식으로 일반화될 가능성이 아주 크다. 이렇게 되면 핵확산이 급격히 가속화될 수도 있다.

▶달러화가 세계의 유일한 현실적인 준비통화 지위를 유지하는 능력은 갑작스럽게 사라질지 모른다. 현재 그 능력은 경제면에서 삼자의 다른 구성원들보다 미국이 더 안정되어 있다는 믿음에 근거하고 있다. 그러한 믿음 덕분에 미국은 지금까지 상당한 경제적 우위를 차지할 수 있었다. 그러나 미국이 엄청난 부채를 안고 있는 상황에서 이러한 믿음이 무너지면 미국에 투자한 해외자금이 급속도로 유출되고 단번에 3대 기축통화준비제

도를 만들어낼 수 있다.

▶유로화가 강해지고 있고 그에 저항하는 나라들(영국, 스웨덴, 덴마크)도 곧 유로화를 받아들이게 될 것 같지만, 유럽은 쉽게 해결되지 않을 두 가지 복잡한 문제들을 안고 있다. 유럽은 어떤 종류의 책임있는 정치구조를 창출할 필요가 있으며, 가입 자원국들에 에워싸여 있다. 이 두 가지 압력이 반드시 동일한 방향을 향해 있는 것은 아니다. 생존력있는 정치구조를 수립하지 못하면, 유럽은 삼자간 투쟁에서 아주 허약해질 것이다. 유럽이 중·동부유럽 국가들의 가입을 허용하고자 하는 것과 러시아와 더 긴밀한 관계를 형성하고자 하는 것의 이해관계들이 반드시 동일한 방향을 향해 있는 관심사는 아니다. 러시아와의 관계 형성에 실패하는 경우에도 삼자간 투쟁에서 유럽은 약해질 것이다.

▶러시아와 중국 두 나라는 그들의 능력이나 바람에는 미치지 못하지만 거대 강국들이다. 양국 모두 통합된 국가를 유지하고 생산기업의 토대를 넓히고 군사력을 강화하는 문제를 안고 있다. 만일 그들이 이들 세 영역에서 성공한다면 세계의 지정학은 급작스럽게 변형될 것이다. 만일 실패한다면, 세계 전체가 혼돈스러운 결과에 휩싸일 것이다.

▶한반도 통일의 추동력은 예전 독일통일의 추동력 못지않게 강력하다. 두 상황이 동일하지는 않으며, 한국의 경우 독일에서 일어난 일들을 관찰한 덕분에 많은 정보를 갖고 있다. 새로운 세대들이 권력에 다가가고 있으며, 한반도 통일이 이런저런 형

태로 의제에 오르고 있는 것은 분명하다. 통일한국은 동아시아에서 강력한 행위자가 될 것이며, 한국의 존재가 중국과 일본 사이의 불가피한 긴장을 완화시켜준다는 이유만으로도 동아시아 한중일 삼각체제의 가능성을 높일 것이다. 통일한국은 동아시아에서 미국의 군사적 역할을 근본적으로 축소시킬 것이다.

▶사우디아라비아와 파키스탄은 여러가지 방식으로 중동의 현 구조들에서 중심축 구실을 해왔다. 각각은 근대화를 추진하는 친서구적 엘리뜨들의 요구와 이슬람 성향이 강한 주민들 사이에서 역사적으로 균형추 역할을 담당해왔다. 그들은 미국과 모호한 관계를 유지함으로써 이같은 임무를 수행해왔다. 빈 라덴의 활동은 명백히 이런 정권을 무너뜨리는 것을 목표로 삼고 있으며, 빈 라덴은 조지 부시를 교묘하게 자기편으로 끌어들여 그로 하여금 두 정권이 그러한 모호함을 더이상 유지할 수 없도록 압력을 가하게 만든 것 같다. 어느 한 정권이 붕괴하는 경우에, 그리고 두 정권 모두가 붕괴하는 경우에는 더더욱 모로코에서 인도네시아, 우즈베키스탄에서 수단에 이르는 이슬람세계 전역이 동요하게 될 것이다.

▶최근 몇년 동안 라틴아메리카 전역에서 조용한 반란의 물결이 일어나고 있다. 가장 명백한 지역들만 거론하자면, 아르헨띠나, 에꽈도르, 브라질을 들 수 있다. 미국의 라틴아메리카 길들이기는 1980년대와 1990년대의 대형 프로젝트였지만 이것 역시 미국의 뒤뜰에서 갑작스럽게 붕괴할지 모르며, 그 결과 어쩌면 유럽과 일본이 급속하게 유리한 입지에 설지 모른다.

▶이러한 많은 변화들은 뽀르뚜알레그레정신을 옹호하는 세력의 힘을 강화시킬 것이다. 그러나 이 운동은 매우 구조가 느슨하고 적극적인 정책에서 구체성이 부족하여 어려움을 겪고 있다. 이것 역시 붕괴될 가능성이 있다. 그러나 붕괴되지 않는다면, 그것은 2010년쯤 매우 강력한 입지를 마련할 수도 있다.

이상은 가능한 한도까지 21세기의 지정학적 분열들을 식별해 낸 것이다. 세계에는 어떤 미래가 펼쳐질 것인가? 이에 대한 대답은 불확실하다. 그러나 한 가지 아주 확실한 것은 우리 모두가 개인적으로나 집단적으로나 스스로 생각하는 것 이상으로 미래에 영향을 줄 수 있다는 사실이며, 그 이유는 바로 우리가 이행의 시대, 혼돈스러운 분기의 시대, 선택의 시대에 살고 있기 때문이다.

■ 후기

후기

1. '2003년 – 부시의 해'

2003년은 조지 W. 부시가 세계에 깊은 흔적을 남긴 해이다. 2004년 새해가 시작되었을 때 그는 아마도 이를 자축하고 있었을 것이다. 그러나 사실 2003년은 부시에게나 미국에나 세계에나 재앙의 해였다. 부시는 미국이 세계에서 일방적으로 자국의 헤게모니를 내세우고 군사적으로도 그렇게 하는 데 성공하며 이를 통하여 세계에서 자국의 정치·경제적 지위를 강화할 수 있고 또 그럴 것이라는 점을 입증하려고 애썼다. 미국은 자국이 초강대국임을, 다시 말하면 우방으로부터든 적대국으로부터든 존경심은 아니더라도 적어도 두려움은 불러일으킬 수 있는 그런 초강대국임을 보여주고자 했다. 그는 성공했는가? 나는 그렇지 않다고 생각한다.

2003년의 사건들을 부시의 관점에서 살펴보도록 하자. 2003년의 시작은 별로 좋지 않은 편이었다. 2월에 미국은 유엔안전보장이사회의 결의안을 통해 이라크전에 대한 국제적 정당성을 확보하고자 했다. 미국은 대통령이 직접 여러번 전화 통화를 하는 등 열심히 로비를 벌였음에도 불구하고 이 결의안에 대한 찬성표를 (15표 가운데) 4표밖에 얻을 수 없었고, 그래서 결국 이를 철회했다. 3월에 미국은 어쨌든 이른바 '의지의 동맹'(coalition of the willing)——본질적으로 영국, 오스트레일리아, 폴란드——과 함께 이라크를 침공했다. 마지막 순간에 터키는 막대한 액수의 뇌물을 제공받았는데도 참전을 거부했다.

그럼에도 군사작전은 신속하게 진행되었고, 5월이 되자 미국은 이라크의 거의 전역을 점령했다. 부시는 임무가 '완수'되었다고 선언했다. 그러나 부시가 이런 선언을 하자마자 게릴라전이 시작되었고, 그후 게릴라전은 강도를 더해갔다. 전쟁의 첫단계에 비해 임무가 "완수"된 이래 더 많은 미국 군인들이 죽음과 부상을 당했다. 2003년이 끝나가는 싯점에서 미군은 사상자의 비율이 감소하기는커녕 증대하고 있음을 인정했다. 미국은 다른 나라들이 군대를 파견하도록 무던히도 애를 썼지만, 그런 노력은 매우 제한된 성공을 거두었을 뿐이다. 그 결과 미국은 자국의 참전부대를 아직껏 축소하지 못하고 있다.

12월에는 한 가지 눈에 띄는 준군사적 성과를 거두었다. 사담 후세인을 체포한 것이다. 폴 브레머(Paul Bremer) 미 점령당국 최고행정관은 다음과 같이 공표했다. "신사숙녀 여러분, 우리는 그를 잡았습니다." 그리고 그것은 사실이었다. 그러나 이것이 아이들의 숨바꼭질 놀이가 아닌 이상 후세인의 체포로 미국의 많은 문제들이 해결되었는지는 명확하지 않다. 이로 인해 특히 미국 내에서 사기가 치솟은 것만은 틀림없는 사실이다. 그러나 이 때문에 미국의 점령에 대한 저항이 줄어들었는가? 아직 확실하진 않지만, 이것이 일부 충성스런 바트당원들의 사기를 꺾어놓았을 수는 있다. 그러나 다른 한편 이는 그전까지만 해도 단지 후세인의 복귀가 두려워서 미국에 맞서 싸우기를 주저했던 이라크인들의 고삐를 풀어놓았다. 따지고 보면 이라크 민족주의는 사담 후세인에 종속되어 있는 것이 아니다. 어쨌거나 12월의 마지막 몇주 동안 점령군에 대한 격렬한 공격이 상당한 정도로 증가했다.

세계의 경제·정치적 전선에서 부시는 어떤 성과를 거두었을까? 경제적으로 이라크전은 이른바 바그다드 효과(Baghdad boost)를 불러일으키면서 전세계적으로 급속한 경제성장을 가능케 했다. 이것은 상당부분 미국의 군사적 케인즈주의에서 비롯된 결과였다. 그러나 두 가지 하락세를 주목할 필요가 있다. 경제성장은 대체로 부유층에 혜택을 주었다. 그것이 미국이나 다른 지역의 실업 감소나 노동계층의 실질소득 증가로 이어지지는 않았다. 그러므로 유효수요에 대한 장기적인 영향은 확실치가 않다. 그리고 훨씬 더 중요한 사실은 달러화가 계속해서 급속히 하락하고 있다는 점이다.

달러화의 하락은 물론 부시에게 아주 단기적으로는 (즉 2004

년 선거년에는) 경제적 이득이 될 것이다. 달러화의 하락은 미국의 수출증대와 대외 부채액의 실질적인 감소를 불러온다. 이는 추가적인 실업증대를 완화시켰을 가능성도 있다. 그러나 궁극적으로는 강한 달러화야말로 강력한 정치·경제적 무기이며, 미국으로서는 매우 오랜 기간 약한 달러화를 유지해나갈 능력이 없다. 그러나 그같은 하락세를 반전시키기 위해 미국이 할 수 있는 일은 무엇일까? 대외적자를 메우기 위해 미국은 매달 채권을 팔아서 돈을 빌리고 있다. 2003년까지만 해도 미국은 증대하는 적자를 메울 만큼 충분한 채권을 팔 수 있었으며, 이로 인해 미국의 기업과 최부유층 시민들에게 엄청난 규모의 금융상 이익을 안겨줄 수 있었다.

그러나 달러화가 상당수준 그 가치를 상실하기 시작하자, 나머지 세계는 나쁜 통화에 좋은 통화를 쏟아부어 더 큰 손실을 입지 않으려는 생각에 가치가 급락하고 있는 채권을 더이상 사들이려 하지 않았다. 미국의 적자는 달러 유입을 통해서는 더이상 메워지지 않고 있으며, 이것이 미국 재무부의 딜레마가 되고 있다. 그런데도 상황이 즉각 총체적인 재앙으로 번지지 않고 있는 것은 동아시아 정부들(특히 중국)이 계속해서 미국 재무부 채권을 사들이기로 결정한 덕분이다. 중국(그리고 일본과 남한)은 물론 자국 이익의 관점에서 이렇게 하고 있다. 그러나 달러화에 대한 이들 정부의 투자는 이 나라들마저 마찬가지로 위험에 빠뜨리고 있으며, 이 나라들은 곧 이런 투자가 자국의 자산에 이익이 되기보다는 위험이 될 것이라고 결정할지도 모른다.

어쨌든 미국은 지금 자국의 지속적인 경제적 번영을 이들 나라에 의존하고 있을 뿐 그 반대는 아니며, 이러한 번영이 경제력의 우위를 보여주는 것도 아니다. 그리고 그러는 동안 미국이 바라던 상황과는 정반대로 미국은 외부 투자자들의 판매 대상이 되었다.

정치적인 상황이 한결 나은 것도 아니다. 이라크전은 미국과 유럽의 정치적 관계에 전환점을 만들었다. 프랑스, 독일, 러시아는 까다로운 동맹국에서 불편하지만 체계적인 정치적 경쟁국으로 바뀌었다. 이들 나라는 신중하게 미국과의 행동에 나설 뿐이며, 미국과 결탁하지는 않는다. 이것이 의미하는 바는 이들 나라가 때때로 미국의 제안에 협력할 수도 있지만 위기상황에서 미국은 더이상 이들 나라에 의존할 수 없게 되었다는 것이다. 이라크 채무상환이 그 적절한 예가 된다. 제임스 베이커(James Baker)는 유럽과 동아시아의 채권국들로부터 이라크 채무 가운데 일부분을 포기한다는 약속을 받아낸 것으로 보인다. 이들 나라는 애당초 (채무를) 지불받을 것을 포기했을지도 모르며, 게다가 (채무에 관한) 구체적인 협상이 진행될 때 이들 나라는 채무 철회의 댓가로 이라크와 장차 계약을 체결할 수 있는 권리들을 양보하라고 주장하고 나올지도 모른다. 최대의 채권국은 아랍 국가들인데, 베이커는 아직 이 국가들이 똑같은 조치를 취하도록 설득하지 못했다. 한 가지 잊지 말아야 할 점이 있다. 이라크가 쿠웨이트를 침공한 동기 가운데 하나는 쿠웨이트에 지고 있던 채무를 폐기하는 것이었다는 사실이다.

서유럽이 다시 한번 미국의 지도력을 따르는 충실한 추종자로 나설 것 같지는 않다는 이야기가 지금 공공연하게 들리고 있다. 대다수 정치가들, 심지어는 훨씬 보수주의적인 정치가들조차 중동에 대한 미국의 정책이 근본적으로 잘못되어 있으며, 이는 이라크에서뿐만 아니라 아프가니스탄, 이란, 이스라엘·팔레스타인에서도 마찬가지라고 믿고 있다. 파키스탄이나 사우디아라비아가 미국에 반기를 들고 나온다면, 대다수 유럽 국가들은 물론 심지어 동유럽까지도 고소한 마음을 금치 못할 것이다.

마지막으로 앞의 사항들 못지않게 중요한 사실은 선거운동이 조지 부시에게 매우 어렵게 전개될 것이라는 점이다. 현재 그는 주로 디플레이션 위협의 축소와 사담 후세인의 체포에 의존해서 선거운동을 추진하고 있다. 그러나 부시는 나머지 세계에서만 분노를 불러일으킨 것이 아니다. 그는 잠에 취한 미국 유권자들을 열렬한 정치 참여세력으로 일깨우고 있다. 그는 헌신적인 추종자들을 거느리고 있지만, 미국인구의 상당부분한테는 최고치의 반발을 불러일으키고 있다. 물론 부동층의 유권자들 가운데 일부가 그의 애국적인 수사에 매혹당할 것은 틀림없는 사실이다. 그러나 종종 투표에 참여하지 않았던 젊은이들, 환경운동가들, 흑인들, 라틴아메리카계 미국인들 가운데 많은 수(어쩌면 더 많은 수)가 부시의 재임을 대단히 두려워하며 이번에는 특히 민주당 후보에게 표를 던질 것 역시 사실이다.

2004년은 부시의 해가 되지 않을 것이다.

논평 128호(2004.1.1)

2. 세계사회포럼의 상승세

최근(2004년 1월 16~21일) 인도 뭄바이(Mumbai)에서 열린 세계사회포럼(WSF) 제4차 대회는 이 포럼의 꾸준한 상승세를 보여준 큰 발걸음이었다. 5년 만에 세계사회포럼은 세계의 무대에서 주역이 된 것이다. 이렇게 말할 수 있는 데는 세 가지 계기가 있다. 첫째 계기는 1999년 11월 씨애틀 WTO회의에서 매우 성공적으로 벌어진 대중적인 항의시위였다. 대다수 미국인 시위자들로 구성된 거대한 그룹——AFL-CIO 노조원, 환경운동가, 아나키스트 등의 성사될 법하지 않은 연합체——이 씨애틀회의를 좌초시키는 데 성공했다. 2개월 후인 2000년 1월 다보스에서는 세계 곳곳에서 온 약 50명의 지식인 그룹이 다른 전술을 시도했다. 이 그룹은 '다보스에서의 반(反)다보스'를 조직하여 신자유주의의 반대 논리에 세계 언론이 주목하도록 한 것이다. 그리고 2000년 2월 두명의 브라질 대중운동 지도자인 치꼬 휘태커(Chico Whitaker)와 오데드 그라주(Oded Grajew)는 빠리로 건너가 『르몽드 디쁠로마띠끄』(Le Monde Diplomatique)의 책임자이자 아따끄-프랑스(Attac-France 1998년 12월 빠리에서 결성된 금융시장에 대한 민주적 통제권을 확보하려는 시민운동으로 여러 나라에 파급되었음-옮긴이)의 회장인 베르나르 까쌩(Bernard Cassen)과 회동했다. 두 브라질 운동가는 까쌩에게 서로 힘을 합쳐서 대중적인 항의시위와 지적인 분석을 결합하는 세계적인 회의를 출범시킬 것을 제안했다. 그들은 2001년 다보스 세계경제포럼 회의와 같은 시간에 브라질의 뽀르뚜알레그레에서 이 회의를 소집했다. 그들은 이 회의를 세계사회포럼이라고 불렀고 까생은 "다보스를 침몰시키는 것"이 그 목적이라고 말했다.

2001년 뽀르뚜알레그레포럼은 약 1,500명의 참가자를 예상했다. 그런데 1만명 가량이 왔다. 2001년 참가자 대다수는 라틴아메리카, 프랑스, 이딸리아에서 왔다. 세계사회포럼의 기본원칙은 "신자유주의에 반대하고 자본과 어떤 형태의 제국주의에 의한 세계 지배에도 반대하는 시민사회 단체 및 운동"이 자유롭게 참여하는 "열린 만남의 장소"라는 것이었다. 이 회의의 주제는 '또다른 세계가 가능하다'는 것이었다. 그것은 하나의 조직이 아니라 하나의 '과정'이었다. 세계사회포럼은 그 자체로서 어떤 입장을 취하거나 활동 제안을 하지 않을 것이지만 이 포럼에 참여하는 몇몇 혹은 전체 성원들의 입장과 제안들을 제시할 수는 있을 것이다. 그것은 "다수이고 다양하며, 특정 종파가 아니며 비정부적·비당파적"이었다. 또 "분권화된 방식으로" 행동했다. 요컨대 어떤 위계도 조직적 규율도 없다는 것이었다.

이런 공식은 독창적이었고, 공산주의와 여타의 인터내셔널을 포함한 역사적인 반체제운동들과는 완전히 달랐다. 그런데 이것이 불처럼 타올랐다. 뽀르뚜알레그레의 두번째 회의는 이제 북아메리카에서 온 대규모 그룹을 포함하여 4만명의 참가자를 끌어모았다. 2003년의 세번째 회의에는 7만~8만명이 참가했다. 개혁주의적이고 혁명적인 온갖 갈래의 운동, 온갖 종류의 압박

받는 혹은 주변화된 사람들, 구좌파와 신좌파, 사회운동과 NGO 등이 왔다. 정계의 명사들도 점점 더 많이 왔다. 세계 언론이 점점 더 많은 관심을 보였다.

그러나 문제가 있었다. 세 가지 큰 문제는 이러했다. ① 공개적인 포럼 방식의 유지를 주장하는 사람들과 세계사회포럼이 하나의 '운동들의 운동'이 되기를, 어쩌면 결국에는 또하나의 '인터내셔널'이 되기를 바라는 사람들 사이의 긴장 ② 아시아, 아프리카, 중·동부유럽의 참가자가 충분치 않다는 것 ③ 세계사회포럼 내부구조와 자금조달에 관한 논쟁, 즉 하나의 구조로서 이것이 얼마나 민주적이며 얼마나 독립적인가이다. 이 세 가지 문제들 모두가 뽀르뚜알레그레가 아닌 곳에서 처음 열린 이번의 뭄바이회의에서 시험대에 올랐다.

공개포럼의 개념은 애초의 창립자들이 보기에는 세계사회포럼의 강점을 부여하는 핵심적인 요소이다. 창립자들은 이 공식에서 이탈하면 일부를 배제할 수밖에 없게 될 것이며 세계사회포럼은 또하나의 종파주의운동으로 바뀔 것이라고 주장한다. 포럼의 공개성을 보장하기 위하여 원리헌장은 '정당 대표'와 '군사조직'의 참여를 금했다. 그럼에도 원칙을 강제하기는 어려웠고 정당과 게릴라운동 모두 간판 조직을 통해 참가했다. 그리고 많은 참가자들이 (정당조직 가운데 어느 하나가 통제권을 갖는 위치에 있지 않는 한) 그것을 막을 이유가 없다고 보았기 때문에 이 문제는 논쟁거리였다. 그리고 게릴라조직에는 비록 군사적 활동은 거의 하지 않지만 군사조직임을 자처하는 사빠띠스따도 포함되었는데, 대다수 참가자들이 이들을 모범적인 운동으로까지 받아들이며 이들에게 대단히 공감한 것은 물론이었다.

세계사회포럼이 브라질에서 인도로, 즉 대다수 운동들이 대체로 노동자당(PT)을 지지했고 따라서 실제로 노동자당의 공식적인 참여가 필요없던 나라에서 운동들이 여러 정당으로 분산되고 정당들이 핵심적인 대중조직인 나라로 옮겨오자, 인도의 조직위원회는 정당에 관한 규정을 철회했다. 그런데도 폭력을 금지하는 조항을 두고 인도인들은 분열했다. 한 소규모 마오주의 운동 그룹이 세계사회포럼장 길 건너편에 '뭄바이 저항-2004'(Mumbai Resistance-2004)라는 반대포럼을 조직했다. 이들은 세계사회포럼이 초국적기업들의 자금을 받은 뜨로쯔끼주의자들, 사회민주주의자들, 개혁주의적 대중조직들, NGO들──즉 무저항주의와 반혁명의 앞잡이들──이라고 비난했다. 이들의 구체적인 공격 내용은 공개포럼의 개념(토크쇼에 불과하다고 이들은 비난했다), 슬로건('또다른 세계'가 아니라 사회주의가 목표라고 말했다), 세계사회포럼의 자금(과거에 포드재단으로부터 약간의 돈을 받았다는 사실) 등이었다.

그러나 '뭄바이 저항'은 사소한 해프닝으로 끝났다. 이들은 세계사회포럼에서 꽤 활발한 논의를 촉발하였지만 포럼 참가인원의 2% 정도를 끌어모으는 데 그쳤다. 많은 사람들이 2003년 2월 15일의 세계적인 이라크전 반대시위가 포럼 참가자들에 의해 고무되고 조직되었다는 점을 지적하며 세계사회포럼의 활동을 평가했다. 그래서 결국 모든 사람들은 세계사회포럼이 공개포럼 개념을 유지해야 하지만 어쩌면 공동의 행동을 취하고자 하는 단체들을 받아들이고 제도화하는 모종의 방법을 찾아야 한다는 데 동의하는 듯했다. 이미 이 포럼과 때를 맞추어 함께 만나 결의안을 통과시키고 구체적인 행동에 나서자고 제안하는 운동들의 집회가 있다. 이들은 미국의 이라크 침공 일주년인 2004년 3월 20일에 세계적인 시위를 계획하고 있다.

뭄바이로의 이동 이면에는 세계사회포럼의 지리적 범위를 확장하려는 바람이 깔려 있었는데, 이번 포럼은 굉장한 성공이었다. 인도의 조직책임자에 따르면, 2002년 인도에서 세계사회포럼에 관해 들어본 적이 있는 사람은 200명도 되지 않았다. 2004년에는 수백개의 단체들과 인도인만 해도 10만명 이상의 사람들이 온갖 사회집단에서 — 적어도 3만명의 달리츠(불가촉민), 아디바시(부족민), 그리고 도처의 여성들이 — 참가했다. 게다가 예전 인도의 모든 정치적 풍토와는 정반대로 이들은 광범위한 정치적 견해들을 대변하되 함께 협력했다. 세계사회포럼은 2005년 뽀르뚜알레그레로 돌아갈 것이며 2006년에는 아프리카로 갈 계획이다.

끝으로, 세계사회포럼의 내부구조를 두고 공개적인 토의가 벌어졌다. 2001년 전원 새로 들어온 약 150명의 위원들로 구성된 하나의 국제위원회가 창립된 바 있다. 이는 포괄적인 대의체이지만 선출된 것은 분명 아니다. 왜냐하면 위원회가 선출된다면 세계사회포럼은 위계적인 구조가 될 것이기 때문이다. 그러나 이런 방식이 '민주적'인 것인가? 국제위원회는 실제적인 결정—가령 회의를 어디서 개최할 것이며, 누가 총회에서 연설할 것이며('스타'이며), 누가 참석할 수 있고 누구를 참석에서 배제할 것인가—을 한다. 물론 대다수 분과회의들은 상향식으로 조직된다. 뭄바이에서는 매번 회의가 개최될 때마다 50개가량의 '쎄미나'가 동시에 진행되는데, 이 모두가 자율적이었다. 세계사회포럼의 구조를 분석하는 분과회의에서는 의사결정을 좀더 공개적으로 하고 참가자들이 의사결정에 좀더 개입하는 방식을 추구했다. 그리고 이런 모든 것이 세계사회포럼을 위계적 구조로 만들지 않으면서 진행되어야 했다. 쉬운 일은 아니지만 적어도 공개적으로 토의되었다.

강조되는 주제가 어떻게 발전해나가는지도 눈여겨봐야 한다. 씨애틀에서 운동의 지향점은 WTO를 막는 것이었다. 2003년 깐꾼(Cancun) 이후 WTO는 주요 위협세력으로서는 퇴색했다. 실로 세계사회포럼이 여전히 신자유주의와 싸우고 있는 한편으로, 이제 포럼이 진정한 영향력을 미쳤다는 느낌이 있다. 또 브라질과 인도가 현재 다른 노선을 추구하고 있다면 그것은 상당 부분 이 포럼의 존재 때문이라고 생각한다. 올해는 다보스회의가 거의 언급조차 되지 않았다. 그러나 올해의 모든 포스터에, 뭄바이의 모든 시위행렬에 악당이 하나 있다면 그것은 조지 W. 부시였다. 한 파키스탄 여성조직의 포스터—"부시가 윽박지르면 저항하라"—가 이런 분위기를 적절히 포착하였다.

세계사회포럼의 주도적인 참가자들은 이 포럼에 참여하는 것이 자전거를 타는 것과 같다는 것을 알고 있다. 계속 전진해야

지 안 그러면 굴러떨어지는 것이다. 당장은 세계사회포럼이 잘 굴러가고 있다.

논평 130호(2004.2.1)

3. 미국은 패전중

미국의 이라크 점령에 대한 도전이 갑자기 심각해졌다. 세계 곳곳에서 그리고 미국 내에서 언론매체와 정치인들 모두가 미국이 이라크에서 이길 수 있을까라는 질문을 처음으로 진지하게 받아들이고 있다. 그리고 마찬가지로 갑자기 논의는 미국이 이라크에 '민주주의'를 가져다줄 수 있을까라는 물음이 아니라 미국은 전황이 자국의 패주(敗走)——통상 사용되는 어구로는 '또하나의 베트남'——로 변전되는 것을 막기 위해서 무슨 조처를 취할 수 있을까라는 물음을 중심으로 돌아가고 있다.

부정적인 요인들이 쌓이고 있다. 이라크 중심부 수니파지역에서 이제까지 낮은 수위로 진행되던 게릴라전은 매주 3~7명의 미국인 사망자를 내면서 격화되었다. 4명의 미국인들이 매복공격을 당해 살해되고 그 시신이 절단된 채 팔루자 시내를 질질 끌려다닌 후, 미해병대는 대대적인 반격을 하기로 결정했다. 이슬람사원을 공격하는 등 상당한 화력을 퍼부은 결과 수백명의 이라크인들이 죽었는데——이라크인들에 따르면 명실상부한 대량학살인데——(현재로서는) 미군이 이 도시를 접수하지는 못했다. 미국의 이런 과도한 반응으로 말미암아 미국측에 가장 가까운 지지자들조차 적대적으로 돌아서게 되었다. 이라크의 전직 외무장관이자 이라크 과도통치위원회(Iraqi Governing Council) 위원이고 미국인들이 자기네들의 지지자로 가장 신뢰하는 인물인 파차치(Adnan Pachachi)는 미군의 팔루자 공격을 '집단적 징벌'의 한 형태라고 말하면서 "도저히 용납할 수 없고 불법적"이라고 비난했다.

한편 미국은 바로 이 순간을 택하여 미국에 줄곧 적대적이었던 젊은 급진시아파 성직자인 알 사드르(Muqdata al-Sadre)에게 공개적으로 도전했다. 그 과정에서 미국은 벌집을 들쑤셔놓았고 알 사드르의 추종자들은 성도(聖都)인 나자프와 그밖의 몇몇 지역을 점령했다. 게다가 미국은 알 사드르보다 영향력이 크되 온건한 아야톨라 알리 알 시스타니(Ayatollah Ali al-Sistani)에게 난처한 상황을 안겨주고 말았는데, 특히 미국의 과도한 행동으로 말미암아 알 시스타니의 추종자들이 알 사드르의 전투성에 이끌린 것이다. 알 시스타니는 미국의 마음에 들기에는 신중하게, 너무 지나치게 신중하게 운신하고 있다.

그리고 도처에서 시아파와 수니파가 이라크 애국주의로 단결하면서 양자 사이의 분열은 눈 녹듯이 사라지고 뒷전으로 밀려나고 있다. 심지어 쿠르드족까지 이런 애국주의를 거론하기 시작했다. 그러므로 그냥 게릴라활동이었던 것이 저항운동으로 발전되고 있는데, 이는 정말 중요한 변화이다. 지금 저항세력은 많은 도시들을 장악하고 있을 뿐 아니라 요르단의 암만에서 바그다드로 오는 도로를 차단하였고, 그럼으로써 미군의 보급선을 위협하고 있다.

게다가 다양한 그룹들이 미국 주도 연합군의 일부로 군대 및 군수품을 공급해온 다른 나라들에 의미심장한 압력을 가하기 위해 이라크 내의 외국인들을 상시적으로 납치하고 있다. 이런 다른 나라들에서의 대중적 지지는 애초부터 취약했거니와, 정부 차원의 지지 역시 최근의 확전(擴戰) 이전부터 이미 좀먹기 시작했다. 이제 미국은 자국의 외교적 역량을 상당부분 사용하여 연합군 파트너들이 군대를 철수하지 않도록 혹은 철수하는 군대의 교체병력을 파견하도록 애써야 한다. 미국은 더 많은 군대가 필요한 바로 이 순간, 배에 물이 새는 격이 된 것이다.

물론 미국은 자국에서 좀더 많은 군대를 보낼 수는 있다. 그렇지만 부시행정부에 정치적 파멸이 될 징병제를 다시 실시하지 않는 한, 보낼 수 있는 병력은 그다지 많지 않다. 지금 미국의 일부 정치가들은 더 많은 군대를 보내라고 아우성치고 있다. 하지만 다른 일부는 비록 목소리는 덜 요란하지만 일방적 철수가능성을 거론하고 있다. 부시는 양자 가운데 어느 쪽도 택하고 싶지 않을 것이며, 이런 논의 자체가 깨끗이 사라지기를 바라고 있다. 하지만 9·11 이전과 직후 공히 부시가 '테러리스트의 위협'을 다룬 방식이 전국적으로 텔레비전으로 중계되는 열띤 논쟁거리가 되고 보니 이런 논의가 사라질 것 같지 않다.

미국과 여타 나라들의 정치지도자들은 유엔 그리고/또는 나토가 더 큰 역할을 하기를 원한다고 말한다. 그러나 미국의 지도부가 이를 주문(呪文)——예전에 유엔과 심지어 나토에도 경멸감을 표한 터라 그들로서는 곧이곧대로 받아들이기 힘든 주문인데——처럼 되뇌고 있는 한편으로 미국은 정작 필요한 결의안을 받아내는 일에서는 매우 천천히 움직이고 있다. 그도 그럴 것이 미국이 그런 결의안을 받아낼 수 있을지 전혀 확실치 않기 때문이다. 그런 결의안에 대한 댓가도 비싼데, 이라크에서 통제권의 상당부분을 양보해야 한다. 그런데 미국의 행정부는 아직 이런 양보를 할 태세가 아니다. 그렇다면 미국의 행정부는 자신이 처음부터 원했던 것——오로지 미국이 정한 조건으로 다른 모든 나라가 실질적인 도움을 줄 것——을 원하고 있는 것이다. 하지만 유엔과 나토가 이런 도움을 줄 태세가 아닐뿐더러, 심지어 미국이 임명한 이라크 과도통치위원회조차 말을 잘 듣지 않는 실정이다.

미국의 선거는 다가오고 있는데, 상황은 점점 악화되고 있다. 그리고 미국이 이라크인들에게 주권을 넘겨주기로 약속한 6월 30일이라는 마법의 날짜가 가까워지고 있다. 미국은 지금까지도 무엇을 어떻게 할 것인지 분명한 계획이 없는 듯하다. 미국은 어떻게든 라크다르 브라히미(Lakhdar Brahimi 이라크의 주권이양 문제를 담당하는 유엔의 이라크 특사로 2004년 2월에 '이라크의 정치적 이행'이라는 실사보고서를 제출했음—옮긴이)가 마법과 지혜를 구사하여 이라크인들 모두가 수용할 수 있는 공식들에 동의하도록 만들어주길 기도(말 그대로 기도祈禱)하고 있지만, 그건 어림도 없는 일이다. 설령 그런 공식들을 찾아낸다고 해도, 새 이라크 주권국가가 모든 것을 통제할 수 있는 군사력을 가지게 될까? 그런 일이 어떻게 성사될지 이해가 되지 않는다. 그러나 만약 미군이 7월 1일 이후에도 여전히 지배한다면, 이라크의 주권정부는 모든 이라크인들에게 무력한 꼭두각시로 보일 것이며, 그만큼 미군의 사상자 수는 계속 늘어날 것이다.

그렇다면 어떤 일이 벌어질까? 만약 미국쪽의 어떤 인사가 지금 현재 분명한 계획을 가지고 있다면, 어쩌면 상황을 안정시킬 수도 있다. 그러나 체니에서 럼스펠드, 브레머(Paul Bremer 연합군 군정기구를 이끄는 최고행정관―옮긴이)에서 아비자이드 장군(General Abizaid 미 중부군 사령관으로서 이라크 현지의 최고지휘관―옮긴이)에 이르기까지 당황한 책임자들은 모두 안개 속을 헤매는 듯하다. 미국의 민주당으로 말할 것 같으면, 그들이 비난하고 싶은 것이 부시행정부가 전쟁을 시작한 것인지 아니면 그 전쟁에서 이기지 못하는 것인지 마음을 정하지 못하고 있다. 어쨌든 케리(John Kerry 2004년 미국 민주당 대통령선거 후보―옮긴이)가 들고 나온 계획이 고작 이 골칫덩어리 전부를 몽땅 유엔에(그리고 어쩌면 나토에도) 넘겨주자는 것이니, 간단히 말하면 사실상 같은 주문인 것이다.

깊은 구렁 속에 빠져 있다면, 무엇보다 먼저 해야 할 일은 구렁을 그만 파는 것이라는 예로부터의 명언이 있다. 그러나 구렁 파기를 멈추기 위해서는 우선 구렁 속에 들어가는 것이 잘못―설령 도덕적인 잘못은 아닐지라도 적어도 정치적인 잘못―임을 스스로 인정해야 한다. 솔직히 내가 보기에는 워싱턴에서 그런 인정을 할 자세가 되어 있는 인물은 없다. 그러므로 미국이 계속 구렁을 점점 더 깊이 팔 것을 예측하는 것은 어렵지 않다.

미국이 이라크에서 철수하기로 결정하는 날은 미국인들이 생각하는 것보다 빨리 찾아올 수 있다. 1975년 미국이 싸이공에서 철수하면서 직면한 적(敵)은 자기쪽을 완전하게 통제하는 단결된 세력이었음을 기억해둘 필요가 있다. 베트콩(Vietcong 베트남 민족해방전선 소속의 공산주의자들로 미군을 격퇴하고 베트남 해방을 주도 — 옮긴이)은 그들의 병사들에게 위험에 노출되어 있는, 철수중인 단 한대의 미국 헬리콥터에도 총격을 가하지 말라고 명령했다. 베트콩은 베트남에서 즉각 질서를 수립할 채비를 갖추고 있었던 것이다. 이라크에는 베트콩이 없다. 이라크인들은 철수하는 헬리콥터에 총격을 가할 것이다.

미국의 어느 누구도 미국 내에 가장 혹독한 후유증을 남길 듯한 이라크전 이후의 시대를 진정으로 대비하고 있지 않다. 다가오는 미국 내부의 상호비방 전쟁에서 양편의 어느 누구도 조지 W. 부시한테 좋은 말을 해줄 것 같지 않다.

논평 135호(2004.4.15)

| 주 |

4장 인종차별주의: 우리의 앨버트로스

1) 유네스코(UNESCO)가 이런 책들의 씨리즈 전부를 후원했다.

2) Bartolomé de Las Casas, *Très brèves relations de la déstruction des Indes* (1547; Paris: La Découverte 1996) 52면.

3) Angel Losada, "Ponencia sobre Fray Bartolomé de Las Casas," in *Las Casas et la politique des droits de l'homme* (Aix-en-Provence: Institut d'Etudes Politique d'Aix & Instituto de Cultura Hispánica, October 1974; Gardanne: Esmenjaud 1976) 22면.

4) Vidal Abril Castello, "Bartolomé de Las Casas, el último Comunero" 같은 책.

5) Henry Mechoulan, "A propos de la notion de barbare chez Las Casas," 같은 책 179면.

6) Alain Milhou, "Radicalisme chrétien et utopie politique," 같은 책 166면.

7) Helmut Andics, *Ringstrassenwelt, Wien 1867~1887: Luegers Anstieg* (Wien: Jugend und Volk 1983) 271면.

8) 뤼거는 유태계 사회민주주의, 유태계 자유주의, 유태계 프리메이슨 역시 비난하였다.

9) John W. Boyer, *Political Radicalism in Late Imperial Vienna: Origins of*

the Christian Social Movement, 1848~1897 (Chicago: University of Chicago Press 1981) xii면.

10) Immanuel Wallerstein, "The French Revolution as a World-Historical Event," *Unthinking Social Science* (Cambridge: Polity Press 1991 — 국역본 『사회과학으로부터의 탈피』, 창작과비평사 1998, 「세계사적 사건으로서의 프랑스혁명」) 7~22면 참조.

11) Immanuel Wallerstein et al., *Open the Social Sciences: Report of the Gulbenkian Commission on the Restructuring of the Social Sciences* (Stanford: Stanford University Press 1996).

12) S. Sideri, *Trade and Power: Informal Colonialism in Anglo-Portuguese Relations* (Rotterdam: Rotterdam University Press 1970) 참조.

13) Ulf Strohmayer, "The Displaced, Deferred or was it Abandoned Middle: Another Look at the Idiographic-Nomothetic Distinction in the German Social Sciences," *Review* 20, nos. 3/4 (Summer/Fall 1997) 279~344면 참조.

14) Gary S. Becker, *The Economics of Discrimination*, 2nd ed. (Chicago: University of Chicago Press 1971) 참조.

15) Max Weber, "Science as a Vocation," in H.H. Gerth & C. Wright Mills, eds., *From Max Weber: Essays in Sociology* (New York: Oxford University Press 1946) 128면.

16) 무엇보다도 Ilya Prigogine, *The End of Certainty* (New York: Free Press 1997) 참조.

17) 국제연합 인구분과에서 2000년 3월에 발간한 "Replacement Migration: Is It a Solution to Declining and Aging Populations?"라는 제목의 보고서 참조.

이 보고서에서 오스트리아는 논의되지 않는다. 하지만 이 보고서의 주장에 따르면, 독일의 경우 단지 노동력 가용 연령인구의 규모를 1995년 수준으로 일정하게 유지하려 해도 지금부터 2050년까지 매년 연간 50만명의 이민을 받아들여야 할 것이다.

5장 이슬람: 이슬람·서양·세계

1) 특히 *Utopistics, or Historical Choices for the Twenty-first Century* (New York: New Press 1998—국역본 『유토피스틱스 또는 21세기의 역사적 선택들』, 백영경 옮김, 창작과비평사 1999)를 보라.

6장 우리는 누구인가? 타자들은 누구인가?

1) Paul Gilroy, *Against Race: Imagining Political Culture Beyond the Color Line* (Cambridge, Mass.: Harvard University Press 2000) 72면에 실린 제사.
2) André Fontaine, *Histoire de la guerre froide*, 2 vols.(Paris: Fayard 1983).
3) 시간관 개념에 대해서는 Krzysztof Pomian, "The Secular Evolution of the Concept of Cycles," *Review* 2, no. 4 (Spring 1979) 563~646면 참조. 포미안은 "그것은 시간에 관해 이야기하고 있으며, 시간을 일반담론이 아닌 어떤 한 담론의 대상으로 삼고 있다"(568~69면)고 말하면서, 그 용어를 '시간측정술'이나 '연대학'과 대비되는 것으로 사용하고 있다.
4) Ilya Prigogine, *The End of Certainty* 참조. 프랑스어 원본 *La Fin des certitudes*에서는 복수형 'certainties'로 씌어졌음을 주목해야 한다.
5) 이것은 Immanuel Wallerstein, *Geopolitics and Geoculture: Essays on the Changing World-System* (Cambridge; England: Cambridge University

Press 1991) 제2부의 제목이다.
6) Wallerstein, 같은 책에 재수록된 "Culture as the Ideological Battleground of the Modern World-System," *Hitotsubashi Journal of Social Studies* 21, no. 1 (Spring 1989) 5~22면 참조.
7) 이 현상에 대한 탁월한 논의에 관해서는 Gilroy, *Against Race* 제7장을 비롯해서 여러 곳을 보라.
8) 이 테제에 관해서는 Wallerstein, "The World of Knowledge," *The End of the World As We Know It: Social Science for the Twenty-first Century* (Minneapolis: University of Minnesota Press 1999—국역본 『우리가 아는 세계의 종언』, 창작과비평사 2001, 2부 '지식세계') 참조.

7장 민주주의: 수사인가? 현실인가?

1) 혁명적 좌파를 집결시키는 불가사의한 단어로서의 민주주의에 관한 논의에 대해서는 James Billington, *Fire in the Minds of Man* (New York: Basic Books 1980) 244~46면 참조. 빌링턴은 1789년부터 1848년까지의 시기에 '민주주의'에서 '공산주의'에 이르는 그와 같은 혁명적 언어의 진화를 서술하고 있다.
2) 이들 집단의 대다수는 단명하고 보잘것없었지만, 그들이 선택한 이름들 (Democratic Friends of All Nations, Fraternal Democrats, Association Démocratique, Comité Central Démocratique Européen)을 보라. 또 잡지들의 이름(*Democratisches Taschenbuch für das Deutsche Volk; Le Débat social, organe de la démocratie*)을 보라. 1837년 영국에서 노동자협회 (Working Men's Association)가 너무 평화적이라는 이유로 한 집단이 그 협

회에서 탈퇴했을 때, 그들은 스스로를 민주주의협회(Democratic Association)라고 불렀다. A. Müller Lehning, *The International Association, 1855~1859: A Contribution to the Preliminary History of the First International* (Leiden: E. J. Brill 1938) 4, 11~18면 참조. 1872년만 해도 보수주의적이지만 공화주의적인 정치관을 지녔던 퓌스뗄 드 꿀랑주(Fustel de Coulanges)는 제2제정의 기원을 다음과 같이 설명했다. "루이 필립을 [왕위에서] 쫓아낸 공화주의자들이 또한 순진하게도 민주주의자들이 아니었더라면, 그리고 보통선거권을 도입하지 않았더라면 프랑스에서 지난 24년 동안 공화정이 지속되었을 가능성이 매우 컸다."(Coulanges, "Considérations sur la France," in François Hartog, *Le XIXe siècle et l'histoire: Le Cas Fustel de Coulanges*, Paris: Presses Universitaires de France 1988, 238면)

3) Lehning, *The International Asscociation* 24~25면과 부록 10, 90~96면 참조.

4) 이것은 외르크 하이더에 관한 이야기의 일부일 뿐이다. 4장 참조.

5) Stein Rokkan, "Electoral Systems," *Citizens, Elections, Parties: Approaches to the Comparative Study of the Processes of Development* (Oslo: Universitetsforlaget 1979) 147~68면을 비롯하여 그의 연구를 보라.

6) 나뽈레옹시대의 생각을 알려주는 계몽사상에서 국민(nation)과 인민(people)의 구별에 관해서는, 스튜어트 울프(Stuart Woolf)의 저서를 보라. '국민'은 제한적으로, 즉 '교육받은 사람들'이거나 좀더 광범위하게는 지배 엘리뜨로 이해되었다. (…) 계몽사상 저술가들은 항상 교육받은 사람들──그 저술가들의 메씨지는 이들에게 향해 있었다──과 '국민 가운데 가장 수가 많고 유용한 부분'을 명확하게 구별했다. 정의상 타락한 것은 아니지만 쉽게 영향을 받는 '인민'은 노동자의 삶에 필요한 것들을 가장 잘 갖추게 하고 그들의

지위에 적합한 도덕적·기술적 (그리고 신체적) 교육을 필요로 하는 존재였다." (Woolf, "French Civilization and Ethnicity in the Napoleonic Empire," *Past and Present*, no. 124 [Spring 1989] 106면)

8장 지식인들: 가치중립성의 문제

1) Immanuel Wallerstein, *The End of the World As We know It: Social Science for the Twenty-first Century* (Minneapolis: University of Minnesota Press 1999)

2) 이런 주장들에 대한 더 상세한 설명은 3장 참조.

3) Ilya Prigogine, *The End of Certainty* 참조.

4) Max Weber, "The Meaning of 'Ethical Neutrality' in Sociology and Economics," *The Methodology of the Social Sciences* 18~19면.

5) Weber, "Science as a Vocation," *From Max Weber: Essays in Sociology* (London: Routledge & Kegan Paul 1948) 155~56면.

6) W.C. Runciman, *A Critique of Max Weber's Philosophy of Social Science* (Cambridge: At the University Press 1972) 6~7면 주 7.

7) Weber, "'Objectivity' in Social Science and Social Policy," *Methodology of the Social Science* 55면.

8) Runciman, *Critique of Max Weber's Philosophy* 49면.

9) Arnold Brecht, *Political Theory* (Princeton: Princeton University Press 1959) 239면. "본래의 독일 상대주의자들은 준권위주의적인 군주제정부가 다스리는 나라에 사는 민주주의적이거나 자유주의적이거나 사회주의적인 성향을 지닌 학자들이었다. 그들은 그러한 형태의 정부를 이상적인 것으로 받아들

이면서 종종 강의와 학문적 저술 속으로 감정적인 애국주의와 보수주의를 끌어들이곤 하는 다른 대다수 학자들에 둘러싸여 있었다. 그들은 연구할 때 권위주의적인 형식들과 가치들에 굴복할 마음이 없으며, 자기방어의 일환으로 민주주의적으로 통치되는 나라들의 동료 학자들에 비해 더 주의깊게 정치적인 가치평가에 대한 학문과의 적절한 관계를 연구하게 되었다."

10) Antonio Gramsci, "The Formation of Intellectuals," *The Modern Prince, and Other Writings* (New York: International Publishers 1957) 118면. 영어판에는 번역되어 있지 않은 이 문장에 딸린 각주에서 그람시는 모스까(Gaetano Mosca)의 예를 들면서 다음과 같은 최종적인 진술을 통해 자신이 의미하는 바를 구체화하고 있다. "모스까의 『정치학의 제요소』(*Elements of Political Science*)는 (…) 이러한 규정 아래 검토되어야 한다. 모스까의 이른바 '정치적 계급'은 단지 지배적인 사회집단의 지식인 범주일 뿐이며, '정치적 계급'이라는 개념은 빠레또의 '엘리뜨' 개념과 유사하다. 모스까의 책은 사회학적이고 실증주의적인 요소들이 매우 많이 섞여 있고 거기에다 현대의 정치학 참고서 경향까지 있어서 그것을 소화하기는 그리 어렵지 않고 문체도 매우 생동감 있다." (Gramsci, *Gli Intellettuali e l'organizzazione della cultura* [Torino: Einaudi 1949] 4면).

11) Lingua Franca, ed., *The Sokal Hoax: The Sham That Shook the Academy* (Lincoln, Neb.: University of Nebraska Press 2000) 참조.

12) 시간관에 관해서는 6장 주3 참조.

13) 3장 참조.

9장 미국과 세계: 메타포로서의 쌍둥이빌딩

1) *Theory and Society*, 21권 1호(1992년 2월), 1~28면에 발표.

2) 집필자는 제리 마틴(Jerry L. Martin)과 앤 닐(Anne Neal)이다.

3) Linda Colley, "Multiple Kingdoms," *London Review of Books*, 2001년 7월 19일자 23면.

4) Chinua Achebe, *Home and Exile* (New York: Anchor Books 2000) 91면.

5) Slavoj Žižek, *On Belief* (New York: Routledge 2001) 152면.

6) *New York Times* 2001년 11월 28일자 E8면.

7) Stephen J. Gould, *Full House: The Spread of Excellence from Plato to Darwin* (New York: Three Rivers Press 1996) 41면.

8) Ilya Prigogine, *The End of Certainty: Time, Chaos, and the New Laws of Nature* 72면.

10장 좌파 I: 이론과 실천 재론

1) 나는 이것을 E. M. Simonds-Duke의 논문 "Was the Peasant Uprising a Revolution? The Meaning of a Struggle over the Past," *Eastern European Politics and Societies* 1, no. 2 (Spring 1987) 187면에 실린 제사에서 발견했다.

2) *After Liberalism* (New York: New Press 1995), *Utopistics* (New York: New Press 1998) 그리고 *The End of the World As We Know It: Social Science for the Twenty-first Century* [국역본 『자유주의 이후』 당대 1996, 『유토피스틱스』 창작과비평사 1999, 『우리가 아는 세계의 종언』 창작과비평사 2001] 참조.

3) 3장 참조.

4) 나는 이것을 "Social Science and Contemporary Society: The Vanishing

Guarantees of Rationality," *The End of the World As We Know It* 137~56면에서 논의한 바 있다.

5) C. Wright Mills, *Letters and Autobiographical Writings*, ed. Kathryn Mills with Pamela Mills (Berkeley: University of California Press 2000) 232면.

11장 좌파 II: 이행의 시대

1) 10장 참조.

2) 나는 *After Liberalism*에서 이것을 상세히 논증했다.

3) *Languages of Class* (Cambridge, England: Cambridge University Press 1982) 74면.

4) Giovanni Arrighi, Terence K. Hopkins, and Immanuel Wallerstein, *Antisystemic Movements* (London: Verso 1989—국역본『반체제운동』창작과비평사 1996)와 같은 저자들의 논문 "1989: A Continuation of 1968," *Review* 15, no. 2 (Spring 1992) 221~42면 참조.

5) 폭스 피븐과 리처드 클로워드는 공공복지에 관한 책(*Regulating the Poor: The Functions of Public Welfare*, New York: Pantheon 1971, 348면)에서 이런 결론을 내리고 있다. "그러므로 근본적인 경제개혁이 부재하는 상황에서, 우리는 악순환의 타파(the explosion of the rolls)가 진정한 구제개혁이라는 입장을 취하는 바이며, 그것을 옹호하고 확산시켜야 한다는 입장을 취해야 한다. 지금까지도 여전히 구호 자격은 되지만 아무런 도움도 받지 못하는 수백, 수천의 빈민가족들이 있다'(강조는 원저자).

6) http://www.ezln.org/marcha/20010328.en.htm

13장: 21세기의 지정학적 분열들

1) Kenichi Ohmae, *Triad Power: The Coming Shape of Global Competition* (New York: Free Press 1985) 참조.

2) 초기 문서들에 관해서는, *The Trilateral Countries in the International Economy of the 1980s* (New York: Trilateral Commission 1982) 참조.

3) '저속성장, 격렬한 구조변화, 심화된 정치적 불안정'의 시기로서 1970년대에 관해서는 Folker Fröbel, "The Current Development of the World-Economy: Reproduction of Labor and Accumulation of Capital on a World Scale," *Review* 5, no. 4 (Spring 1982) 507~55면 참조.

4) Immanuel Wallerstein, "Friends as Foes," *Foreign Policy*, no. 40 (Fall 1980) 119~31면 참조.

5) 자유무역의 미덕들에 관한 공공연하고 요란한 찬양에도 불구하고, 삼자의 구성원들은 모두 끊임없이 심각한 보호주의적 태도를 취했다. 1990년대에 IMF 관리국 부국장이었던 스탠리 피셔(Stanley Fischer)는 이러한 보호주의 정책들을 '수치스러운' 것이라고 비판했다("Rich Nations Are Criticized for Enforcing Trade Barriers," *New York Times* 2002년 9월 30일자).

6) 1장 참조.

7) "일본의 부채는 95%가 국내부채로 추산된다. 일본은 채무를 불이행할 필요가 없는데 그냥 돈을 찍어내기만 하면 되기 때문이다."("World Report—Japan," *Financial Times* 2002년 9월 30일자 1면).

8) '거품이 터진 이래' 일본의 경제상황을 보도하면서 『파이낸셜타임즈』("Japan 2000," 2002년 9월 30일자)는 '일본은 여전히 심각한 경제적 충격 속에 있다. 그러나 대다수 개인들, 적어도 증대하는 실업자 대열에 끼지 않은 사람들의

관점에서, 더 나은 시절이 별로 없었다'는 점에 주목했다.
9) 쑤(Tietung Su)는 「지구화의 신화와 미스테리」("Myth and Mystery of Globalization," *Review* 25, no. 4, 2002)에서 1928년, 1938년, 1960년, 1999년의 세계 무역망에 관해 세심한 연구를 진행했다. 그는 1999년의 패턴이 1928년이나 1960년의 그것보다는 1938년의 것에 훨씬 가깝다는 점, 즉 무역량의 팽창에도 불구하고 무역망이 더 분할되어 있다는 점을 발견했다. "지금으로서 지구화, 적어도 무역의 지구화는 밤하늘에 우리가 바라보는 별들이 그렇듯 과거나 또는 어쩌면 미래에서 바라보는 현실의 환영일 뿐이다."
10) 동아시아가 지역구조를 향해 유럽보다 더 느리기는 해도 꾸준히 나아가고 있는 정도에 대한 균형잡힌 토론으로는 John Ravehill, "A Three Bloc World? The New East Asian Regionalism," (*International Relations of the Asia-Pacific* 2, no. 2, 2002) 167~95면 참조.
11) 쑤는 「지구화의 신화와 미스테리」에서 미국과 일본 블록 사이에는 1999년에 이미 무역관계의 관점에서 커다란 '중첩부분'이 존재하지만, 둘 중 어느 쪽도 독일블록과 프랑스블록과는 거의 겹치지 않는다는 점을 발견했다.

옮긴이의 말

'미국 패권의 몰락'은 세계체제론자로 알려진 이매뉴얼 월러스틴의 최근 저서 *The Decline of American Power: The U.S. in a Chaotic World* (New York: The New Press 2003)의 제목이자 그의 핵심 테제이다. 이 테제의 전제는 월러스틴 특유의 세계체제론적 분석과 진단, 즉 미국중심의 현 자본주의 세계체제가 이미 그 최종단계의 구조적 위기에 봉착했으며 현재 우리는 몰락하는 체제와 향후 새롭게 형성될 체제 사이의 혼돈스러운 세상에 살고 있다는 인식이다. 이런 인식은——주류 사회학자와 정치평론가에게는 터무니없는 낭설로 치부되기 일쑤지만——월러스틴의 독자들한테는 낯선 이야기가 아니다. 『자유주의 이후』(*After Liberalism*)에서 『유토피스틱스』(*Utopistics*)에 이르기까지 그가 누누이 강조한 바에서 이런 인식을 끌어낼 수 있기 때문이다. 이 책의 주목할 만한 점은 근대 세계체제에 대한 월러스틴의 사유가 특유의 냉철함과 명석함을 유지하되 9·11이라는 의미심장한 사건을 계기로 좀더 적극적이고 실천적인 방향으로 나아가고 있다는 것이다. 월러스틴 자신이 오래 전부터 수행해온 논의들, 가령 인종차별주의, 이슬람운동, 사회과학의 쇄신, 민주주의, 지구화, 미국의 헤게모니 등에 대한 분석을 체제이행기의 실천적 과제와 연관지으며 엄밀히 검토하고 있다.

총 3부 13장의 몸체에 서문과 후기를 붙인 이 저서에서 월러스틴이 전면에 내세우는 것은 미국 헤게모니의 쇠퇴이다. 서문 '미국의 꿈: 어제와 내일 사이'와 제1부 1장 '미국의 쇠퇴: 불시착한 독수리'는 미국의 힘에 대한 파산선고라고 할 만하다. 이런 주장은 미국이 소련 및 동구 공산권의 몰락 이후 세계 유일의 초강대국으로 군림해왔고 9·11사태 이후에는 막강한 군사력을 휘두르고 있는 상황과는 언뜻 보기에는 상반되는 듯하다. 9·11 사태 직후 미국의 부시행정부는 곧바로 테러와의 전쟁을 선포하고 오사마 빈 라덴이 숨어 있다는 아프가니스탄을 침공하여 탈레반정권을 무너뜨렸다. 그리고 2003년 3월에는 후세인 독재정권이 대량살상무기를 보유하고 있을 공산이 크며 국제테러조직을 지원할 수 있다는 이유를 내세워 마침내 이라크를 공격했다. 프랑스와 독일 등 전통적인 우방을 비롯해 대부분의 나라와 유엔조차 반대하고 나섰는데도 미국은 이라크 공격을 감행한 것이다. 그러고 나니 지구상에서 초강대국 미국의 패권주의적 횡포를 견제할 세력은 어디에도 없는 듯했다. 그런데도 '미국

옮긴이의 말 427

패권의 몰락'이라니! 이는 대단한 역설이 아닐 수 없다.

하지만 제2부의 9장 '미국과 세계: 메타포로서의 쌍둥이빌딩'을 보면 그것이 사실임을 알게 된다. 월러스틴이 강조하듯, 미국인들은 9·11이라는 전대미문의 사건이 왜 일어났는지 이해하지 못하고 있으며, 이 때문에 부시행정부의 매파가 주도한 군사패권주의적인 모험에 휩쓸려 들어갔다. 미국은 아프가니스탄이나 이라크 같은 주변부 독재국가들을 제압하기 위해 동맹국들의 반대를 무릅쓰고 엄청난 규모의 군사력을 동원했는데, 이 점이야말로 미국의 헤게모니가 쇠퇴한 증거라는 것이다. 미국이 명실상부한 헤게모니국가라면 유엔은 물론 유럽을 비롯한 전세계 동맹국들의 전폭적인 지지를 이끌어내어 정치·외교적 힘만으로도 충분히 문제를 해결할 수 있을 것이며, 볼썽사납게 군사력을 휘두를 필요가 없다는 것이다. 한마디로 미국은 전성기 때의 압도적인 정치력과 경제력을 모두 상실하고 이제는 오로지 막강한 군사력만으로 초강대국의 지위를 유지하고 있다는 것이 월러스틴의 논지이다.

이런 맥락에서 부시행정부의 대외정책을 주도한 매파의 군사패권주의적 모험도 미국 패권의 쇠퇴를 반전시키려는 안간힘으로 해석할 수 있다. 1970년대 이래 미국의 힘이 줄곧 쪼그라드는 현상에 불만을 품은 매파는 9·11사태를 계기로 세계를 평정하려는 욕망을 군사패권주의로 현실화하였으나, 미국의 쇠퇴를 오히려 더욱 가속화시키고 있을 뿐이다. 사실, 후기의 논평「미국은 패전중」에서 확연하게 나타나듯 승승장구하는 것처럼 보이던 미국의 테러와의 전쟁은 이라크에서 중대한 장애에 직면하게 되었다. 미국이 후세인 독재정권의 지배에서 해방시켜주었다고 주장하는 바로 그 이라크 민중들이 부시의 종전선언 이후 게릴라전을 펼치며 미국에 대항하기 시작했고 지금은 대대적인 저항운동을 펼치기에 이른 것이다. 이와 함께 세계 여론과 미국내 여론도 점점 더 부시에게 불리한 방향으로 악화되고 있다. 부시는 이라크에 남아 있을 수도 그렇다고 물러설 수도 없는 진퇴양난에 빠진 것이다.

제2부의 2장과 3장에서 20세기 세계체제의 향방과 지구화를 논하면서 월러스틴은 중장기적인 관점에서 미국 헤게모니의 부상과 몰락의 궤적을 추적한다. 미국은 영국이 차지하고 있던 세계체제의 헤게모니국가 자리를 놓고 19세기 말부터 독일과 경쟁을 벌인 끝에 20세기의 두 차례 세계대전을 승리로 이끌면서 영국의 후계자로 부상한다. 1·2차 세계대전을 묶어서 미국과 독일 간의 '30년 전쟁'으로 파악하는 것이 더 타당하다는 월러스틴의 주장은 이런 맥락에서 나온 것이다. 제2차 세계대전이 끝난 1945년에 미국은 막강한 경제력과 군사력을 바탕으로 자본주의 세계체제의 헤게모니국가로 등장했다. 미국은 소련과의 얄따합의를 통해 지정학적 균형을 유지하는 한편 이런 냉전적 환경을 통해 서유럽과 일본의 경제를 지원하면서 이들 나라를 군사적·정치적 동맹 속으로 끌어들일 수 있었던 것이다.

냉전기의 미국의 헤게모니 정책이 이러하다는 것은 새삼스러운 이야기는 아니다. 월러스틴 특유의 발상은 헤게모니국가로서 미국의 성장이 곧 그 헤게모니를 소멸시킬 조건들을 만들어 냈다는 점이다. 그는 특히 '베트남전쟁, 1968년 혁명, 공산주의의 붕괴, 9·11사태'를 헤게모니의 소멸과정을 보여주는 네 가지 상징으로 여긴다. 베트남전쟁은 얄따체제에 대한 제3세계의 거부를 의미하고 또한 미국의 경제력에 심대한 타격을 가한다. 이때부터 미국의 헤게모니는 쇠퇴의 길로 접어든다. 1968년 혁명은 미국 헤게모니에 대한 도전이면서 동시에 소련과 나아가서는 반체제운동이 미국 헤게모니와 공모한 것에 대한 비난이라고 할 수 있다. 이로써 얄따합의의 정당성과 자유주의의 지위는 크게 손상된다. 한편 공산주의의 붕괴는 자유주의 이데올로기의 승리라기보다 그 적수가 사라짐으로써 자신의 정당성을 확보하기 어렵게 되었음을 뜻한다. 그리고 9·11사태는 냉전 이후 더욱 심화된 미국의 쇠퇴와 허약성을 보여주는 최종적인 상징이자 증거라는 것이다.

월러스틴이 지적하듯 미국은 "진정한 힘을 결여한 외로운 초강대국, 추종하는 사람은 아무도 없고 존경하는 사람마저 거의 없는 세계의 지도자, 그리고 자신이 통제할 수 없는 전지구적 혼돈의 와중에서 위험스럽게 표류하고 있는 나라"이다. 지금 미국은 엄청난 군사력을 지니고 있되 이를 조절할 만한 자제력이 없다. 또한 이 군사력을 효과적으로 제어할 나라나 세력도 아직은 존재하지 않는다. 미국은 나머지 모든 인류에게 점점 더 위험스러운 존재로 변해가고 있다. 그런 만큼 쇠퇴하는 미국의 힘을 어떻게 제어하고 관리할 것인지 하는 문제는 미국인들뿐 아니라 지구촌 모든 주민의 운명과 직결되어 있다. 더욱이 미국의 군사패권주의가 자칫 민족사적 비극을 불러일으킬 수 있는 지역——팔레스타인과 이라크를 비롯한 이슬람권과 한반도까지 포함되는데——의 주민이라면 미국과 미국인들의 운명에 결코 초연할 수 없는 것이다.

미국 패권의 몰락 이외에도 이 책에서 월러스틴은 '20세기, 지구화, 인종차별주의, 이슬람, 타자들, 민주주의, 지식인, 좌파, 반체제운동, 미래의 세계' 등 오늘날 정치적 담론에서 매우 중요한 비중을 차지하고 있는 다양한 주제들을 다룬다. 이 가운데 특히 주목할 것은 인종차별주의에 대한 발본적인 태도이다. 4장 '인종차별주의: 우리의 앨버트로스'에서 월러스틴은 외르크 하이더가 이끄는 반유태주의적 오스트리아자유당의 오스트리아 연정 참여를 계기로 서구 근대의 인종차별주의의 역사를 네 가지 시간틀 속에서 분석하면서, 인종차별주의가 근대와 함께 태어난 쌍생아이며 근대 세계체제의 모든 영역에서 뿌리를 틀고 있음을 보여준다. 1968년 혁명의 운동가들은 "우리 모두는 독일의 유태인들이다. 우리 모두는 팔레스타인의 아랍인들이다"라는 슬로건을 내세웠는데 월러스틴은 여기에 "우리 모두는 외르크 하이더이다"라는 또하나의 슬로건을 덧붙일 것을 제안한다. 우리 내면의 인종차별주의에 대한 반성을 촉구하는 대목이다. 이슬람운동에 대한 성찰 역시 눈여겨볼 만하다. 쌔뮤얼 헌팅턴 식의 '문명의 충돌' 같은 서구중심주의적 발상으로 이슬람운동을 파악하는 것은 아랍세계 도처에서 일어나는 대중적 분쟁의 핵심을 놓치기 십상이다. 이슬람권 일반대중은 자국의 무능하고 부패한 친미집권세력에 반발함과 동시에 미국중심의 세계체제에도 반기를 들고 있는 것이다. 이슬람 근본주의운동에 대해서 월러스틴은 그 한계와 위험성을 경계하면서도 그것이 현재 미국중심의 세계체제에 대한 근본적인 저항의 일환임을 지적한다.

제3부에서 월러스틴은 역사상 실재한 좌파운동들의 이론과 실천을 검토하고 그 공과를 평가하면서 당면한 체제이행기에서 참다운 반체제운동의 의미와 그 실천적 과제를 끌어내고자 한다. 구좌파운동——공산주의운동, 사회민주주의운동, 민족해방운동——은 먼저 집권한 후에 사회를 변혁한다는 이른바 2단계 전략을 구사하였는데, 1단계에서는 대체로 성공하였으나 2단계에서는 예외없이 실패했다는 것이다. 이 운동들이 '반체제'임을 내세웠지만 세계체제에 대한 지적·실천적 인식이 부족하여 되레 세계체제 메커니즘의 일부가 되어 체제 작동에 기여하는 꼴이 된 것이다. 1968년 혁명이 구좌파운동 일체를 거부한 것은 바로 이 때문이다.

68년 혁명 이후의 반체제운동으로는 일단의 마오주의 혁명운동이 한동안 명맥을 유지하고 신사회운동이 한때 주목을 끌었지만 월러스틴이 현재 가장 괄목할 만한 것으로 꼽는 것은 세계사회포럼(WSF, World Social Forum) 운동이다. 브라질의 뽀르뚜알레그레에서 시작된 이 운동은 세계경제포럼(WEF)과 세계무역기구(WTO)로 대변되는 신자유주의적 지구화에 대한 저항으로 생겨나서 해를 거듭할수록 전세계 반지구화운동의 거점으로 자리잡아가고 있다. 기존의 반체제운동과 달리 이 운동은 중앙집권적 혹은 상명하달식의 조직체계를 거부하고 자율적이고 민주적인 느슨한 연대관계를 유지하고 있으며, 기본적으로 신자유주의적 지구화와 다른 세상을 지향한다('또다른 세상이 가능하다!')는 것말고는 이렇다할 통합적인 이념이 없다. 월러스틴은 이 운동의 현재까지의 활동을 긍정적으로 평가하면서, 이것이 향후 세계적 규모의 계급투쟁에 얼마나 효과적으로 기여할 것인지는 미지수로 남겨둔다.

그가 최종적으로 강조하는 바는 오늘날 자본주의 세계체제는 역사상 처음으로 진정한 위기에 직면했으며, 우리는 다음에 어떤 체제가 나타날지 미리 알 수는 없지만 지금보다 더 나은 체제, 좀더 민주적이고 평등한 체제를 만들어나가기 위해 혼신의 노력을 기울여야 하며, 이러한 노력은 지적·도덕적·정치적 차원 모두에 걸쳐 있다고 하는 점이다. 그리고 체제안정기와 달리 이런 체제이행기에서는 자그마한 운동적 실천이 최대한의 효력을 발휘한다는 점을 역설한다. 그의 말대로 인간의 자유의지가 실로 중차대한 의미를 띠게 되는 변혁의 시대를 맞이한 것이다.

2003년에 출간된 원서의 후기에는 시사적인 논평 두 편이 실려 있었으나 저자와 협의하여 시의성을 갖는 2004년의 논평 세 편을 새로이 번역하여 대신 게재하였다. 이 글들은 월러스틴이 페르낭 브로델 쎈터의 홈페이지(http://fbc.binghamton.edu)에 매달 두 편씩 올리는, 세계 주요 사건들에 대한 그때그때의 논평들에서 뽑은 것이다. 1998년 10월부터 지금까지 한번도 거르지 않고 계속 이어지는 이 논평 씨리즈는 월러스틴의 세계정세에 대한 뛰어난 감각을 유감없이 보여주는 글로서 우리 독자들에게 훌륭한 읽을거리가 되리라 믿는다.

번역작업은 한기욱이 서문, 1, 2, 4, 9장 및 후기 2, 3을, 정범진이 그 나머지를 맡아서 초역을 한 다음 서로의 것을 돌려 읽으면서 용어를 통일하고 문장을 다듬는 순서로 진행하였다. 최대한 원문에 충실한 번역을 하고자 애썼지만, 우리의 작업이 저자와 독자 사이를 제대로 이어주는 가교 역할을 할지 걱정이 앞선다. 남아 있는 오역은 옮긴이들의 책임이며, 독자 여러분의 야무진 질정을 바란다. 어렵고 무거운 내용을 이나마 읽을 만한 것으로 만드느라 애써주신 창비 인문사회팀의 김태희씨와 염종선 팀장에게 감사드린다. 아무쪼록 독자들이 이 책을 통해 세계와 미국을 바라보는 눈이 더욱 넓어지고 깊어졌으면 하는 마음 간절하다.

2004년 4월 26일
옮긴이 일동

찾아보기

ㄱ

가치중립성 235, 239~42, 244, 248, 249
간섭권 107, 205, 217
개발주의 279, 379, 380
『거대한 변혁』 125
걸프전쟁 33, 34, 38, 78
고르바초프 33, 76, 77
고립주의 14, 15, 34, 39, 292
공산주의 27, 28, 30, 48~50, 52, 57, 58, 70, 89, 101, 102, 105, 143, 144, 147, 148, 158, 164, 168, 204, 205, 277, 301, 360, 367
공화당(미국) 103, 134
과세 87, 88, 209, 215, 231, 306, 310, 311, 373
과학 40, 60, 61, 120, 122, 123, 128, 158, 176, 177, 180, 182~85, 201, 202, 231, 234, 235, 244, 248, 249, 251, 253, 254, 312, 381

9·11(사태) 9, 11~13, 15, 16, 18~20, 23, 34, 35, 262, 267, 269, 270, 273, 274, 278, 287, 385, 411
구좌파 30, 31, 33, 70, 104, 149, 151, 160, 302, 318, 356, 358~360, 362, 363, 405
국가간체제 146, 179, 216, 246, 282, 319, 355
국가구조 89, 90, 93, 104, 147, 158, 160, 161, 302, 320, 352, 354
국민동맹 105, 106
『국부론』 125
국제사면위원회 370
국제통화기금(IMF) 32, 56, 67, 79, 362, 377
군사주의 15, 18, 89
굴드(Stephen J. Gould) 287, 291
굴라그 58, 59
권리장전 15, 16
그라주, 오데드(Oded Grajew) 403

그람시(Antonio Gramsci) 241, 243, 249, 259
그레나다 31
그린스펀, 앨런(Alan Greenspan) 307
극우파 105, 112, 135, 364
근본적 타자성 380~83
근본주의 144~46, 162, 167, 380
글라스노스뜨(glasnost) 33
급진주의 30, 31, 338
기독교 61, 111, 115, 117, 120, 134, 135, 137~42, 144~46, 154, 155, 162~64, 176, 182
기독교민주당(이딸리아) 103
기독교민주연합(독일) 103
까쌩, 베르나르(Bernard Cassen) 403, 404
까자흐스딴 280
깐꾼(Cancun) 408
꼬무네로(Comunero) 117
꼰드라띠예프 주기 66, 79, 80, 83, 90, 92, 112, 308, 370, 371
꼴롬비아 37
꾸바 55, 69, 101, 169, 288, 353, 357

ㄴ

나쎄르(주의) 153, 154
나찌즘 58, 108, 109, 113, 129, 162
남북갈등 377, 378
남한 27, 75, 400
냉전 26, 27, 50, 51, 68, 103, 168, 169, 172, 173, 338, 379
네오데스뚜르당 153
노동조합 362, 372
녹색당 359
닉슨, 리처드(Richard Nixon) 173

ㄷ

'다른 대안은 없다'(TINA) 169, 279, 347, 348
다문화성/주의 170, 267
다보스(Davos) 32, 279, 341, 361, 368, 387~390, 403, 408
다원적 좌파 259, 324, 342
대안부재론 339
덜레스(John Foster Dulles) 51
데스땡, 지스까르(Valéry Giscard d'Estaing) 74
도미니까공화국 286
독일사회민주당(SPD) 327
동아시아 14, 47, 54, 75, 76, 79, 101,

194, 277, 400, 401
동인도회사 51
'두 문화' 120, 121, 132, 201, 231~33
듀 보이스(W.E.B. Du Bois) 54
드골 103, 133, 173
디 람뻬두싸 원리 225, 315

ㄹ

라스 까싸스(Bartolomé de Las Casas) 115~18
라틴아메리카 27, 71, 75, 111, 148, 278, 342, 392, 402, 404
랑케(Leopold von Ranke) 123, 145
러시아 37, 47, 54, 55, 77, 79, 134, 173, 175, 355, 378, 391, 401
러시아혁명 55, 297, 314
러일전쟁 175
레바논 31, 278
레이건, 로널드(R. Regan) 31, 32, 35, 75, 215
로브, 칼(Karl Rove) 18
로즈벨트(F.D. Roosevelt) 16, 24, 25
루스, 헨리(Henry Luce) 46
룩셈부르크, 로자(Rosa Luxemburg) 62
룬시맨(W.G. Runciman) 238, 239

뤼거, 칼(Karl Lueger) 119, 120, 124
르완다 131, 180, 360
리버먼(J. Liberman) 273
리비아 143, 156, 280
리카도(David Ricardo) 125

ㅁ

마샬플랜 52, 68
마오 쩌뚱(毛澤東) 173, 197, 353, 358
마오주의 358, 406
맑스, 칼(Karl Marx) 197, 320
맑스주의 57, 169, 352
매슈즈, 크리스(Chris Matthews) 283
매파 23, 33, 36, 37, 39~41, 364, 385
멩거, 칼(Karl Menger) 125
무슬림동맹 153
무지개연합 200, 259, 324, 341, 342
문화연구 169, 170, 192
뭄바이(Mumbai) 403, 405~408
미국노동총연맹산업별조합회의(AFL-CIO) 362, 403
미국시민권연합 284
(미국)헌법 15, 16, 284
미일안보조약 68
민족주의(국가주의) 11, 14, 15, 77, 78, 129, 147, 148, 152, 154~56,

197, 198, 242, 264, 336, 351, 352, 381
민족해방운동 30, 55, 71, 89, 104, 148, 159, 160, 216, 217, 301, 340, 353, 356, 378, 380, 381
민족해방전선(FLN) 153, 154
민주주의 11, 19, 95, 117, 144, 167, 204~207, 210, 211, 216~24, 226, 227, 229, 266, 346, 409
밀즈(C. W. Mills) 335

ㅂ

바꾸회의 55
바라크 134
바르샤바조약 53
바트당 153, 399
반국가주의 159, 302, 340
반둥회의 153, 175
반미감정 11, 12, 17
반아랍적 편견 38
반유태주의 108~109, 134, 162, 163
반지구화운동 361
반체제운동 56~59, 61, 89, 90, 147~49, 151, 159~61, 166, 257, 259, 301, 302, 323, 340, 341, 350, 357, 358, 362, 363, 365, 380, 404
발칸지역 34, 79, 217, 360
밥 존즈 3세 135
범유럽세계 55, 58, 61, 102, 103, 108, 109~14, 128, 131, 143, 175, 206, 356, 359
베를린 봉쇄 27, 53, 68
베버, 막스(Max Weber) 129, 132, 236~40, 249, 253, 259, 327, 328
베이커, 제임스(James Baker) 17, 401
베트남 15, 27~29, 33, 38, 39, 55, 69, 74, 75, 154, 175, 277, 278, 353, 384, 409, 414
벨기에 27, 32, 48
벨로루씨아 280
보수주의 30, 32, 49, 74, 103, 105, 135, 215, 304, 352, 402
보편주의 114, 172, 176, 177, 180~89, 192, 196, 200~202, 346
복지국가 74, 212~14, 222, 311, 343
본토안보국 270
부시(George W. Bush)/부시행정부 11, 16~18, 34, 35, 134, 135, 287, 397~99, 402, 408, 411, 413, 414
부패 105, 208~10, 227, 330, 343

북대서양조약기구(NATO) 53, 68, 79, 411~13
북한 37, 143, 277, 280, 281, 288
불간섭 179, 180
브라질 79, 376, 378, 388, 392, 403, 404, 406, 408
브레머, 폴(Paul Bremer) 398, 413
브레즈네프 101
브로델(Fernand Braudel) 304
블레어, 토니(Tony Blair) 38, 264
비서구세계 54, 55, 170
비영리구조 330, 331, 347, 374
비용의 내부화 87, 311
비용의 외부화 85, 230, 309, 310, 339
비유럽세계 155
비정부기구(NGO) 224, 361, 405, 406
빈 96~98, 110, 119, 120, 124, 125, 132
빈 라덴(Osama bin Laden) 269, 270, 278, 287, 289, 291, 392
뻬레스뜨로이까 33
뽀르뚜알레그레 341, 362, 368, 387~90, 393, 404, 405, 407
삐노체뜨(A. Pinochet) 278

ㅅ

사누씨파운동 156, 157
사빠띠스따 346, 405
사우디아라비아 37, 72, 78, 157, 384, 392, 402
사회과학 97~102, 106, 107, 109, 113, 121~24, 129, 130, 132, 136, 170, 172, 174, 176~78, 187, 201, 202, 230, 234~36, 238, 239, 255, 322, 333
사회민주당 104
사회민주주의운동 30, 49, 71, 89, 147, 148, 205, 301, 356, 359
삼자(Triad) 29, 368~72, 374, 376~78, 389, 390
삼자위원회 74, 369, 370
상품화 193, 332, 347, 366
새처(Margaret Thatcher) 32, 74, 169, 215
샤란스끼, 나딴(Nathan Sharansky) 134
샤론(Ariel Sharon) 36
석유수출국기구(OPEC) 72, 279, 369
선거권 210~12, 216, 219, 220, 248
세계경제포럼(WEF) 32, 361, 387, 403
세계무역기구(WTO) 32, 279, 361,

362, 403, 408
세계사회포럼(WSF) 362, 363, 365, 387, 403~409
세계체제 9, 10, 12, 20, 49, 54, 56, 60, 65, 66, 70, 71, 80~84, 87, 88, 90~94, 100, 101, 106~109, 113, 114, 118, 121, 128~32, 138, 141, 146, 148, 151, 158, 160, 161, 164~67, 170, 172, 174~76, 178, 179, 182, 186, 190, 192, 196, 199, 201~203, 213, 214, 222, 223, 225, 230~33, 239, 243, 247, 249, 250, 255, 258, 275~77, 288, 292, 297, 298, 301~304, 315, 318~20, 322, 326, 346, 347, 357, 363, 368, 379, 380, 383, 386, 389
소련 25~27, 30, 32, 33, 47~56, 65, 67~69, 74~78, 101, 102, 110, 134, 143, 164, 173, 276, 277, 280, 338, 355~57, 379
소말리아 31
소수세력 우대정책 189, 190
손님노동자(외국인노동자) 111, 112
수니파 409, 410
슈몰러(G. von Schmoller) 125
슘페터(J.A. Schumpeter) 92, 93, 97

스딸린 25, 47, 53
스미스, 애덤(Adam Smith) 125, 244
스코우크로프트(Brent Scowcroft) 17
시간관(chronosophy) 174, 194, 250, 252, 417
시간성 172, 174, 176, 192, 201
시리아 153, 288
시민권 61, 119, 208, 215, 216, 227, 244, 248
시민적 자유 15, 18, 205~208, 214, 217, 226, 227
시아파 384, 410
시온주의 154
시장사회주의 330
식민주의 298
신사빠띠스따 116
신식민주의 56
신자유주의 32, 74, 215, 300, 307, 338, 339, 361~63, 366, 379, 388, 403, 408
싸이드(Edward Said) 139
쌍둥이빌딩(세계무역센터) 261, 262, 268, 274, 275, 285, 293
쌩고르(L.-S. Senghor) 290
쎄뿔베다(J.G. de Sepúlveda) 116
쏘비에뜨 45, 49, 101, 152, 280

쏠리다르노씨치(Solidarność) 75
씨애틀 시위 361, 362, 403, 408

ㅇ

아라파트(Yasser Araft) 36
아르헨띠나 280, 376, 392
아엔데(S. Allende) 278
아우슈비츠 59
아파르트헤이트(apartheid) 126, 155, 280
아프가니스탄 36, 51, 52, 54, 75, 76, 157, 402
안전보장이사회 25, 398
알브바슈(M. Halbwachs) 239
알카에다 35, 36, 382
애쉬크로프트(John Ashcroft) 286
얄따 25, 26, 29, 30, 33, 51, 52, 54, 56, 67, 68, 75, 77, 101, 277
에스뻬르 346
오스트리아 98~101, 105~107, 110, 112, 113, 120, 130~33, 206
오스트리아사회민주당(SPÖ) 99
오스트리아인민당(ÖVP) 99, 106, 131
오스트리아자유당(FPÖ) 98, 99, 100, 105, 130, 131
오움진리교 382

오펜하이머(J. Robert Oppenheimer) 271
와하브파운동 156
완전주의 144, 380
우끄라이나 280
우파 33, 49~51, 53, 90, 134, 242, 269, 297, 300, 332, 339, 342~44
웅크르마 56
워싱턴합의 279, 362
원자력위원회 271
유고슬라비아 34, 48, 102, 297
유네스코(UNESCO) 279
유럽 바깥세계(지역) 60, 128
유럽연합(EU) 98~100, 106, 110, 113, 114, 130, 131
유로화 79, 391
유엔(국제연합) 25, 56, 67, 247, 279, 281, 384, 398, 411~13
유태교 111, 137, 154, 165
유태인대학살 109, 162, 163, 180
이글버거(Lawrence Eagleburger) 17
2단계 전략(계획) 57, 71, 147, 148, 317~19, 340, 355, 356, 359, 364
이데올로기 27, 30, 31, 33, 37, 40, 59, 89, 106, 128, 130, 139, 159, 168, 173, 193, 232, 253, 256,

262, 301, 314, 327, 358, 363 좌파/우파, 중도좌파/중도우파, 중도파 자유주의/신자유주의 등 참조.
이딸리아 27, 103, 105, 242, 350, 404
이라크 12, 16, 33, 36~39, 78, 79, 143, 153, 280, 288, 382~84, 390, 398~402, 406, 407, 409~14
이란 28, 37, 72, 74, 143, 157, 159, 278, 280, 288, 382, 402
이민(移民) 111, 131, 386, 387
이스라엘 40, 111, 133, 134, 138, 154~57, 161~63, 280, 402
이슬람 테러리즘 143, 144, 163
이슬람 19, 137~46, 152~56, 159~161, 164~66, 182, 195, 392
이슬람주의 156~61, 164~66
이집트 137, 153
인권 34, 107, 119, 217, 349, 360
인도 27, 70, 142, 153, 280, 358, 378, 403, 406~408
인도네시아 37, 378, 392
인도차이나 49
인문학 120, 122, 171, 201, 202, 231, 233
인종(차별)주의 19, 54, 59, 96~99, 108~14, 118, 121, 122, 124, 126, 127, 132, 133, 135, 136, 227, 290, 346, 359, 360
인터내셔널 147, 404, 405
인플레이션 13, 76, 80, 307, 308
일본 13, 14, 26~29, 39, 40, 48, 53, 54, 58, 68~71, 73~75, 78, 175, 197, 198, 279, 288, 368~72, 374~76, 400

ㅈ

자본주의 세계경제 59, 65~67, 80, 81, 87, 90, 92, 93, 107, 108, 114, 121, 131, 146, 165, 179, 187, 194, 209, 222, 225, 227, 228, 230, 231, 244, 251, 304, 306, 308, 322~25, 370, 371, 378, 379
재분배 212, 214, 215
잭슨, 제씨(Jesse Jackson) 274, 341
'저항'(운동) 99~101, 129, 131, 135, 136
전미 대학이사 및 동창평의회(ACTA) 273
정크본드 76
제국주의 56, 60, 152, 179, 185, 217, 350, 354, 404
제3세계 28~31, 68, 70~72, 74, 75,

77, 153, 213, 223
제4세계 377
제1차 세계대전 24, 54, 61, 129, 147, 156, 236, 339
제2차 세계대전 14, 24, 25, 48, 66, 67, 108, 198
존스, 개럿 스테드먼(Gareth Stedman Johnes) 339
종교재판 234
종족정화(인종청소) 58, 59, 102, 360
종족화 34
좌파 20, 49~51, 297, 300~304, 312, 316, 317, 319, 321~26, 329, 330, 333, 335, 337, 338, 340, 342, 349
주권 60, 146, 179, 216, 217, 244, 246, 355, 412, 413
중국 30, 35, 37, 40, 54, 69, 143, 170, 173, 174, 198, 277, 280, 353, 358, 378, 391, 392, 400
중도우파 49, 99, 130, 344, 364
중도좌파 99, 104, 112, 130, 343, 344
중도주의 104, 130, 205, 300, 330, 345
중도파 자유주의 24, 30, 32, 74, 241, 297, 321, 324, 325, 338, 344~46
중동 34, 72, 138, 142

중립화 210, 277, 341
지구문화 60, 89, 121, 146, 191, 300, 304, 323, 379, 381
지구화 19, 64, 65, 107, 169, 215, 279, 286, 293, 338, 347, 361
지식인 19, 162, 207, 230, 232, 234, 235, 241~43, 248, 249, 254, 257, 259, 333, 336, 365, 387, 389
지정학적 현실 54, 156, 278
지젝(Slavoj Žižek) 283, 286

ㅊ

처칠 25, 48
체니, 린(Lynne Cheney) 273, 413
체코공화국 102
체코슬로바키아 27, 48, 70
촘스키(Noam Chomsky) 274
최종해결책 108, 109, 118
칠레 278

ㅋ

카터 370
케넌, 조지(George Kennan) 51
케말주의 153
케스틀러, 아서(Arthur Koestler) 45
콜리, 린다(Linda Colley) 275

쿠르드족 384, 410

쿠웨이트 33, 38, 77, 78, 383, 384, 401

클레스틸(Tomas Klestil) 99, 131

클로워드, 리처드(Richard Cloward) 345

클린턴 18, 35

ㅌ

타이완 27, 75, 379

탈농촌화 84, 230, 338

탈레반 36, 38, 157

탈상품화 332, 347, 366

탈식민화 31

탈지역화 82, 366

터키 38, 55, 153, 384, 398

테닛, 조지(George Tenet) 35

테러리스트 12, 23, 28, 271, 272, 411

테러리즘 272, 291, 292

테러와의 전쟁 12, 35, 284

튀니지 70, 153

트라이치케(Heinrich von Treitschke) 240

트레버-로우퍼(H.R. Trevor-Roper) 124

트루스, 써저너(Sojourner Truth) 291

특수주의 172, 185~91, 192, 196, 200, 201, 222

티스덜, 싸이먼(Simon Tisdall) 41

ㅍ

파나마 31, 278

파머, 미첼(A. Mitchell Palmer) 16, 19

파키스탄 280, 392, 402, 408

팔레스타인 36, 154, 155, 288

팔루자 409, 410

평등 55, 89, 95, 104, 151, 167, 215, 227~29, 244, 258, 291~93, 316, 319, 320, 321, 326, 327, 346, 354, 358, 366

평생소득 88, 212, 213, 216, 231, 311, 374

포스트모더니즘 242

폴라니, 칼(Karl Polanyi) 97, 125, 126

폴란드 27, 75, 398

퐁뗀느, 앙드레(André Fontaine) 172

프랑스혁명 119~21, 149, 204, 215, 219, 247, 297~301, 314

프리고진(Ilya Prigogine) 62, 287

피니(Gianfranco Fini) 105, 106

피븐, 프랜시스 폭스(Frances Fox Piven) 345, 346
핀란드 27, 28, 48
필리핀 49

ㅎ

하이더, 외르크(Jörg Haider) 98~100, 106, 110, 113, 120, 131, 133, 206
한국전쟁 27, 38, 53, 68
핵무기 26, 29, 385, 390
핵확산 280, 281, 385, 390
헌팅턴(Samuel Huntington) 139
헝가리 51, 69, 102, 113
헤게모니 9, 12, 14, 19, 23~25, 27~29, 31, 33, 34, 37, 41, 46, 49, 54, 60, 66, 69, 70, 148, 149, 175, 221, 276, 285, 288, 289, 356, 375, 397
헬싱키협정 360
호메이니, 아야톨라(Ayatollah Khomeini) 74, 157, 382
환경운동 86, 271, 310, 359, 362, 402, 403
후세인(Saddam Hussein) 33, 38, 77~79, 382~85, 398, 399, 402

ⓒ 이매뉴얼 월러스틴 2003
한국어판 ⓒ 창비 2004

미국 패권의 몰락
혼돈의 세계와 미국

초판 발행 • 2004년 5월 17일
초판 2쇄 발행 • 2004년 8월 30일

지은이 • 이매뉴얼 월러스틴
옮긴이 • 한기욱 정범진
펴낸이 • 고세현
편집 • 염종선 김태희 김경태 김미영
미술·조판 • 이선희 정효진 신혜원 한충현
펴낸곳 • (주)창비
등록 • 1986년 8월 5일 제85호
주소 • 우편번호 413-832 경기도 파주시 교하읍 문발리 파주출판도시 42블록 5
전화 • 031-955-3333
팩시밀리 • 영업 031-955-3399 편집 031-955-3400
홈페이지 • www.changbi.com
전자우편 • human@changbi.com

ISBN 89-364-8524-5 03300

* 이 책 내용의 전부 또는 일부를 재사용하려면
  반드시 저작권자의 동의를 받아야 합니다.
* 책값은 뒤표지에 표시되어 있습니다.